El último infierno

J. JESÚS LEMUS

Los malditos 2:

El último infierno

Más historias negras desde Puente Grande

Grijalbo

El último infierno

Más historias negras desde Puente Grande

Primera edición: agosto, 2016

www.megustaleer.com.mx

ISBN: 978-607-314-609-8

Impreso en México – *Printed in Mexico*

El papel utilizado para la impresión de este libro ha sido fabricado a partir de madera procedente de bosques y plantaciones gestionadas con los más altos estándares ambientales, garantizando una explotación de los recursos sostenible con el medio ambiente y beneficiosa para las personas.

Penguin
Random House
Grupo Editorial

Para Boris,
porque su recuerdo, su amor indisoluble y sus cartas
diluyeron dulcemente los barrotes de mi celda.
Porque es varilla, alambre y concreto de esto que soy.

Índice

Prólogo

La noticia de que Rafael Caro Quintero fue puesto en libertad me sorprendió durante la promoción del libro *Los malditos*. En agosto de 2013 me encontraba en la habitación de un hotel de la Ciudad de México cuando se dio la noticia en la televisión. El hecho, que sin duda tenía brincando de contento al ícono del narcotráfico en México, me provocó sentimientos confusos. Conviví con Caro Quintero por más de dos años y medio, después de que fui clasificado con el mismo nivel de peligrosidad que él y, en consecuencia, se me asignó una celda al lado de la suya. No puedo decir que fuimos grandes amigos, pero mientras nuestras vidas fueron las mismas en el penal siempre me dispensó su afecto y su plática.

Traté a Caro Quintero en sus momentos de abandono. Tal vez nunca supe cómo pensaba, pero por la fuerza de la convivencia vi todas las facetas que un reo puede tener. Lo conocí en diciembre de 2008 y nunca me pareció el delincuente del que se habló en los medios de comunicación cuando informaron de su captura en 1985. Por eso, cuando supe de su liberación no pude sino imaginarlo con aquella sonrisa franca que se le abría cada vez que las cosas iban como él deseaba.

La noticia me alegró, lo reconozco. Después de todo, en mi fuero interno nunca lo miré como el criminal que pintaba el gobierno federal sino como lo veían todos los presos: un hombre que para remontar la pobreza se enroló en las filas del narcotráfico. Quienes lo conocimos sabíamos que no tenía el corazón para arrebatarle la vida a nadie.

Cuando lo miré en el pasillo 2-B del módulo uno del Cefereso 2 de Puente Grande, en Jalisco, ya no quedaban ni rastros de aquella imagen que difundió la televisión en el momento de su captura: el narco bigotón y con melena, de ojos vivaces y palabra a flor de labios. Sólo encontré a un hombre cansado de la cárcel, que aun cuando tenía una firmeza de carácter que pocas veces había visto, no dejaba de buscar la paz interior. Me alegró que por fin saliera del encierro.

Por otro lado, no dejaba de calarme un hecho cruel: Caro Quintero había alcanzado su libertad aun cuando estaba acusado de la muerte de un agente de la DEA. Le ganó al sistema en su propio juego y remontó el proceso penal que lo mantuvo en prisión durante más de 27 años. Se reconoció el error del sistema judicial y no fue necesario que él se fugara. Salió caminando por la puerta principal de la cárcel estatal de Puente Grande, adonde fue trasladado en 2010.

La noticia revelaba parte de la podredumbre del sistema judicial mexicano, donde es común armar los procesos penales con todo un entramado de mentiras. Eso me volvió a llevar a los días de la cárcel. En una extraña paradoja, no pude evitar el pensamiento que me hacía regresar a la prisión mientras el fundador del narcotráfico moderno daba sus primeros pasos en libertad.

Volví a recordar los días en que los dos sufrimos la prisión; cuando caminábamos en fila, con la tristeza de un animal que avanza hacia el matadero, cada vez que teníamos actividades juntos. El uniforme café indicaba que éramos la misma cosa ante los ojos del sistema.

"Aquí sólo hay dos bandos: los de azul, que nos cuidan, y los de café, que nos cuidamos entre nosotros", me dijo una vez. Ésa era su filosofía de la cárcel, una extraña forma de pensar que traté de desenredar conforme lo fui conociendo.

"Aquí no importa quién es inocente o quién es culpable —sentenciaba—, sino que todos somos presos y formamos una familia."

A eso se debía su necesidad de tratar a todos los presos como sus iguales. Nunca hizo juicios *a priori*; ni a los peores asesinos o secuestradores les reprochaba sus actos. Algunos presos les tenían animadversión a otros por la naturaleza de los crímenes que cometieron, pero Caro Quintero no era de esos. Aunque selectivo con quien se reunía en los escasos minutos que nos sacaban a tomar el sol, él saludaba amablemente a toda la concurrencia. Platicaba con pocos, pero nunca supe que le hubiera negado un favor a nadie, sobre todo préstamos de dinero para las familias necesitadas.

En un intento de penetrar el muro que protegía su pensamiento cada vez que se quedaba a solas, una vez le pregunté qué pasaba por su cabeza cuando un asesino le pedía ayuda. Él fue claro:

—Si hay algo que odio en la vida —explicó mirando al cielo, como solía hacer— es a los secuestradores. El que tiene maldad para secuestrar, la tiene para todo.

—¿Entonces por qué les habla?

—No soy Dios para juzgar a nadie. Cada quien sabe qué tan batido trae el pañal. Aquí soy un preso más y a todos los veo como a mis hermanos.

Durante el tiempo que compartimos el mismo pasillo de la cárcel de Puente Grande nunca hablé con Caro Quintero de su aspiración a la libertad ni me contó nada sobre su proceso penal, pero era evidente que, como todos los presos, él deseaba con toda su alma dejar atrás las altas y sucias paredes de concreto, coronadas por aquellas serpentinas de alambre frías y afiladas. Cuando lo conocí tenía 56 años y llevaba más de 24 encarcelado.

Mientras veía en televisión la noticia de que había salido, me llegaron oleadas de recuerdos que me volvieron a colocar delante de él: cuando me hablaba de su filosofía de vida o aplicaba uno de sus refranes favoritos: más sabe el diablo por viejo que por diablo. A él nunca lo vi como un demonio del presidio sino más bien como un viejo. Muchos presos recurrían a su consejo. Sus palabras eran de consuelo, ante la angustia que se recargaba en cada uno de nosotros. Hablaba con conocimiento propio de todo lo que se tiene que soportar si se quiere seguir vivo y cuerdo en el presidio. Sus consejos eran oro molido para los internos de ese sector, no porque los diera el gran narcotraficante Caro Quintero, sino porque provenían de uno de los presos con más años en ese penal.

Lo volví a recordar en la banca soleada que llamaba su "oficina", en la que se sentaba a repasar sus pensamientos. Ahí se quedaba los pocos minutos que se nos permitía pasar fuera de la celda. Muchos internos hacían fila para hablar con él, como en un confesionario. Hablaba poco pero a nadie decepcionaba. Todos se marchaban con una sonrisa en los labios como si les hubiera quitado el peso de la depresión y la soledad de un solo gesto. Luego esa carga de la que liberaba a quienes podían hablar con él la echaba sobre sus propios hombros. Daba la sensación de que tras esas conversaciones con los presos Caro Quintero se hacía más viejo, como delataba su pelo cano.

"Ya sólo falta que el pelo se me ponga verde; se me ha puesto de todos los colores con los padecimientos de la cárcel", bromeaba.

Pero casi siempre se encontraba sumido en sus pensamientos. Se iba haciendo minúsculo frente al día. Se negaba a mostrar su cara de tristeza. Rehuía las tertulias que los presos, ávidos de contacto humano, formaban a la menor oportunidad. Él prefería la soledad de su banca al sol. Y él era a veces yo mismo, tratando de no experimentar de lleno aquel silencio. Encarnaba mejor que nadie todo lo que se iba acumulando en mi interior. Por eso me le quedaba viendo.

"No se vaya a enamorar de mí, Chuyito; no sabría qué hacer con otro amor", me decía al sorprenderme. Luego soltaba la risa y me llamaba para platicar de cualquier cosa. Hablábamos del clima o de las noticias, y luego terminaba dándome una clase de historia. Después, él se perdía en la lejanía de sus pensamientos.

La mirada se le iba como buscando algo a lo lejos. Sentía que Caro Quintero esperaba pescar algún recuerdo mientras hacía el recuento mental de sus cosas. Se quedaba pensativo y quieto. Hubiera dado una mano por saber qué mantenía abstraído al hombre que todos respetábamos en el pabellón de sentenciados y a quien queríamos como al tío bueno que contaba historias llenas de enseñanza y valores. Sabía que la plática estaba por terminar cuando Caro Quintero se quedaba inmóvil, desmarañando aquel laberinto de ideas y recuerdos que al término de la jornada casi lo ahogaba.

Me dio mucho gusto saber que aquel viernes Rafael Caro Quintero ya era un hombre libre con "todas las de la ley". En silencio brindé por su felicidad con la cerveza de lata que acompañó mi comida ese día. Con esa extraña solidaridad que me inunda ahora cada vez que un preso queda libre, lamenté un poco no estar frente a él cuando le informaron de su salida. Me dio risa la estupidez moral del noticiario, en el cual se debatía si aquella medida jurídica era aceptable y si se apegaba al marco de derecho vigente en el país. ¿Qué es el Estado de derecho en México? Nada. Sólo una mierda a la que se le intenta poner flores para que no apeste tanto.

Luego escuché una retahíla sobre el derecho y la justicia pronunciada por "especialistas". Cuestionaban la salida de un preso como aquel. No pude menos que sonreír al imaginar a cada experto de esos en una celda, solo, desnudo, golpeado, acusado de delitos que no cometió y pagando por ello. Volví a levantar mi bote de cerveza y brindé por el circo que todos los días hacen los medios de comunicación para mantener al pueblo alejado de la realidad.

Y me ganó la risa cuando imaginé la carcajada de Caro Quintero, posiblemente en los brazos de su amada, burlándose de quienes decían todo aquello en la televisión.

Más allá de que se tratara del capo sinaloense, aquellos conocedores de las leyes no sabían de lo que hablaban. Desconocían por completo la vida que se lleva en la prisión. Aquellas discusiones no reflejaban el deseo de libertad que un hombre tiene cuando lo arrancan de su vida. Al margen de si estaba rehabilitado o no, se trataba de otro reo que le ganaba a la cárcel y a la ferocidad de las rejas, que todos los días le habían tirado a matar en el perverso juego del sistema.

Aparté los cuestionamientos morales y me abandoné al sentimiento carcelario para dejar salir toda mi ira; después de todo, un preso había salido avante del sistema penitenciario mexicano, uno de los más feroces e inhumanos del mundo.

Ésa fue mi venganza: disipar mi sentimiento de ex reo por todo el dolor y la impotencia que había sentido como víctima de la política de exterminio que se aplica todos los días en las prisiones del país, donde los derechos humanos son ignorados de manera sistemática. Estaba plenamente convencido de que salir vivo de una cárcel de alta seguridad como la de Puente Grande era ganarle a la muerte todos los días.

Había motivos para festejar. No porque mi alegría le sirviera de algo a Caro Quintero, sino porque su liberación en sí era un festejo de vida. Me alegró que se quedaran atrás sus 27 años de pesadillas, que no podrán borrarse de su pensamiento. Cuando uno ha sido preso una vez, ya no deja de serlo: es preso para toda la vida.

Después, desde la mullida cama del hotel me quise imaginar la cara de Caro Quintero al momento de escuchar la sentencia de libertad. Él, tan puntual para dormir y tan estricto con sus horas de sueño, habría despertado a deshoras para ser notificado. Trataría de comprender la buena nueva y acomodaría las ideas de su revuelta cabeza antes de entregarse a la felicidad de tener las posibilidades de hacer su vida al lado de la gente que ama. Casi pude verlo llegar de vuelta a su estancia en la cárcel de mediana seguridad, adonde había sido trasladado el 31 de mayo de 2010, con un gusto que no le cabía en el cuerpo y sin nadie con quién compartirlo.

Lo miré, desde mi distante hotel, preparando su tambache de pertenencias para dejar aquellas celdas que habían sido toda su vida en casi tres décadas de silencio y soledad. Quise imaginarlo saliendo de la cárcel, con la certeza de que aquello no era un sueño ni una de tantas imágenes que crea uno cuando fantasea despierto con la libertad. Rafael habría recogido sus escasas y pobres pertenencias que lo acompañaron durante 27 años. Cabían en una sábana, donde también se llevó miles de recuerdos.

Recostado en la cama, entre sorbos de cerveza y como fondo los comentarios de los especialistas que peroraban sobre su libertad, volví a ver a Don Rafa (como le decíamos en la cárcel) sonriente, caminando por los pasillos de una sucia cárcel, pero esta vez hacia la libertad, a la calle, afuera, donde lo esperaba su familia. Me pareció que el café y el desayuno de todos las siguientes semanas irían borrando en alguna medida los grises días de su estancia en el pasillo 2-B del módulo uno, en la cárcel federal de Puente Grande, donde llegó a parecer un muerto.

Sin embargo, después de experimentar tanta alegría algo me sacudió. Durante días enteros reviví mi propio encarcelamiento en Puente Grande y algunas escenas que creí olvidadas empezaron a lacerarme. Sentí que no había relatado totalmente mi paso por ese penal. No era un afán de presentarme como mártir, pero necesitaba contar todo. Dejé la cerveza a un lado y comencé a emborronar cuartillas para contar lo que se me había quedado en el tintero: lo que no alcancé a narrar en *Los malditos.* En la soledad de un hotel de la Ciudad de México decidí contar lo que me había reservado, lo último que recordaba de mi paso por aquella cárcel de exterminio, lo que recordaba de las hediondas paredes de Puente Grande, que ha sido mi último infierno en esta vida.

CAPÍTULO 1

Un lugar cómodo para *el Grande*

En las hediondas y heladas noches del Centro Federal de Readaptación Social (Cefereso) número 2 de Occidente, Puente Grande, los aullidos de dolor eran frecuentes. Casi siempre el silencio de los amarillentos pasillos era roto por algún preso martirizado. La noche del 8 de diciembre de 2010 quien gritaba así era Sergio Enrique Villarreal Barragán, el brazo ejecutor de los hermanos Beltrán Leyva.

Llegó a la cárcel federal de Puente Grande cuando ya se terminaba el día de la Virgen de la Purísima. Muchos presos llevan la cuenta de su prisión con base en el calendario religioso, y el que hizo la observación fue el capitán José Ladislao Serrano Téllez, un reo solidario que seguía puntalmente las fiestas de los santos. Nos lo dijo cuando nos arremolinamos llenos de morbo en las rejas de nuestras celdas para ver al nuevo reo.

A Villarreal Barragán, apodado *el Grande*, lo iban azotando contra las paredes. Las patadas en las pantorrillas de seguro era lo que menos le importaba. Era mucho peor el tolete que lo iba castrando, mientras lo aflojaba y jalaba hacia atrás sucesivamente un guardia de no más de un metro y medio de estatura, que a veces le metía la mano por la entrepierna. Cada vez que el oficial hacía palanca, la humanidad del *Grande* frenaba en seco y laceraba el silencio de la noche con aquellos gritos dignos de las mazmorras de la Santa Inquisición. Desde mi celda, la número 149 del pasillo 2-B, intentaba ver la procesión de tortura que aquella noche nos regalaban los oficiales de guardia.

"Es *el Grande*, jefe de sicarios de los Beltrán Leyva", dijo alguien con asombro desde las primeras celdas del pasillo 2-B del módulo uno.

El solo nombre del reo hizo que algunos saltaran desde sus camas y se pegaran a las rejas para sumarse al sangriento espectáculo.

El estupor de los que veíamos la forma en que era sometida aquella masa de casi dos metros de estatura fue el ingrediente perfecto de lo que parecía una puesta en escena: cinco oficiales bajo la supervisión de dos comandantes y tres agentes del Centro de Investigación y Seguridad Nacional (Cisen) dieron rienda suelta a su ira malsana. Con toletes y puños golpearon al sicario, ya inofensivo. Lo doblaron los toletazos en el estómago. Las patadas entre la espalda y la cabeza lo hacían aullar de tal forma que la piel se nos erizaba. Los golpes resonaban huecos cada vez que la bota de un custodio daba con la cara del reo, que no alcanzaba a cubrir con sus manos los puntos preferidos de sus torturadores.

"¿No que muy cabrón? —le gritaba uno de los comandantes, que no participaba físicamente en la golpiza—; aquí no eres nadie, pendejo. Tus güevos se quedaron afuera. Aquí los güevos son a mi gusto."

El Grande, sangrante y desorientado, no decía nada. Apenas alcanzaba a hincarse cuando otra andanada de golpes le caía encima sin que él supiera de dónde venían. Supo que tenía espectadores, porque en un balbuceo dijo cómo se llamaba. Hincado, a un costado del diamante de control, deletreó su nombre como un niño en la primaria. Una retahíla de botas intentó callarlo. Por instinto, cuando los presos están al borde de la muerte, dicen su nombre con la esperanza de que alguien lo escuche, como para evitar que su fallecimiento sea anónimo. Todos los que estábamos en Puente Grande dijimos nuestro nombre en algún momento del ingreso.

"¡Guarde silencio! No tiene derecho a hablar. ¡Usted sólo hablará cuando yo se lo indique!", vociferaba el comandante a cargo de aquel pelotón de tortura.

En aquellas condiciones Villarreal Barragán ya no tenía conciencia para obedecer. Se mantuvo inerte en el piso. Aun hincado, casi alcanzaba la estatura de algunos de sus torturadores. En medio de un charco de sangre que se podía oler desde las galeras, volteaba lloroso y desorientado como buscando a alguien. Balbucía. Abría la boca para jalar aire y quejarse. El olor a sangre hizo que todos los presos que estábamos atentos a la brutal golpiza recordáramos nuestro ingreso a la cárcel federal de Puente Grande. Todos nos dolimos esa noche del martirio propio. Las troqueladas mentes comenzaron a temblar sólo de pensar en la amenaza del tolete.

"Soy *el Grande*...", fueron las palabras de Villarreal antes de venirse abajo como un árbol a la mitad de la noche.

El barullo del personal médico y las carreras de las enfermeras por el pasillo nos hicieron suponer que el nuevo interno había muerto. No era la primera vez y no sería la última que un reo moría en el rito de ingreso, o como dicen los oficiales de guardia, la "terapia de iniciación como reo federal". Pero Villarreal fue revivido ahí mismo. La *Nana Fine*, el amor de Jesús Loya, se presentó tan diligente como siempre e hizo lo que mejor sabía. Levantó a aquel sangrante preso y lo acomodó entre sus brazos. No le importó mancharse de sangre. Parecía muy acostumbrada a eso. No le hablaba, pero con la mirada le decía todo. Lo acariciaba. Pasó una y otra vez sus manos llenas de gasas sobre el rostro del criminal y el alma comenzó a bullir en el cuerpo caído. Los oficiales que estaban expectantes dieron un salto atrás. Se vieron más sorprendidos que descansados cuando notaron cómo *el Grande* se aovilló en los brazos de la enfermera.

Desde la tribuna de espectadores nadie quería romper el emotivo silencio. Hubo un preso —lo confesó después— que se mordió los labios para no llorar. Dijo que aquello le pareció una escena digna de ser llevada al cine y se le volvieron a humedecer los ojos. Era un teniente del ejército.

El Grande fue levantado con mucho tiento por los oficiales que relevaron a los primeros. El pelotón de tortura que lo había conducido hasta esa parte de la cárcel, con destino a las celdas tapadas o de Tratamientos Especiales, se disolvió. Los reos que esperábamos el desenlace de aquella escena fuimos obligados a retirarnos de las rejas.

"Es hora de dormir, señores —dijo una voz marcial desde la puerta del pasillo—. Esto no es ningún espectáculo", gritó el comandante, mientras caminaba obligándonos a todos a meternos en las camas de piedra, tan heladas que mordían la carne.

Lo que se escuchó luego fue un trato diferente para *el Grande*. Después de la golpiza, todo cambió para él. Un oficial se le acercó y le preguntó si podía caminar. Lo llevó a paso lento mientras dos oficiales servían de apoyo al magullado preso. A partir de ese momento Villarreal Barragán empezó a tener el control de la cárcel federal de Puente Grande, de donde no se fugó —se lo confió a uno de sus compañeros de celda— porque no tenía necesidad de echarse al gobierno encima: sus relaciones con el gobierno de Felipe Calderón estaban bien claras y había un "pacto de caballeros". Pocos creímos aquella patraña. *El Grande* era un delincuente más, que al igual que todos trataba de blofear para ganar algo de respeto.

No obstante, el control del *Grande* sobre la estructura de gobierno de la cárcel de Puente Grande fue evidente. La primera instrucción que dio para su seguridad fue paralizar todo el movimiento del penal cuando él fuera a cualquier parte. El ex jefe de sicarios de los Beltrán Leyva no ocultó nunca su temor de ser ejecutado en la prisión por el grupo de su ex socio Édgar Valdez Villarreal, *la Barbie*. Por eso ordenó a la dirección del penal que lo mantuviera lejos de un posible atentado. La mejor manera de hacerlo era detener todas las actividades cuando *el Grande* se trasladaba, siempre con un comandante, cuatro oficiales de guardia y dos agentes del Cisen como escolta.

El protocolo de seguridad de las prisiones federales establece que todos los internos asignados al área de Tratamientos Especiales o Conductas Especiales —celdas alejadas del área de población de procesados— deben recibir los alimentos en su estancia. Pero *el Grande* frecuentemente solicitaba que le dieran los suyos en el comedor general y nadie se oponía. La dirección del penal le cumplía sus caprichos: se detenían los preparativos para la comida de los otros presos. Nadie podía llegar al comedor porque ahí estaba Villarreal Barragán. Eso pasaba al menos tres veces por semana; la mayor parte de los reos nos quedábamos sin comida o ésta se retrasaba hasta tres horas.

El Grande comía en el módulo uno, pero pronto se supo que no le ofrecían lo mismo que al resto de los internos. Después de que Villarreal había comido e hiciera la digestión ahí hasta por dos horas —cuando la norma del Cefereso 2 de Occidente establece que el tiempo máximo para que un reo se alimente es de 10 minutos—, siempre quedaban en el bote de basura restos que no correspondían a la comida de la población en general. Un ex cabo era especialista en hurgar el bote de basura y daba cuenta de sus pesquisas. Terminaba haciendo un festín con lo que el capo dejaba: mitades de chocolate, pedazos de jamón serrano y "quesos hediondos", como él los llamaba.

Sin embargo, *el Grande* no fue tan ostentoso como *el Chapo* Guzmán en su momento. No alardeó del control que mantenía sobre el personal de gobierno de la cárcel, pero lo mantenía. No hizo fiestas ni benefició al resto de la población con su posición privilegiada. Sólo algunos de sus allegados, que sirvieron con él a los Beltrán Leyva, se beneficiaron de aquella posición de poder. Él mismo les decía a algunos presos asignados al pasillo de Tratamientos Especiales —insistiendo en su propia fantasía— que mantenía una relación cercana con el mismísimo presidente. Eso lo llevaba a augurar en su imaginación su pronta salida del infierno de Puente Grande.

A diferencia del *Chapo* Guzmán cuando tuvo el control de ese penal, *el Grande* no derramó beneficios para otros reos. Era egoísta. A nadie le hacía favores. Hablaba por teléfono desde su celda con un aparato que le proporcionaban los oficiales de guardia y no lo compartía con los otros reos del pasillo. Otros internos le hicieron llegar peticiones de ayuda para resolver problemas de salud y económicos, pero nunca recibieron respuesta; simplemente Villarreal no quería delatar los beneficios de que era objeto.

La población de reos comenzó a odiar al *Grande* cuando se cancelaron las visitas familiares de todos para que él pudiera salir a la suya. El Cefereso se paralizaba incluso cuando él decidía tener visita personal o íntima. Nadie podía salir de su celda porque *el Grande* deambulaba por los pasillos y su temor a un atentado era tan inmenso como su corpulencia. Lo mismo pasaba cuando tenía alguna diligencia en los juzgados o sus abogados iban a verlo: los más de 1 120 internos que poblábamos en ese tiempo la cárcel de Puente Grande teníamos que permanecer en nuestras celdas. Había ocasiones en que los propios oficiales de guardia, para garantizar la seguridad del sicario de los Beltrán Leyva, ordenaban que todos los presos nos mantuviéramos inmóviles en las estancias. Ni siquiera se le podía bajar a la tasa del escusado. Tampoco el servicio médico podía acudir a ninguna parte del Cefereso si Villarreal estaba fuera de su celda.

El servicio médico que recibía *el Grande* era extraordinario. Mientras para el resto de los presos la consulta médica se limitaba a una atención de entre dos y cuatro minutos con un doctor que apenas levantaba la vista para ver al paciente, *el Grande* era atendido en su celda a cuerpo de rey. La dirección de la cárcel dispuso que tres especialistas brindaran los servicios de salud al sicario. Él solicitaba la presencia de los médicos por lo menos tres veces a la semana. Siempre se quejó de malestares estomacales, principalmente gastritis, por lo que le prescribieron una dieta especial, baja en grasas y calorías. Finalmente él comía lo que se le antojaba, porque le hacían llegar sus alimentos desde el exterior.

A finales de diciembre de 2010, antes de la cena de Nochebuena, *el Grande* demostró lo que era tener el poder de la cárcel federal: hizo llegar a su celda un trío. Toda la noche del 23 se escuchó el sonsonete. Para nadie fue extraño que aquellas acompasadas notas salieran del área de Tratamientos Especiales, donde también se escuchaba la voz del sicario: gritaba el nombre de Claudia con una melancólica desesperación. Claudia lo hacía llorar. Se notaba que era su más dulce demonio. La música comenzó al filo de las tres de la tarde y sólo hizo pausa para el pase de lista extraordinario de las seis y el pase de lista oficial a las nueve de la noche. La serenata se fue apagando cuando ya el reloj marcaba casi las cinco de la mañana, minutos antes del pase de lista correspondiente.

A diferencia del *Chapo* Guzmán, *el Grande* nunca pagó directamente a los custodios por ese trato preferencial. Sus privilegios provenían de una orden emitida desde los altos niveles pero no se sabía bien de dónde. En un delirio poco creíble para los presos, Villarreal alardeaba de su posición al machacar que tenía un trato de amigos con el presidente Calderón. Le gustaba hablar y que los oficiales de guardia lo escucharan. Era como cerrar la pinza: los custodios tenían la orden incuestionable de darle un trato preferencial y él intentaba decirles cuál era la razón de que recibieran esa orden.

Eran pocos los reos que hablaban con *el Grande*. La mayor parte de su estancia en la celda se la pasaba haciendo soliloquios. Sin darse cuenta —por efecto de la soledad y como les pasa a casi todos los presos— los murmullos se convertían en monólogos. De pronto se escuchaba su voz que iba subiendo de tono. Hablaba de escenas cotidianas de su vida. Mentaba madres. Rabiaba. A veces terminaba sumido en un llanto que hacía increíble pensar en sus actos crueles. A veces la violencia le regresaba y la tenían que padecer los custodios asignados a su guardia. En no pocas ocasiones cacheteó a los escoltas que lo trasladaban en el penal. El motivo recurrente de su cólera era descubrir movimientos de otros internos en los pasillos cuando él había ordenado total quietud para su seguridad.

La primera semana de enero de 2011, frente al pasillo uno, donde lo medio mataron los agentes de custodia cuando ingresó al penal, en un acto de revancha ante los expectantes reos que siempre lo veían pasar, *el Grande* comenzó a golpear a dos de los custodios que lo resguardaban. Fue un desagravio. Demostró, sin decir ni una palabra, que él tenía el control de la cárcel y nada en ese penal podría pasar sin que él lo dictara. Ninguno de los otros oficiales que lo acompañaban hizo algo para detener las patadas y guantadas que propinó a los dos oficiales que iban a sus lados.

"¡A mí ningún pendejo me va a empujar!", gritaba mientras sacudía a los dos oficiales como si fueran muñecos de trapo.

El comandante de guardia que estaba al mando del traslado en esa ocasión volteó hacia otro lado. Los agentes del Cisen que supervisaban el traslado sólo bajaron la mirada. No quisieron que después el reo les aplicara un correctivo. Callaron al entender que *el Grande* sólo estaba delimitando su territorio ante los mismos presos que lo escucharon decir su nombre en voz alta en una especie de agonía. Escenas como ésas protagonizó Villarreal en no pocas ocasiones, en diversos puntos del penal, siempre que se sabía observado por otros presos.

Cuando el silencio de la noche iba cubriendo la prisión, a veces se escuchabael sentir del *Grande*. En sus soliloquios parecía optimista. "Esta cárcel no es para siempre", decía como si tratara de convencer a otro, cuando lo agobiaba la inacción de la celda. Como algunos otros reos autorizados por el Consejo Técnico Interdisciplinario, tenía un televisor de ocho pulgadas en su estancia. Le gustaba ver las noticias.

Era fanático del noticiero de Adela Micha. Ésa era su discusión favorita con algunos presos de ese pasillo: Adela Micha era mejor periodista que Lolita Ayala. Y como Lolita siempre fue la reina del *rating* en Puente Grande, le siguieron creciendo los enemigos al *Grande*. Pero él estaba agradecido con la periodista porque lo trató amablemente en su noticiero.

A los silenciosos interlocutores del pasillo dos de Conductas Especiales, Villarreal los fastidiaba hablando del día que lo capturó la Marina. Contaba que no fue una distracción en su esquema de seguridad lo que hizo posible que lo ubicaran marinos de un grupo de inteligencia, sino una traición de *la Barbie*, que había señalado su ubicación. Por eso en su celda vociferaba sentencias de muerte para el que una vez fuera su socio y amigo.

Después se embelesaba contando cómo fueron los hechos. Narraba a los otros reos —siempre ávidos de historias que los hicieran olvidar por un momento el encierro de la prisión— cómo se entregó al gobierno. Recreaba tanto las acciones, que se ganó el mote del *Novelista*. La claridad alucinante con que contaba la historia, describiendo los olores en el aire y los colores del sol filtrado por las hojas de los árboles, hacían que todos los presos proyectaran en sus cabezas su propia versión de los hechos.

Contaba que la noche anterior a su captura él todavía se reunió con Héctor Beltrán Leyva, el que tomó el control del cártel a la muerte de su hermano Marcos Arturo, *el Barbas,* quien fue abatido por efectivos de la Marina cuando ya se había rendido. La versión de Villarreal, contada en las celdas de Tratamientos Especiales de Puente Grande, apuntó siempre a que *el Barbas* nunca encaró a los marinos. Aseguraba que fue acribillado a mansalva por los uniformados en una ejecución extrajudicial. Pero añadía que, la noche previa a su captura, Héctor Beltrán Leyva le habló de la necesidad de entregarse por petición directa del presidente Calderón.

Según contaba en su maraña emocional, al *Grande* le cayó de sorpresa la decisión de su patrón de entregarse, pero también estaba seguro de que los supuestos acuerdos con la Presidencia de la República seguían vigentes. De todas formas, decía, apenas estaba imaginando cómo sería su entrega al gobierno, cuando fue aprehendido una madrugada por fuerzas de la Marina.

Una voz anónima lo alertó de la presencia de las fuerzas federales en las inmediaciones de su residencia, en el lujoso fraccionamiento Puerta de Hierro, sobre la avenida Esteban de Antuñano, de la ciudad de Puebla. *El Grande* tenía a sus órdenes al menos a 30 pistoleros, pero decidió no enfrentarse a los militares. "Se evitó una matazón", decía con orgullo. Le ordenó a su jefe de escoltas, un teniente de 45 años apodado *el Capitán*, que no se enfrentaran a los marinos.

Finalmente *el Grande* continuaba presumiendo que conocía bien al presidente Calderón.

"—Cualquier cosa que se le ofrezca, quedo a sus órdenes —le ofreció *el Grande.*

"—Igualmente —respondió Calderón."

La revista *Proceso* cuenta que así fue el encuentro entre ellos dos. Pero según narraba en prisión el ex jefe de sicarios de los Beltrán Leyva, su relación fue más que ocasional. No se limitó a un encuentro entre los dos en el bautizo de la hija del senador panista Guillermo Anaya Llamas. Aunque nadie en sus cabales le habría creído, *el Grande* decía que ya se habían visto por lo menos tres ocasiones, dos de ellas en la residencia oficial de Los Pinos, adonde Villarreal Barragán llegó con la encomienda de darle al mandatario un "saludo" de parte de su patrón, Arturo Beltrán Leyva.

El saludo que llevaba —relató desde su celda— era dinero en efectivo. Según sus dichos, dejó cinco maletas en cada ocasión. Extrañamente, ni él supo cuántos dólares llevaba; se limitó a hacer la entrega en un despacho anexo a la oficina del presidente, donde lo atendió un teniente coronel del Estado Mayor Presidencial. Villarreal aseguraba con una pasión enfermiza que llegó a saludar al que fuera secretario de Gobernación, Juan Camilo Mouriño Terrazo.

Se jactaba también de haber conversado un par de veces con el propio Calderón. Aseguraba que tenía paso franco para entrar por la puerta de miembros del gabinete. Nadie lo detenía. Decía que portaba una credencial del Estado Mayor Presidencial que en todo momento se le hizo válida, hasta el día de su detención. De hecho explicaba que, cuando se rindió ante los marinos en Puebla, esa credencial fue lo primero que le retiraron antes de entregarlo a la Procuraduría General de la República (PGR), que le dio un trato especial.

Según la insólita versión del *Grande*, la primera vez que el presidente lo recibió fue en los jardines de Los Pinos y le dedicó 10 minutos. Se presentó como empresario. Nunca reveló el nombre con el que ingresaba a la residencia oficial. En la ocasión mencionada, a mediados de 2008, dijo que se dieron la mano; quedaron de frente. Calderón, alzando la cabeza para encontrar la mirada del *Grande*, le preguntó por sus patrones y después hablaron de asuntos diversos. Al presidente le preocupaba la paridad del peso frente al dólar, en tanto que al *Grande* se le ocurrió hablar de las torrenciales lluvias que estaban cayendo por esas fechas en el estado de Morelos. El presidente siempre estuvo atento a los comentarios del sicario y se despidieron sin mayor emotividad. Contaba Villarreal que por cortesía no le dijo al presidente sobre la entrega del "saludo" de sus patrones, pero anticipadamente Calderón agradeció su presencia en la residencia oficial. Así, cada uno quedó a las órdenes del otro.

La siguiente ocasión que volvió a encontrarse con Calderón fue en septiembre de 2010. *El Grande* recordaba que eran los días previos al bicentenario del Grito de Independencia porque en la antesala de la residencia oficial se encontró con el secretario de Gobernación, Francisco Blake Mora, quien le hizo una invitación formal a las festividades patrias en el Palacio Nacional. *El Grande* aseguraba con un dejo de ironía que no pudo acudir a las celebraciones porque ese día tuvo que levantar a cinco miembros del cártel de Guerreros Unidos, quienes habían roto con los Beltrán Leyva y les peleaban el control de la región Costa Chica del estado de Guerrero. De cualquier forma, el saludo con el alto funcionario y que éste lo hubiera invitado al Palacio Nacional lo enorgullecieron.

Esa vez Calderón recibió al sicario —como éste lo contó en Puente Grande— en una oficina anexa al despacho presidencial. El diálogo fue más amplio y más fluido que la ocasión pasada. Hablaron de futbol: el mundial en Sudáfrica, la mala actuación de la selección nacional y que ambos no pudieron ir a ese campeonato "por razones de trabajo". El presidente se notaba inquieto, pero se dio tiempo para pronosticar buenos augurios para el país. Los dos estuvieron sentados en una pequeña sala, sin testigos. Tomaron un vaso de agua y se despidieron amablemente.

Por eso cuando *el Grande* y Felipe Calderón se encontraron en el bautizo de la hija del senador Anaya se saludaron como conocidos. Sobrellevaron aquella reunión sin incomodidades. La cercanía entre Calderón y Anaya era el mejor aval de ambos. Y es que Villarreal tiene lazos familiares con el otrora senador: un hermano del sicario, llamado Adolfo, estuvo casado con Elsa Anaya, hermana del panista, cuando éste fue alcalde de Torreón, Coahuila.

Precisamente en ese tiempo, entre 2003 y 2005, *el Grande* asentó su presencia en la zona de Torreón. A base de violencia pudo arrebatar la plaza al Cártel del Golfo, que todavía operaba con algunas células de Los Zetas como su brazo armado. Cuando Villarreal se apropió de la Comarca Lagunera aún trabajaba para el Cártel de Juárez. En ese tiempo Torreón fue señalada como la ciudad más violenta del país, pues era escenario de una guerra por el control de la plaza a la que se sumó el Cártel de Sinaloa. *El Grande* había sido policía ministerial de esa entidad y mantenía contacto con los alcaldes de la zona, lo que le permitió ganar terreno.

Uno de sus aliados en la lucha por Torreón —lo dijo en voz alta en las mazmorras de Puente Grande— supuestamente fue el entonces alcalde Anaya Llamas, al que se refería como "mi pariente" y quien luego sería senador por el PAN con el respaldo incondicional de Calderón, del que se hizo compadre el 24 de agosto de 2006 mediante el bautizo mencionado.

Para apuntalar el control de Coahuila, según lo contaba él mismo, Villarreal recibió no sólo el apoyo del entonces alcalde de Torreón sino del que fuera gobernador del estado, Enrique Martínez y Martínez. Con su fecunda imaginación, *el Grande* explicaba que el gobernador habría pactado con el Cártel de Sinaloa para detener el paso de Los Zetas —a los que temía por los estragos que habían causado en las entidades vecinas—, sin conseguirlo en un primer momento.

De este modo, una comisión oficial buscaría al *Grande* para que él mismo se encargara de desatar una guerra contra el que fuera el brazo armado del Cártel del Golfo. El sicario de los Beltrán no se hizo del rogar, no pidió nada a cambio y comenzó a matar zetas. Para ello tuvo acercamientos con el Cártel de Sinaloa y organizaron células de cacería. La gente del *Chapo* Guzmán y de su principal lugarteniente, Ismael *el Mayo* Zambada, se puso a las órdenes del *Grande*, quien fue habilidoso al conformar el ejército que necesitaba para contener a Los Zetas. Negoció también con Vicente Carrillo Fuentes, jefe del Cártel de Juárez, y con Juan José Esparragoza Moreno, *el Azul*, quienes aportaron sus mejores sicarios para evitar que Los Zetas, comandados por Osiel Cárdenas Guillén, se extendieran hacia esa entidad.

En aquellas noches carcelarias *el Grande* se jactó de las "personalidades" criminales que se pusieron a sus órdenes para cumplir la misión contra Los Zetas: sicarios como Arturo Hernández, *el Chaky*, y Óscar Arriola Márquez, que fueron detenidos en 2003. De ellos contaba que ejecutaban a los detenidos sin mayor miramiento sólo para ganarse la confianza y el cariño del "primer comandante antizeta", como pronto fue bautizado Villarreal.

Para el morbo de la población carcelaria, ofreció detalles sobre la manera en que sus sicarios eliminaban zetas: *el Chaky* era cabrón para asesinar, no tenía sentimientos y se esforzaba por idear formas de infligir dolor a sus rivales. Hasta al más duro de ellos, de los que están fogueados en combate, de los que "nacieron para ser hombres", lo hacía hablar. Ninguno de ellos aguantaba un interrogatorio del *Chaky* porque los despedazaba pero los mantenía vivos. Llegaba al extremo de hacerles aplicar transfusiones sanguíneas y "terapia intensiva" en los hediondos cuartos de interrogación; no los dejaba morir hasta que obtenía la información que estaba buscando para continuar con su guerra.

Una vez, narró, *el Chaky* tenía la encomienda de ubicar un comando zeta que llegó a Coahuila. La información enviada desde el gobierno federal por funcionarios de la Policía Federal Preventiva daba cuenta del ingreso de un convoy con al menos 100 sicarios del Cártel del Golfo a la zona carbonífera y al centro del estado, con la intención de extender sus dominios a los municipios de Melchor Múzquiz, San Juan de Sabinas, Juárez, Progreso, Monclova, Frontera, Cuatro Ciénegas, Castaños y San Buenaventura. *El Chaky* comenzó a rastrear a los sicarios. Ubicó a dos sospechosos cuando compraban sopas instantáneas en un Oxxo de Monclova. Eran dos guatemaltecos y tenían entrenamiento militar del grupo de élite kaibil. El sicario enviado por *el Grande* los levantó y los mantuvo en cautiverio durante siete días.

La narración del cautiverio y la tortura de los dos kaibiles fue toda una puesta en escena de Villarreal. Recreó el ambiente, desarrolló el relato como si hubiese sido un espectador directo y contó de manera pormenorizada aquellas escenas. No faltó la recreación de los diálogos y los gritos de los torturados, con explicaciones detalladas del infierno que vivieron en sus últimos días los dos infortunados. *El Chaky* personalmente encabezó el levantón de los dos zetas y un grupo de la policía estatal lo apoyó al crear un cinturón de seguridad en un diámetro de 10 cuadras. Las cámaras de vigilancia de la ciudad se apagaron.

Los dos kaibiles fueron llevados a una de las casas de seguridad del comando antizeta a cargo de Villarreal. Las escenas fueron grabadas para entregárselas con el fin de que conociera el trabajo del jefe de sicarios del Cártel de Juárez y uno de los hombres de mayor confianza de Vicente Carrillo Fuentes, *el Viceroy*. Contaba *el Grande* que no fue capaz de terminar de ver las 10 horas de tortura contenidas en cinco videocasetes que le hicieron llegar a su casa.

Comenzaban con un interrogatorio al estilo de la policía judicial. Un sujeto en calzones, sentado en una silla, amarrado de pies y manos, con los ojos vendados. Después un hombre comienza a sacarle tiras de piel de las plantas de los pies.

Ante la negativa del torturado a denunciar la ubicación de los otros zetas que ingresaron a Coahuila, un segundo sujeto entra en escena y la cámara enfoca los pies desangrados del kaibil. Con unas pinzas de electricista, el recién llegado comienza a arrancarle las uñas. Aún no logra desprender la tercera cuando el soldado guatemalteco se desmaya. Un tercer hombre entra en escena y se observa cómo le aplica cuidados médicos y logra reanimarlo. Recomienda que el pie izquierdo, el que estaban martirizando, le sea vendado. Pero la tortura no cesa.

Después el kaibil es atormentado con un encendedor. Un sicario toma la mano del soldado, la sujeta fuerte con la palma hacia arriba y comienza a quemar la uña del dedo índice. Los gritos —narraba *el Grande* en un éxtasis morboso— hacen que el de la cámara vea por encima y pierda el cuadro. Se observa cómo sale humo de la carne quemada. Con cada una de las 10 uñas que le quemaron, el amarrado se desmayó y fue reanimado por quien parecía tener conocimientos médicos. Luego de las uñas, al no obtener respuesta sobre la ubicación de los otros zetas, al prisionero le queman las axilas. Los ojos del otro zeta que espera su turno de tortura se quieren desprender de sus órbitas ante el horror de la escena, que le anticipa una suerte igual.

El Grande continuó: al segundo kaibil levantado por *el Chaky* le sacaron los ojos con una cuchara. Los gritos de dolor eran "inmensos".

Luego se desmayó. Lo reanimaron como al primero. Tres personas, al parecer médicos, detuvieron la hemorragia con inyecciones y algunos vendajes. Le curaron las heridas que sus interrogadores dejaron en carne viva. Después de cuatro días de estar recibiendo atención médica, el guatemalteco volvió a la sala de tortura.

La segunda etapa para el kaibil que se negaba a delatar la posición de los otros zetas en Coahuila fue más breve y sanguinaria. Sólo duró dos horas. El cuerpo no le alcanzó para soportar el interrogatorio. El guatemalteco tuvo que padecer la extracción al menos de seis piezas dentales con unas pinzas. A punto de que se desmayara le cortaron la lengua con una navaja y finalmente le cortaron la cabeza de varios tajos con una lata de sardinas. Los dos cuerpos ya inertes fueron desmembrados al menos por cinco de los encargados de aquel interrogatorio, quienes hicieron la faena en menos de 10 minutos "demostrando su habilidad en el arte de la muerte", remató su relato aquel famoso reo de Puente Grande.

Con ese tipo de tácticas, apoyado por los más sanguinarios sicarios de los cárteles de Juárez y de Sinaloa, *el Grande* pronto comenzó a recuperar las que fueron plazas claves de Los Zetas. Las primeras "liberadas" del brazo armado del Cártel del Golfo fueron las ciudades fronterizas de Piedras Negras y Acuña, donde las policías estatales y municipales estuvieron a disposición del grupo de Villarreal, cuya clave en la frecuencia de la policía ministerial de Coahuila era Halcón Primero.

En su encomienda de frenar el paso a Los Zetas, *el Grande* también pactó con el grupo criminal de Los Texas. Primero se negaban a hacer un pacto "de trabajo", pero cedieron a la petición de Villarreal luego del asesinato de Omar Rubio Lafayatt, jefe de esa célula criminal, quien fue ejecutado por instrucción del propio *Grande* para demostrar que sus propuestas de alianza no se debían someter a revisión.

Cuando Villarreal dio cuenta del abogado Héctor Mario López, *el Piteado*, a quien se asociaba con Los Zetas, Heriberto Lazcano, *el Lazca* o *el Z3*, decidió ir a combatirlo directamente. La presencia del jefe de Los Zetas en suelo de Coahuila alentó la violencia. *El Lazca* llegó con un séquito de 300 sicarios zetas. Según narró *el Grande*, Lazcano hizo público su arribo a la entidad; en un acto de provocación avisó al gobernador Humberto Moreira Valdés que permanecería en la entidad.

La estancia del *Lazca* en Coahuila no varió el nivel de confrontación entre células criminales, pero sí se percibió en el aspecto social. Los empresarios que tenían nexos con los cárteles de Sinaloa y de Juárez comenzaron a ser levantados, secuestrados y asesinados. Muchos de ellos, dedicados al lavado de dinero, decidieron dejar Coahuila, lo que hizo que el gobierno estatal arreciara su reclamo de frenar a Los Zetas ante el hombre que se hacía cargo de la seguridad en ese territorio.

El Grande —que hablaba de sí mismo en tercera persona— no tuvo más opción que intensificar la guerra a muerte contra los sicarios de Heriberto Lazcano. Comenzó por reventar todas las tienditas de venta de drogas que instalaron Los Zetas al llegar a Coahuila para financiar sus actividades. Pero este cártel reaccionó: comenzó a infiltrar a las mismas policías estatales y municipales que estaban bajo el mando del *Grande*. Los Zetas, con *el Lazca* al frente, empezaron a dar muestras de su poder en la zona. Para nadie fue desconocido que, con el apoyo de la policía estatal y la municipal de Saltillo, *el Lazca* se paseó en diversas ocasiones frente al palacio de gobierno estatal, desde donde hizo llamadas al gobernador para informárselo. Esas incursiones fueron jalones de orejas para *el Grande*, como él mismo confesó a sus compañeros de pasillo.

Frente a ese tipo de actos de provocación, contó Villarreal, que insistía en hablar de sí mismo como si fuera un héroe, al *Grande* no le quedó más recurso que buscar la forma de contratar militares. En menos de un mes ya estaban a su servicio aproximadamente 300 soldados, que desplegó en Coahuila con la encomienda de ubicar, secuestrar y asesinar a todo aquel que pareciera miembro de Los Zetas. La cacería se intensificó en las cúpulas de la sociedad, donde, mediante el sistema de inteligencia del gobierno federal, fueron localizados empresarios, funcionarios y profesionistas ligados a ese cártel. Hubo asesinatos en balde, producto sólo de la sospecha. El secuestro y posterior ejecución del empresario Arturo Vidal Ramírez, así como de los pilotos Rogelio Puig Escalera y Gerardo Rivera Hernández, además del comandante de la Agencia Federal de Investigación (AFI) Gabriel Rangel Gutiérrez, se dieron en esas circunstancias.

Con esa estrategia de acercamiento con algunos mandos del ejército, *el Grande* pronto logró controlar todo el estado de Coahuila. Se asentó en la zona lagunera, donde pudo realizar acciones de narcotráfico para el servicio de tres cárteles: el de Sinaloa, el de Juárez y el de los Beltrán Leyva. El financiamiento le llegaba a manos llenas y no tuvo límite para el reclutamiento de funcionarios locales y federales. En menos de cuatro años asumió la seguridad completa del estado, donde no ocurría nada sin que se diera cuenta. *El Grande* no sólo se ufanaba narrando sus historias a los presos que compartíamos aquel pasillo de segregación. A veces, cuando la audiencia estaba atosigada por el rutinario encierro y no atendía los llamados a platicar que Villarreal hacía desde su celda, buscaba a toda costa dialogar con los oficiales de guardia. Los custodios, por reglamento, tienen prohibido establecer comunicación verbal con los reos. Se les permite sólo hablarles lo necesario para dictar instrucciones, pero algunos oficiales aceptaban bajo su propio riesgo la invitación a escuchar "historias de delincuencia", como llamaba *el Grande* a sus narraciones.

Entre esas historias que le gustaba narrar, sobre todo después del pase de lista, unas veces a grito abierto para los oficiales y otras con susurros para la comunidad carcelaria —que lo escuchaba tendida desde sus camastros con la mirada clavada en el techo, como tratando de proyectar aquellas escenas en el amarillo de las paredes—, se le escuchó narrar su propia conducta sanguinaria, que después de sus supuestas relaciones con el poder político eran su máximo orgullo.

En alguna ocasión, cuando alguno de sus oyentes le preguntó desde la galera sobre la cantidad de policías que había asesinado, *el Grande* contó una serie de ejecuciones de agentes federales con exceso de violencia. "Para que no se pasen de verga", terminaba sus relatos a manera de rúbrica. Decía que la mayoría de las ejecuciones eran asuntos de negocios, porque en casi todos esos casos los policías intentaron robar a los cárteles para los que trabajaban, aunque reconoció que los asesinatos de policías se dieron con más frecuencia cuando ya *el Grande* era jefe de sicarios del cártel de los hermanos Beltrán Leyva.

"*El Grande* —decía con solemnidad— no mata porque sí. Sólo cuando lo quieren hacer pendejo, porque pendejo no es."

Contó la vez que mató a un agente de la PGR llamado Jesús Reyes Espino, quien era su emisario y se encargaba de pagar a funcionarios y policías federales desplegados en Coahuila. El monto que se les entregaba en conjunto era superior a dos millones de dólares mensuales. Reyes Espino se había ganado la confianza del *Grande* porque le ayudó a reclutar por lo menos a media docena de funcionarios de la PGR, la mayoría de ellos del grupo de militares asignados a labores de inteligencia en la guerra contra el narcotráfico.

La última misión que se le encomendó a Reyes Espino, después de colaborar con Villarreal durante más de seis meses, fue buscar la forma de corromper al delegado de la PGR en Nuevo León. Él aseguró que podía hacer el contacto y se comprometió a entregar un millón de dólares al funcionario para atraerlo. Urgía comprarlo —explicaba ufano *el Grande*— para garantizar el paso de grupos de sicarios desde Coahuila hacia Tamaulipas, en un intento de arrebatarle el bastión a Los Zetas, que a su vez fueron replegados por las fuerzas federales asignadas para la recuperación de la seguridad pública en los municipios de La Laguna.

Se le entregó el millón a Reyes Espino.

"Yo mismo estuve viendo cuando los muchachos empaquetaron el dinero: eran fajos de billetes de 20 dólares acomodados perfectamente en una caja de huevo Bachoco. Para los que tengan duda de cuánto bulto hace un millón de dólares —dijo, dirigiéndose a la silenciosa audiencia—, ya pueden decir que un millón cabe en una caja de huevos."

Pero el dinero nunca fue entregado. Reyes Espino desapareció de Coahuila y *el Grande* montó en cólera. Al momento de platicar la historia todavía resoplaba de coraje por la traición. El delegado de la PGR en Nuevo León ni siquiera se dio por enterado. Villarreal dijo que en forma inmediata lanzó una alerta de búsqueda entre todos los grupos de policías, militares y sicarios que tenía desplegados en la zona norte del país, desde Tijuana hasta Tamaulipas. No pasaron ni cinco días cuando fue informado de la aparición del prófugo: fue detenido cuando intentaba llegar a San Luis Potosí para adentrarse en el centro del país, donde la presencia del *Grande* no era tan abarcadora.

Reyes Espino fue llevado ante Villarreal. En algún lugar de Saltillo "*el Grande* se encargó de atenderlo personalmente", dijo. La pura narración de la tortura a la que fue sometido el agente de la PGR antes de ser ejecutado tardó casi cuatro horas: comenzó al filo de las nueve de la noche y para las dos de la mañana apenas estaba explicando la forma en que el sentenciado a muerte era desatado de la silla en que lo inmovilizaron. *El Grande* comenzó a patearlo en el suelo. El cuerpo de Reyes Espino ya parecía inerte pero se sabía que estaba vivo, según el detallado relato, por el estertor que emitía cuando salían de su boca borbotones de sangre. El agente del Ministerio Público federal murió a golpes. Sólo por trámite le sujetaron una soga al cuello y lo estrangularon.

El cuerpo del agente de la PGR fue trasladado de Saltillo a las inmediaciones de Ciudad Lerdo, en Durango, como parte de la estrategia para no "calentar la plaza". Con el fin de despistar las investigaciones, *el Grande* ordenó que se le pusiera una leyenda en una cartulina como si fuera un narcomensaje entre bandas locales del crimen organizado. Se le ocurrió que uno de sus sicarios escribiera: "Chinga a tu madre, voy a acabar contigo y toda tu gente". El mensaje no iba dirigido a nadie. El cadáver fue abandonado a la orilla de la carretera que comunica a las comunidades de El Huarache y Nazareno.

Al *Grande* le gustaba matar a patadas. Contó que para eso tenía un calzado especial. Era un par de botas de armadillo, amarillas, que le había regalado un comandante de la AFI que estaba adscrito a la ciudad de León. Las botas estaban reforzadas y tenían punta metálica. Cada patada que descargaba sobre la humanidad de sus víctimas —suponía él— equivalía a un ariete de más de 120 kilos. Su fama de matar así era reconocida entre los sicarios que tenía a sus órdenes. Para complacerlo, algunos de sus lugartenientes le ofrecían, como una especie de ofrenda, víctimas para que diera rienda suelta a su ira.

Las narraciones de muertes a patadas fueron incontables en los pasillos de la cárcel federal de Puente Grande. *El Grande* se solazaba contando aquellas escenas que a veces parecían existir sólo en su cabeza, por la forma insólita en que ocurrían los asesinatos y la aparición climática que siempre hacía Villarreal. Su escena preferida en cada ejecución era cuando la víctima ya estaba tendida en el suelo —a veces desvanecida como resultado de las sesiones de tortura, a veces obligada a punta de pistola por los sicarios— y entonces el sicario pateaba su cabeza como si se tratara de un balón. Con mucho detalle narraba que en ocasiones hizo volar pedazos de sesos por todos lados.

"Una vez —contó en el extremo del éxtasis— miré cómo los ojos de un zeta quedaron pegados en la pared luego de la patada que le puse en la nuca."

Sus historias, siempre llenas de colorido, a veces rayaban en lo dudoso, pero eran narradas con entusiasmo. Noches enteras habló de sus proezas y de los supuestos roces que tuvo con el poder, tratando de demostrar a los silenciosos vecinos del área de Tratamientos Especiales que su presencia en la prisión no era producto del infortunio, sino de una estrategia personal para sortear la crisis en la que ya en ese tiempo se encontraba el cártel al que pertenecía.

Sin embargo, a veces dejaba ver la posibilidad de fugarse. Cuando las condiciones generales de la cárcel arreciaban para todos, se suspendía la comida o simplemente *el Grande* se cansaba del encierro, se le oía decir que un día tomaría la misma decisión que *el Chapo*. Porque él siempre se sintió como *el Chapo* en Puente Grande, aunque su poder no le alcanzara para comprar a todo el penal y su nivel de corrupción sólo llegara a la esfera de algunos comandantes de turno.

"Esta cárcel ya me tiene hasta la madre", decía una y otra vez, cuando no estaba narrando sus aventuras como sicario. Después él mismo se tranquilizaba y comenzaba a contar algún pasaje de su historia.

Algunos reos entendieron que Villarreal intentaba parecerse al *Chapo* Guzmán en Puente Grande, por lo que a principios de 2011 se corrió por todos los pasillos una especie de apuesta sobre la posibilidad de que también él se fugara. En esa prisión federal siempre hay apuestas. Las más funestas son para pronosticar el suicidio de algún preso; las más alegres y menos socorridas son para acertar a la posible libertad de algún reo célebre. Como no se maneja dinero dentro del penal, se apuestan los alimentos que en raciones raquíticas se dan a todos los reos. Se juegan tortillas, un pedazo de naranja, una manzana o un dulce de los que ocasionalmente se reparten como postre. Las apuestas acerca del tiempo estimado en que *el Grande* se fugaría llegaron a ser hasta de un año de tortillas o seis meses de pedazos de naranjas. Yo aposté con mi compañero de celda a que el capo se iría en menos de dos meses. Intentaba ganarme un año de ración doble de tortillas. Las proyecciones más optimistas le daban una estancia de no más de seis meses en la prisión; los más pesimistas aseguraban que no tardaría un año.

El Grande supo de la apuesta que se estaba corriendo en todo el penal y la convirtió en su juego favorito: todos los días mandaba señales a sus escuchas sobre la fecha en que presuntamente estaba determinando para salir de la prisión. A veces decía que estaba muy cansado de permanecer en aquellas condiciones y que estaba "haciendo movimientos para que todo concluya, a lo mucho, en tres semanas". Otras veces se sentía más pesimista y declaraba estar a expensas de la voluntad de los jueces. Insistía, como en un rito de salvación imaginaria, en las gestiones que su "amigo Felipe, el de la presidencia", pudiera hacer por él. Al menos en los pasillos de Puente Grande ése era el grito de guerra del sicario preferido del cártel de los hermanos Beltrán Leyva.

También era insistente en su cercanía familiar y personal con el ex alcalde de Torreón, Guillermo Anaya Llamas, del que una vez aseguró que le había asignado "un equipo de trabajo para hacer algunos negocios". *El Grande* estalló en cólera cuando, desde un extremo del pasillo, el reo Alejandro Beltrán Coronel, sobrino del célebre narcotraficante Nacho Coronel, le reclamó y casi le exigió que no se anduviera por las ramas, que fuera claro en sus narraciones y explicara a ciencia cierta a qué se refería con eso de "un equipo de trabajo".

"Qué vergas quieres decir con eso de 'para hacer unos negocios'", lo increpó.

El Grande puteó y pataleó en su celda. Era un niño berrinchudo cuando se le contradecía. Era fácil hacerlo perder el equilibrio. En su desesperación, al ser provocado golpeaba con puños y pies las paredes. En el silencio de los somnolientos corredores del área de segregación retumbaban como explosiones en el centro de la tierra los golpes a las paredes de aquel que a veces aullaba de coraje.

—Dale gracias a Dios que estás lejos y bien asegurado en tu celda —le respondió iracundo—, que si no fuera por eso ya te estaba moliendo a patadas.

—No me salgas con mamadas —insistía Beltrán Coronel—, sólo dime qué es lo que quieres decir con eso de "un equipo de trabajo". Pendejos como tú son los que demeritan al narcotráfico. No se llaman "equipos de trabajo" —rezongó—, se llaman sicarios, banda, plebes, y tampoco andamos haciendo "negocios". Andamos en la maña, en el narco, en la chingadera...

La intervención de un tercer interno, Carlos Rosales, que había estado en silencio durante los últimos días, hizo que el debate sobre la semántica del narco se acabara al poco tiempo de nacer. Pidió calma a los dos exaltados internos e invitó al *Grande* a seguir con su narración, no sin antes solicitarle de manera atenta —porque Carlos Rosales siempre fue un hombre muy cortés con todos sus compañeros de prisión— que le explicara a Beltrán Coronel a qué se refería cuando hablaba de negocios y equipo de trabajo. *El Grande* acató la instrucción a que se vio obligado por la serenidad y la amabilidad con que se la deslizó Carlos Rosales, el fundador de los grupos de narcotráfico en Michoacán, al que todos en prisión le decían Carlitos como muestra de respeto.

"Eran escoltas —se escuchó la voz del *Grande*, en actitud de regaño, recurriendo a su fantasía—, me los puso mi pariente para que me ayudaran en el trasladado de dinero y cocaína. Era un grupo de policías municipales de Torreón que yo inicié en el narcotráfico."

Aseguraba, ante los escuchas que comenzaron a acostumbrarse a sus relatos enloquecidos, que aquel equipo asignado por el que fuera alcalde de Torreón y compadre de Felipe Calderón también estaba integrado por algunos ex escoltas del entonces secretario de Seguridad Pública federal, Genaro García Luna. Dijo que uno de esos escoltas, al que llamó *el Monín*, era el enlace directo con el equipo cercano de García Luna, encabezado por Luis Cárdenas Palomino, al que luego se le atribuyó la autoría intelectual de la llamada Operación Limpieza, que habría de cimbrar la estructura de la PGR y terminó con la reclusión de 25 funcionarios federales, acusados de nexos con el crimen organizado.

Platicaba que el grupo de sicarios asignados al *Grande* fue el que hizo la labor sucia para limpiar Coahuila de zetas. Narró infinidad de ejecuciones, compra de funcionarios locales y eventos de trasiego de drogas. También contó con detalles cómo aquel grupo, asignado desde las cúpulas del poder por Anaya Llamas, se convirtió en promotor de un plan de pacificación que salió desde Los Pinos, el cual consistía en hacer una cumbre con todos los jefes de los cárteles operantes en México para alcanzar un acuerdo de paz.

El Grande —según su dicho chocante con la realidad— fue el mensajero personal de la cúpula de gobierno. A su decir, se le comisionó para que convocara a todos los cárteles a una tregua, por lo que reprimió su vocación asesina y comenzó a liberar a todos los contrarios que sus hombres capturaban en Coahuila. A los hombres de Los Zetas, que interceptó meses antes de su propia detención, los dejó en libertad con la condición de que llevaran a sus jefes la propuesta de organizar una reunión para pactar la paz. La tranquilidad y la honorabilidad de la reunión estaría garantizada por representantes del ejército.

El mismo mensaje se hizo llegar a otros jefes de cárteles, entre ellos de La Familia Michoacana, que entonces también tenía presencia en la zona. A Jesús Méndez Vargas, *el Chango*, se le convocó a la cita que tendría que definirse en lugar y fecha que dispusiera la Presidencia de la República. El mensaje se le hizo llegar de la misma forma al *Chapo* Guzmán y a la directiva del cártel de los Beltrán Leyva.

La intención de la presidencia, según le dijo *el Monín* al *Grande*, era que la cumbre entre los jefes del narcotráfico del país se llevara a cabo antes de que terminara 2010. Estaba planeada para la primera quincena de agosto, con el fin de que el 15 de septiembre, cuando Felipe Calderón alardeara del vano nacionalismo de su administración con las fiestas del centenario del inicio de la Revolución y el bicentenario de la Independencia, no hubiese ni un solo ejecutado por narcotráfico en México. Por eso se le encomendó al *Grande* convocar a la cumbre de pacificación. Él dijo que se esforzó e incluso les ordenó a sus sicarios que no mataran sin razón.

Inclusive contaba con algo de falsa modestia que entre mayo y agosto de 2010 las células bajo su mando "se ganaron el cielo" al perdonarles la vida a poco más de 300 sicarios de los cárteles del Golfo y Los Zetas, que se negaron a aceptar el acuerdo de paz lanzado desde la presidencia. A decir del *Grande*, el primer cártel que se alineó a las instrucciones del gobierno federal fue el del *Chapo*. A finales de mayo llegó un emisario de Guzmán Loera que le hizo saber al *Grande*, quien entonces vivía entre casas de seguridad de Saltillo y de Puebla, que el Cártel de Sinaloa estaba dispuesto al diálogo y que *el Chapo* tenía la voluntad de llegar a un acuerdo con la presidencia y con todas las instituciones de seguridad para terminar con el baño de sangre en el que se estaba ahogando toda la nación. El enviado personal del *Chapo* también le manifestó al *Grande* su deseo de llegar a un pacto de paz con todas las bandas del narcotráfico, "siempre y cuando se hiciera una distribución equitativa de todo el país para que nadie cobre derecho de piso sobre los otros cárteles". Sólo había una condición de Guzmán Loera: que toda la costa del Pacífico siguiera bajo resguardo de su organización, la cual garantizaba paz y seguridad para la población civil.

Al *Grande* le dio gusto conocer la disposición del *Chapo*. Sabía que era "el jefe de jefes" de los cárteles y que su adhesión a la propuesta oficial sería un aliciente para que los otros cárteles se sumaran. El emisario del *Chapo* fue tratado como un verdadero dignatario por parte del grupo anfitrión en Saltillo. A él y a sus cuatro escoltas les hicieron una fiesta que duró más de cuatro días y en la que hubo de todo lo que el cuerpo puede desear. *El Grande* se preciaba de ser buen anfitrión y de esa forma le mandó un mensaje de gratitud al *Chapo*. Entonces, a través del *Monín*, que tenía contacto directo con García Luna, le informó a la presidencia que las gestiones para la reunión cumbre del narco iban por buen rumbo.

"*El Chapo* no objetó ninguna sede para la cumbre —contó Villarreal—, sólo pidió que hubiera garantías para que ninguno de los presentes en la reunión acudiera armado."

La intención de los organizadores del encuentro de capos era realizarla en dos sedes donde podrían pasar inadvertidos todos los asistentes: Acapulco, Guerrero, y Puerto Vallarta, Jalisco. *El Grande* explicaba desde su calenturienta imaginación que los gobernadores de los dos estados eran cercanos al presidente y estaban dispuestos a colaborar en el evento y garantizar la seguridad de los asistentes. Una sede alterna que ofreció el propio Villarreal para la cumbre de capos, por si alguien no quisiera ir a Guerrero, fue el estado de Coahuila, donde la seguridad del encuentro correría a cargo del gobernador Humberto Moreira.

La sede del encuentro no fue el problema de los jefes que fueron aceptando la invitación. El obstáculo, como reconoció el mismo Villarreal, fue siempre la desconfianza de unos hacia los otros. Por ejemplo, Héctor Beltrán Leyva aceptó siempre y cuando se le permitiera presentarse con un grupo de escoltas armados discretamente. Manifestó su plena desconfianza por la presencia de quien fuera el representante del cártel de los hermanos Arellano Félix. También propuso que no se permitiera la asistencia de Heriberto Lazcano, al que consideró un traidor a cualquier causa de buena fe que se pudiera plantear en la mesa de diálogo. *El Lazca*, por su parte, ni siquiera respondió a la invitación. De hecho, no aceptó la propuesta de paz que le hizo *el Grande* al perdonar la vida de todos los zetas que su gente ubicó en la zona de Coahuila.

A decir del *Grande*, en aquellas pláticas de largas horas que hilvanaba en las tardes grises de Puente Grande, cuando sus monólogos mantenían en el borde del suspenso a los hombres más peligrosos del país, que habían visto y vivido lo indecible, contó que otro de los que aceptaron reunirse en la proyectada cumbre del narco fue el jefe de La Familia Michoacana. Jesús Méndez Vargas, al ser convocado al encuentro, mandó decir que sí tenía la intención de reunirse con todos los jefes del narcotráfico para llegar a un acuerdo de paz.

"*El Chango* Méndez Vargas fue el único que propuso que después de los diálogos de paz se abriera un espacio para llegar a acuerdos de negocios entre particulares, sin injerencia del gobierno federal", recordaba Villarreal.

Ninguno otro de los que aceptaron participar en aquel encuentro había propuesto que éste se utilizara también como foro de negocios para todos los involucrados en el trasiego de drogas. Por eso *el Grande* siempre reconoció que todos los narcos de Michoacán eran buenos para hacer tratos. Ése es un principio que no rige en otros cárteles, reconoció. De hecho, *el Grande* se lamentaba en la prisión del grado de "fanatismo" que se estaba apoderando del crimen organizado. "La mayoría de los sicarios sólo matan por matar", reflexionaba, y entonces terminaba por reconocer la honorabilidad de los viejos fundadores del narcotráfico. Nunca ocultó su admiración por Rafael Caro Quintero, al que de manera frecuente intentaba hacer llegar saludos con algunos de los oficiales de custodia que tenía a su servicio.

Cuando no estaba hablando de sus glorias como sicario y emisario de los grupos políticos que mantenían el control del país, Villarreal se pasaba los días contando —desde su punto de vista muy particular— las historias que conocía de los grandes narcotraficantes. A veces no eran otra cosa que adaptaciones personales de los corridos de Los Tigres del Norte. Así contaba algunos pasajes históricos de Pedro Avilés, Pablo Acosta Villarreal —del que aseguraba era su familiar en línea directa—, Lamberto Quintero, Amado Carrillo Fuentes, Rafael Caro Quintero y Miguel Ángel Félix Gallardo, principalmente. La debilidad del *Grande* por estos personajes era tal que siempre estaba sobre los oficiales de custodia que tenía a su servicio para que ubicaran dentro del Cefereso 2 de Occidente a los presos que estuvieron cerca de ellos. Cuando localizaban a un ex colaborador de éstos o a un familiar, incluso en el grado más lejano, *el Grande* establecía contacto con él mediante cartas.

Por eso era común que en la cárcel federal de Puente Grande algunos reos recibieran cartas de Villarreal, principalmente reos sentenciados a quienes los oficiales de custodia sabían allegados a los viejos capos. Primero enviaba esas misivas a sus abogados, y éstos a su vez, con nombres distintos, las hacían llegar a los internos. En sus cartas, *el Grande* era atento: iniciaba con un saludo al destinatario y manifestaba su deseo de conocer más a fondo la personalidad del personaje del que se tratara. Firmaba todas las cartas con su primer nombre de pila y su apellido paterno: Sergio Villarreal, no sin antes manifestar su deseo de que "la fuerza de Dios" estuviera en el corazón de aquel interno. Siempre colocaba una posdata en la que manifestaba su interés por una rápida contestación a todas las dudas que planteaba sobre el personaje en turno.

Algunos reos respondían puntualmente las solicitudes del *Grande*, y éste, en agradecimiento, ordenaba a sus oficiales de custodia que les hicieran llegar algún detalle. A veces sólo era un saludo, a veces un chocolate, una menta o un pedazo de goma de mascar que el propio custodio se encargaba de introducir al penal federal. Esa forma de acercamiento, entregar detalles personales a cambio de la contestación de sus interlocutores, fue la que Villarreal utilizó para organizar la cumbre de narcos.

Contó que a ninguno de los invitados que respondieron a su invitación para la cumbre de capos le fue mal. A cada uno de los que le mandaron decir que sí asistirían les hizo llegar un millón de dólares. Primero como una muestra de agradecimiento por la contestación, y después como una cortesía para que cada uno de los capos interesados organizara su propio esquema de movilización. Con un millón de dólares —explicaba en sus pláticas— era suficiente para comprar dos o tres camionetas blindadas. Los gastos del hospedaje y demás serían costeados por el gobierno federal, que comenzó a organizar el importante evento mediante un grupo especial de la Secretaría de Seguridad Pública.

En las historias contadas por *el Grande* a veces algunos lugares y nombres de personas aparecían indistintamente en otros sucesos fuera de tiempo y lugar, como si el rompecabezas que se iba formando en su mente repitiera piezas y tratara de embonarlas a la fuerza. Cuando eso sucedía, la callada audiencia se convertía en la iracunda masa que se manifestaba con rechiflas y mentadas de madre. Cuando sucedía eso, *el Grande* se callaba.

La cumbre estaba pactada para el 10 de agosto de 2010. Se realizaría en una casa de seguridad del puerto de Acapulco. Sería breve: se contemplaba un diálogo de entre tres y cinco horas. La reunión sería avalada por altos funcionarios de la Secretaría de Gobernación. No estaba contemplada la presencia de ningún secretario de Estado aun cuando *el Chapo* pidió dialogar directamente con el presidente Calderón. Después de la reunión para acordar las bases de la paz, los presentes en el encuentro tendrían la posibilidad —tal como lo había solicitado el jefe fundador del cártel de La Familia Michoacana— de un espacio para poder establecer rondas de negocios, pactos y alianzas entre los representantes de los cárteles. Habían acordado asistir al encuentro los representantes de los cárteles del Pacífico, del Golfo, de Juárez, La Familia Michoacana, así como los hermanos Arellano Félix y los Beltrán Leyva.

La reunión no se pudo llevar a cabo, contaba *el Grande* como quien revela el desenlace de una mala película que se anticipa desde las primeras escenas. "No se concretó porque Los Zetas hicieron todo para cerrar la posibilidad del diálogo." Las explosiones de coches bomba que se registraron en todo el país durante los primeros días de junio y la primera semana de agosto de 2010 desalentaron a los convocados. En la mayoría de los casos esos estallidos, que ante la opinión pública se presentaron como atentados sin objetivos particulares, en realidad estaban dirigidos contra los jefes de las delegaciones que acudirían a la cumbre por la paz entre narcotraficantes. Concretamente Los Zetas atentaron contra las delegaciones de los cárteles del Golfo, de Juárez y de Sinaloa. En los mensajes que se hallaron en algunas escenas del crimen, los ataques fueron atribuidos a sicarios bajo el mando de Villarreal, lo que al menos hizo dudar a todos los convocados al encuentro de capos.

"El primero en cancelar fue *el Chapo* —contó *el Grande* con algo de tristeza—, después los de La Familia Michoacana y luego los Arellano Félix."

La cancelación a sólo unos días de la fecha acordada para el encuentro hizo que el secretario federal de Seguridad Pública montara en cólera. Para *el Grande* ése fue el principio de su desgracia. Contó que el funcionario le mandó decir con *el Monín* que sólo tenía una semana para convencer a los jefes de las organizaciones del narco de reunirse para pactar. Sin embargo, por más mensajes que mandó Villarreal ya no obtuvo respuesta. Ningún jefe de cártel respondió a la nueva invitación.

Tras el desenlace de la historia, la rechifla en el pasillo no se hizo esperar. Cuando el pasillo no estaba con el ánimo de escuchar las narraciones del *Grande* había un boicot con aplausos y rechiflas justo en el momento en que el narrador comenzaba a hablarle a nadie con el consabido: "Hey, compita, le voy a platicar la vez..." Entonces el narrador solicitaba ser trasladado al área de locutorios, donde siempre estaba un abogado a la espera de que él quisiera verlo. El penal se paralizaba de nuevo y se montaba un operativo de seguridad para evitar que fuera víctima de un atentado de los leales a su ex amigo y socio Édgar Valdez Villarreal, *la Barbie*.

Pero en esa ocasión *el Grande* se defendió, dijo que sus relatos no eran actos de fe que todos tenían que creer. Aseguró que nada lo movía a mentir, pues lo que había contado no cambiaba en nada su realidad, y alegó que no lo habían mandado allá para entretener a los presos. Finalmente dijo estar seguro de que había narrado la verdad que le había tocado vivir. Entonces reiteró que él ayudó a impulsar el plan de pacificación entre las organizaciones criminales, aun cuando fue iniciativa de las cúpulas del poder, y por eso se ganó la amistad del presidente.

Y tal era esa cercanía que a mediados de diciembre de 2010 *el Grande* ya alardeaba en los fríos pasillos del área de Tratamientos Especiales de que su permanencia en prisión sería breve. Con sangre fría, al parecer seguro de sus palabras, lanzaba apuestas provocadoras a sus vecinos de celda. Alardeaba de que las puertas de Puente Grande se le abrirían pronto y hasta denostaba la fuga del *Chapo* Guzmán porque, decía, hay formas más inteligentes de salir del penal. *El Grande* tenía su propio plan para salir de ahí sin necesidad de fugarse.

Antes de que concluyera diciembre de 2010, Villarreal se convirtió en testigo protegido. La PGR de la administración panista de Felipe Calderón lo acogió en el programa de beneficios con el fin de que delatara las estructuras criminales que él aseguraba conocer plenamente. Cuando esto se supo en el pasillo le llovieron amenazas de muerte. *El Grande* tuvo que guardar silencio y no volvió a contar ninguna historia. A veces le ganaba la necesidad de hablar, pero la mitigaba con soliloquios que se escuchaban apenas como murmullos desde su celda.

Ante un juzgado federal, *el Grande* ofreció poner al descubierto la red de corrupción que estaba afectando la operatividad de la PGR: fue el principal soporte de la mediática campaña conocida como Operación Limpieza. Esta acción estelar del presidente Calderón se convirtió, a falta de pruebas contra los indiciados, en la mayor pifia de su guerra contra el narco.

El Grande se presentó ante el juez de la causa y durante dos semanas, en periodos hasta de cuatro horas diarias, declaró una serie de historias similares a las que narraba en la mazmorra de Tratamientos Especiales, a través de las cuales intentaba contar cómo el cártel de los hermanos Beltrán Leyva, en la época en que él era su sicario favorito, se hizo del control de la PGR mediante la compra de funcionarios a los que —consta en el expediente— entregaba maletas con dinero: hasta cinco millones de pesos al mes.

Las acusaciones de Sergio Enrique Villarreal fueron enfocadas sobre el que fuera titular de la Subprocuraduría de Investigación Especializada en Delincuencia Organizada (SIEDO), Noé Ramírez Mandujano, y 24 funcionarios menores, entre ellos Fernando Rivera Hernández, Miguel Ángel Colorado González, Jorge Alberto Zavala Segovia, Luis Manuel Aguilar Flores, Arturo González Rodríguez, José Manuel Ramírez Cabañas, Moisés Minutti Mioni, Mateo Juárez Vázquez, Antonio Mejía Robles y José Antonio Cueto López. De todos los señalados en las historias del *Grande* solamente se pudo sentenciar a Jorge Alberto Zavala Segovia.

Con el repudio generalizado de toda la población de internos de Tratamientos Especiales, *el Grande* intentaba hacerse chiquito cada vez que pasaba frente a las celdas de los que intentaba incriminar en sus declaraciones como testigo protegido. Se agachaba y a veces se escondía detrás del séquito de vigilantes que lo trasladaba al juzgado. Fingía no escuchar las mentadas de madre de los reos, que lo reconocieron pronto como un traidor de la delincuencia organizada. Mateo fue su nombre clave como testigo protegido de la PGR de Marisela Morales. Con ese nombre respondía ante el juez. A mediados de diciembre argumentó que estaba en riesgo su vida en la prisión de Puente Grande, por lo que solicitó su traslado. Incluso pidió que lo extraditaran, pues aseguraba que en ninguna cárcel de México estaría seguro, dada la magnitud de las revelaciones que hacía. El juez aceptó enviarlo a una cárcel de Estados Unidos.

Un guardia de seguridad y custodia, de los que le asignaban para su cuidado mientras era trasladado por los pasillos de Puente Grande, le informó a la población carcelaria sobre la pronta extradición del *Grande*; fue diciendo por los pasillos —mientras Villarreal era atendido en el servicio médico por una diarrea infecciosa que atribuyó al putrefacto menú del día— que *el Grande* había logrado un acuerdo con el juez: ofreció decir todo lo que sabía sobre la infiltración de la PGR a cambio de que mejoraran sus condiciones de vida y le respetaran el cuantioso patrimonio acumulado en más de 20 años de ser asesino a sueldo y narcotraficante.

El juez, tal vez lleno de morbo, también indagó en la memoria del delincuente sobre las relaciones que tenía con la clase política, incluidos el presidente Calderón, el secretario de Seguridad Pública Genaro García Luna, el senador José Guillermo Anaya Llamas y funcionarios como Luis Cárdenas Palomino. Tan convincentes fueron las historias de Villarreal que el mismo juez realizó las gestiones ante la PGR no sólo para enviarlo a una prisión "cómoda" en Estados Unidos, sino para conseguir que se le otorgara un sueldo permanente durante su reclusión, con el argumento de que los hijos del sicario necesitaban una educación adecuada. Por alguna razón la PGR decidió no sólo hacerse cargo de los gastos familiares del *Grande*, sino respetarle la propiedad de tres ranchos, dos aviones, cinco mansiones y media docena de negocios.

El pitazo del oficial de custodia enardeció a la clica. El día que se supo de la extradición del *Grande*, la cárcel federal de Puente Grande fue un manicomio. De todas partes llovían mentadas de madre al gobierno y al juez. Algunos reclamaban que se les diera el mismo trato. Todos decían tener historias de colusión con mandos del gobierno federal. Hubo un reo que hasta decía poseer información de amoríos con la esposa de un ex presidente de la República, pero dijo que sólo se la contaría al juez a cambio de su salida de Puente Grande.

En respuesta, Villarreal derrochó burlas sobre los presos enardecidos. Era hiriente. Ya con el aval para su traslado a una prisión de Estados Unidos, no pasaba día sin recordarles a sus compañeros de pasillo que se iban a morir en aquellas mazmorras. Le gustaba proyectar una imagen de su próxima vida de recluso extraditado: una prisión en el cálido clima texano, con dos negros a su servicio para abanicarlo cuando hiciera calor, visitas conyugales a destajo y su ración diaria de pollo frito y coca cola. Algunos reos babeábamos escuchando las vívidas narraciones del sicario.

Atrás habían quedado los días en que lo medio mataron al ingresar en la cárcel federal. Ya no se dolía del encierro, como en los primeros días de prisión. No perdía la oportunidad para recalcar a su enardecida audiencia la bondad de su imaginario amigo el presidente, que estaba dando muestras de que lo sacaría de prisión a la brevedad. Hasta esos momentos, con el ánimo desbordado por las imágenes que él mismo se creaba de la vida en Texas, comenzó a revelar cómo fue el momento de su detención. Insistía en que no había sido capturado y que su presencia ante un juez federal fue acordada entre sus patrones, por los que habló Héctor Beltrán Leyva, y el secretario de Gobernación. Tan había sido acordada su entrega, enfatizaba, que horas después de su aprehensión, cuando fue llevado a las oficinas de la PGR para rendir su declaración ministerial, le preguntaron qué deseaba desayunar.

"Pedí un caldito de menudo —decía entre risas que trataba de ahogar—, porque traía una cruda de la chingada. Y el comandante que me atendió fue buena onda; me dio hasta una raya de coca para alivianarme."

Decía que el acuerdo de su entrega lo recibió sin chistar. Héctor Beltrán, su jefe directo, estaba resentido con él desde la detención de su hermano Alfredo, *el Mochomo*, que ocurrió el 21 de enero de 2008. Si bien *el Grande* no era el responsable de su seguridad, sí se encargaba de las relaciones con el gobierno y la sospecha cayó sobre él. Héctor tomaba un descanso en un departamento de Morelos cuando fue informado de la detención de Alfredo. Montó en cólera, sacó una pistola y la descargó al aire ante la mirada nerviosa de sus escoltas. Estrelló la botella de Buchanan's que tenía sobre la mesa contra la vidriera europea que le había regalado el gobernador panista Marco Antonio Adame Castillo y pidió la presencia inmediata del hombre de su confianza, *el Grande*. Lo mandó traer desde Puebla en un helicóptero de la policía estatal de Morelos.

Con los ojos vidriosos de coraje y llanto —contó Villarreal—, Héctor Beltrán le pidió una explicación rápida sobre la detención de su hermano. Le recriminó los pagos millonarios que hacía el cártel para garantizar la protección de todos los niveles de gobierno y con el fin de que su familia no fuera tocada ni siquiera en los medios de comunicación.

"No supe qué decir. Ésa fue una de las pocas veces que he tenido miedo", confesó el sicario.

Héctor Beltrán le ordenó que hiciera una investigación a fondo "para ver a quién hay que matar". La reunión duró menos de 10 minutos. *El Grande* comenzó a hacer llamadas a sus contactos de la PGR. Luego se sabría —consta en sus declaraciones ministeriales— que habló con el capitán Fernando Rivera. Pactó una reunión en la Ciudad de México para que se le informara de dónde había salido la información utilizada para ubicar a Alfredo Beltrán Leyva en la colonia Burócratas, de Culiacán.

Dijo que el capitán Rivera ofreció darle un informe detallado de la operación al día siguiente, en un restaurante Vips de la avenida Reforma. El funcionario, dijo *el Grande*, estaba acompañado de los comandantes Milton Cilia y Roberto García, a los que Rivera les ordenó recabar la información de inmediato.

En menos de 24 horas Villarreal ya tenía los nombres de los soplones: eran dos agentes de la policía ministerial de Sinaloa. La información que le entregó Rivera no se limitaba a la detención; también le informaron qué se había incautado en la casa donde fue detenido el menor de los Beltrán Leyva y hasta le propusieron ayudarle a liberarlo.

Después de informar a su patrón Héctor Beltrán sobre los avances de su investigación, éste le ordenó al *Grande* una acción rápida para rescatar al detenido. Villarreal reunió a casi 200 hombres que llegaron desde distintas partes del país a la Ciudad de México para asaltar las instalaciones de la SIEDO. Los entonces aliados de los hermanos Beltrán Leyva, Joaquín Guzmán Loera e Ismael *el Mayo* Zambada, no quisieron participar en la operación. Con sólo las huestes de los Beltrán Leyva, el ataque estaba programando para la medianoche del 24 de enero, pero no se llevó a cabo porque *el Mochomo* fue trasladado siete horas antes al penal federal de Puente Grande.

Villarreal aseguraba que en ese momento se dio el rompimiento entre los Beltrán Leyva y el Cártel del Pacífico, pues en la lógica de los primeros no cabía la negativa del *Chapo* Guzmán a participar con sus hombres en una empresa del tamaño del asalto a las instalaciones de la SIEDO. Y es que *el Mochomo* no sólo era su socio, sino también su pariente, porque estaba casado con una prima hermana del *Chapo*. El desaire fue considerado por Héctor Beltrán como un rompimiento tácito a la alianza que por años habían mantenido en el trasiego de drogas.

Por otra parte, Héctor Beltrán nunca le perdonó al *Grande* que "permitiera" la detención de su hermano menor. Se lo recriminaba cada vez que se veían. Seguramente por eso Villarreal le vendió la idea de que la detención de Alfredo en realidad había sido ideada por *el Chapo* Guzmán. El propio *Grande* se convenció de su conclusión. En la cárcel contó que la captura del *Mochomo* fue producto de una negociación que hizo Guzmán a cambio de la liberación de su hijo Archivaldo y por eso se negó a enviar a su gente para liberar a sangre y fuego al *Mochomo*, como se lo propuso *el Grande*.

Aquella conjetura que dijo en voz alta en la cárcel de Puente Grande hizo a Villarreal aún más odiado entre la población penitenciaria. Sin medir las consecuencias comenzó a despotricar contra *el Chapo* Guzmán. Por eso creció más el encono. Si en algún lugar *el Chapo* es increíblemente popular, por lo que se consideran sus cualidades humanas, es en Puente Grande. Ahí su fama se ha mantenido como una leyenda que se cuenta de un reo a otro. Por eso cientos de ellos planeaban en la soledad de las noches alguna forma de matar al *Grande*. Nadie pudo tocarle ni un pelo; a lo sumo llegaron a escupirle la cara, mentarle la madre y algunas veces le lanzaron excremento cuando pasaba por el pasillo.

Pero él fanfarroneaba y se burlaba frente a la celda de cada preso que lo agredía. Adentro, los presos no eran otra cosa que fieras enjauladas que se sacudían, sujetos a los barrotes. Vociferaban. Berreaban. Se sacudían el odio. Pateaban la reja ante la impotencia de tener enfrente al insolente, pero resultaban incapaces de conseguir la venganza que nadie les había pedido. Era una cuestión de hombría reivindicar la rectitud del *Chapo*.

En cierta ocasión un reo al que apodaban *el Manitas* fue más allá: pudo sujetar de la camisola al *Grande* cuando pasaba frente a su reja. En un descuido de los guardias que lo trasladaban al juzgado, donde seguía contando las historias de corrupción de algunos funcionarios de la PGR, lo agarró, lo estrelló contra la reja e intentó asfixiarlo.

El minúsculo preso era una lapa pegada a los barrotes y logró mantener al gigante adherido a la celda. *El Grande* intentaba soltarse, jalaba aire, pedía el auxilio de sus escoltas. Era un animal en la trampa que conocía su destino.

La rápida intervención de los oficiales de custodia salvó a Villarreal de morir asfixiado. Los internos del área de Tratamientos Especiales fueron rociados con gas lacrimógeno. *El Manitas* fue sometido, abrieron su celda y cinco guardias ingresaron para vaciar directamente sobre su rostro los aerosoles de cargo. Tras decretarse el código rojo, que se activa cuando un reo intenta fugarse, otro puñado de custodios entró a la celda del agresor. Lo molieron a golpes. Su cuerpo inerte fue arrastrado por el pasillo ante los llorosos ojos de los internos que a fuerza de frotar intentábamos quitarnos la sensación picante del lacrimógeno.

A los dos días se supo en aquella sección de Puente Grande que *el Manitas* había fallecido. Sus familiares reclamaron el cuerpo y recibieron una escueta explicación de la autoridad penitenciaria: el interno José Manuel Higuera Hernández murió de un infarto agudo al miocardio luego de asistir a tareas de recreación en el patio. *El Grande* retó a toda la población carcelaria. Recordó que la misma suerte correría el que se atreviera a atentar contra él. No perdió la oportunidad de traer a cuento su supuesta buena relación con el presidente.

Las disposiciones oficiales para la seguridad de Villarreal en Puente Grande cambiaron. A partir de ese momento, cada vez que fuera trasladado por los pasillos de la prisión, todos los internos tendrían que alejarse de la celda, colocarse boca abajo en el piso y poner las manos sobre la cabeza. A veces esas disposiciones eran extremas y no se permitía siquiera que alguien hablara desde que *el Grande* salía de su celda. Todo el penal se paralizaba mientras crecía el encono. Hacia los primeros días de enero de 2011, luego de más de un mes de estado de sitio dentro de la prisión, algunos comandantes de guardia nos advirtieron que matarían al que atentara contra el sicario y después fueron flexibilizando la medida oficial. Se permitió el tránsito por los pasillos de aquellos reos que sabían no iban a atentar contra la vida del *Grande*.

CAPÍTULO 2

Con el alma en un hilo

La siguiente vez que volví a ver al *Grande* fue cuando me trasladaban del área de procesados, el módulo uno, hacia una celda del módulo ocho, en el área de sentenciados. El juez de mi causa, Roberto Suárez Muñoz, consideró que yo era culpable pese a no tener una sola prueba en mi contra y aun cuando mi acusador —el comandante que me secuestró, Ángel Ruiz Carrillo, de la policía ministerial de Guanajuato— no pudo demostrar en ningún momento sus señalamientos. Alevosamente, el juez me consideró culpable de los cargos graves de delincuencia organizada y fomento al narcotráfico, para darme una sentencia de 20 años de prisión. Casi me mató. Al menos comenzó a volverme loco.

Y es que las paredes de la cárcel federal de Puente Grande siempre me parecieron demasiado altas. El día que por teléfono me informaron acerca de mi sentencia a 20 años de cárcel, aquellas inmensas bardas crecieron varios metros más. En mi cabeza no cabía la posibilidad de pasar los próximos 20 años de mi vida encerrado en aquella prisión, donde la condición humana es lo último que se respeta. El juez que conoció mi caso decidió que no era necesario que el agente del Ministerio Público federal demostrara mi culpabilidad como en cualquier proceso normal. Para el juez segundo de distrito de Guanajuato fui culpable desde el momento en que recibió mi expediente.

La "recomendación" del gobernador panista Juan Manuel Oliva Ramírez y la ira de algunos políticos de Michoacán muy cercanos al presidente Calderón a quienes incomodé con varias notas en mi periódico local, fue suficiente para sentenciarme antes de concluir el proceso penal. Por eso no importó la ausencia de pruebas; el proceso era lo de menos. Finalmente se trataba de un juez de consigna, de esos que abundan en el sistema judicial mexicano.

La mañana que supe de mi sentencia tuve un mal presentimiento. Como casi todos los días de los últimos dos años que estuve en esa prisión, me desperté a las cinco de la mañana. Antes del grito del oficial ya estaba de pie, tratando de hacer algo para sentirme vivo dentro de aquella minúscula celda. A veces mataba el tiempo tratando de distinguir a cuál preso correspondían los ronquidos que parecían no dejar que llegara el alba. A veces me sentaba sobre la taza del baño y dejaba volar la cabeza hacia la libertad. Ese día algo me dijo que las cosas no irían bien. No quise poner mayor atención al pensamiento negativo. Pero cuando se vive en el submundo de la cárcel, con la vida pendiendo de un hilo todos los días, siempre se pone atención a las corazonadas. Una vez Armando Amezcua Contreras, jefe del Cártel de Colima y conocido como *el Rey de las Anfetaminas*, me dijo una de las leyes básicas de la reclusión: "Chuyito —me gritó desde su celda, la número 150 del módulo uno, que en ese tiempo él compartía con Rafael Caro Quintero—, aquí en la cárcel usted no se debe preocupar por no tener noticias del juzgado. De todas formas uno como preso se entera primero que nadie de lo que sucede: el culo avisa lo que viene", me aseguró con la certeza de quien había pasado más de 15 años en prisión.

Esa mañana no fue precisamente el culo el que me avisó; fue algo menos grotesco y no tan sobrevaluado lo que me dijo que tendría malas noticias. El pensamiento persistió mientras me afeitaba y escuchaba el concierto de vejigas en los retretes de aquella galera de dormitorios. Era un miércoles, tocaba llamada telefónica. Habían pasado ya 12 días sin saber de mi familia. En la cárcel la ansiada comunicación es como una bocanada de aire fresco para un moribundo. Yo era de los primeros en la lista para ser trasladado al pasillo donde había dos teléfonos, en los cuales los presos nos fugábamos con el pensamiento y nos alimentábamos anímicamente durante 10 exiguos minutos.

Para recibir la llamada familiar, los reclusos que estábamos en la lista teníamos que sacrificar la primera comida del día. Esa mañana, como todas las de la cárcel, no había de qué lamentarse pues el menú era el mismo de casi siempre: frijoles acedos, un puño de nopales mal guisados, cuatro tortillas tiesas, un pedazo de gelatina y medio vaso de avena que apestaba peor que el hocico de un perro. A mí me consumía la necesidad de saber las novedades en mi proceso. Estaba a la espera de conocer la resolución final del juez.

Tras el primer pase de lista de las seis de la mañana, el pasillo A de la sección 2-B del módulo uno quedó en total silencio. Todos, igual que yo, repasaban mentalmente el diálogo que desarrollarían a través del hilo telefónico. Nadie quería dejar para 12 días después alguna duda o pendiente con su familia. Queríamos bebernos el mundo en esos 10 minutos de conversación. Para compensar esa dificultad de comunicación los presos desarrollan una habilidad para resumir sus encargos, dudas y saludos en frases cortas, a veces codificadas. Se habla en forma telegráfica. Sólo se dice lo esencial. Nadie quiere que su diálogo sea repetitivo y por lo tanto claramente interpretado por los presos que están formados para usar el aparato.

Apenas dieron las siete de la mañana, una voz gritó desde la puerta del pasillo. El comandante de turno alertó a todos para ir al desayuno y previno a los que estábamos inscritos en la lista para hacer la llamada a esa hora. Nos recordó que perderíamos el desayuno. No comer frijoles agrios era lo de menos. El comandante dictó una lista breve de números y nombres entre los que estaban los míos. Me descansó el alma cuando me supe incluido entre los primeros en recibir la llamada porque lo común en las cárceles federales es que, sin explicación alguna, al reo se le cancele la llamada a la que tiene derecho.

El proceso de comunicación de los presos en la cárcel federal de Puente Grande es simple: nadie tiene contacto hacia el exterior a no ser por medio de sus abogados, que los pueden visitar una vez al día durante una hora, o por medio del teléfono, en una llamada que se hace por cobrar a la familia. Ésta dura un máximo de 10 minutos y no la puede recibir nadie que no sea familiar directo del preso. Para tener derecho a esa llamada el interno debe mantener un buen comportamiento y solicitarla mediante un formato que se llena tres días antes.

El personal de custodia del penal se encarga de llamar a la familia del preso desde un conmutador. No es extraño que en la mayoría de esas ocasiones no se pueda completar la conexión. Se argumenta que nadie contesta el teléfono o que una grabadora responde automáticamente. La dirección del penal determina cuál interno puede tener contacto telefónico con su familia y cuál no. Conocí presos que llevaban más de seis meses intentando hablar a su casa y los custodios siempre les daban el mismo argumento:

"Ya nadie quiere contestar sus llamadas —los oficiales desanimaban a los presos, sin verlos siquiera a los ojos, y a veces les daban la estocada—, ya no insista. Ya deje de molestar a la gente que no quiere saber más de usted."

Los presos terminábamos al borde del suicidio. Por eso aquel día, cuando salté de la litera para ir a hacer la llamada, apenas pasó el guardia rozando las rejas con el tolete comencé a mentalizarme para el momento en que se me negara la comunicación, como ya había ocurrido otras veces. Fui llevado con otros presos al estrecho pasillo de los teléfonos. Con las manos detrás, besando la hedionda pared, escuché cómo los reos que estaban en la lista antes que yo eran llamados por el oficial en turno para escuchar el cobarde sarcasmo de que nadie contestaba el teléfono. Pensé que mi suerte sería la misma, pero mi llamada sí fue atendida.

"¡Lemus, mil quinientos sesenta y ocho, acérquese ya! ¡Está lista su llamada!", gritó el oficial a cargo de la seguridad del pasillo y me desplegó el auricular.

De tres pasos llegué a él, quien me extendía el teléfono a la mayor distancia posible como si yo fuera un apestado, y le arrebaté el aparato. Antes de poder decir una palabra alcancé a escuchar al otro lado de la línea lo que me pareció un sollozo. El ladrido lejano de Horacio me inquietó más. Mi perro siempre me saludaba a través de la línea como si supiera de mi dolor. No me atreví a romper el silencio que zumbaba en el auricular. Ella habló primero. La sangre se me heló cuando escuché lo que ya presentía desde la madrugada.

"Ya dictó sentencia el juez", me dijo quedo, haciendo esfuerzos para evitar que la voz se le quebrara. Respiró hondo. Intenté pasar un trago de saliva pero tenía reseca la boca; no hay nada peor que eso y el presentimiento de la soledad.

Supuse que la sentencia era condenatoria porque no se me había avisado acerca de la decisión del juez. Eso es común en la cárcel federal de Puente Grande. La comunicación de los juzgados hacia los presos es tan lenta que en la mayoría de los casos son los familiares de los internos quienes se enteran primero de las sentencias. O como bien decía Luis Armando Amezcua, el detector de las malas noticias en la cárcel es el culo. Pero son los familiares de los internos quienes dan formalmente esas noticias. A ellos les corresponde la pesada carga de enfrentar al reo, verlo putear y rabiar como un león enjaulado. Yo ya había escuchado casos similares y me tocaba vivir mi propio calvario.

—¿Cuándo se dictó la sentencia? —pregunté como si eso fuera lo más importante. Me negaba a escuchar los años que me había dado el juez al considerarme responsable de algo que sólo había pasado en la cabeza del juzgador.

—Te declaró culpable —dijo ella secamente, y con todo el dolor de la desesperanza acumulado me soltó—: te sentenció a 20 años.

Sentí que caía en un pozo profundo y que las paredes a mi alrededor crecían infinitamente hacia el cielo. Para no caer al piso, me sujeté con una mano de los barrotes amarillos y sucios que resguardan el área de comunicación del módulo uno. Se me debió de notar la desesperanza en el cuerpo, porque de pronto sentí como flechas las miradas de los otros presos que esperaban el teléfono en el pasillo.

Nadie dijo nada. Sólo aquellos ojos grandes, del tamaño del miedo de cada preso, me comunicaban sus mejores deseos como si fueran palabras de aliento. Apreté las quijadas como para compensar la debilidad que sentía en las piernas. "Valió madre", dije mientras escuchaba la voz lejana que trataba de reconfortarme al recordar que todavía quedaban dos recursos legales para inconformarme con la sentencia.

No recuerdo qué rumbo tomó la plática telefónica. Comenzó a matarme la idea de pasar el resto de mi vida en prisión por un delito que nunca cometí. La sentencia alevosa del juez me dolió más que los seis meses de tortura que había dejado atrás durante mi estancia en el Centro de Observación y Clasificación (COC) del mismo Puente Grande. Esa sentencia dictada desde la cómoda oficina del juez, sin una sola prueba contundente, todo basado en conjeturas del agente del MP, únicamente para atender las órdenes del poder político, me dolió más que la cruel iniciación que recibí en el penal.

La iniciación como preso federal en las cárceles mexicanas es más que denigrante. Atenta no sólo contra los derechos humanos sino contra la integridad física de los presos, quienes son tratados como animales. Se les tira a matar. Ese maltrato no se reconoce en ninguna instancia oficial ni en la Comisión Nacional de los Derechos Humanos (CNDH). Sin embargo, existe. Conocí presos que quedaron lisiados de por vida luego del ritual de acceso a la cárcel de Puente Grande. También conocí casos de internos literalmente asesinados a golpes. Sus cuerpos se entregaban a los deudos con el simple cuento de que se habían suicidado o el mañoso invento de que tuvieron un infarto.

Conocí, por ejemplo, a César Fábrega Samaniego, un panameño acusado de lavado de dinero que fue detenido al lado de Ramón Martinelli Corro, a su vez sobrino del presidente de su país, Ricardo Alberto Martinelli Berrocal. A César lo lisiaron en su ingreso a Puente Grande y murió meses después, al no recibir ayuda médica tras un intento de suicidio. Se lanzó al suelo desde su litera, a casi dos metros de altura: el famoso "clavado de la muerte". A su familia le pudieron haber dicho lo que sea, pero nunca le contaron la verdad. Nunca admitieron que a César lo ingresaron a golpe limpio al penal, lo mantuvieron aislado y sin comer por días, le negaron el servicio médico y cuando estaba en silla de ruedas lo dejaban días enteros que se hiciera del baño ahí mismo, sin poder moverse.

Pude hablar con él días antes de que muriera. Hablamos —entre risas— de la forma humillante del ingreso a Puente Grande. Él me contó que le dieron con un tolete a la altura del omóplato derecho.

Lo dejaron tirado en el suelo y lo trataron como a un balón de futbol. Añadió que los oficiales de custodia dieron rienda suelta pateándole la espalda y las piernas cuando ya no las sentía por las lesiones en la columna vertebral. Sus ojos se llenaron de lágrimas, pero tuvo valor para sacar una sonrisa en medio de aquel infierno: le vi una cara de descanso cuando dijo que todos los oficiales de custodia eran unos hijos de puta.

"¡Puta se queda corto! —me dijo mientras me veía como si supiera que era la última plática que tendríamos—. ¡Simplemente no tienen madre! Pero en el infierno nos vamos a ver, pinche bola de ojetes."

César Fábrega había cometido el único delito que se puede cometer al ingresar a una cárcel federal: trató de anteponer el respeto a su persona frente a la brutalidad de los custodios. Sólo pidió que no se le golpeara y que se le tratara con respeto a sus garantías individuales. Aquella petición fue interpretada como una franca provocación por el comando encargado de dar el recibimiento a los presos de nuevo ingreso. Lo golpearon ferozmente. Lo humillaron. Lo ultrajaron. Los golpes que le propinaron los custodios le rompieron dos vértebras y le fracturaron el cráneo. Por eso perdió el conocimiento de inmediato, lo que representó otra provocación para el "comité de bienvenida". Todos los reos que se desmayan con la golpiza del ingreso son reanimados a base de golpes porque suponen que al desvanecerse el interno intenta evadir la golpiza.

Al panameño que ingresaba junto con otros dos detenidos (Ramón Martinelli Corro y Jorge Luis Álvarez Cummings) lo levantaron en vilo. El cuerpo del servicio médico interno tuvo que acudir hasta los pasillos de ingreso para levantar el despojo humano en que fue convertido Fábrega.

Él estaba procesado por lavado de dinero tras ser detenido en el Aeropuerto Internacional de la Ciudad de México. Venía desde Panamá con su novia, Ninoska Escalante Paredes, a hacer una transacción con una empresa dedicada a la importación de productos químicos y material farmacéutico. La dirección del Cefereso no informó detalladamente sobre la forma en que murió; sólo comunicó a sus familiares que el reo había fallecido por cáncer de páncreas a unos días de haber ingresado. El cuerpo de Fábrega fue incinerado, borrando la posibilidad de una autopsia que pudiera esclarecer la causa principal de su muerte.

Por los custodios se supo al interior de la población penitenciaria que el cuerpo del reo panameño había sido cremado para evitar un incidente internacional, pues hasta después de su muerte se supo que César Fábrega también era pariente del presidente de Panamá en ese entonces, Ricardo Martinelli. Éste sería su primo, toda vez que el padre de César Fábrega, el señor Julio Fábrega Sánchez, era primo hermano de la madre del presidente panameño, Gloria Isabel Berrocal Fábrega. Todos descendían del general José de Fábrega, a quien se le relacionó con bandas paramilitares durante la dictadura del general Manuel Noriega. Además, De Fábrega fue señalado como brazo ejecutor de los enemigos del régimen y como integrante de los servicios de inteligencia del G-2, el grupo al que después se relacionó con tráfico de personas provenientes del sureste asiático hacia Estados Unidos. Por su parte, Martinelli negó ser familiar de Fábrega y dijo que "en caso tal de ser pariente, sería por un parentesco lejanísimo".

El caso de César Fábrega, callado por la prensa mexicana, es una de las más evidentes muestras de la brutalidad carcelaria que predomina en el país. La cancillería nunca dio una explicación formal a los familiares del reo ni al gobierno de Panamá, porque siempre se consideró, con base en conjeturas falsas del agente del Ministerio Público federal que integró la averiguación previa, que se trataba de un miembro del cártel de los hermanos Beltrán Leyva. Y los reos más odiados en Puente Grande a principios de la primera década de este siglo eran los miembros de ese cártel, a quienes se les aplicaba el más recio recibimiento.

El proceso de ingreso a una cárcel federal dura entre 70 y 120 minutos, según haya sido clasificado el reo y a veces también cuenta la organización a la que supuestamente pertenece. Mi iniciación duró más de dos horas: era un reo "de altísima peligrosidad". Una escolta de policías federales, entonces de la AFI, me había trasladado por orden del juez de consigna de la cárcel de Puentecillas, en la ciudad de Guanajuato, a Puente Grande, en las inmediaciones de la zona metropolitana de Guadalajara, Jalisco.

Mi ingreso a prisión fue a las cuatro de la tarde. Fui esposado con las manos por detrás y obligado a sentarme en el suelo con las piernas estiradas, en forma de "V", con la barbilla pegada al pecho. La intención es adormecer todo el cuerpo del prisionero. Dos perros, a centímetros de mi cara, amenazaban con arrancarme las orejas si me movía siquiera un centímetro. Después de casi media hora de estar en esa posición tenía las piernas adormecidas por falta de circulación sanguínea. Me levantaron.

El hangar de acceso a Puente Grande se convierte en sala de tortura. Ahí recibí el primer trato humillante: el personal médico, conformado por mujeres, obliga a los presos a desnudarse completamente. Las mujeres se encargan de la revisión de todas las cavidades corporales. A base de gritos se dan las instrucciones. El interno se tiene que abrir todos los orificios y mostrarlos para gozo del personal médico. Entre risas e insultos, todo el proceso es videograbado.

Desnudo y en posición de firmes frente al personal médico recibí un vaso de agua con la instrucción de hacer gárgaras y escupir el líquido. En menos de dos minutos la tráquea y las amígdalas estaban inflamadas, la boca reseca. La sensación de ahogamiento es agotadora.

Luego se dota al preso de un uniforme café y se le da una hoja que acuse de recibido por las pertenencias con las que llega a la cárcel. Tras una revisión médica donde consta "el buen estado" en el que ingresa, al preso se le ordena seguir por un pasillo. Ahí comienza el calvario.

Fuera del alcance de las cámaras de vigilancia, el preso recién ingresado es llevado a empujones por una docena de guardias de seguridad, siempre corriendo, esposado con las manos por la espalda, con la barbilla pegada siempre al pecho para aumentar la sensación de ahogamiento. Si se detiene para tomar aire, la jauría de guardias lo comienza a golpear hasta que pierde el conocimiento. Los golpes son mortales; van a todas partes del cuerpo. Si el preso se desmaya lo reaniman a golpes, y si no se derrumba lo desmayan también a golpes. Uno a uno, todos los custodios valientemente encapuchados descargan su furia sobre su nueva víctima.

El tramo entre el hangar de entrada y el área de destino del preso —el COC— es de más de dos kilómetros. En ese trayecto los internos son detenidos unas 50 veces por los guardias para golpearlos. En ocasiones éstos utilizan toletes y perros para aniquilar más rápidamente al reo. En mi ingreso perdí la noción del tiempo y del espacio por la brutal golpiza. Todos los presos llegan bañados en sangre al COC, pero el gobierno siempre negará esta versión.

En el área de registro dactilar y revisión médica formal el interno es rapado y rasurado en seco por alguno de los violentos oficiales. La agitación por el ahogamiento y el desconcierto hace que no se sienta la navaja del rastrillo que corta pedazos de la cara. El personal médico hace un interrogatorio a gritos para conocer el historial clínico. Otra vez la revisión de cavidades corporales. La humillación es extrema con el tacto rectal. Un perito en fotografía hace el registro de todas las cicatrices y los tatuajes en el cuerpo del reo. Concluida la exploración médica, el reo es asignado a una celda de segregación, donde se le mantiene por el tiempo que ordene la dirección del penal. El reglamento marca que la estancia en el área de COC puede ser de 15 a 22 días, pero casi nunca se respeta esa disposición. Hay presos en Puente Grande que llevan 15 años en aislamiento.

El COC es la puerta al infierno. Ahí se mantiene a los delincuentes más temibles de todos los que son enviados al penal federal. Yo entré, por decreto del juez, como un reo de altísima peligrosidad, por lo que se me dictó un aislamiento de seis meses. Era parte de la terapia de reeducación a la que debía someterme —de acuerdo con el peritaje en criminalística que se me practicó— para reencauzar mi comportamiento. Fui enviado al "pasillo de los locos" o "pasillo de los encuerados", como lo llaman los oficiales de guardia y el personal médico.

Ahí conocí a un oficial que mezclaba la filosofía y el sadismo en su tratamiento a los presos. Me dijo a gritos, mientras me pateaba en el suelo, que en la cárcel el dolor físico es nada comparado con el dolor del alma que viene luego. El día que conocí mi sentencia entendí la filosofía de *Tizoc*, que era el nombre clave con el que los presos reconocíamos a ese oficial dentro del COC.

Tizoc era uno de los guardias que con mayor frecuencia era asignado a la vigilancia del COC. El apodo se lo endilgó Jesús Loya, aquel que estaba patológicamente enamorado de la enfermera a quien a su vez bautizó como la *Nana Fine*. A todos los oficiales, médicos y enfermeras Loya les puso un sobrenombre, más para identificarlos que para ofenderlos. Uno era *el Miss Clairol* porque se pintaba el pelo, *el Nueve y Medio* no tenía el dedo índice completo, *el Ojeras* por razones obvias y *la Garrocha* tenía una figura larguirucha. Bautizó a ese oficial como *Tizoc* muchos años antes de que yo llegara al COC, luego de recibir una golpiza que lo dejó medio muerto por tres días, según me contó. Por eso todos los internos del pasillo gozaban cada vez que Loya le escupía el apodo en la cara al oficial como si fuera su nombre de pila. Era casi exacto su parecido con el personaje de la película que protagonizó Pedro Infante al lado de María Félix.

Los pasitos cortos con que caminaba *Tizoc* por aquellos angostos pasillos, con el copete a media frente, traían inmediatamente a la imaginación las escenas de la película, pero este *Tizoc* era sanguinario y, tolete en mano, iba en busca de un reo que fuera objeto de su ira. El día que conocí mi sentencia no pude dejar de traerlo a mi memoria con su irónica carga de filosofía: en nada se comparaba el dolor físico padecido en los patios y pasillos del COC frente a la impotencia de saberme sentenciado.

Fui asignado al pasillo 2-B del módulo uno cuando alguien, desde la dirección de la cárcel, decidió que ya había pasado la etapa de reeducación. Se ordenó que me integrara a la población carcelaria de procesados. Cuando llegué a mi nueva celda, al primero que escuché saludarme fue a Luis Armando Amezcua Contreras. Eran las ocho de la mañana cuando me llevaron a empujones desde el COC. Escuché algunas voces decir que había llegado "carne fresca", pero sentí alivio al oír a otros, como Amezcua, que tranquilizaban al resto de los presos como el amo a sus perros.

Antes de ir a mi nueva celda, luego de seis meses de carecer de todo, se me entregó un uniforme, una cobija, un colchón y artículos de higiene personal. Volví a conocer los calzones, los zapatos y hasta los calcetines. El aislamiento había hecho su efecto: me daba miedo la gente, me costaba trabajo relacionarme con los otros presos, escuchaba ruidos y me sobresaltaba. De igual manera, comencé a desarrollar diversas fobias. Uno de los primeros que me brindaron confianza fue Amezcua, que al enterarse de mi desgracia me animó a no decaer.

Luego de escuchar mi sentencia colgué el teléfono como si ya no fuera yo mismo. Por la inercia de la costumbre caminé hacia el área de espera. Mientras el guardia no dio la orden de regresar a mi celda, los presos pegados a la pared en hilera me veían de reojo y se solidarizaron con mi incertidumbre. Algunos me dijeron en un susurro el consabido "ánimo". Desde el pasillo de los teléfonos se pueden ver las bardas que abrazan el reducido patio. Sentí de pronto como si esos muros coronados de metálicas y afiladas serpentinas crecieran con vida propia.

Para entonces ya tenía más de dos años viviendo en la celda 149 del pasillo 2-B del módulo uno, que en ese tiempo sólo albergaba a los líderes de algún cártel. Atrás había quedado mi segregación en el COC, donde estuve sometido a las "terapias de reeducación" que el juez federal de mi causa ordenó. En el módulo uno las celdas —con la misma dimensión que las del COC, de dos por tres metros— no son individuales sino para dos personas; yo la compartía con Alfredo, un reo casi 15 años menor que yo y cuya corta estatura hacía difícil creer que estaba acusado de delitos graves.

A diferencia de las estancias del COC, las de los módulos de población tienen escusado y lavabo, regadera, una mesa de concreto y litera, todo ello en seis metros cuadrados. La ventana también da al patio, no mayor que dos canchas de basquetbol. Esa ventana, recubierta con un plástico opaco e irrompible, sólo se puede abrir cinco centímetros. Al menos en los pasillos de población todos están vestidos y a veces se permite hablar y cantar en el día, dependiendo del guardia en turno.

En el pasillo pronto se corrió la noticia de mi sentencia. Es como una regla no escrita de la cárcel que, cuando alguien es sentenciado, todos los reos se suman solidariamente al compañero y le muestran su pesar, como si se tratara de un muerto. Ese día todos respetaron mi duelo. Como si hubiera un muerto tendido, nadie cantó. No hubo ninguna demostración de alegría como las que suelen ocurrir para paliar el tedio de 23 horas de encierro en la reducida celda. Nadie preguntó cómo me había caído con la noticia, pero en sus miradas sentí el abrazo de los reos más peligrosos del país. Las muestras de apoyo llegaron de las celdas contiguas y de las que están más al fondo del pasillo. Ya entraba la noche cuando alcancé a escuchar unos susurros:

—Hey, *repor* —me llamaba casi en secreto el ex funcionario de la PGR Miguel Colorado González desde su estancia, casi al final del pasillo—, no te des por vencido. ¡Ánimo! Ya verás que en la apelación la libras.

—Gracias, don Miguel —le contesté, sin muchas ganas de hacer plática.

—¡Ora, *repor*, anímate! —dijo Humberto Ramiro López Cornejo, *Cornejito*, que me alentaba con la mayor vivacidad que podía—, usted no diga que la verga es panda hasta que la tenga toda adentro —singular forma de dar ánimos la de aquel teniente venido a reo, acusado de ser parte del cártel de los Beltrán Leyva.

—Gracias, *Cornejito*; aquí estoy de pie. Vamos a ver cómo se resuelve esto en la siguiente instancia —le dije, quizá para convencerme yo mismo de que las cosas serían mejores. Temía a la corrupción del sistema judicial, pues estaba viviendo el más claro ejemplo de su mal funcionamiento.

—Todo va a mejorar, amigo —me habló Juan Álvarez Tostado Galván, que era una de las personas más reservadas en aquella sección de la cárcel—. Tenga la certeza de que su inocencia lo va a sacar de este lugar. Usted es un buen hombre, de eso no hay duda. Dios no va a dejar que estos cabrones del gobierno de Calderón le hagan una chingadera.

Traté de sonreír para mis adentros, agradeciendo el apoyo. Las palabras de Álvarez Tostado se me quedaron rebotando en la cabeza. Yo trataba de mantener la fe, pero no podía dejar de pensar que la cadena de sucesos que me llevaron a la cárcel federal de Puente Grande señalado como un peligroso criminal en realidad era una serie de chingaderas que bien pudieron ser ejecutadas por algunos funcionarios dentro del gobierno del panista Juan Manuel Oliva Ramírez.

Las voces de los otros presos siguieron filtrándose desde las celdas. Había un duelo persistente en el aire. De pronto me vi como tendido en el suelo con las voces de los otros presos animándome a vivir. Estaba asistiendo a mi propio funeral.

Como casi siempre, fue la voz del guardia la que terminó con los cuchicheos solidarios. Esa noche fue una de las peores de toda mi vida. Ni siquiera cuando estuve sometido a tortura en una casa de seguridad de la policía judicial de Guanajuato sentí tan fieramente la desesperanza. Volvió a mi mente la cara libidinosa de *Tizoc* —al que le brillaban los ojos y babeaba de placer con cada patada asestada al cuerpo de algún preso— y le concedí la razón: el dolor de los golpes en el cuerpo no es nada frente al ahogo del alma.

Esa noche, como la siguiente y las que vinieron en esa semana, no pude dormir. Intentaba conciliar el sueño en medio de las quejas y los lamentos de los otros internos, que hablan solos en la noche. El vecino de al lado, Amezcua Contreras, escuchando que yo rondaba por mi celda a deshoras de la madrugada como el animal enjaulado que era, trataba de darme ánimos.

"Ya no te atormentes, Chuyito —me dijo con la voz de un niño que no acaba de verse asombrado por la simpleza de las cosas—. Todo se te va a solucionar. En los años que llevo de preso he visto salir a verdaderos criminalazos; con mayor razón tú, que dices no tener nada que ver en esto de la delincuencia organizada."

Las palabras de Amezcua Contreras fueron de mucha ayuda, no por tratarse de él sino porque era uno de los reos con más años en esa cárcel federal. Él sabía de lo que hablaba. Para entonces, Rafael Caro Quintero, que había sido su compañero de celda, ya había sido trasladado a la cárcel estatal de mediana seguridad, también en Puente Grande, y estaba a un paso de su libertad. Le había ganado un amparo al gobierno federal para librarse, luego de más de 24 años, del infierno de las prisiones de alta seguridad. El liderazgo moral de aquel pasillo había quedado acéfalo con el traslado de Caro Quintero. De alguna manera Amezcua Contreras era reconocido por todos los presos como la persona que ahora daba los consejos y orientaba a los presos que, como yo, de pronto estaban afrontando nuevas dificultades en la reclusión.

No supe los delitos por los que estaba procesado Luis Armando Amezcua; nunca me contó sobre su proceso. No hablaba con nadie acerca de la forma en que llevaba su defensa ni de los delitos que se le atribuían. Sólo me relató que había estado un tiempo recluido en el penal de máxima seguridad de Almoloya (hoy El Altiplano) y que, tras una petición de traslado para estar más cerca de su familia, fue reubicado en el Cefereso de Puente Grande. Cuando lo conocí era extremadamente alegre. No había nada que lo doblara, ni siquiera los ayunos a los que éramos sometidos.

"¡Ánimo, delincuencia! —solía gritar por los pasillos cuando era trasladado de su celda a alguna actividad particular, como la visita familiar o la de sus abogados—. ¡Esto no es para toda la vida!", iba gritando al interior de cada una de las celdas a su paso, infundiendo algo de alegría a la aletargada vida de ese sector de la cárcel.

Paradójicamente los presos que, como Luis Armando Amezcua, Daniel Arizmendi, *el Mochaorejas*, y Rafael Caro Quintero, afirmaban que "la cárcel no es para toda la vida", eran los que más años llevaban encarcelados. Esa frase la llegué a escuchar de Noé Hernández, *el Gato*, y de Jesús Loya, a quienes conocí en el COC; ellos también tenían más de 15 años en reclusión.

El aislamiento es una muerte lenta; desequilibra las emociones. Eso me lo dejó claro la convivencia en el COC. Ahí la susceptibilidad siempre está a flor de piel. Cualquier palabra puede ser tomada como ofensa. Por eso en la reclusión siempre se opta por el silencio. Una vez Miguel Santos —un encargado de plaza de Los Zetas en Zacatecas con el que compartí el aislamiento en el pasillo de los locos— le dijo a Noé, que roncaba plácidamente todas las noches, que tenía un dulce sueño. El halago fue un insulto para *el Gato,* quien le respondió que él no era puto para andar recibiendo ese tipo de comentarios. Amenazó a Miguel con violarlo y comérselo un día de aquellos. Durante los siguientes 30 días, apenas daban el último pase de lista, Noé le recordaba su amenaza a Miguel. El comandante zeta pasó varias noches sin dormir.

La amenaza de Noé a Miguel rompió el tedio del encierro de aquellos días. La duermevela en que solíamos caer los presos de aquel pasillo era violentamente perturbada por la ronca voz de Noé. A deshoras de la madrugada retumbaban sus gritos: aseguraba que había salido de su celda y se dirigía a donde Miguel dormía para cumplir su palabra. En no pocas ocasiones la voz del *Gato* alertó a los guardias, que entraban corriendo al pasillo para evitar la supuesta fuga del reo. La falsa alarma generada por Noé terminaba por hacerlo revolcarse de la risa.

"Esos putos oficiales —decía desde su celda, ahogado por las carcajadas— apenas escucharon que el *Gatito* andaba suelto, se les antojó sexo. Se apresuraron a entrar para ver si ellos también alcanzaban una cogida, pero no... yo no mamo putos", decía entre la risa y un acceso de tos que a veces lo sacudía. Luego su alboroto se apagaba para dar paso a los ronquidos de aquel dulce sueño que fue motivo de la amenaza a Miguel.

Cuando escuché a Amezcua Contreras alentarme con su frase de que la cárcel no era para siempre, recordé en automático mis primeras visitas al área de psicología de Puente Grande. También ahí priva ese convencimiento, sólo que con un sarcasmo especial, lo que hace más perverso el desdén hacia el recluso. La primera vez que acudí a consulta —en realidad un interrogatorio judicial que se hace por encargo del Ministerio Público o el juez para redondear la investigación sobre el preso— escuché decir a la psicóloga ese mismo argumento con mucho desprecio:

"La cárcel no es para siempre —me dijo aquella mujer entrada en años que sólo en la primera impresión daba una imagen maternal y de confianza—. Todo mundo sale finalmente de la cárcel —insistió acercando su rostro a pocos centímetros del mío y ya mostrando su verdadera personalidad—. Nadie se ha quedado en esta cárcel; todos se van finalmente, algunos sin poder caminar, otro con los pies por delante... pero nadie se queda aquí."

Yo estaba sentado frente a ella en el reducido cubículo de tres por tres metros. La postura obligada para el preso es mantener las manos sobre las rodillas, la vista al frente y no hablar si no le hacen preguntas. La psicóloga, de pie y con las manos sobre el escritorio, intentaba acercar aún más su rostro al mío. Insistía en que todos los delincuentes como yo debían estar en reclusión y no salir nunca. "Merecen la muerte", dijo escupiéndome la cara. Hizo un breve monólogo sobre Dios, la familia, la patria y la delincuencia. Terminó por asegurar que pasaría el resto de mi vida en la prisión. Por eso la alocución de Caro Quintero me pareció casi institucional.

"En la cárcel todo está diseñado para joder al preso —me dijo en una ocasión Don Rafa, una de las veces que me senté con él en su banca—. Aquí nada es casual. Todo está encaminado a disminuir la esperanza y la voluntad de los presos. Estos lugares son para morir, si no de tristeza, sí de desesperación. Aquí no le ofrecen a uno la posibilidad de volverse bueno."

Cuando escuché esas palabras ya las había comprobado en carne propia. La mejor muestra de que la cárcel no es para la readaptación social es la consulta psicológica. El o la responsable de las humillantes "terapias" no es otra cosa que un juez que da por hecho la culpabilidad del reo. Lo golpea en sus emociones, lo resquebraja anímicamente. Después de una consulta de ésas cualquiera sale convencido de que es un despojo humano y hace daño a familiares y amigos por ser un recluso. Hay psicólogos que alientan el suicidio como principal solución para el reo.

La primera psicóloga que me atendió tras ingresar a Puente Grande, que era la jefa de ese departamento según me enteré después, me ofreció escribir una carta póstuma por mí. Fue amable. Me garantizó que ella escribiría las líneas más bonitas que hablaran de mi honestidad el día de mi funeral. Hasta me ofreció reivindicarme con la sociedad a cambio de que muriera en mi celda.

"Si usted quiere puede matarse —me respondió cuando le dije que no tenía nada a mi alcance para ese cometido—. Usted es muy inteligente. Si usted se lo propone, seguro que termina muerto."

Los ojos le brillaron y sentí que la boca se le llenó de saliva. De mi parte sólo hubo silencio. El miedo a morir me mataba.

"Si usted se mata en la cárcel lo van a recordar como un hombre cabal, íntegro, fiel a sus ideales —me dijo aquella especialista—, pero si se queda en prisión va a ser la vergüenza para toda su familia y sus amigos que confiaron en usted. Así que de usted depende cómo quiere que lo recuerden."

La "sugerencia" me golpeó en el ánimo. Sus palabras me fueron aniquilando la voluntad de vivir. Como consecuencia de la forma en que me la estaban escupiendo, durante varios días estuve valorando la posibilidad de matarme. En mis posteriores consultas reconocí que me faltaba valor para hacerlo. En cada una de las terapias programadas la psicóloga no dejaba de alentarme; hasta modificó su actitud: me ofreció la posibilidad de que yo escribiera el mensaje para mi familia. Para ello me entregó a escondidas de las cámaras una punta de grafito con el fin de que escribiera el mensaje en una pared de la celda. No se lo dije, pero decidí no matarme y opté por darle un mejor uso: comencé a escribir los diálogos que sostenía con algunos de los presos más reconocidos en aquel sector de la prisión. En ese momento sembré la semilla de lo que sería mi libro *Los malditos.* Tiempo después, cuando conocí mi sentencia por teléfono y tuvieron que pasar cinco días más para que me llegara la notificación oficial mediante el juzgado, volvieron a retumbar las palabras de la psicóloga en mi cabeza. Uno de los oficiales de guardia me recordó su actitud. Un día, mientras nos sacaban al patio a tomar media hora de sol, aquel oficial me mandó llamar.

"Ya te sentenciaron", me dijo, como si yo no lo supiera, y se le asomó una maliciosa sonrisa.

Me quedé en silencio frente a ese guardia, que no dejaba de evidenciar que algo de mi desgracia lo hacía feliz. Estaba tras la reja de la puerta del patio y yo permanecía parado frente a él, con las manos atrás. No respondí. Se deleitó tratando de buscar una reacción en mi rostro. Olfateaba como un perro en busca del mínimo gesto de dolor.

—¿Qué vas a hacer? —lanzó la pregunta al ver que bajé la vista al suelo; seguía buscando morbosamente emociones en mi rostro.

—Presentaré mi apelación —le dije secamente, porque era mi obligación responder al oficial.

—Te van a confirmar los 20 años de cárcel —me aseguró como si conociera mi expediente; habló como un emisario del juez—. Si te sentenciaron en la primera instancia ya no hay vuelta de hoja, resígnate a vivir 20 años en esta mierda.

No contesté nada. Seguí mirando al suelo.

—Se te van a terminar las visitas familiares. Te vas a quedar solo en esta cárcel —insistió como si se hubiera asomado al futuro—. En dos años más ya nadie se va a acordar de ti. ¡Mejor ahórcate! —me soltó cáusticamente—. Si quieres te llevo ahora mismo a tu celda, en lo que todos están en el patio. Te cuelgas con la sábana y se terminó todo.

Los ojos le brillaban intensamente. No pudo esconder el placer que le causaba su propio monólogo. Ante mi silencio, ya con el morbo satisfecho el guardia ordenó que me retirara. Me sumé al grupo de presos que caminaban alrededor de la cancha de basquetbol para entrar en calor. Después de 15 minutos, cuando nos regresaron a las celdas, me trasladaron a una sala de los juzgados penales del complejo. En menos de dos minutos el notificador me informó que a ese juzgado había llegado una exhortación del juez segundo de lo penal en Guanajuato, y que "palabras más, palabras menos", me habían sentenciado a 20 años de cárcel.

Después de la notificación formal se presentó a mi celda otro oficial de guardia para preguntarme si quería hablar con alguien del departamento de psicología. Todo Puente Grande ya conocía mi sentencia. Así ocurre cada vez que hay un sentenciado más: todo el personal de custodia se transmite la información como para consolar sus propias miserias. Me negué a la terapia emocional porque sabía que tratarían de convencerme de cometer suicidio. En esa cárcel no importa lo que quiere el preso. De todas formas me mandaron a terapia psicológica los siguientes cinco días. Me atendió una muchacha de no más de 25 años. Se le notaba el miedo al hablar. No me dijo ni me preguntó nada. Siempre estuvo callada, escribiendo en una libreta, mientras yo me mantenía en silencio. Le agradecí el desinterés por mi persona.

"No dejes de comer, Chuyito —me aconsejó Amezcua Contreras cuando observó que en esos días no tocaba mi plato de frijoles echados a perder; a veces dejaba el puño de zanahorias cocidas, que es un manjar para algunos reclusos—. Si dejas de comer, entonces sí te carga la verga."

Luis Amezcua Contreras era un buen comensal. No había alimento que dejara a un lado. Lo apasionaban las verduras sancochadas y los pedazos de pan duro que a veces venían en el menú del día. Una vez al mes la comida consistía en pollo frito, hamburguesas frías o sándwiches de jamón hediondo. Era cuando todos los internos de Puente Grande levantábamos las manos al cielo para agradecer la bondad oficial.

"Yo tengo más de 14 años en esta madre —me dijo entre risas Amezcua Contreras, refiriéndose a la cárcel— y no recuerdo un solo día que haya dejado de comer. Nunca se me ha ido el apetito; ni siquiera el día que me sentenciaron a casi 50 años de cárcel se me quitó el hambre."

A él lo habían sentenciado a 40 años en un proceso que luego fue anulado. Por esa razón se encontraba en el área de procesados y no había recibido sentencia a pesar de tener más de 14 años en prisión. Cuando me dijo que nunca se le había quitado el hambre, le creí. A veces, para asegurarse de recibir una buena porción de alimentos, era el último en la fila que se hace para llegar al comedor y arrasaba con lo que quedaba en las ollas.

Aparte de su gusto por comer, Amezcua Contreras tenía en ese tiempo tres grandes aficiones: la lectura, el ajedrez y la pintura.

Siempre estaba metido en esas actividades. Se perdía intensamente en cada juego de ajedrez y eran pocos los presos que le ganaban una partida. A veces duraba meses estudiando los movimientos de una sola jugada. Era cuando se le veía retraído y pensativo, pero nunca falto de apetito.

A pesar de los años que llevaba en cautiverio, Amezcua Contreras nunca se resignó a estar encerrado 23 horas al día. Era de los reos que más insistían ante la dirección del penal para que le permitieran realizar actividades fuera de su celda. En Puente Grande, como parte de la normatividad, cada mes se le otorgan a cada interno tres papeletas con formatos de peticiones a la dirección. Es una manera de simular que se atienden las demandas de los presos, porque nunca se responden. Casi todos desechan esas papeletas; saben por experiencia que no habrá respuesta a sus inquietudes. Con todo, Amezcua Contreras era el reo más optimista. Llenaba las tres solicitudes con el ánimo de que fueran consideradas por el director del penal y que algún día los presos fueran objeto de atención social.

Durante el tiempo que fuimos vecinos de celda, siempre miré a Amezcua Contreras llenando sus formatos para pedir mayor tiempo en actividades educativas, recreativas o deportivas. Nunca hubo respuesta. En ese tiempo sólo se nos permitía salir de la celda para ir media hora al sol o a clases de pintura que duraban 15 minutos. Nos dejaban jugar ajedrez o dominó una vez a la semana, durante 15 o 30 minutos, pero la mayor parte del tiempo teníamos que estar en las celdas.

Hacía pocos meses que habían recluido al *Grande* y eso afectó la cotidianidad de la cárcel. Se suspendieron los pocos minutos que todos los presos del módulo uno pasaban fuera de su celda. Alguien dijo que debido al nivel de peligrosidad del que se consideraba el principal operador de Héctor Beltrán Leyva, *el H,* el presidio federal de Puente Grande había entrado en estado de máxima alerta. Pero en nuestra realidad, equivocada o no, era una orden presidencial para garantizar la seguridad del que parecía el interno preferido del gobierno de Felipe Calderón. Por eso pasaron semanas en que no se nos permitió salir de la celda ni para comer. Los oficiales de guardia llevaban la escasa comida hasta ellas.

Recuerdo que cuando *el Grande* padeció los tormentos propios del ingreso en prisión, uno de los más sorprendidos era Pepillo, un ex comandante federal procesado por narcotráfico, quien gritaba: "¡Qué madriza le van poniendo a ese pobre cabrón, seguro que no amanece el pendejo!" Alguien respondió a la plática que surgió desde aquella celda al final del pasillo y le dio la razón al ex policía acusado de brindar protección a Los Zetas. La ocasión sirvió de catarsis para que la mayoría de los confinados en aquel pasillo comenzara a contar su experiencia al ingreso en el penal, algunos parcamente y otros con lujo de detalles.

—Yo me cagué —dijo José Pedro Araujo, soltando la risa.

—A todos nos dio miedo cuando llegamos —agregó el capitán Ladislao—, es una condición natural, el miedo a lo que no conocemos.

—No, digo que yo me zurré —aclaró Araujo con aquella risa interminable que contagiaba a todos—. De verdad, así como se los platico: me cagué cuando me ingresaron.

Los presos de aquel módulo, que por la tarde a veces nos tendíamos en pláticas interminables sobre las cosas más banales, no podíamos contener las carcajadas al imaginar las escenas que en una mezcla de inocencia y picardía iba describiendo Araujo.

Explicó que a su traslado de la Ciudad de México al penal de Puente Grande ya venía conteniendo las ganas del cuerpo. Sólo cortaba la narración cuando le faltaba el aire por la risa, que ya se había apoderado de él.

—Y cuando llegué aquí —contaba— ya no podía aguantar las ganas. Fue cuando uno de los comandantes me gritó en la cara. Me pidió que me pusiera derechito y que dijera mi nombre fuerte. Como no quería hacer fuerza —explicaba— yo decía mi nombre de la forma más suave. Pero el oficial insistía y comenzó a pegarme en la cara. Yo seguía haciendo un gran esfuerzo para no soltarme.

Las risas del pasillo seguían retumbando como en escasas ocasiones.

—Y grité mi nombre... —estalló—, ¡y que me cago!

—¿Qué te dijo el oficial cuando se dio cuenta?

—¡Me... cagué! —intentaba gritar en medio de la sofocante risa que no lo dejaba hablar bien.

—Sí, pues, eso ya lo dijiste —le reprochó el capitán Ladislao desde la celda contigua—. ¿Qué te dijo el oficial cuando se dio cuenta?

—No... capitán —hablaba a pausas José Pedro, con la respiración agitada por la risa y la voz entrecortada, como intentando volver a la cordura—, le estoy diciendo que ya me volví a cagar otra vez, ahorita que les estaba contando aquella experiencia.

Ése era el ambiente que a veces se podía respirar en aquel pasillo del módulo uno. Muchos agradecíamos la inocente despreocupación con la que algunos presos como José Pedro Araujo contaban sus historias, haciendo que la mayoría alcanzáramos a sustraernos del encierro, que en aquel tiempo era de 24 horas. Porque al llegar *el Grande* se suspendieron todas las actividades de recreación.

Sabíamos del estado de alerta que prevalecía en el Cefereso 2 de Occidente porque se nos ordenaba silencio absoluto. Por orden oficial se limitaba el tránsito de todos los presos al espacio de la celda, sin hablar ni hacer ruido. Un silencio mortuorio invadía toda la cárcel. Sólo el metal de las puertas abriéndose para dar paso a los guardias resonaba en los pasillos de los módulos de procesados.

Cuando *el Grande* regresaba a su estancia se rompía el código de silencio. Todos seguíamos sin salir de la celda, pero al menos a veces se nos permitía hablar, cantar y escuchar las pláticas inocentes de algunos presos que, sin intención, se convertían en la delicia de aquel manojo de hombres que nos apiñábamos junto a la reja para no perder detalle, pero sobre todo para no perder la poca cordura que nos quedaba.

José Pedro nunca defraudó a su audiencia. Era una delicia escuchar sus monólogos, sus anécdotas, sus aventuras de la calle. Todo saltaba de la nada, en ocasión de alguna fecha, de las condiciones del clima o de alguna palabra que alguien decía. En más de dos años que estuve viviendo en la celda 149 nunca escuché una plática de ese interno que no despertara la hilaridad y las carcajadas de los otros compañeros. Siempre se dirigía al capitán Ladislao para provocar a la audiencia.

—Cuando conocí a mi esposa —dijo en ocasión de un 14 de febrero— me costó trabajo enamorarla. La anduve persiguiendo muchos meses y no me hacía caso. Pero insistí. No me di por vencido. La enamoré a la góndola.

José Pedro ya había conseguido la atención de todos los presos. Todos estábamos ya pegados a la reja para escuchar las ocurrencias de aquel corpulento reo.

—La perseguí por todo Culiacán —prosiguió— y nada que me respondía a la pregunta sobre cuál era su nombre. No cedía. Pero yo no me di por vencido y la seguí a la góndola.

—Explícate, Pedrito —le dijo el capitán Ladislao con desesperación—, ¿iban en una góndola?

—No, capitán —respondió el inocente reo—, yo me deshacía en piropos por ella, iba a la góndola con todo lo que daba.

—¡Es *halagándola*, güey! —explotó colérico el capitán, mientras la audiencia desahogaba la frustración del encierro con una gran carcajada.

Pasé los últimos días en el módulo de procesados tratando de mantenerme en pie, escuchando el consejo de alguno de los reos que desde su celda me hablaban sobre la necesidad de no perder la cordura. Colorado González, uno de los acusados por el gobierno de Felipe Calderón de ser parte del crimen organizado en el interior de la SIEDO, encarcelado por la Operación Limpieza, fue el que me brindó el mejor auxilio emocional que tuve en ese sector. Él me acercó a Dios.

Después de enterarse de mi sentencia, Colorado González me invitaba a hacer oración todos los días. Lo hacíamos al mismo tiempo, cada uno desde su celda, sin hablar siquiera. Aquel hombre de 70 años (que tres años después logró demostrar su inocencia y alcanzó la libertad) me decía desde su celda con voz apenas audible: "Hey, Chuys, ¡ánimo, compadre! ¡Acompáñame!"

Ésa era la clave para sumirnos en la oración. Me sentaba en la litera metálica y trataba de orar. Buscaba, muy a mi manera, hablar con

Dios; yo sabía que estaba en alguna parte de aquel infierno. Después todo era distinto. La losa de la angustia comenzaba a ceder y puedo decir que incluso en medio de aquella circunstancia, a través de la oración alcancé momentos de tranquilidad que me ayudaron a pensar y a mantenerme cuerdo.

CAPÍTULO 3

Una celda en el infierno

Una tarde, como a las siete, me trasladaron del área de procesados a una nueva celda en la de sentenciados. Un oficial se postró frente a mi celda y ordenó que me alistara para llevarme al que sería mi hogar en los siguientes 18 años, "si es que los aguantas", me dijo. Un calor me bajó por el cuerpo. Como pude, con la celeridad que siempre se exige en prisión, coloqué mis pocas pertenencias en una sábana, hice un tambache y me lo cargué al hombro. En mi traslado pesaba más la vergüenza que mis pocas propiedades: el libro *Inventario* de Mario Benedetti, una compilación de poemas de Jaime Sabines, 10 libretas donde tenía el bosquejo de *Los malditos* —llegarían a ser 12—, una cobija, una colchoneta, mi ropa y mis enseres de higiene personal.

El traslado fue largo. Me despedí de todos los que, a fuerza de convivencia y anécdotas diarias, nos habíamos hecho una familia en aquel módulo. Yo iba sudando por la prisa con que me trasladaba el oficial de cargo y el aliento se me cortaba. A paso veloz recorrí de un extremo al otro la cárcel federal. En cada uno de los diamantes de vigilancia, donde debía esperar a que se abrieran las siguientes celdas para continuar, el oficial de custodia aprovechaba para acercarse y recordarme que me estaba llevando a un infierno del que no saldría. Yo hacía oídos sordos. Es una extraña cualidad que se adquiere en la cárcel: no sé cómo, pero se llega ignorar el entorno y trasladar la mente a cualquier tiempo y lugar, menos el presente.

Mi mente comenzó a fugarse. Como casi siempre, se fue a los sitios que no son precisamente los mejores de mi vida. La ruta del recuerdo a veces es caprichosa si se deja al azar. Recordé la causa por la que estaba preso. Volví a leer la entrada del reportaje que estaba escribiendo cuando me secuestró aquel comandante corrupto de la policía ministerial de Guanajuato. Volví a ver la estructura que ya había formado en mi mente para presentar a la agencia EFE el reportaje "Las nuevas rutas del narcotráfico", que mostraba la red de corrupción y complicidades de gobiernos estatales como el de Michoacán y el de Guanajuato con células del crimen organizado, principalmente de La Familia Michoacana y Los Zetas.

Recordé que mi investigación comenzó a partir del indicio de que existía una relación entre la familia Calderón Hinojosa y La Familia Michoacana, de la que en ese entonces *la Tuta* era sólo un miembro más de la cúpula directiva. Esas sospechas las confirmó después el propio Servando Gómez, cuando en un video publicado en YouTube, el 27 de noviembre de 2013, reconoció que la senadora Luisa María Calderón Hinojosa "fue la única persona que tuvo acercamiento con nosotros". En Michoacán era un secreto a voces la cercanía entre el presidente y el grupo criminal que comenzaba a organizarse como cártel para el trasiego de drogas. El enlace de esa relación era un empresario de poca monta llamado Alfonso Reyes Hinojosa, primo hermano de Felipe Calderón.

Una fuente del Cisen me confirmó los rumores: el familiar de Calderón mantenía negocios inmobiliarios con La Familia. En una especie de sociedad, Reyes Hinojosa se financiaba con fondos provenientes del narco y a veces el crimen organizado lo utilizaba para blanquear fondos o conseguir créditos del sistema de financiamiento a la pequeña y mediana industria, tanto en el ámbito federal como en el estatal. De hecho, Reyes Hinojosa utilizó su parentesco con el presidente para obtener una serie de permisos de explotación en pequeñas minas en la zona de Tierra Caliente y la Costa-Sierra nahua, que fueron arrebatadas por Nazario Moreno González, *el Chayo*, a sus legítimos propietarios.

Como jefe de plaza en el sur de Michoacán, *el Chayo* tenía una notable influencia en la cúpula de La Familia Michoacana y logró apoderarse de más de 70 pequeñas minas. En ese tiempo La Familia, en un intento de diversificar su actividad criminal para no centrarla en el cada vez más difícil tráfico de drogas, mantenía en operación cerca de 234 minas, cuya rentabilidad ayudaba al sostenimiento de la estructura clandestina. Reyes Hinojosa también era el nexo entre La Familia y el gobierno federal para legalizar las minas que eran arrebatadas a los empresarios como parte de la extorsión predominante en la entidad.

Pero el primo hermano del presidente no sólo hacía gestiones para que las minas quedaran a nombre de personas allegadas a La Familia Michoacana, sino que también a nombre de esta organización delictiva solicitaba "préstamos" millonarios a empresarios de Morelia con el cuento de que proyectaba construir desarrollos inmobiliarios en Morelia, capital del estado. Por lo general esos préstamos no eran devueltos, pues el dinero se destinaba al pago de nómina de la estructura criminal. Ningún empresario se atrevía a solicitar la devolución, sobre todo después de una visita de las células que encabezaba *la Tuta*.

El rompimiento entre Reyes Hinojosa y *la Tuta* se dio cuando aquél comenzó a hacer negocios por cuenta propia. Siguió solicitando préstamos, asegurando que contaba con el respaldo de La Familia Michoacana. Sin embargo, el grupo criminal no aprobó esa conducta. Uno de sus cabecillas, Jesús Méndez Vargas, *el Chango*, obligó al primo del presidente a devolver los créditos solicitados sin la debida autorización.

Por eso se le encomendó a *la Tuta* que buscara y levantara a Reyes Hinojosa, como una advertencia para que se alineara. El secuestro del empresario michoacano —como confirmaría después *la Tuta* en su declaración ministerial tras ser detenido— motivó que la familia de Felipe Calderón se acercara al cártel para pedir que liberara vivo a su pariente. La declaración que públicamente rindió *la Tuta* sobre esos hechos indició a la hermana de Felipe Calderón, Luisa María, que no obstante llegaría al Senado y sería precandidata del PAN a gobernadora de su estado.

En la investigación que comencé sobre esa perversa relación surgió un punto de quiebre: en mi lógica no cabía la miopía del gobierno federal, pues mientras el presidente, a través de las secretarías de Seguridad Pública y de la Defensa Nacional, estaba enviando a Michoacán a más de 6000 hombres para dar con las cabezas de La Familia Michoacana, al parecer su hermana conocía la ubicación de algunos jefes de ese cártel, a quienes envió emisarios para solicitar la liberación de Reyes Hinojosa, como luego lo aseguró el mismo Servando Gómez Martínez en diversos videos subidos a la red.

Siguiendo la madeja de aquella relación insana, los indicios apuntaron hacia otros actores políticos de Michoacán. Surgió en primera instancia el nombre de Jesús Reyna García, entonces presidente del comité directivo estatal del PRI y muy cercano a la familia Calderón Hinojosa. Funcionarios del Cisen asignados a Michoacán pudieron confirmar la amistad que el presidente del partido tricolor en el estado mantenía con casi todos los jefes de La Familia Michoacana. Esos vínculos fueron después la base para que la PGR consignara penalmente al ex gobernador de Michoacán por los delitos de delincuencia organizada y fomento al narcotráfico.

Al paso de los años esa versión filtrada se pudo confirmar con un video, que se hizo público, donde Reyna García y el entonces diputado local de su partido y líder de los transportistas estatales, José Trinidad Martínez Pasalagua, aparecen en franco diálogo con *la Tuta*. De acuerdo con funcionarios de inteligencia del gobierno federal, Reyna García se reunió al menos una docena de ocasiones con los jefes de ese cártel michoacano. La relación con algunos de esos criminales pudo concretarse desde 1992, cuando Reyna García fue nombrado procurador de justicia por el gobernador Ausencio Chávez Hernández. A la fecha, Reyna García sigue recluido en la cárcel federal del Altiplano.

Pero la corrupción del crimen organizado no sólo había tocado a la cabeza del PRI en el estado; también había evidencia de la infiltración del cártel al menos en 89 de las 113 alcaldías. A principios de 2008 el Cisen advirtió, en un informe confidencial dirigido al secretario de

Gobernación, que al menos una veintena de alcaldes se dejaron seducir por la organización delictiva. Ése fue el origen del "michoacanazo", que sólo advertía del fomento al narcotráfico, pero nunca ahondó en el trasiego de armas en una ruta que conectaba el norte del país con el centro de la entidad.

Pese a que el Cisen detectó indicios de corrupción en 89 alcaldías de Michoacán, el presidente Calderón ordenó la aprehensión de sólo 12 presidentes municipales: los que tenían diferencias con él o con quienes tuvo choques políticos y hasta personales. A sus amigos, aunque coludidos plenamente con La Familia Michoacana, los dejó intactos. Ése es el episodio conocido como el "michoacanazo", que terminó con el encarcelamiento masivo de alcaldes y funcionarios de primer nivel de la administración perredista de Leonel Godoy Rangel.

Se ordenó dar seguimiento cercano, para después encarcelarlos, a Genaro Guízar Valencia, presidente municipal de Apatzingán; Armando Medina Torres, de Nueva Italia; Uriel Farías Álvarez, de Tepalcatepec; Jairo Germán Rivas Páramo, de Arteaga; Antonio González Rodríguez, de Uruapan, y Audiel Méndez Chávez, de Coahuayana.

Lo mismo ocurrió con José Cortez Ramos, alcalde de Aquila; Osvaldo Esquivel Lucatero, de Buenavista; José Luis Ávila Franco, de Ciudad Hidalgo; Adán Tafolla Ortiz, de Tumbiscatío; Juan Antonio Ixtlahuac Orihuela, de Zitácuaro, y Francisco Estrada García, de Nuevo Urecho.

La red de corrupción de La Familia Michoacana de la que se intentaba desmarcar el presidente Calderón se extendió hasta estados del centro, donde los nexos de ese cártel llegaban a funcionarios de primer nivel e incluso hasta un gobernador: el de Guanajuato. Los indicios apuntaban hacia una negociación entre el gobierno de Juan Manuel Oliva Ramírez y La Familia Michoacana para que ésta se asentara en el estado de manera definitiva. El posible negociador de esa relación, según versiones del Cisen, fue el entonces procurador de justicia guanajuatense, Daniel Federico Chowell Arenas, cuya gestión en esa dependencia se distinguió por los actos de tortura institucionalizados, de los que di cuenta luego de que él ordenara mi secuestro y presentación como supuesto miembro del cártel de las drogas que investigaba.

La investigación "Las nuevas rutas del narcotráfico", que trataba sobre la corrupción emanada de La Familia Michoacana, se acercó tanto a los amigos de Felipe Calderón que pronto ellos clamaron para que se me acallara. No era para menos. Comencé a recabar testimonios que, desde adentro del cártel, revelaban no sólo el trasiego de drogas de Michoacán hacia Estados Unidos, sino también el tránsito de armas y municiones de ese país hacia los municipios de Tierra Caliente, región donde estaba atrincherada la agrupación criminal. Para entonces ésta se estaba dividiendo en dos: una sección que controlaba Jesús Méndez Vargas, *el Chango*, y la que estaba organizando *el Chayo*.

Las armas que entraban al estado eran invisibles sólo para aquellos que no querían darse cuenta del problema. La investigación periodística apuntaba a que no solamente se contrabandeaban armas cortas, sino también bazucas y hasta pequeños misiles de fabricación soviética. La Familia Michoacana se estaba preparando para una guerra de facciones. Al menos así lo sugería la cantidad de armamento que llegaba por tierra y algunos cargamentos en el tren de la empresa Kansas City Southern, que comunica el puerto de Lázaro Cárdenas con el sur de Texas, en Estados Unidos.

Otra ruta que el crimen organizado utilizaba para introducir armas de Estados Unidos a Michoacán era el corredor del Pacífico, de Tijuana a Tepic. De estas ciudades se bifurcaban dos trayectos: uno pasaba por Jalisco y Colima para ingresar a Michoacán por la sierra, en la parte occidental, y la otra que se abría desde Nayarit hacia Aguascalientes y Guanajuato para entrar por el norte. En todos los itinerarios del contrabando de armas estaban coludidos grupos de policías municipales y ministeriales de varias entidades.

Por eso la red de corrupción para el tráfico de armamento y drogas eran tan fuerte que ni siquiera la Unidad Especializada en Investigación de Terrorismo, Acopio y Tráfico de Armas de la entonces SIEDO quería entrarle al problema. Todo el trabajo de la PGR acerca de esas rutas se había hecho en el escritorio, según me lo confió un agente federal. También afirmó que los contrabandistas de armas seguían, en sentido inverso, el mismo camino que usaban los traficantes de drogas para llevar sobre todo cristal y cocaína a Estados Unidos. El paso de ambas mercancías ilegales era muy rentable para las diversas policías. Por citar un ejemplo, la corporación estatal de Guanajuato recibía de La Familia Michoacana dos millones de dólares mensuales a cambio de protección.

Ése era el pensamiento que me asaltaba cada vez que me daba por desenmarañar las causas por las que, de la noche a la mañana, me convertí en un reo de "altísima peligrosidad". Siempre venía a mi mente el reportaje que realizaba cuando me secuestraron. No hubo día en la cárcel en que no intentara descubrir cuál fue el error que terminó por encerrarme en una celda al lado de Rafael Caro Quintero. Me convencí de que no fui lo bastante cauteloso en la investigación y consulté como fuentes a policías que eran parte de la red de corrupción. Pero a eso tenía que sumarse lo incómodo que me volví para el presidente Calderón y sus amigos, uno de ellos Jesús Reyna García, ya para entonces gobernador interino de Michoacán, a quien yo había señalado insistentemente por sus oscuros negocios con el crimen organizado. Hoy se encuentra encarcelado por sus nexos con el cártel de Los Caballeros Templarios.

A Reyna García le molestó sobremanera la publicación que hice sobre una averiguación previa iniciada por la procuraduría de Michoacán, que luego fue archivada por orden directa del gobernador Lázaro Cárdenas Batel. Se investigaba una posible red de prostitución infantil a partir de la denuncia de un joven de 16 años que fue llevado con mentiras a una reunión de la cúpula priísta estatal. El joven fue contactado por un auxiliar de Mauricio Montoya Manzo, entonces presidente de la organización política, y se le hizo creer que sería la nueva imagen del partido en una serie de anuncios espectaculares que se distribuirían por todo el estado. Se le convocó a una sesión de fotografía en las instalaciones del partido en Morelia. Con engaños, el menor terminó posando desnudo para la cámara y fue objeto de tocamientos de algunos de los presentes en la reunión, encabezada por Montoya Manzo.

La nota sobre esa averiguación previa se publicó en la última semana de abril de 2008. Casi 10 días después fui citado por el comandante Ángel Ruiz Carrillo a la zona limítrofe de Michoacán con Guanajuato. Ruiz Carrillo era una fuente a la que consulté sobre la expansión de La Familia Michoacana. Inicialmente se había mostrado reacio a proporcionarme datos, pero un informante del grupo delictivo me aseguró que él tenía información valiosa. Después de todo él estaba asignado a la comandancia regional del municipio de Cuerámaro, uno de los puntos estratégicos en las rutas del narco por donde pasaban toneladas de armas. Por eso le insistí en que ofreciera su versión de los hechos.

Ruiz Carrillo sabía lo que me esperaba, pero no me dijo nada. Hasta nos saludamos de mano. Hablamos casi en cuchicheos. La plática se fue por el lado de los pagos que estaba haciendo La Familia Michoacana a policías de Guanajuato. No alcancé a terminar la pregunta sobre los montos de aquellos sobornos: "¡Valiste verga! —me dijo, al tiempo que me sujetaba del cuello y me esposaba—. Te quieren en Guanajuato".

Me esposó con las manos atrás, me colocó una capucha y me subió a una camioneta, donde mi confusión era lo único que apagaba las voces de los policías que me pateaban. Anteriormente sólo sabía de la brutalidad de las corporaciones policiacas de Guanajuato por testimonios periodísticos y algunas denuncias ante la Comisión Nacional de los Derechos Humanos (CNDH), la que archivó todas las quejas presentadas durante el periodo de gobernador de Oliva Ramírez. Ahora yo era testigo fiel del encono oficial hacia cualquier detenido. Luego de golpearme, cuando me trasladaban a las instalaciones de la procuraduría de Guanajuato, los policías de ese estado comenzaron a interrogarme informalmente en la camioneta, que orillaron en la carretera Irapuato-Silao.

Después de quitarme la capucha y cubrirme la cabeza con una chamarra negra, me dejaron en medio de dos oficiales, mientras el comandante, al pie del vehículo, lanzaba las preguntas: quién me había ordenado investigar la corrupción en la policía ministerial de Guanajuato, qué parte de mi investigación ya estaba concluida, si policías ministeriales filtraron información y si los datos que yo estaba recabando los conocía otra persona, si yo era miembro de algún cártel, si conocía a *la Barbie,* quiénes eran los interesados en que realizara mi trabajo.

Como pude, a todos esos cuestionamientos contesté que era periodista, que la investigación apenas estaba en curso, que nadie conocía los datos que había recabado y que no conocía a *la Barbie* porque yo no era miembro de ningún cártel. Pero cada vez que respondía me tronaban la cabeza con la cacha de una pistola.

En ese primer interrogatorio a veces me apretaban el cuello para asfixiarme, a la vez que me pegaban con la palma de la mano en el rostro tapado por la chamarra. Ninguna respuesta les gustaba. Luego me preguntaron por diversos alcaldes de Michoacán, muchos de los que luego fueron perseguidos por el presidente Calderón y encarcelados en el escandaloso proceso conocido como el "michoacanazo". Me exigieron que explicara —como si yo las conociera a fondo— las relaciones del entonces gobernador Leonel Godoy Rangel con algunos grupos criminales del estado, de los que me dieron como principal seña sus apodos, entre ellos *la Tuta* y *el Chayo*. La ira de mis captores crecía más porque yo ignoraba todo eso.

"Háblale al *Yuca* —le dijo el comandante a un subalterno—, dile que lo vemos allá, que necesito un jale."

Aquellas palabras me helaron la sangre. No era difícil conocer mi destino.

La camioneta se puso en marcha. Avanzamos como media hora por caminos de terracería. Me obligaron a recostarme en el asiento y mi cabeza fue terciada sobre la pierna de un policía que no cesaba de pedirme sexo oral. Cuando me preguntaba si quería y yo le respondía —con todo el miedo del mundo— que no, venía otro cachazo, ahora directo sobre la oreja izquierda.

—Ese mi *Yuca* —escuché el efusivo saludo del comandante al bajar de la camioneta—, aquí te dejo a este muerto. Dale salida rápida, ¿no?

—Como siempre —dijo la voz de un hombre que me pareció menudo y tímido—; ya sabe que sus deseos son órdenes, mi patrón.

Los dos festejaron con simuladas risitas.

En ese lugar el aire llegaba cargado con sonidos lejanos: perros y vacas. Agucé los sentidos en busca de indicios que me revelaran dónde estaba. No identifiqué más que los chillidos magnéticos de dos radios. Otro cachazo me puso de rodillas. Cuatro brazos me levantaron en vilo y, sin poder coordinar los pies con velocidad, fui llevado adentro de una casa donde el olor a muerte llenaba todo. El ambiente estaba impregnado de excremento y sangre. Era un matadero de gente.

Cuando me quitaron la chamarra de la cara para vendarme los ojos, vi sangre escurrida en las paredes y manchas amarillas en un rincón donde estaban apilados bultos de cal. En ese momento tuve la certeza de que mi muerte estaba cercana.

Tenía la venda puesta, estaba descalzo y sin camisa. Uno de los que me levantaron y llevaron adentro de la casa me dijo en un susurro que me sentara en la esquina. Ahí me acurruqué. El miedo me hacía temblar. Pedí agua, pero no hubo ninguna respuesta. Luego, una mano anónima me tocó suavemente la cabeza y me puso en las manos una botella de agua. No me dijo nada, pero escuché el ruido de una silla que arrastraron hasta quedar casi a un metro de distancia de donde yo estaba. El vigilante no emitía ningún sonido. A veces sólo el resuello y los bostezos de inacción delataban su presencia.

No sé cuánto tiempo pasé en aquella casa. En dos ocasiones pregunté la hora y tuve como única respuesta el silencio frío de mi vigilante, quien sólo siseaba para pedirme que permaneciera callado. Pedí ir al sanitario, pero tuve la misma respuesta. A veces el vigilante se paraba y se acercaba. Los pasos suaves, como de zapatos tenis, lo delataban. Sentía su presencia cerca de mi rostro. Buscaba el miedo que de seguro se me notaba porque las quijadas comenzaron a temblarme. En el aire se comenzaba a sentir el frío de la noche.

Un tropel llegó al pequeño espacio donde permanecía cobijado sólo por el miedo y la zozobra. Nadie me dijo nada. Seguía con mi manía de descubrir ruidos en el silencio. No hubo voces ni órdenes. Otra vez cuatro manos me levantaron y me guiaron, pero esta vez me dejaron caminar a mi ritmo. Me guiaron a través de la casa y pronto respiraba el aire fresco. Caminé poco menos de 10 metros sobre un terreno arcilloso, posiblemente una milpa de maíz. Sentí cómo el sereno de la noche me pegaba en la espalda. Escuché el metal de una pistola amartillándose.

Una voz rompió el silencio. De no ser porque ya conocía mi destino, aquella voz hubiera pasado por la de un portero de hotel. Con amabilidad me pidió que diera unos pasos. En mi cabeza dejé de oír ladridos de perros y reconocí el paso de un vehículo a lo lejos. A continuación ya sólo escuchaba el latido de mi corazón. Comencé a imaginar cuál sería mi último pensamiento, cómo sentiría la bala penetrando la cabeza. Me dio mucho miedo pensar que me iba a doler. Decidí que terminaría mi estancia en el mundo pensando en mi hija. La vi, como en una película, corriendo por la casa, brincando sobre la cama, vestida de mariposa en el desfile de primavera, con el llanto en su primer día de clases y peleándome por cambiar de canal al televisor.

"Esto va a ser rápido —me dijo como para tranquilizarme aquel que me hablaba por detrás—. ¡Corre!"

Pero no pude moverme. Me derrumbé y otra vez cuatro brazos me pusieron de pie. El temblor de la mandíbula era lo único que se escuchaba en ese momento. En aquel *shock* de miedo pasé interminables segundos a la espera del balazo. Nunca llegó. Escuché cuchicheos. Se regañaban entre sí. No alcanzaba a entender lo que decían, pero pronto me lo confirmó otra voz: "Te acabas de salvar por un pelo de rata calva, pendejo. De veras que tienes suerte".

Para acabar con su frustración del momento, el que me iba a ejecutar descargó al aire cinco balazos a menos de cinco centímetros de mi oído derecho. El aturdimiento y el instinto hicieron que volviera al piso. Ahí permanecí, a la espera del balazo que no llegaba. El tiempo se me hizo eterno. Hasta que llegaron dos vehículos reconocí la voz de mi captor, el comandante de la policía ministerial que volvía a saludar a los que estaban ahí. Esta vez no hubo apodos; se decían números como si fueran sus nombres. "Aquí lo tiene, comandante, completito como lo entregó", dijo alguien. Hubo risas entre aquellos ocho o 10 hombres.

Un policía se acercó y me condujo. Supe que era ministerial por la forma de tratar a un detenido. Me pateó hasta hacerme caer. Me mentó la madre hasta el cansancio. Se envalentonó con aquella masa esposada en que me había convertido. Esta vez extrañé los cuatro brazos que siempre me ponían de pie. Otras manos llegaron, pero fue para levantarme agarrándome de la pretina del pantalón. Me subieron a una camioneta para continuar con el calvario.

Después supe que la policía ministerial, por instrucción del gobernador Oliva Ramírez, había ordenado mi ejecución a manos de un grupo de sicarios, que posiblemente serían de Los Zetas, el cártel que estaba asociado con el gobierno estatal de ese periodo, antes de que llegara La Familia Michoacana a comprar la plaza. La razón por la que la policía ministerial regresó por mí fue el reclamo de la organización Reporteros sin Fronteras, representada por Balbina Flores, que supo de mi secuestro minutos después de haber ocurrido y denunció mi desaparición.

Flores exigió ante la coordinación de Comunicación Social del gobierno de Guanajuato que se me presentara con vida de manera inmediata, ya que estaba plenamente comprobado que el comandante Ángel Ruiz Carrillo me había secuestrado esa mañana. La activista dio los datos precisos al gobierno estatal para evidenciar que ellos me tenían en su poder. Por eso la reacción de la policía ministerial fue quitarme de las garras de los sicarios a los que me había entregado. La intención, como supe después, era asesinarme y que mi cuerpo apareciera en alguna parte de la zona limítrofe de Michoacán y Guanajuato, tal vez con algún tipo de leyenda en el cuerpo para convertirme en un falso positivo, como tantos que caracterizaron el sexenio de Calderón durante su guerra contra el narco.

Ya en manos de la policía ministerial, con la consigna dictada desde muy arriba para no dejarme en libertad, se me instruyó un proceso penal al vapor. Para eso se requería que yo declarara ante el agente del Ministerio Público. Me quisieron sacar la declaración a la fuerza. Estuve más de 72 horas sometido a las torturas más crueles; algunas de ellas ni siquiera imaginé que existían. Fui llevado a un separo de la procuraduría guanajuatense, de donde me trasladaron a la sala de torturas que se encuentra en la parte superior de sus instalaciones.

Ahí una persona de bata blanca, fungiendo como médico, me quitó la venda que me habían puesto los sicarios. Enseguida me revisó el pulso y el corazón, ojos y orejas. Me preguntó si tenía padecimientos cardiacos o cualquier problema crónico degenerativo. Apenas le dije que no, asintió con la cabeza a los oficiales que estaban a mis espaldas y él mismo me colocó otra venda. Esta vez puso algodones entre los ojos, los oídos y la venda. La colocó bien apretada, cubriéndome desde la parte superior de la frente hasta dejar descubierto sólo un cuarto de la nariz. También me vendaron los pies. Desde las rodillas hasta los tobillos me apretaron con las vendas. Después comenzó la balada del diablo, ese rumor en el aire que anuncia la llegada de la muerte.

Primero vinieron las cachetadas. Uno a uno los policías comenzaron a golpearme con la mano abierta en el rostro. Yo permanecía sentado en una silla metálica que se recorría varios centímetros cada vez que una mano anónima caía sobre mí. Antes de cada golpe venía una pregunta. Las respuestas negativas alentaban la furia de mis verdugos. El tiempo seguía detenido; se me hacía interminable el concierto de bofetadas. Pronto sentí la calidez y el sabor salado de mi sangre en la boca. No había reclamo de piedad que frenara la furia de los torturadores; parecían ciegos de ira. Las voces se oían cada vez más huecas. Me fui alejando del lugar y comencé a ver la escena desde lo alto: estaba atado con las manos atrás en aquella silla metálica, con el cuerpo desguanzado mientras me exigían respuestas a preguntas que ya no entendía.

Las manos tibias del médico me regresaron a la escena. Me acariciaba el rostro y sostenía mi pesada cabeza entre sus manos. Ordenó que me quitaran las esposas y frotó mis dedos con furia. Me animaba a despertar. Pasó sobre mi nariz algo que me golpeó en la nuca. El ambiente estaba inundado de un incienso con olor a amoniaco. Me preguntó mi nombre y le respondí. Me pidió que se lo dijera al revés: primero mis apellidos y luego mi nombre de pila. No lo hubiera hecho: les dijo que me sujetaran por la espalda y que siguiera el ritual.

Cuando los golpes cesaron, se sintió un silencio desesperanzador. Estaba dispuesto a aguantar la embestida de manos cuando algo me atrapó. Una bolsa de plástico se convirtió en mi primera celda. La asfixia hizo lo suyo. La sensación de ahogamiento provocó que regresaran más intensos los recuerdos de mi hija. Esta vez no veía una película sino la proyección que los policías me habían implantado: iban a ir a buscarla y a matarla. Miré su rostro llamándome por mi nombre, pidiéndome auxilio, reprochándome su muerte.

Otra vez floté por el aire. Ingrávido me sentía aliviado. Veía la escena de la tortura. Una voz de mujer me regresó. No era el médico. Un perfume fresco de jazmines chocaba contra el denso sabor de la sangre, que no dejaba de fluir a borbotones. Me hablaba dulcemente al oído; pedía que regresara. El aliento de tabaco que correspondía a esa voz me regresó a la realidad. Unas manos suaves tocaron mi rostro, sólo para que siguiera dentro de aquella bolsa de plástico que me quemaba la boca tantas veces como yo intentaba jalar aire fresco. Por una fracción de segundos cesó la tortura.

Me levantaron en vilo y me quitaron vendas y esposas. Como a un muerto que vuelve a la vida, me pusieron de pie. Me pidieron que caminara hasta la mesa. Tembloroso y con la vista borrosa alcancé a ver las figuras de cuatro hombres en aquella sala. Unos pies diminutos me guiaban por aquellos interminables dos metros que me separaban de un escritorio. Sobre éste había unas hojas escritas a máquina. Me pidieron que las firmara. Me negué y un culatazo en la cabeza me indicó que ésa no era la respuesta correcta. Pude ver que era una declaración ministerial donde yo aceptaba que era parte del Cártel del Golfo, el hombre que bajaba las instrucciones de Osiel Cárdenas Guillén a todas las células criminales diseminadas en el país. Dos cachazos en la nuca no me convencieron de firmar.

Volví a mi silla, como si únicamente tuviera que reflexionar. El tiempo seguía detenido. No hubo reproches, nada más silencio y una soledad que me dejó descansar pocos segundos. Pude ver el entorno: una minúscula sala, tres sillas, un escritorio al lado de un archivero. Junto a la puerta, un hombre no más viejo que yo que me miraba. Jadeante, le pedí agua y lo único que obtuve fue una mortal indiferencia. Después supe que el agua me iba a sobrar.

Aparecí de nueva cuenta tirado en otro lugar. Estaba batido de excremento. El olor putrefacto fue lo que me despertó. La habitación no tenía más de dos por cinco metros. Los estertores del cuerpo me recordaron que seguía vivo. Un sentimiento de vergüenza me inundó. El despojo humano en el que estaba convertido me recordaba mi realidad. En la boca seguía paseando el sabor a sangre, ahora convertido en un frío metálico que presagiaba mi destino.

Me levantaron a patadas para llevarme de nueva cuenta a la sala de la muerte. La escenografía había cambiado: ya no había sillas, sólo el escritorio amplio y largo como las posibilidades de que ahí sucediera todo lo que dictara la imaginación de los verdugos. En el centro de la sala había una tina con agua. Supe lo difíciles que serían las próximas horas. Apenas estaba imaginando lo que venía, cuando un empujón me aceleró el pensamiento. Me hincaron frente a la tina y pude saciar en exceso la sed que no sé desde cuándo tenía. En el fondo metálico de la tina vi pasar mi vida completa. A veces, sólo a veces, me sacaban para tomar una bocanada de aire y revivir.

Tras la inmersión vinieron los toques. Sentí un calor que me dejó inmóvil cuando tenía la cabeza dentro de la tina con agua. No supe qué era más doloroso, si la asfixia en la tina o la descarga eléctrica que me dejaba paralizado. De la punta de mi lengua salía lumbre, que al contacto con el agua me quemaba la cara. Luego la sensación cesó en la espalda. La corriente eléctrica comenzó a fluir desde otros puntos más dolorosos. Me olvidé de la falta de oxígeno por atender el ardor que laceraba mis riñones. Era una descarga de fuego que amenazaba con hacerme explotar desde adentro.

El dolor paró. No sé de dónde llegó la orden, pero lo agradecí. Era un oasis en aquel desierto de fuego. Otra vez me llevaron al escritorio. Las hojas con una declaración escrita con errores de sintaxis me miraron con la compasión que en ninguna parte había sentido. El texto decía que yo era un cabecilla del narcotráfico. Me negué a firmarla; sabía que era un pasaporte a una estancia segura en prisión por lo menos durante 20 años. El texto decía que yo era el jefe de Los Zetas en Guanajuato y que había ordenado la muerte de al menos cinco policías ministeriales, el secuestro de tres empresarios y una campaña para reclutar a cuanto policía ministerial aceptara una buena paga mensual.

Como no firmé la autoincriminación, otra vez los golpes sobre mi espalda dieron cuenta de que para los agresores no estaba en lo correcto. Me patearon en el piso. Me recordaron que matarían a toda mi familia. Volví a escuchar la voz del comandante que me secuestró. Su voz sonaba hueca en el ambiente; era como un viejo conocido que llegaba con su misión infame. La ira de mis verdugos no tenía fin. Me golpearon sin clemencia. Las palabras y las amenazas de muerte calaban fuerte en lo que me quedaba de humanidad. Otra vez surgió la propuesta de intercambiar la seguridad de mi hija por la firma en aquella declaración.

Me negué a firmar mi sentencia. La ira fue mayúscula. Una voz detrás de mí ordenó la siguiente rutina, como si se tratara de un circo particular en el que yo tenía que divertir a la audiencia, ya convertida en una bestia que reclamaba sangre y dolor. No querían que aquello terminara tan fácil. Comenzaron a introducirme agua por la nariz a través de tubos que me hacían tragar el líquido a la fuerza. Parecía que el estómago o los pulmones me iban a estallar en cualquier momento. Me ataron manos y pies con alambre de púas para evitar que me moviera.

Ya no me vi flotando sobre la sala de tortura. Un dulce sueño me invadió. Empezó a oírse la voz de un hombre que se mostraba compasivo. Me acarició el rostro. Otra vez el hombre de la bata blanca me prometía que estaría bien, que ya todo había pasado y que no tuviera miedo porque él estaba a mi lado. Necesitaba creerle. No sabía si lo que escurría por mi rostro eran lágrimas de sangre o el agua que me habían obligado a beber.

Tambaleante seguí en el ritual. Vinieron varias sesiones de golpes. En esa ocasión no sé cuánto tiempo duró la tortura. Luego supe que en total fueron casi 72 horas de soportar los culatazos en los tobillos, el cañón de un fusil sobre la cabeza taladrando la sien, las rodillas de alguien presionando el estómago mientras el rostro bocarriba y tapado con una toalla recibía agua a borbotones, los palillos de dientes perforando los oídos, los alfileres bajo las uñas, la mano insistente que no aflojaba el cuello y el obligado *tehuacanazo* con chile en polvo que rasgaba desde la nariz hasta los pulmones.

En algún momento volvieron a ponerme enfrente la declaración de mi culpabilidad. Ya estaba dispuesto a firmarla con tal de que aquel infierno se apagara, pero las manos no respondieron. Carecía de control sobre mi cuerpo. Lo único que me hacía recordar que estaba vivo era el rechinar de dientes y las quijadas sin control. Me limité a tratar de leer lo que estaba escrito en aquellas hojas, una declaración inventada por el agente del Ministerio Público; ahora decía que yo era el segundo mando de importancia dentro de la estructura criminal de La Familia Michoacana. Un organigrama mal trazado me colocaba sólo abajo de Nazario Moreno González, *el Chayo*, y por encima de Servando Gómez Martínez, *la Tuta*.

Ni siquiera podía sostener la pluma para dibujar mi firma. Más de tres veces me fui de cara sobre el escritorio y en cada ocasión las manos suaves y cálidas de una mujer volvieron a reanimarme. La voz del médico me invitaba a terminar con la tortura, como si fuera una decisión mía. No firmé porque ya no volví a saber de mí. En el siguiente periodo de conciencia estaba sentado frente a otro agente del Ministerio Público del fuero común, quien me conminaba a declarar sobre la acusación en mi contra. Ahí estaba un defensor de oficio que me miraba con ojos enormes, como el miedo que aún me recorría el cuerpo. Expliqué que era periodista, que estaba haciendo una investigación sobre las nuevas rutas del narco, que no sabía de quién o de dónde venía la acusación que me puso en manos de los policías. Mis argumentos no fueron suficientes. Se me instruyó un proceso penal por los delitos graves de delincuencia organizada y fomento al narcotráfico.

La voz del oficial que me trasladaba al área de sentenciados me sacó de mi abstracción. Ahí estaba jadeante y sudoroso, rumbo al lugar que el juez decidió que fuera el último refugio de mi vida. Me dolían en el alma los 20 años de prisión que me habían dictado como sentencia. Seguramente la rabia de verme impotente, como si fuera camino del patíbulo, se me notó en los ojos porque el oficial —valiente como son los que tienen la autoridad y las armas— me retó; se puso frente a mí y me provocó para que tuviera el valor de tocarlo siquiera. Ésa es la táctica más común para desestabilizar a un preso: al tocar a un guardia de seguridad de las cárceles federales se desata toda una jauría que no cesa de golpear hasta que el reo está reducido a un manojo de carne amoratada y sangrante. La poca cordura que me quedaba alcanzó para entender las intenciones del guardia. No deseaba pasar otros seis meses en aislamiento, otra vez desnudo y con hambre.

Dejé que el oficial vociferara cuanto quisiera. Alfredo, otro reo que también ese día fue trasladado al área de sentenciados, habló por mí: "Ya, oficial —dijo con el tono de quien pide limosna—, el *repor* ni está diciendo nada. Déjelo tranquilo, ¿no ve que se va cagando de miedo el pobre cabrón?"

Al escuchar a Alfredo, sentenciado a 11 años de cárcel, el feroz guardia se dio media vuelta y ordenó avanzar. Caminamos los siguientes 250 metros en total silencio. Su mirada se me clavaba para recodarme que el breve resto de mi vida estaba en sus manos. Al final del largo pasillo estaba el diamante que comunica los módulos cinco, seis, siete y ocho, el último designado para los presos cuya sentencia era de no menos de 10 años. Hacia allá me enfiló el oficial sin dejar su risita provocadora, con la que me advertía que estaba llegando al fin del mundo, aquel donde los hombres son tratados como si fueran menos que animales.

Apenas pisé aquella área, ante la mirada morbosa de los presos que intentaban conocer al nuevo compañero con el que debían convivir los días que les restaban, fui ingresado al pasillo 1-B, celda 816. Me tocó compartir celda con el capitán Ibarra, un sentenciado a 50 años de prisión. Él era miembro de la Liga Comunista 23 de Septiembre, acusado casi 10 años después de haber participado en la planeación de los secuestros del empresario Eugenio Garza Sada y de Margarita López Portillo, hermana del presidente José López Portillo.

Aún no acababa de entrar a la celda cuando alguien desde el fondo de aquel pasillo dijo mi apodo de la cárcel:

—Hey, *repor*, ¿cuántas balas le dieron?

—Traigo 20 —le contesté con el dolor de acordarme.

—Eso no es nada —siguió hablando aquella voz que parecía sepultada en una catacumba—. Ni se agüite, mi compa, aquí hay compañeros que tienen 360 años para pasarlos en reflexión. Usted en un rato más se va. Como quien dice, sólo vino a bañarse y se va.

Ante mi silencio, siguió hablando:

—Bienvenido al último infierno. Esto es lo último que va a sufrir; de aquí a la muerte o a la vida, porque después de esto ya no hay sufrimiento.

El que me dio la bienvenida al sector de los presos sentenciados era José Humberto Rodríguez Bañuelos, *la Rana*, acusado de asesinar al cardenal Juan Jesús Posadas Ocampo. Era de los reos más viejos en aquel sector de la prisión y, en consecuencia, uno de los que tenían mayor autoridad entre los internos. Era el único facultado para dar "bienvenidas". El que intentaba robarle ese privilegio se enfrentaba a su ira porque lo consideraba una declaración de guerra. Además de su antigüedad en el área, *la Rana* se había ganado el derecho de ser el primero entre los presos por su autoridad criminal: en esa parte de la cárcel no había otro magnicida.

"Nadie se ha ganado como yo, a pulso, el derecho de ser el primero de todos los reos —me confió *la Rana* al día siguiente, cuando me abordó en el patio—. Aquí entre los sentenciados no tenemos nada, sólo el decoro de ser verdaderos criminales; eso hay que ganárselo hasta el día que nos vayamos de esta pocilga, sea con los pies por delante o caminando contentos hacia la libertad."

La Rana parecía satisfecho por algo que sólo él sabía. Con 63 años sobre sus hombros y una sentencia de casi 40 sobre su cabeza, aquel minúsculo hombre nunca se mostró agobiado por la soledad del encierro. Siempre estaba buscando un interlocutor para sus largas y coloridas pláticas. La mayoría de los presos se rehusaban a escucharlo porque al final de cada historia surgía un Humberto Rodríguez redentor de la humanidad. Además, la mayoría de los internos del área de sentenciados, que llevaban ahí más de una década, ya se sabían de memoria todo lo que contaba *la Rana*, quien por eso cambiaba las tramas.

"No se me olvidan mis historias ni son mentiras —se justificó ante un reo que le reclamó las múltiples versiones que platicaba—; las cuento cada vez distintas para que no se aburran ustedes, los que no tienen nada que contar."

Cuando conocí a *la Rana*, la cárcel ya lo estaba consumiendo. Tenía reducida la visión en 70%, según le indicaron los médicos del penal; usaba un aparato auditivo y un bastón. Sus problemas estomacales lo llevaban frecuentemente al servicio médico, porque el *bypass* gástrico que se practicó cuando era sicario de los Arellano Félix no lo dejaba vivir sin hambre. Además padecía de la presión arterial y una diabetes controlada que a la menor provocación lo ponía al borde de la muerte.

Pero su mayor padecimiento eran las variaciones de su estado de ánimo. Cualquier cosa lo irritaba y cualquier cosa lo hacía estallar en una carcajada interminable que envidiábamos todos los sepultados en vida, que era como nos sentíamos entre aquellas paredes que en nada se diferenciaban de las del COC.

Nunca lo vi llorar ni lo noté arrepentido. Él decía que su fortaleza provenía de ver la vida con naturalidad: nunca esperar nada y siempre dar todo lo que estuviera a su alcance. Sus más grandes tesoros eran la luna y la lluvia. Por eso, desde hacía 10 años llevaba un registro pormenorizado de los días en que llovía y cuando en la ventana que daba a su celda aparecía la luna. La libreta en la que tomaba esas notas la cuidaba con el celo de un pirata que cargaba con el botín de sus travesías. Registraba fecha y hora en que aparecía la lluvia o la luna. Describía en unas cuantas líneas su apreciación personal, porque para él la lluvia nunca caía de la misma forma ni la luna brillaba con la misma intensidad.

A veces escribía poesía. Decía que la luna y la lluvia le despertaban al animal amoroso que tenía dentro. Se deshacía en el silencio de la noche buscando metáforas para expresar lo que bullía en su interior. Cuando no completaba sus poemas, por la mañana, en el patio, comenzaba a buscar entre los otros presos la idea que faltaba para sus escritos. Los poemas de Rodríguez Bañuelos siempre tenían como destino el amor de una mujer. Ése era su lamento: la necesidad de tener una mujer a la mano y no hallar más que el silencio de la noche y a veces la mirada del guardia nocturno que realizaba el rondín en el pasillo caminando como un gato para no despertar de sus pesadillas a los reos de ese sector.

A diferencia de los custodios del área de sentenciados, los de procesados eran más humanos. A veces el solo hecho de que un oficial de guardia fuera cambiado de procesados, Tratamientos Especiales o del COC al área de sentenciados le cambiaba la conducta. Ahí eran más tolerantes y hasta se les podía hablar sin problema. En los pasillos de sentenciados era común que un reo platicara sobre cosas sin importancia con los oficiales. Por eso cuando *la Rana* no encontraba un preso como interlocutor que escuchara sus historias repetidas y a la vez nuevas, se dirigía a los custodios: "¡Oficial! ¿Ya le platiqué la vez que maté al cardenal?", era la llave para iniciar el diálogo, ante la ausencia del público de reclusos. Era su mejor método para buscar oídos receptivos a las historias criminales, que la mayoría de los presos no quería escuchar.

Por eso, cuando llegué al módulo de sentenciados encontró en mí al oyente perfecto de sus relatos. Después de todo, me limitaba a atender las pláticas que hilvanaba con voz de narrador de cuentos en las escasas horas que nos permitían salir al patio para tomar el sol o para hacer ejercicio. Como ninguno de los dos hacía deporte, nos sentábamos y matábamos el tedio con historias, anécdotas o buscando las metáforas más bellas para pincelar la oscura realidad en la que los dos estábamos inmersos. A veces fusilábamos el hastío de aquellos días pescando del aire las más extrañas comparaciones.

"Somos dos poetas encerrados en un mundo de mierda —dijo en una de esas pláticas interminables—, pero a diferencia de otros poetas, la mierda la convertimos en aire, para poder vivir."

Rodríguez Bañuelos era el más enterado de lo que pasaba en esa sección de la cárcel federal. Su acercamiento con los oficiales le permitía estar siempre al tanto de las últimas novedades. Supo de mi traslado al área tres días antes de que se me notificara. Por eso conocía mi apodo de cárcel cuando llegué a su pasillo. Me confesó que se identificaba conmigo porque, de alguna forma, él también era reportero dentro de la prisión: hurgaba, preguntaba, rastreaba los rumores entre los oficiales de guardia hasta convertirlos en noticias. En gran medida era por eso que algunos internos no platicaban con él: temían que sus conversaciones se volvieran del dominio público.

La mayor afición de *la Rana* era platicar con los recién llegados. Le gustaba sacarles algunas historias para luego matizarlas con vivencias propias y de esa forma hacerlas suyas. No era raro escuchar que conversara de sus andanzas en el crimen organizado, donde saltó de un cártel a otro. De las cercanías del *Chapo* Guzmán brincó a las de Amado Carrillo y finalmente aterrizó con los hermanos Arellano Félix, cuyo cártel lo cobijó hasta que fue encarcelado como principal responsable de la muerte del cardenal Juan Jesús Posadas Ocampo.

Pese a que Rodríguez Bañuelos era el acusado principal por la muerte del prelado, cuando lo conocí todavía no estaba sentenciado por ese delito. Su condena, que para entonces era de 40 años de prisión —de los que llevaba 22—, se debía a un doble homicidio en Tijuana. Después de ser detenido y recluido en el penal de El Hongo, la autoridad tardó casi dos años en reconocer que aquel preso identificado como Carlos Durán Montoya en realidad era Jorge Humberto

Rodríguez Bañuelos, buscado como principal responsable de la muerte del cardenal. Se le abrió proceso con base en 19 asesinatos desde 1994, pero hasta 2015 su caso aún no se cerraba y él seguía esperando la sentencia.

Rodríguez Bañuelos se moría de la risa cada vez que contaba la forma en que, aun preso, engañó al Estado.

"Mire, compa, el gobierno será muy cabrón y todo lo que usted quiera, pero de que son pendejos, lo son. A mí me tenían encerrado en la cárcel y me estaba buscando la PGR. ¿Qué tan pendejos no serán?"

Y es que *la Rana* era un maestro en el arte de engañar. Cuando estaba al servicio de los Arellano Félix utilizaba un disfraz para cometer sus ejecuciones u otras tareas que le encomendaban. Se disfrazaba de abogado y transformaba su apariencia cada vez que iba a visitar, para llevarle recados, al procurador general de justicia, quien lo recibía en cada ocasión y le daba un trato amistoso pensando que cada vez el emisario era distinto. Para ir con el nuncio apostólico Girolamo Prigione se disfrazaba de médico.

CAPÍTULO 4

El asesino de Tlalpan y un ex guerrillero

Con la compañía siempre segura de Humberto Rodríguez Bañuelos, que desde el primer día y a mitad del pasillo gritó que no se me tocara un pelo, me fui incorporando a la vida en el módulo de presos sentenciados. Casi nadie de los que estaban en el pasillo cuando *la Rana* vociferó su orden se inmutó ni hizo la mínima mueca; eso fue suficiente para que Rodríguez Bañuelos volteara satisfecho y me dijera casi en un susurro: "Listo, compita, estos cabrones ya están advertidos. ¡Véalos!, ni siquiera se atreven a verme a los ojos".

Un preso sí puso atención a la advertencia de *la Rana*. Su sonrisa, que no acababa de ser una mueca, me dejó ver la seriedad con la que se tomaban a Rodríguez Bañuelos en aquella sección del penal. Rebasando la figura de mi acompañante y tutor, aquel recluso se colocó delante de mí para extenderme su mano franca:

—Soy Orlando Magaña Dorantes —me dijo mientras hurgaba en mi mirada algún dejo de sorpresa.

Mi silencio lo movió a refrescarme la memoria.

—¿No sabes quién soy?

—No —le respondí con el desconcierto del que no acaba de decidir una respuesta entre las múltiples opciones de un examen final.

—Soy el asesino de Tlalpan. ¿A poco no me llegaste a ver en las noticias? Me entrevistó Javier Alatorre.

Las pistas me refrescaron la memoria. Recordé el crimen que cimbró a la sociedad mexicana: antes de la medianoche del 15 de noviembre de 2002 una familia y sus dos trabajadoras domésticas fueron arteramente asesinadas. En el noticiero del Canal 13, de TV Azteca, se informó que el móvil habría sido un robo.

En la casa se hallaron los cuerpos de Ricardo Narezo Benavides y su esposa Diana Loyola Bautista, así como de sus hijos Ricardo Jesús, Andrea y Diana Narezo Loyola. En la escena del crimen también fueron encontrados los cuerpos de Cecilia de los Ángeles Pacheco y Margarita Cortés, las dos empleadas de la casa.

El asesinato lo cometió Orlando Malagaña Dorantes con un amigo. Por ese crimen pagaba una condena de 384 años de prisión. La sentencia no parecía preocuparle. Era un preso alegre que siempre tenía a la mano un chascarrillo o una broma para romper el hielo o afrontar cualquier situación.

—¿Sabes tú cuál es el colmo de un asesino? —me soltó, como para darme confianza.

—No sé —era mi segunda respuesta negativa en la presentación.

—No tener forma de matar el tiempo —dijo, mientras soltaba una carcajada que no compartió *la Rana*, mientras me empujaba del hombro y me obligaba a caminar.

El encuentro con Magaña Dorantes confirmó lo que ya había observado desde que estaba en el módulo de procesados: los asesinos más despiadados son los que tienen el mejor estado de ánimo en la prisión. No había ocasión en que me encontrara con Orlando en el pasillo o en el patio sin que me contara un chiste. Procuraba que a nadie se lo comiera la soledad. No parecía que sobre su conciencia tuviera peso alguno el múltiple asesinato. Era un niño jugando a que estaba en una prisión de máxima seguridad. Antes de dormir, en su celda comenzaba a charlar con los inquilinos que notaba más tristes para lanzarles acertijos, adivinanzas, chistes y anécdotas graciosas que el destinatario agradecía, pues al menos se iría a dormir aflojando el apretado rostro que le había dibujado el encierro.

Por la mañana, lo primero que se escuchaba en aquel pasillo de sentenciados antes del pase de lista de las seis de la mañana eran las ocurrencias de Magaña Dorantes, que despertaba invariablemente a las cinco en punto, aseaba su celda, se afeitaba y, de pie frente a la reja, comenzaba a despertar a todos llamándolos por sus nombres, seguido del invariable chascarrillo.

—¡Hey, reportero! —me llamaba con aquella voz enérgica—. ¡Ya despierte! ¿Sabe usted cuál es el colmo de un preso?

—No —era mi respuesta como la de todos los que intentábamos desmarañarnos del aturdimiento del duermevela en que se convierten todas las noches en prisión.

—Pues fácil: no poder evadirse de la rutina.

Aquel asesino se sabía innumerables chistes. En el tiempo que conviví con él nunca lo escuché repetir alguno. Eso le gustaba a la audiencia, que lo convocaba a la mesa de juegos. Además de ser buen contador de chistes e historias, era bueno para el ajedrez. Pero su vocación, decía él, era jugar dominó. No había nadie en aquel sector del penal que le ganara una partida. Su habilidad para contar los puntos y adivinar las fichas que tenían sus contrincantes era asombrosa. La retención de su memoria era envidiada por todos los que a veces, a causa del encierro, ya no podían recordar ni lo que habían desayunado el día anterior.

Pero tras la apariencia que intentaba proyectar ante los demás estaba un hombre terriblemente atormentado. Pasaron varios meses para que me contara lo que guardaba en su interior. Lo hizo como si se tratara de un secreto de confesión. Un día en el patio, sin decir nada me puso la mano en el hombro y me llevó a una de las bancas más apartadas de donde unos presos jugaban como zombis a meter un balón en el aro que colgaba del tablero. El único acercamiento que habíamos tenido había sido en la mesa de juego. Por instinto de conservación, en ese momento no indagaba tanto sobre los crímenes por los que estaban recluidos aquellos hombres. Eso me permitió sobrevivir en el área de procesados y cuando estuve en el COC. Por eso me sorprendió que Magaña Dorantes soltara lo que traía entre pecho y espalda.

Con la mirada perdida, como si estuviera viendo una película proyectada en ninguna parte, empezó a relatar el múltiple asesinato que había cometido. No hubo preámbulo y sólo al finalizar dijo que necesitaba soltar aquello y dejarlo ir. Confesó que esa historia era la misma que se consignó en su declaración ministerial, pero yo le di mucha importancia porque me la contó el protagonista de los hechos.

Planeó el robo durante varias semanas. Nunca tuvo la intención de quitarle la vida a nadie; sólo quería obtener dinero para pagar una excursión con sus amigos a las faldas del volcán Popocatépetl. Por eso buscó durante varios días una casa que le garantizara un buen botín. Consideró que la mejor opción era el domicilio marcado con el número 186 de la calle Cuitláhuac, colonia Toriello Guerra, de la delegación Tlalpan, en la Ciudad de México. Conocía a la familia que vivía ahí porque él era su vecino. Planeó el golpe con un mecánico llamado Jorge Esteban, al que había conocido sólo unas semanas atrás y era empleado del jefe de la familia Narezo Noyola.

El mecánico le había puesto el ojo a un carro Jetta del año. Le dijo que a ese automóvil podía sacarle 70 000 pesos al venderlo por partes en el mercado negro y le ofreció la mitad de las ganancias. El riesgo no le pareció desproporcionado en cuanto al beneficio: sólo se trataba de entrar a la casa, abrir la cochera y llevarse el vehículo, todo en no más de 10 minutos. Acordaron que llevarían a cabo el robo al mediodía, pero algunas patrullas pasaron y eso los hizo desistir. No entraron hasta casi las siete de la noche. Por alguna razón, suponían que sólo estarían las trabajadoras domésticas; decidieron ponerse máscaras, amagarlas para evitar que gritaran, y entonces llevarse el auto.

Extrañamente, nunca imaginaron que dentro de la casa estaba casi toda la familia reunida. Sólo una de las hijas había salido, Andrea Narezo Loyola, quien estaba de visita en la casa de una compañera de clases. También estaba Juan Pablo Quintana Calles, *el Flaco*, el chofer de la familia, de casi 30 años, quien iba a despedirse después de la cena.

Cuando ya estaban frente a la puerta de la casa, Orlando se puso una máscara de luchador. Jorge Esteban se colocó detrás de él. Llevaban una navaja y una pistola calibre .45. De último minuto decidieron no llevarse sólo el auto, sino todos los objetos de valor que estuvieran a su alcance, pues calcularon que también debería haber dinero en efectivo y joyas. A Jorge Esteban le gustaba un reloj que a veces usaba el patrón, y aunque no era de gran valor, quería arrebatárselo. No lo pensaron más y tocaron a la puerta.

Margarita Cortez, una de las empleadas, les abrió. La empujaron hacia dentro y la sometieron. Ella alcanzó a dar un grito de alerta, lo que hizo suponer a Orlando y a Jorge Esteban que en la casa había alguien más. Se sorprendieron cuando vieron salir del interior a Ricardo Jesús Narezo Loyola, que se abalanzó contra Orlando, el más cercano a la puerta principal. Hubo un forcejeo en el que Ricardo Jesús, estudiante de arquitectura de 20 años, estaba demostrando superioridad, pero Jorge Esteban se unió a Orlando y sometieron al muchacho. Tras el forcejeo, la máscara que ocultaba la identidad de Orlando quedó hecha jirones. La víctima reconoció a sus agresores y amenazó con meterlos a la cárcel si no salían inmediatamente de la casa. Orlando y su socio obligaron a Ricardo Jesús y a Margarita Cortez a avanzar al interior de la casa. Sorprendieron a los esposos Narezo Noyola viendo televisión en la sala. Los amenazaron con asesinarlos ahí mismo si no se quedaban en silencio. Los sujetaron y amordazaron.

Al escuchar el escándalo entró Cecilia de los Ángeles Pacheco, la otra trabajadora doméstica, a quien Jorge Esteban sorprendió desde atrás de la puerta; la golpeó y la llevó al centro de la sala, donde ya estaban formando una pila humana. *El Flaco* fue el último que llegó ahí después de escuchar las órdenes que daban los intrusos. Al ver la escena quiso salir corriendo, pero Jorge Esteban fue tras él, le quitó el bat de beisbol que llevaba y lo golpeó en la cabeza, dejándolo por muerto en el patio frontal de la casa.

Con la familia sometida, los agresores empezaron a buscar objetos de valor y dinero. Despojaron a Ricardo Narezo de sus tarjetas de crédito. La maestra Diana Loyola fue forzada a entregar su bolso. También exigieron la factura del Jetta, su objetivo original, pero el documento no estaba en la casa. Negociaron con el jefe de familia, quien les dijo que la factura estaba en el taller mecánico de su propiedad en la colonia Extremadura. En un intento por salvar a su familia, les indicó el sitio exacto donde se encontraba y ofreció las llaves del taller para que fueran por ella y se retiraran.

Ricardo Narezo y su esposa fueron levantados de la sala. Mientras Jorge Esteban cuidaba al resto de las víctimas, Orlando condujo a los esposos hasta su recámara en la planta alta, los obligó a recostarse en su cama y luego, invadido por algo que nunca pudo describir —según contó esa vez en el penal—, les cortó el cuello. Primero mató a Ricardo Narezo con un solo tajo de la navaja. Mientras su víctima aún se retorcía ahogada por su propia sangre, procedió contra Diana Loyola. La mujer ya había muerto de miedo varias veces antes de quedar a merced de su verdugo.

Con sangre fría, Orlando regresó a la sala y le dijo al oído a su cómplice lo que había ocurrido. La sangre en las manos hizo que Ricardo Jesús adivinara lo sucedido y se puso a gritar. Los criminales se pusieron nerviosos. Jorge Esteban hizo levantarse al muchacho y lo llevó al patio trasero, lo hincó y sin pensarlo le disparó en la nunca.

La menor de las hijas, Diana Narezo, permanecía paralizada en la sala. Cesó en sus intentos de gritar en busca de auxilio. Se quedó con la vista fija y una respiración que de vez en cuando se le entrecortaba por un sollozo que no acababa de salir. Jorge Esteban tomó a la menor como si fuera una muñeca, la abrazó suavemente como si intentara no despertarla y la llevó a la planta alta. La tina del baño privado sirvió como féretro provisional para depositar el cuerpo inerte de la niña, degollada de dos cuchilladas.

Tras cometer esos asesinatos Orlando y Jorge Esteban se miraron. No dijeron nada. Se sentaron en la sala y se quedaron oyendo el latido de sus corazones. A Orlando se le agolpó toda la sangre en la cabeza. Se esforzó por pensar con lucidez. Recordó que faltaba una hija de la familia. Andrea no tardaría en llegar. Los podría encontrar dentro de la casa y acusarlos si los reconocía. Jorge Esteban le sugirió que la esperaran ahí, donde estaban. Orlando recordó que no podían permanecer mucho tiempo en la escena del crimen; entre más pronto salieran del lugar sería mejor. Se les ocurrió ir a buscarla y traerla de regreso lo más pronto posible; era el único escenario controlable para ellos.

Tembloroso y con manchas de sangre en la ropa, Orlando dijo que iría por ella. Por la convivencia de vecinos sabía dónde estaba la casa de la amiga con quien pasaba las tardes. A Jorge Esteban le pareció buena idea: ya era lo mismo un muerto más o un muerto menos. Recomendó a Orlando que se lavara la sangre de las manos antes de ir por la niña.

Orlando caminó los poco más de 100 metros que separaban la escena del crimen del domicilio donde estaba Andrea. Tocó a la puerta. A la mujer que abrió le inventó que el padre de Andrea lo había mandado por ella. Andrea no desconfió. Conocía a Orlando de años; era el chico retraído y silencioso que se pasaba en la esquina las horas en espera de algo que no acababa de llegar. Todavía le dio las buenas noches y escuchó la explicación improvisada: "Te están esperando en la casa para cenar".

Enfilaron hacia la casa de la familia Narezo Noyola. En la cabeza de Orlando bailaba la idea de la forma en que la matarían. Un navajazo en el cuello, como a la mayoría de la familia, fue lo que anticipó. Caminó en silencio al lado de su víctima a la que iba oyendo sin escuchar. Andrea le preguntó si también él estaba trabajando en el taller mecánico de su papá y si se iba a quedar a cenar. Orlando asintió a las dos preguntas con un movimiento automático de cabeza.

Apenas cruzaron el quicio de la puerta, Orlando le tapó la boca y la cargó. Tal vez el miedo de Andrea fue mayor que su sorpresa. Sus gritos se apagaron cuando recibió un golpe en la cabeza. Como si se tratara de un paquete, Orlando se la entregó a Jorge Esteban. El primero estaba agotado por la tensión. Se sentó en uno de los sillones de la sala mientras veía cómo su cómplice subía las escaleras sujetando a la niña que se le escurría en los brazos, donde lucía también negra y amenazante la pistola con la que había matado al hermano mayor.

En menos de cinco minutos, un abrir y cerrar de ojos para Orlando, bajó Jorge Esteban. Tenía una sonrisa siniestra en el rostro que le dio algo de miedo a Orlando, quien se puso alerta y afianzó la navaja en la mano derecha. Su cómplice le pidió calma y le recordó que necesitaban huir. Hicieron una última y rápida revisión a la casa en busca de objetos de valor. Jorge Esteban insistió en buscar el reloj que tanto deseaba, pero Orlando le pidió que se marcharan. Alguien podía llegar y delatarlos. Pero su cómplice pidió que se esperaran. Ya era casi medianoche y eso aumentaba las posibilidades de que los descubrieran.

Mientras trazaban mentalmente la huida fumaron un cigarro. Se volvieron a sentar en la sala y esperaron a que la colilla del cigarrillo les indicara la hora de la partida. Abordaron el auto Jetta y se perdieron en la noche.

Después de unos días Orlando fue aprehendido. Estuvo escondido en Chiapas y Guatemala, pero su familia, que conoció el drama por la televisión y recibía sus llamadas telefónicas furtivas, lo conminó a que se entregara a la policía. Su socio nunca fue encontrado. En esos días apareció un cuerpo calcinado en el municipio de Amecameca, Estado de México. La entonces Procuraduría General de Justicia del Distrito Federal (PGJDF), a cargo de Bernardo Bátiz Vázquez, tras una serie de estudios periciales, estableció que el cuerpo podía corresponder a Jorge Esteban, pero la incógnita quedó en el aire. Orlando aseguró que después de la noche del múltiple homicidio no volvió a saber de él. Nunca reconoció que hubiera asesinado al que le ayudó a matar a la familia Narezo Noyola.

Cuando Magaña Dorantes terminó de contarme la historia, le temblaban las manos. Se las frotaba con insistencia como si quisiera sacar de ellas el dolor que le causaban aquellos recuerdos. Se quedó callado y pensativo un rato. Su mirada estaba clavada en los jugadores, quienes corrían tras un balón que en cada rebote parecía burlarse de ellos. Su rostro mostraba el dolor que sólo se puede ver en los ojos de un asesino. Me miró como buscando la conmiseración del compañero que sólo escucha y calla. Mi sonrisa lo hizo reír. Como un resorte se levantó y corrió hacia los improvisados jugadores, pronto se hizo del balón y fue certero en sus tiros.

En los siguientes días no existí para Magaña Dorantes. Pudo haber sido un sentimiento encontrado: librarse de lo que traía en el pecho contra su decisión de llevarse a la tumba los detalles del homicidio. En la fila para ir al comedor, salir al patio o acudir a las actividades de biblioteca, ni siquiera volteaba a verme. Era como si el aire me borrara de su vista. Él intentaba hacer su vida de preso: jugar al dominó como si en ello se le fuera la vida o defender un balón como si ahí estuviera contenido todo lo que amaba en el universo. Un día, cuando estábamos en el comedor, volvió a dirigirme la palabra. Con la mirada llena de vergüenza me preguntó si me comería aquellas lentejas desabridas. Yo cedí a sus intenciones y terminé por depositarlas en su plato. Los ojos brillantes de gusto me revelaron la simpleza del hombre que durante cada alimento se transformaba en un niño, siempre buscando con qué saciar el hambre que lo afligía durante las largas horas de espera. Su comida favorita era el espinazo. Cada vez que se sentaba a comer no parecía que fuera el terrible asesino del que dieron cuenta los noticieros de la televisión. Era un deleite verlo engullir su mínima ración de comida carcelaria. Le gustaba hacer "sopitas para el perro" cada vez que el menú incluía un caldo. Sobre el plato hediondo e hirviente le gustaba espolvorear las cinco tortillas de su ración. Por eso los presos que tenían algún tipo de acercamiento con él, apenas veían las humeantes cazuelas con el agua saborizada, volteaban hacia Magaña Dorantes para recordarle el manjar que se aproximaba. Con un gesto de desenfado hablaba de hacer lo que estuviera a su alcance para disfrutar la comida de la prisión, cortesía del gobierno federal.

"Uno hace lo que puede. ¿Qué más nos queda? ¿Cómo negarme a esta invitación del presidente de la República?", comentaba con un dejo de sorna.

Ésa era la filosofía de Magaña Dorantes todos los días antes de la comida. Después, en el trayecto del día, su humor era invariable: le gustaba sentirse presente con todos los presos. Hasta a aquellos que no eran proclives a las bromas, como Rodríguez Bañuelos, les arrancaba una sonrisa con sus ocurrencias. Él mismo era el blanco de sus chistes, con tal de hacer que nos riéramos. Hasta Julio Soto, un escolta personal de Amado Carrillo Fuentes que siempre mantenía un semblante hostil, terminaba por morirse de risa con los dichos de Magaña Dorantes. A éste le gustaba decirle, casi en secreto y con la mirada de loco, que una voz interna le hablaba todos los días.

Para él, esa voz era la guía de su conciencia, era irrefrenable, y terminaba por abrazarlos del cuello. Les contaba que esa voz le ordenaba que los abrazara y les dijera lo mucho que los quería.

Soto no aguantaba la risa mientras Orlando le hacía cosquillas y le provocaba carcajadas. Eran dos párvulos escapándose de la fiereza de las celdas a partir de la inocencia. Los oficiales los veían jugando y, aunque se volteaban hacia otro lado, toleraban aquellas muestras de cariño de los dos sentenciados. Entre risas, a los dos se les olvidaban quizá las sentencias que pesaban sobre ellos: 352 años para Soto y 384 para Magaña Dorantes.

A veces la fatua inocencia de Magaña Dorantes chocaba con algunos de los genios más amargados de la prisión. Por ejemplo, nunca pudo acercarse al capitán Joel Ibarra. El carácter agrio del militar convertido en reo era un imán para las ocurrencias del asesino de Tlalpan, pero él siempre lo rechazaba o lo ignoraba, y siempre terminaba rumiando en su celda restos de su pasado, donde seguía frustrándolo el fallido secuestro de la hermana del presidente José López Portillo. "Capitancito", era la forma amable con que se dirigía a él Magaña Dorantes, pero ni eso valía para romper aquel muro de hielo que tendía a su alrededor ese hombre que medía poco menos de un metro con 55 centímetros. En algunas ocasiones estuvieron a punto de terminar a golpes. Las manos de niño del capitán se alzaban buscando el cuello de Orlando cada vez que éste lo asediaba con sus ocurrencias. No menos de tres veces por semana, Ibarra corría por el patio tras la figura risueña y flotante de su inalcanzable acosador.

Después venían las bromas de Magaña Dorantes, que desde lejos seguía con sus ocurrencias y deleitaba así a los somnolientos presos aletargados al sol. La broma con la que solía molestar a Ibarra era decirle que pronto tendría trabajo en la prisión, ya que instalarían un cajero automático donde el capitán, metido en el aparato, podría entregar el dinero. Las risas de los otros presos hacían que el ex guerrillero se prendiera de ira y amenazara a Magaña con asesinarlo.

En el silencio de las celdas, casi siempre después de recibir las buenas noches en forma de un chiste personalizado, el capitán Ibarra mascaba entre dientes todo su coraje contra Magaña. Se iba quedando dormido poco a poco, cobijado de pies a cabeza, sobre aquella mayúscula cama de piedra que le sacaba casi un metro más allá de los pies. En ocasiones era tanto su coraje que terminaba por aventar la cobija y de un salto se ponía de pie frente a la reja para recordarle a su enemigo la forma en que lo iba a matar: lentamente y con sus propias manos. Su furia ardía aún más cuando, desde su celda, Magaña se despedía y aprovechaba su atención para soltarle otro chascarrillo, que invariablemente finalizaba con un "buenas noches, enano".

El capitán Ibarra terminaba por tragarse su coraje. La única forma en que daba salida a su enojo era con un monólogo que ya nos sabíamos de memoria sus compañeros de celda. Contaba la importancia de su labor en la Liga Comunista 23 de Septiembre. Hablaba de la necesidad de transformar al país mediante actos de rebeldía social. Se recriminaba por no estar en la calle para cambiar la historia del país. Hablaba de sus inicios en la organización y de su sueño de establecer en México una república socialista.

El capitán Joel Ibarra Cansino, aun antes de ser militar, se formó en las armas dentro del movimiento de insurgencia que se gestó en el norte del país hacia la segunda mitad de la década de los sesenta. Siendo aún estudiante de preparatoria fue reclutado por Óscar González Eguiarte, quien después, al lado de Salvador Gaytán, gestionó ante la embajada de la Unión de Repúblicas Socialistas Soviéticas (URSS) el financiamiento para realizar una revolución. En aquellas noches de ira por aplacar, Ibarra contaba que apenas fue contactado por los iniciadores del movimiento lo enviaron a Cuba para que lo capacitaran. Allá permaneció seis meses, en un campo de adiestramiento establecido en la ciudad de Camagüey, donde soldados soviéticos le enseñaron el manejo de las armas y las tácticas de la guerrilla urbana.

A su regreso de Cuba era tanto su gusto por las armas que decidió enrolarse en el ejército con plena autorización de sus mandos. A los 18 años González Eguiarte le encomendó su primera tarea: fue el chofer del vehículo en el que huyeron los asaltantes de una sucursal Banamex en pleno centro de la Ciudad de México. Su labor fue tan destacada, que casi de inmediato lo asignaron como apoyo a las acciones de agitación que estaba organizando el Movimiento de Acción Revolucionaria (MAR) liderado por Fabricio Gómez Souza.

Su función principal dentro del MAR era asaltar bancos. Aseguraba que en poco menos de un año asestó 18 golpes "al sistema capitalista". Algunos de esos fondos fueron destinados a la organización del movimiento estudiantil posterior a la matanza de Tlatelolco, por eso se consideraba el padre de ese movimiento. Posteriormente fue chofer y encargado de la seguridad del líder de la Liga Comunista 23 de Septiembre.

Tras la persecución que el gobierno federal hizo de algunos líderes del movimiento de 1968, Ibarra fue a ocultarse al norte de Chihuahua. Su nombre se encontraba entre la lista de los buscados por el gobierno. Una organización aliada del movimiento de izquierda le dio cobijo. Ahí se sumó al grupo de Los Procesos, que debía su nombre a que albergaba a jóvenes que tenían procesos penales pendientes. Como parte de ese grupo, Ibarra, que para entonces ya era sargento, fue encarcelado y enjuiciado. Se le dictó una sentencia de 20 años de cárcel, pero escapó de la prisión de Casas Grandes.

Como prófugo de la justicia usurpó el rango militar de capitán. Se disfrazaba de oficial y hacía pasar a un grupo de jóvenes del movimiento de izquierda como su partida. Comenzó a suministrar armas y a trasladar los recursos económicos con los que se sostenía la alianza del MAR y la ya bien definida Liga Comunista 23 de Septiembre, que contaba con el respaldo de las juventudes del Partido Comunista Mexicano (PCM) encabezado por Raúl Ramos Zavala, un joven profesor de la Escuela Nacional de Economía de la UNAM.

Con el financiamiento del movimiento de izquierda, Ibarra y otros 170 jóvenes fueron enviados a proseguir su capacitación en las armas. Fue enviado a Chile, China, Corea del Norte y Cuba para afinar su adiestramiento en la táctica de guerrillas. Su condición de líder le dio la oportunidad de estar cerca de las negociaciones que unificaron a diversos grupos prosoviéticos en la Liga Comunista 23 de Septiembre, donde participaron José García Wenceslao, Manuel Gámez Rascón e Ignacio Salas Obregón. Entre los grupos que se fusionaron en la Liga 23 de Septiembre estaban el Frente Estudiantil Revolucionario de Guadalajara, el Comando Lacandones, los Enfermos de Sinaloa, el Movimiento Estudiantil Profesional, y los grupos estudiantiles oaxaqueños los Guajiros y los Macías.

Joel Ibarra siempre se dijo socialista. Sostenía que su pensamiento estaba por encima de las banalidades de la prisión. Por eso parecía que Magaña le causaba la muerte cada vez que le hacía bromas. "Es un pensamiento inferior", terminaba por decirse a sí mismo, como animándose a no ceder a la provocación de la risa o para blindarse de las burlas de unos pocos reos, pues la mayoría lo respetaba.

Pocos conocían su historia. Era tan discreto que pasaba como un reo que masticaba una sentencia de 50 años de prisión por cualquier delito, menos por terrorismo y por ser el autor intelectual del intento de secuestro de Margarita López Portillo.

Alguna de las noches en que, malhumorado y cobijado de pies a cabeza, intentaba escaparse de las burlas de Orlando Magaña, Ibarra contó que el objetivo del plagio era negociar con el nuevo presidente la liberación de 16 presos de la Liga Comunista que habían sido capturados por la policía secreta: la Dirección Federal de Seguridad (DFS). Todos los detenidos eran estudiantes de la UNAM, a los que persiguió hasta el cansancio el antecesor de José López Portillo en la presidencia, Luis Echeverría Álvarez.

A principios de 1976, en su calidad de candidato oficial para ocupar la residencia de Los Pinos, López Portillo fincó su discurso político en la necesidad de pacificar el país, que desde su punto de vista estaba convulsionado por los movimientos estudiantiles y la guerrilla urbana, ambos atribuidos en gran medida a la acción de la Liga Comunista 23 de Septiembre. Por eso la propuesta de secuestrar a la hermana del inminente mandatario fue escuchada por la dirigencia del movimiento. El propio Ibarra ofreció un plan de acción, con el que esperaba obligar a negociar al que en unos meses sería el hombre más poderoso de México.

Al frente de la célula que llevaría a cabo la tarea fue designado David Jiménez Sarmiento, un importante dirigente de la organización, quien se ofreció para ello como parte de su venganza, pues hacía apenas dos meses su esposa había muerto a manos de la policía durante un intento de asalto a un banco en la Ciudad de México. Ibarra fue incluido entre los seis militantes que darían el golpe la mañana del 10 de agosto de 1976.

Estudiaron los pasos de Margarita López Portillo durante un mes. No había posibilidades de fracaso, dados los rutinarios movimientos de la entonces funcionaria de la Comisión Federal de Electricidad y que posteriormente sería directora de Radio, Televisión y Cinematografía de la Secretaría de Gobernación.

A bordo de dos autos Ford, los cinco hombres y una mujer de la Liga 23 de Septiembre se apostaron a la espera de que pasara la hermana del político. Ese día la suerte no estaba del lado de los guerrilleros. Contra lo que esperaban, el auto de la señora iba escoltado por otros dos vehículos con cinco guardaespaldas. Se inició una balacera. Tras los primeros disparos, el chofer de la hermana del presidente electo intentó esquivar el auto que se interponía en el camino y ella se agazapó bajo el asiento. La refriega duró poco más de 10 minutos. En ese lugar murió el jefe de la célula, David Jiménez Sarmiento. Todos los agresores fueron heridos. La única detenida —y posteriormente desaparecida— fue Alicia de los Ríos Merino, conocida en la Liga Comunista como Susana. Los cuatro hombres que lograron escapar, heridos de bala, pudieron observar desde un departamento aledaño cuando el propio José López Portillo se apersonó para auxiliar a su hermana.

El capitán Ibarra se perdía en esos recuerdos. Cada vez que contaba el episodio salían a relucir nuevos datos de la historia. Era como si narrara el pasaje desde diversos ángulos; por eso su relato, aunque lo repitiera, nunca dejaba de ser emocionante. Un dejo de amor se asomaba en sus ojos apagados y grises cada vez que llegaba a la última vez que miró a Susana: tirada en la calle y en un charco de sangre. Nunca lo dijo, pero se notaba que fue su amor imposible. Por eso apretaba los puños de ira al saberla desaparecida. El capitán, que conocía las formas de desaparición que usaba en esos tiempos el gobierno federal, no dudaba que el destino de Susana hubiera sido un "vuelo de la muerte". Los detenidos eran subidos a un helicóptero oficial que se dirigía mar adentro. Los presos, con los ojos vendados y atados de manos y pies, eran lanzados desde lo alto a la infinita boca del mar. Joel Ibarra se dolía no sólo por Susana, sino por él y todos quienes la quisieron, incluyendo su pareja Enrique Pérez Mora, de cuyo amor nació una hija.

"El amor es lo único que nos salva del olvido", terminaba Ibarra.

Por eso aseguraba que Magaña Dorantes nunca tendría salvación en la oscuridad de los años. "Siempre va a ser un preso al que se lo coma el olvido; nadie se va a acordar de él", decía como venganza contra la retahíla de burlas de que era objeto. Después pasaba sus manos sobre la cabeza, como intentando sacudirse algo. Hacía el ademán de lanzarlo lejos y continuaba su vida con resignación.

No había día que, después de su arranque de cólera, Ibarra no tomara su libreta de apuntes y comenzara a trazar líneas sobre un dibujo interminable: una flor que se alzaba sobre un pantano, bajo un cielo nublado, donde llamaba la atención el vuelo de una abeja. Decía que los hombres eran como las abejas que buscaban la mejor flor, pero que los hombres deberían buscar el amor como sustancia nutricia.

Él podía encontrar el amor en las cosas más simples. No era raro verlo dentro de su celda besando los barrotes, sus zapatos, su raído uniforme. A veces se tiraba de panza al suelo y comenzaba a dibujar círculos de distintos tamaños que rellenaba de colores. Siempre el círculo más grande, que pintaba al final, era rojo. Decía que era una luna y le cantaba como al oído. Le hablaba quedito. Se olvidaba del mundo. Se reía, rodaba de un lado a otro en la reducida celda, atacado por algún sentimiento que bullía en su interior; no pocas veces sus lágrimas nos llegaron a doler a todos. La luna era el único amor que tenía y a ella se entregaba todas las noches. Cuando desde la ventana de la celda se veía lucir en el cielo negro, el romance de los dos crecía. Le hablaba con mimos de hombre enamorado. Le susurraba quedito. Le reprochaba algo. Se quedaba quieto. Se dolía de un extraño amor que terminaba en delirio.

A veces, sólo a veces, el romance terminaba en pleito. Se reprochaban amores pasados. Ibarra decía que la luna no quería que se acordara de mujeres antiguas y él le escupía en la cara todos los bailes sin su compañía. En una libreta día a día iba llevando las cuentas de las noches en que la miraba brillando. Era una bitácora de amor que cuidaba más que a su vida.

En más de una ocasión la libreta en que Ibarra llevaba sus apuntes fue objeto de disputas. Una vez Antonio Vera Palestina, el asesino confeso del periodista Héctor Félix Miranda, intentó quitársela en una bravuconada. El minúsculo capitán fue un león que de dos trompadas derribó al altanero asesino. Los puños de Ibarra siempre estaban listos para defender sus razones y sus sentimientos. Los más fieros criminales besaron los puños de Ibarra, que al término de cada pelea bailaba como un boxeador en el ring, mientras parecía escuchar campanas de victoria y alzaba la mano izquierda al tiempo que veía retorcerse en el suelo a sus oponentes.

Quienes lo provocaban no esperaban tal respuesta del hombrecillo. Salían disparados como toreros que pierden el capote a mitad del redondel. Orlando Magaña siempre escapaba de manera graciosa, dando zancadas lentas de casi dos metros, que frente a la furia del capitán parecían grabadas en cámara lenta y hacían estallar la risa de los espectadores. Hasta los mismos oficiales, obligados a detener cualquier agresión entre los presos, se regocijaban con las escenas cada vez más cotidianas y toleradas en esa parte del penal. Sólo intervenían cuando el capitán, ciego de furia, seguía golpeando a sus oponentes en el suelo.

Una pelea en Puente Grande se castigaba con "apando". El reo agresor era limitado en sus actividades diarias y sólo se le permitía deambular en su celda. Ni siquiera tenía permiso de salir a comer.

Al capitán Ibarra lo vi castigado en poco más de 10 ocasiones. Los castigos por riña eran sancionados con un apando que iba de 15 a 90 días. En ese lapso, según el humor del oficial de turno, el reo podía o no recibir las tres comidas del día. Había oficiales que les negaban la mitad de sus alimentos a los presos castigados, y aun la comida que les llevaban se reducía a la mitad.

El primer apando que vi en el área de sentenciados me llevó a recordar mis primeros días en Puente Grande, cuando fui enviado al COC para que sintiera el rigor de la prisión federal. En aquellos días, entre mayo y diciembre de 2008, conocí lo que era tener hambre como consecuencia de un castigo. Los ayunos a que éramos sometidos en el COC eran crueles y asesinos. A la mínima provocación de los que estábamos desnudos en aquella área de segregación, todo el pasillo era castigado por los oficiales de guardia. Nos suspendían la comida por uno, dos y hasta tres días. Un día de octubre Noé Hernández, *el Gato*, que era el inquilino más aguerrido del COC, le mentó la madre a un comandante de turno. La violenta reacción no se hizo esperar. Fuimos bañados con gas lacrimógeno y pasó una semana completa en la que nos dieron medio vaso de agua al día como única ingesta.

La vergüenza de aquellos días de hambre me lastima tanto, que lo pensé mucho para contar lo siguiente. Es una historia que troqueló mi mente y que hoy me hace lamentar la crueldad de la cárcel y la severidad con la que son tratados delincuentes e inocentes cuando están sujetos a la disposición de un juez de consigna, por no decir corrupto.

Mientras veía al capitán Ibarra convertido en un niño que mendigaba al oficial de guardia al menos un pedazo de pan, volví a recordar los ayunos de castigo. Aquella vez Noé Hernández llamó la atención del guardia de turno con su plática provocadora. Le dijo que su celda era demasiado incómoda y que su condición de reo peligroso requería una estancia de mejor calidad. "Al menos denme la que tenía *el Chapo* antes de que se les fugara de aquí, bola de pendejos", dijo, burlándose del agente que había acudido deprisa ante el llamado a gritos del *Gato*.

Cuando el oficial se dio cuenta de qué se trataba, se lo comunicó al comandante de la guardia para que se hiciera un reporte y se sancionara al insolente reo. El comandante quiso saber directamente del *Gato* por qué pedía una celda mejor. Fue hasta donde estaba Noé; le ordenó que se pusiera en posición de firmes y le repitiera lo que acababa de decirle al oficial de guardia.

El Gato ni lo pensó. Acostumbrado a jugar con la mente de los oficiales, expuso sus motivos. Le recordó al comandante que él era el preso más antiguo del sector, que sus delitos —la violación y el asesinato de dos niñas, además de haber sido uno de los hombres más cercanos al *Chapo* Guzmán— eran los más crueles en todo el penal y por lo tanto tenía derecho al trato que se daba a los reclusos más importantes. Reclamaba, en consecuencia, que las 24 horas permanecieran frente a su estancia dos oficiales para que lo atendieran en forma inmediata y que su comida debía ser distinta a la del resto de la población.

Cuando el comandante escuchó aquella petición no pudo menos que soltar una carcajada.

—¿Y qué otra cosa quiere usted, señor Hernández? —le preguntó el oficial mientras se acomodaba la fornitura.

—¡Que vaya usted y chingue a su puta madre, comandantito de mierda!

La ira del comandante se reflejó en el modo marcial con que se dio la media vuelta sin decir nada. Junto a los dos oficiales que lo acompañaban caminó a toda prisa por el pasillo número uno. Ya en la puerta escupió al radio unas frases mezcladas con números y códigos que ningún preso supo descifrar. La cerradura eléctrica chilló cuando aquellos hombres se perdieron tras el umbral del pasillo.

Estaba cayendo la tarde; parecía una más en el área de segregación. Seguíamos enfrascados en adivinar el significado de lo que había dicho por la radio el enardecido comandante. Daniel Arizmendi, *el Mochaorejas,* fue el que más se aproximó al destino que nos aguardaba. Su experiencia de más de 20 años de encierro le hizo suponer que habría una represión contra nosotros. Sin conocer los códigos policiacos, pero testigo de varios acontecimientos similares, Arizmendi vaticinó que esa noche llegaría el grupo de choque del penal para darnos un escarmiento. Nada más falló en la hora de la incursión. Todavía no anochecía cuando cerca de 20 policías antimotines entraron por el pasillo y se dirigieron a la celda del *Gato*. Entre dos oficiales lo sacaron al pasillo y comenzó la golpiza. Eran un enjambre de abejas en torno de un panal de carne sangrante que gritaba.

Luego aquellas abejas agresivas comenzaron a sacar a cada uno de nuestras celdas. Todos los presos del sector probamos las botas que aplastaban los cuerpos desnudos. Como despojos, tras la orgía de gritos y jadeos, fuimos depositados en una pila humana al fondo del pasillo. Enseguida una regadera de gas pimienta nos humedeció, lacerando ojos y garganta. El tiempo parecía eterno. Entre tosidos y carrasperas se fue disipando la nube de veneno. Después nos devolvieron a nuestras celdas, mientras los marciales pasos se alejaban de ahí.

El silencio duró dos días, en los que ningún oficial se hizo presente ni hubo alimentos ni agua. Al tercer día se escucharon los pasos de un oficial al que Noé Hernández apodaba *el Albañil*. Se escurrió por el pasillo para entregar a cada preso un vaso de plástico a medio llenar. "Es lo único que les toca", parecía musitar en secreto cada vez que entregaba un vaso a las temblorosas manos que asomaban por las rejas.

El segundo día *el Gato,* que era el veterano en el sector, nos advirtió de aquellos ayunos forzados: "Estos méndigos nos van a dejar sin comer, hasta que uno de nosotros se muera o por lo menos se desmaye". En mi cabeza no cabía esa posibilidad, pero al paso de las horas, cuando todos venteábamos como perros lo que estaban sirviendo en los otros pasillos, comenzamos a comprender nuestra realidad. Al tercer día *el Gato* nos dio la solución para ganarle al iracundo comandante. Casi como una provocación, nos incitó a comer cucarachas. La idea no resulta tan repulsiva cuando el pensamiento se nubla por el hambre.

Tembloroso, tomé una cucaracha y comencé a observarla. El sabor salado y a vinagre hizo que diera dos arcadas. Noé me regañó:

"No seas pendejo, reportero; se traga completa, no la mastiques". El consejo sirvió para otros presos, que en silencio se iniciaron en el arte de la supervivencia. El récord de tragar cucarachas lo tenía *el Gato*. Aseguraba que en una sola noche había llegado a comer 20. Por mi parte, con dos fue suficiente para quitarme el hambre.

"Espérense a mañana —dijo Noé Hernández, como queriendo darnos una sorpresa—, van a comer carnita, méndigos."

Pensar en carne nos hacía babear, pero no fue a la siguiente noche cuando llegó ese alimento. Pasaron dos días antes de que Noé cumpliera su promesa. El COC, como uno de los sectores más abandonados por los oficiales, era rico en todo tipo de insectos. También merodeaban las celdas ratas de diversos tamaños y, en consecuencia, los silenciosos gatos hacían rondas como si se turnaran con los oficiales. En aquel estado permanente de hambre, algunos presos optaron por comer incluso palomillas atraídas por la luz de los focos que nunca se apagaban. Otros comenzaron a hurgar en sus celdas a la caza de hormigas. Noé Hernández se mantuvo en silencio dentro de su celda. A la sexta noche del ayuno, un chillido rompió el silencio. Minutos después aquellos presos éramos una jauría dando cuenta de la presa.

Noé Hernández, valiéndose de su paciencia de preso, atrapó a un gato, lo estranguló y lo desolló con los dientes. Uno a uno fue pasando pedazos de carne fresca y sangrante hacia cada una de las celdas. Al principio daba repulsión. Después, la necesidad de seguir vivos triunfó. Nadie dijo nada, excepto Noé, que invitaba al vergonzoso festín: "Éntrenle, cabrones, no se hagan del rogar. Más no puedo hacer por ustedes". La carne aún tibia y con sabor intenso a comino aplacó la sensación de muerte que todos experimentábamos. Los huesos del animal llovieron sobre el patio. Noé se comió la cabeza porque le gustaba el sabor de los ojos y los sesos calientes que, decía, le recordaban los tacos que vendían en Pachuca.

Como si los oficiales de guardia estuvieran esperando a que ocurriera aquel espectáculo humillante en el que nos veíamos desde el fondo de nuestras propias conciencias, al día siguiente regresó el menú de frijoles acedos y gelatina nadando en ellos; el retorno a la gloria.

La hedionda carne de cerdo a punto de la descomposición nos hizo alzar los brazos al cielo.

Recordé el sabor de la carne de gato cuando presencié, en no pocas ocasiones, el hambre con que siempre se quedaba el capitán Ibarra cuando estaba castigado a causa de sus riñas. La compasión me llevaba a arriesgarme igual que otros presos a un castigo si éramos sorprendidos escondiendo en la entrepierna dos o tres tortillas, para sacarlas del comedor y entregárselas al capitán. Acostumbrado a la solidaridad de algunos de sus compañeros, Ibarra había perdido el pudor. Comía todo lo que se le diera para aplacar su enorme apetito, inexplicable en aquel minúsculo cuerpo.

Uno de los reos más solidarios con el capitán Ibarra era Humberto Rodríguez Bañuelos, el asesino de Posadas Ocampo. También él sabía lo que era tener hambre. El balón gástrico que se implantó en su juventud lo mantenía en un estado de permanente insatisfacción alimenticia. Comía poco y eso lo obligaba a necesitar alimentos a las dos o tres horas. Por eso se compadecía de los encierros y los ayunos a los que era sometido el ex guerrillero.

Rodríguez Bañuelos era de esos reos, en su mayoría narcotraficantes, cuyo ego los llevó en sus años de poder económico a practicarse cirugías estéticas para remontar los efectos del tiempo en cualquier persona. Calculo que 90% de los delincuentes de la prisión federal de Puente Grande se había hecho una cirugía de esta clase. La operación más frecuente en ese grupo es la reducción del abdomen; los que no se habían practicado al menos tres veces algún tipo de liposucción se habían implantado balones gástricos. Otros tenían cirugías para reducir la papada, unos más se hicieron cirugías para achicar el tamaño de las orejas, y los menos algún tipo de injerto de pelo en la cabeza y en el pecho. También había los que se operaron los labios y hasta el pene, para parecer más atractivos a las mujeres. Pero en el penal, donde no había mujeres, las operaciones estéticas, principalmente las gástricas, hacían padecer con mayor severidad el encierro.

La solidaridad alimentaria era una forma de expiar el sentimiento que cada uno de los sentenciados cargábamos. Por eso Rodríguez

Bañuelos no sólo buscaba la forma de ayudar al capitán Ibarra, sino a cualquiera que padeciera el hambre a que obliga el sistema carcelario como un agregado a la sentencia. Cuando salía del comedor siempre buscaba la forma de llevarse algo escondido para arrojarlo al pasar por la celda del castigado. Esto hizo que se ganara muchas buenas voluntades de los hermanos de rejas.

Pero había otros reclusos, como Antonio Vera Palestina, el asesino confeso del periodista Héctor Félix Miranda, que no comulgaban con ese principio. A él le parecía un exceso de humanidad o, en sus propias palabras, "una jotería". Cuando alguien entregaba un pedazo de pan o una tortilla al preso castigado venía la recriminación. El reproche nunca se hacía en público ni a la vista de los otros reos. Vera llamaba con discreción al reo caritativo y lo llevaba al patio. Ahí le hablaba como en secreto. Le hacía notar de la condición de reos que todos teníamos y del riesgo en el que estaba poniendo a toda la población del pasillo si era sorprendido: nos podían dejar a todos sin alimentos por varios días. Él sabía de las prácticas que se realizaban en el COC, donde los internos pasaban días sin probar alimento para pagar el castigo de uno solo. "Yo no voy a pagar las culpas de otros", decía el sicario como invitación para que se dejara de ayudar a los que estaban castigados.

Vera Palestina era un hombre de pocas palabras. Todos en el pasillo temían su poder. Nunca se atribuyó las golpizas que presos afines a él propinaron a otros que insistían en traficar comida desde el comedor hasta las celdas de los castigados. Por lo general las víctimas de las palizas eran los presos que habían sido reconvenidos en algún momento por Vera Palestina, pero desoyeron su reclamo y siguieron ayudando.

El lugar favorito para los escarmientos eran las regaderas. En el módulo ocho de sentenciados no había duchas privadas. Todos los reos éramos llevados en grupo para el baño a la hora que lo dispusiera la guardia. Ése era el momento que aprovechaban los golpeadores para abalanzarse sobre su víctima. Los oficiales encargados de la seguridad de ese sector de la cárcel siempre estaban volteando hacia otro lado cuando el reo señalado era tirado al suelo y sobre él llovían puños y patadas, que no cesaban hasta que el infortunado estaba sangrando y gimiendo. Sólo después entraba el guardia a las regaderas para preguntar si aquél se había resbalado con el jabón, y en consecuencia venía un castigo de hasta 30 días en el interior de su celda. Después de eso Vera Palestina les recordaba —ya de manera abierta para que todos lo escucharan— que "en la cárcel el piso es muy resbaloso" y recomendaba cuidado al caminar para no acabar como las víctimas recientes.

CAPÍTULO 5

Dos asesinos purgando sus penas

Antonio Vera Palestina se movía en silencio por el módulo ocho del área de sentenciados. Parecía no tener amigos; de todo el mundo desconfiaba y nadie se le acercaba sin previa cita. Estaba acostumbrado a tener el control de su entorno. Se rodeaba de un grupo de presos que lo cuidaban a la distancia y ellos permitían o negaban el acceso a él. Sólo quienes eran llamados expresamente podían hablarle. Su minúscula humanidad contrastaba con el poder que tenía en aquel sector. Rodríguez Bañuelos me advirtió que no me le acercara por obvias razones: Vera Palestina estaba purgando sentencia por la muerte de un periodista.

"Eres reportero y seguro que aquí mismo te 'echa al plato'", me advirtió *la Rana*.

Pocas veces cruzamos palabra, pues yo trataba de mantenerme lejos de donde él estuviera. Sentía el odio en la mirada de aquel preso, que ya había purgado gran parte de su sentencia de 25 años y luchaba por alcanzar su libertad anticipada. El asesino del *Gato* Félix paliaba su necesidad de libertad con intensos partidos de futbol y basquetbol. Jugaba poco al ajedrez y a veces él mismo organizaba torneos de dominó. Era bueno contando las fichas, siempre y cuando hubiera un silencio absoluto en su entorno.

Se levantaba antes de las cinco de la mañana. Cuando el oficial de guardia pasaba por su estancia para preparar el pase de lista, Vera Palestina ya había hecho 200 abdominales en rondas de 10 en 10. Le gustaba mantenerse en forma. Contaba a sus compañeros de celda que quería sentirse y verse bien para cuando saliera porque iba por su segundo aire. Se esmeraba en planchar con las manos su uniforme; lo tendía sobre su cama antes de ponérselo. Pasaba hasta media hora alisando la camisola y el viejo pantalón café. Se le escuchaba decir en voz baja, cada vez que estaba en ese ritual, que ya faltaba menos para cambiar aquellos harapos por verdadera ropa: era el mantra que le ayudaba cada día que pasó en Puente Grande (después de varios traslados de penales, Vera Palestina fue liberado en mayo de 2015).

Sus zapatos, gastados como los de todos, siempre estaban limpios. Les pasaba una franela húmeda diariamente y les untaba una mezcla de pasta dental con crema para el cuerpo y agua hasta que los revivía. Sólo compartía con los más allegados aquel secreto para mantener sus zapatos como nuevos.

Con el rastrillo que los oficiales prestan a discreción a los internos, tardaba más de media hora en afeitarse. Lo hacía con el cuidado de una cirugía a corazón abierto. Pasaba la navaja con finura sobre su rostro. Si algo había que lo molestara era pincharse la cara. Odiaba las marcas de una mala afeitada no sólo en su rostro sino también en el de sus más cercanos. Cuando alguno de quienes lo cuidaban salía al patio con las huellas de una afeitada a la carrera, le decía: "Es el único momento que uno tiene para quererse a sí mismo". Sus manos también lucían impecables. Por las noches, antes de dormir se hacía una especie de manicura para cuidar sus uñas. Después de frotar por varios minutos sus manos con crema suavizante hacía una oración y se quedaba dormido con el rostro hacia arriba. Ni sus compañeros de celda podían penetrar los misteriosos pensamientos que envolvían a aquel hombre recio, que muy pocas veces lograba sonreír.

El espíritu, o la estupidez de reportero, nunca me dejó tranquilo. Con las precauciones del caso, busqué arrancarle a toda costa la historia del asesinato que lo mantenía en prisión, pero siempre me topaba con un muro de silencio y con sus ojos que se enrojecían en mi presencia. A veces el mismo Rodríguez Bañuelos se acercaba para llevarme de ahí, tomándome del antebrazo y escupiéndole alguna excusa al fallido entrevistado. "Este reportero es muy pendejo", decía *la Rana* mientras me alejaba con sigilo. Esa protección, me explicó, no nacía del miedo hacia el hombre de las confianzas de Jorge Hank, sino de la que consideraba su obligación moral de preservar mi integridad.

"No le piques la cresta, ¿no ves que sólo necesita un pretexto para explotar?", me decía casi al oído cuando nos alejábamos del sicario sin darle la espalda.

La Rana me "salvó" en más de cuatro ocasiones de la mirada furiosa de Vera Palestina, y en cada una me advirtió que ésa era la última vez que metía "las manos al fuego por mí". Me explicaba que aquel hombre no era como Rafael Caro Quintero, cuya afabilidad reconocía. Él tenía motivos para pensar así de Caro Quintero: me confesó que recibía correspondencia suya y que en cada carta se decía dispuesto a ayudarlo en su defensa legal, más allá de ofrecerle cualquier tipo de ayuda económica. Se conocieron en libertad y trabaron una buena relación que no terminó en la cárcel, donde no compartieron nunca el mismo pasillo, pero llegaron a encontrarse en algunos sectores donde pudieron hablar a hurtadillas.

Por consejo de *la Rana* ya no insistí en pedirle una entrevista a Antonio Vera Palestina, pero sí pude horadar su muralla de silencio gracias a uno de los hombres que le cuidaban las espaldas, al que me acercó el propio Rodríguez Bañuelos no sin antes pedirle que me relatara el asesinato de Héctor Félix Miranda: "Cuéntale cómo fue la historia para que se le quite la comezón a este periodista", fue la recomendación con que *la Rana* me presentó a Saúl Lagunas, un sicario del cártel de Tijuana que estaba purgando una sentencia de 752 años, acusado de 37 homicidios.

Saúl, *el Grandote,* me miró desde arriba. Era un niño en el cuerpo de un hombre robusto que no pasaba de los 45 años. Los músculos marcados en su cuerpo hablaban de su afición por el ejercicio. Sus brazos eran dos mapas de tatuajes donde resaltaba una Virgen de Guadalupe con expresión de tristeza. En su cuello se asomaban unas letras góticas. Eran los nombres de Ismael y Gabriel, sus hijos gemelos que para entonces ya deberían de tener 21 años, los mismos que él llevaba en el presidio.

Sonrió cuando le pedí que me contara los secretos de Vera Palestina. Volteó a todos lados y sentí que el temor le borraba la sonrisa. Me miró fijamente. Movió la cabeza, no en actitud de negación, sino de resignación. En la cárcel hasta las paredes escuchan. Por eso me advirtió del riesgo de muerte en el que estaríamos. Lo pensaría, no por él —me dijo—, sino por los favores que le debía a *la Rana,* pues cuando llegó a Puente Grande lo acogió como a un hijo. Lo cuidó por mucho tiempo y se hizo cargo de la manutención de su esposa e hijos por casi cinco años.

A los tres días de aquella plática, mientras estábamos en el patio, Saúl me hizo una seña. Cuidaba a distancia a Vera Palestina y me pidió que me sentara a su lado. Comenzó a hablar como todos los presos: sin mirar a los ojos, moviendo lo menos posible los labios y evitando que el viento se llevara sus palabras. Comenzó a contar su propia historia. Me habló de cuando, apenas a los 16 años, ante la pobreza que había en su casa optó por salir a la calle a buscar trabajo de lo que fuera. Decidió dejar la secundaria para dedicarse a ser "coyote". Su primer trabajo fue cruzar a dos guatemaltecos que encontró rondando por el mercado de Tijuana. Los observó y les ofreció llevarlos del otro lado de la frontera por 500 dólares cada uno.

La carrera delincuencial de Saúl subió en espiral. Tenía unos meses trabajando como pollero cuando un comando al servicio del cártel de los Arellano Félix lo levantó. Estaba por pasar hacia Estados Unidos a 11 centroamericanos que tenía en el hotel Bella Vista y había salido a buscar algo de comida para ellos, cuando una camioneta le cerró el paso. Cinco hombres armados se lo llevaron. Estuvo en una casa de seguridad durante cinco días. Al sexto lo llevaron a hablar con el jefe del grupo, quien le explicó que no podía seguir trabajando como hasta entonces. Saúl le ofreció un porcentaje de sus ganancias, pero la oferta fue rechazada. El jefe de aquella célula le dio dos alternativas: dejar de trabajar "y descansar para siempre", o hacerlo para el Cártel de Tijuana. Lo dejarían seguir cruzando la frontera, pero en cada viaje hacia Estados Unidos llevaría un paquete con 10 kilos de cocaína. Le dejarían la utilidad por el paso de indocumentados y le darían 1 000 dólares por transportar la droga.

A los dos meses de su reclutamiento para el Cártel de Tijuana le reasignaron sus tareas. Ya no cruzaría hacia el lado estadounidense. Sin adiestramiento de ningún tipo le entregaron un fusil de asalto AK-47 y le ordenaron que buscara a dos hombres para un trabajo: tenía que ejecutar a dos personas que no quisieron ajustarse a las reglas de la organización. Aunque tenía miedo —admitió— no pudo negarse a obedecer al jefe de la célula, a quien sólo conoció por su apodo o clave de *León*. Después llegó a las afueras de un burdel y esperó a que sus víctimas salieran. Sin mediar palabra abrió fuego contra los dos sujetos señalados y se retiró del lugar con el corazón a punto de salírsele del pecho.

La sensación después de la doble ejecución fue de completo placer. Primero la adrenalina le hizo reclamar unos tragos de whisky, después sintió un deseo sexual que no había conocido nunca a su corta edad. Luego sobrevino un estado de tranquilidad que no supo describir más allá de la analogía "de estar flotado en una nube". Durmió casi 24 horas seguidas. Al despertar ya era otro. Se sintió con poder para hacer lo que quisiera. El bautizo de sangre se lo confirmó el jefe de la célula cuando lo invitó a sentarse con él para felicitarlo por "el trabajo", poniendo frente a su cara una botella de coñac, dos bolsas con cocaína y un fajo de billetes que contenía 10 000 dólares.

Después vinieron otros encargos. Su principal función en el Cártel de Tijuana era mantener esa ciudad libre de miembros de otros cárteles que pretendían introducir drogas hacia Estados Unidos sin realizar el debido pago de piso que impusieron los hermanos Arellano Félix desde finales de la década de los ochenta. Así, Saúl conoció a Antonio Vera Palestina cuando éste ya era parte del equipo de seguridad del Hipódromo Agua Caliente, propiedad de Jorge Hank Rhon, para el que también trabajó una temporada.

Aparte de mantener a Tijuana libre de otros cárteles, *el Grandote* hacía contacto con policías de todas las esferas, así como con militares, para incluirlos en las actividades criminales o al menos comprar su discreción. Los Arellano Félix pagaban una nómina superior a tres millones de dólares para mantener la complicidad de las corporaciones policiacas y del ejército. Los oficiales que se negaban al soborno simplemente eran asesinados por el comando que estaba a cargo de Saúl.

Él no llevaba la cuenta de las ejecuciones que había realizado por encargo del cártel. La PGR le atribuyó 37 homicidios, principalmente de policías. En su pierna izquierda llevaba tatuado el apodo que él se había puesto: *el Mata Policías*. Le gustaba presumir esa leyenda como un símbolo de su estatus entre la población carcelaria. Cuando se autorizaba la práctica deportiva, saltaba con su short a la cancha mostrando aquel tatuaje que se había hecho durante sus primeros días de reclusión en la cárcel de El Hongo, en Tijuana. Sólo a veces, por un falso pudor de los oficiales de guardia, Saúl era reconvenido para que usara pantalón largo al hacer deporte para que no se viera la leyenda, más intimidatoria que ofensiva para algunos vigilantes.

Tras resumir su propia carrera como introducción, *el Mata Policías* comenzó a contar la historia de Antonio Vera Palestina y las razones que lo llevaron a dar muerte al periodista Héctor Félix Miranda, columnista y subdirector del prestigiado semanario *Zeta* de Tijuana. Entre tanto, no perdía de vista al actor principal de aquella historia. Su mirada lo seguía mientras zigzagueaba con el balón de futbol entre sus pies. El miedo con el que relató lo que sabía era evidente cada vez que Vera Palestina volteaba hacia donde platicábamos, ya que Saúl se callaba abruptamente, como si creyera que su jefe nos podía escuchar con los ojos.

El asesinato del *Gato* Félix —en la versión del *Mata Policías*, como también lo sostuvo luego el periodista Jesús Blancornelas— se ordenó desde el despacho de Jorge Hank Rhon, hijo del profesor Carlos Hank González, uno de los políticos priistas más importantes de las últimas décadas en México. A pocos les habría interesado matar a un periodista si éste no hubiera sido tan incómodo como *el Gato* Félix. Desde su columna "Un poco de algo", Félix Miranda insistía en señalar el halo de corrupción y de negocios sucios que se gestaba en torno de la figura empresarial de Jorge Hank. El periodista era incisivo en sus investigaciones y se encaminaba a descubrir el trasiego de armas que un grupo de empresarios cercanos a Hank Rhon realizaba desde Tijuana para enviarlas a grupos del crimen organizado que a mediados de los ochenta se estaban formando en estados como Michoacán y Guerrero. Un punto de enlace en ese entramado —como lo consignaba el propio *Gato*— eran los gobiernos del Estado de México, donde la policía de los sucesivos gobernadores priístas Alfredo del Mazo González, Alfredo Baranda García y Mario Ramón Beteta se encargaban de conectar a los proveedores con los compradores del armamento.

Las pistas que obtuvo *el Gato* Félix lo acercaron a la posibilidad de poner al descubierto una de las rutas más importantes para el ingreso de armas de Estados Unidos a México. Basó sus investigaciones en la sospechosa bonanza del Hipódromo Agua Caliente, que no tenía actividad comercial ni registraba una sola carrera de caballos en varios años. Por eso, como primera medida para evitar el escándalo que acarrearía graves consecuencias al entonces gobernante del PRI, Hank Rhon decidió sobornar al periodista. El encargado de hacerle la primera oferta fue el propio Saúl, quien fracasó por lo menos en tres intentos. Comenzó tentándolo con un millón de dólares por su silencio. Tras su negativa, le subió a tres millones de dólares, pero Félix Miranda volvió a negarse. La tercera vez que Saúl buscó el contacto con *el Gato* Félix tenía a su disposición siete millones de dólares.

Tras el fracaso de Saúl, el jefe de seguridad de Jorge Hank Rhon se encargó del asunto, quien le llegó a ofrecer hasta 10 millones de dólares para que dejara de señalar la corrupción del entorno de Hank, pero la postura del periodista fue la misma. Félix Miranda insistió en no venderse y hasta dejó entrever la intención de hacer públicos los intentos de soborno. Eso podría haber hecho que en el primer círculo de "asesores" del empresario Hank Rhon cundiera el nerviosismo y se diera la orden de matar al periodista antes de que hiciera pública la red de distribución de armas que sólo el gobierno federal no veía, porque en la PGR nunca hubo una línea de investigación al respecto.

La gente de Hank comenzó a seguir al periodista para ubicar el mejor lugar y el mejor momento de la ejecución. Desde el principio la tarea fue encomendada a Vera Palestina, a quien desde la administración del Hipódromo Agua Caliente se le asignó un equipo de cinco personas. Pese a la sentencia que dictó contra Félix Miranda, Hank Rhon siguió ostentándose públicamente como amigo no sólo del *Gato* sino también del director del semanario *Zeta*, Jesús Blancornelas, con quienes todavía se reunió dos veces a tomar un café.

El 22 de abril de 1988, a las ocho y media de la mañana, Héctor Félix Miranda salió de su casa. Volteó a los dos lados de la calle antes de subir a su camioneta para ir a las oficinas del semanario. No dio importancia a los dos hombres y las cuatro mujeres que a más de 100 metros parecían esperar el paso del transporte público. Encendió el motor y prendió la radio para escuchar las noticias.

Enfiló por las calles de Tijuana, seguramente pensando en la edición que estaba a punto de cerrar. Los sicarios iban en dos vehículos a marcha lenta: eran un Trans Am y una camioneta pick up, ambos negros. En cada auto, tres hombres. En el primero iba el chofer, Vera Palestina como copiloto y en el asiento de atrás un policía municipal de Tijuana llamado Victoriano Medina Moreno.

El Trans Am circuló por calles aledañas a aquella en la que transitaba *el Gato* Félix. La camioneta lo siguió aproximadamente a 50 metros, dando detalles por la frecuencia del radio sobre los movimientos de su presa. En el Trans Am reinaba el silencio. Una llamada de Vera Palestina en la que sólo dijo "ya está" fue lo único que se escuchó antes de las detonaciones. El Trans Am se atravesó sobre la avenida y la camioneta bloqueó cualquier posible retroceso del vehículo de Félix Miranda. Vera Palestina bajó del auto y Victoriano Medina lo siguió.

Los dos sicarios se acercaron por el lado del conductor. Ambos portaban escopetas recortadas calibre .12. Como por instinto, Félix Miranda se reclinó sobre su lado derecho para quitarse de la vista de los asesinos. Fue en vano. Los dos disparos a corta distancia llamaron la atención de un hombre que pasaba por el lugar. El cuerpo del *Gato*

Félix quedó recostado en el asiento. Su muerte fue instantánea. Faltaban 10 minutos para las nueve de la mañana cuando Victoriano Medina Moreno revisó el cuerpo de su víctima. Se cercioró de su muerte. Asintió con la cabeza a Vera Palestina, que permanecía inmóvil, sin soltar el gatillo. Dejaron la portezuela abierta y se dieron a la fuga. Los dos vehículos negros se perdieron en las espesas calles de Tijuana, hasta que se volvieron a encontrar unas cuadras adelante. Los tripulantes bajaron y abordaron otros dos vehículos que ya los esperaban.

La respiración de Saúl estaba agitada cuando lo relató. Parecía que lo había hecho mientras corría los 100 metros planos. "Eso es todo lo que sé", dijo, como si pusiera el punto final. La mirada de Vera Palestina se le clavó desde lejos y él no pudo más con su miedo. Se levantó y comenzó a trotar alrededor de la minúscula cancha de basquetbol que a veces se improvisaba como campo de futbol, como en esa ocasión. Vera Palestina tuvo que ver un gesto culpable, porque ni en la cena de esa noche ni en el desayuno y la comida del día siguiente permitió que *el Grandote* se sentara a su mesa.

Los días siguientes fueron tensos. Entre algunos presos se rumoraba que el asesino del *Gato* Félix estaba molesto con uno de sus escoltas más fieles. Todos volteábamos a ver a Saúl cada vez que Vera Palestina lo alejaba de su presencia con un ademán de enfado. Apenas intentaba acercársele, le pedía que se alejara con la mano en el aire. Saúl era un niño regañado que de inmediato buscaba, fuera en el patio o en el comedor, un rincón desde donde veía con ojos del tamaño de la luna a su jefe, que hacía su vida dentro de la cárcel sin que él lo cuidara. Tampoco volví a ver que Saúl se acercara al que fue su mentor dentro de la prisión.

No habían pasado ni cinco días desde que Saúl me contara en el patio la historia de la muerte de Félix Miranda, cuando ocurrió la suya. Como todos los días, a las 7:15 de la mañana todos los que estábamos en el pasillo 1-B del área de sentenciados fuimos llevados al comedor. El pasillo se encuentra en el segundo nivel, por lo que es necesario descender dos niveles de escalera. Formados como íbamos, *el Grandote* "tropezó" y rodó hacia abajo. Su cuerpo quedó inerte en el primer descanso. Todos fuimos devueltos a nuestras celdas, mientras se escuchaban códigos por la radio del oficial y luego el movimiento del personal médico que vanamente acudió a brindarle auxilio.

Desde mi celda pude escuchar cuando uno de los oficiales de guardia le informó a uno de los presos de las primeras estancias del pasillo que *el Grandote* había fallecido en el instante. El diagnóstico inicial fue fractura de cráneo. "Ya no le va a poder pagar al juez todos los años que le debía. Se le escapó más fácil que *el Chapo* —dijo el oficial de manera sarcástica mientras se preparaba para volver a salir al comedor—, porque la comida es algo que no perdonan", dijo con una risita seca que a nadie le causó gracia.

Tras el incidente del *Mata Policías*, *la Rana* se aferró más a mí: "Si te dejo solo te tragan vivo". Toda aquella área de sentenciados ya sabía lo mismo que yo: que sobre mi cabeza pendía una sentencia de muerte. Nadie supo lo que me había relatado *el Grandote*, pero todos se imaginaban que era algo importante para despertar la ira de alguien que ya había comenzado a cobrar venganza con el hombre que traicionó el código elemental de la cárcel.

La Rana siempre me pedía que me quedara a su lado, y a veces me lo ordenaba amablemente. Por eso fui testigo de cómo intentaba terminar de pintar el paisaje que parecía tener nítido en su imaginación. Pero era mal pintor y más de cinco veces vi que intentaba plasmar la imagen buscada sobre un lienzo nuevo; contra lo que se pueda pensar, muchos presos hacían peticiones de ingreso de material de pintura, y a casi nadie se lo negaban.

Los trazos temblorosos con los que *la Rana* intentaba dar volumen a los árboles, cuyas ramas a veces salían desproporcionadas con sus troncos, él mismo sentía que requerían una justificación. "Pinche cuadro, no me sale", era la excusa de *la Rana* cada vez que volteaba a verme y seguramente encontraba un gesto de desencanto.

"Este cuadro lo he tratado de hacer desde hace más de 15 años —me confió— y estoy seguro de que algún día lo voy a pintar justo como lo he imaginado. Después de todo tengo muchos años para seguir practicando, hasta que me salga bien."

Aquella cárcel no era precisamente un semillero de talentos artísticos, pero había algunos reos que a fuerza de práctica se habían convertido en verdaderos artistas. Algunos eran buenos en la pintura y otros en la poesía. Uno de los mejores poetas, por no decir el mejor de Puente Grande, era *el Caníbal,* Jesús Martínez Soto. Cuando se tendía sobre su libreta con inspiración lograba arrancar lágrimas y sentimientos a su audiencia. Los poemas del hombre que clama desesperado por el amor de la mujer distante eran desgarradores.

Martínez Soto no tenía ni 60 años. Estaba pagando una sentencia de 89 años de prisión por haber matado y devorado a su novia y a su suegra. Ya tenía purgados más de 27 años de cárcel, pero sabía que no iba a salir nunca. Por eso todas las tardes se fugaba escribiendo los más bellos pensamientos de amor, los cuales parecía imposible que salieran de un asesino que durante meses se comió a la mujer que amaba y de paso a su suegra.

Era un preso sencillo. A simple vista no denotaba crueldad. Se escurría por los pasillos con la sutileza de un gato. Sus grandes ojos detrás de sus lentes dejaban en el aire un sentimiento de tristeza. Hablaba poco. La mayor parte del día la pasaba pegado a su ventana. Cuando las actividades de recreación eran opcionales, él prefería el silencio de su celda. Siempre ofrecía sus textos al mejor postor. "Un poema que no se lee más allá de su autor es como un niño que nace muerto", decía. Por eso siempre estaba regalando sus escritos. No había nada que lo hiciera más feliz que escribir por encargo. Los reos le pedían poemas para ocasiones especiales: el cumpleaños de la esposa, el aniversario de bodas, la graduación de los hijos. Entre los meses de marzo y junio era cuando más trabajo tenía; la lista de poemas solicitados para el Día de las Madres era interminable.

Cuando *la Rana* se sentaba a pintar el interminable óleo, siempre se acomodaba a su lado *el Caníbal.* Sacaba su libreta y se frotaba las manos. Escribía lento. Al término de cada línea, como en otros tiempos, mojaba con saliva la punta de los lápices de colores que tenía. Los presos les llamaban "confetis" a sus escritos, no sólo por el colorido de las letras, sino por el uso festivo de éstas en las ocasiones especiales.

El Caníbal nunca cobró dinero por sus "confetis" y brincaba de alegría cada vez que un preso leía sus poemas. En agradecimiento, los que le encomendaban algún escrito terminaban por regalarle dos tortillas de su ración y, en el mejor de los casos, una mitad de naranja de las que a veces acompañaban el menú. El mejor halago que podía recibir —que casi siempre ocurría— era que a los presos se les quebrara la voz al momento de leer los textos que hacían pasar como suyos cuando eran enviados a sus familias a través del correo ordinario.

Siempre estaba en busca de un verso para utilizarlo en sus poemas. Se acercaba sigiloso a donde un grupo de presos estuviera platicando en el patio, no para participar activamente en los diálogos sino para encontrar las palabras o robar las frases que no le llegaban solas.

"Sólo esto —me confió en una ocasión mientras me enseñaba sus escritos— es lo que nos diferencia de los animales."

Y es que él buscaba a toda costa remontar su pasado animal mediante la escritura. Lo horrendo de sus crímenes lo hacía sufrir al extremo cada vez que los recordaba. Se sentía avergonzado. Escondía la cara para no mostrar los signos de angustia que le ocasionaba rememorar el asesinato de su novia y de su suegra. "Es un dolor peor al de estar encerrado en esta cloaca", decía para explicar los estados depresivos que lo inundaban, principalmente por las tardes. También algunas noches sus lamentos y sollozos se escuchaban en el eco del pasillo. Era un dolor que transmitía a todos los internos que nos revolcábamos sobre las literas metálicas, no para conciliar el sueño sino para dejar de escuchar la angustia que no terminaba por matar ni por salvar a aquel hombre.

Fue en octubre de 1983 cuando Martínez Soto cometió los asesinatos en la colonia Escandón de la Ciudad de México. Los celos transformaron a aquel impasible trabajador de Teléfonos de México en un animal que no encontró calma hasta que consumó su delito.

Sentados a la mesa de trabajo de *la Rana*, mientras el pincel tembloroso se barría impaciente de un lado a otro del lienzo y *el Caníbal* bosquejaba sus pensamientos mirando alrededor para alcanzar la inspiración, me contó su historia. Se había quedado pensativo. Dudaba entre la necesidad de matar el tiempo narrando una más de tantas historias de prisión y el deseo natural de guardarse para sí aquello que lo avergonzaba tanto. Pudieron más los bostezos y el silencio de los que estábamos ahí reunidos.

"Tocayito, ¿quieres escuchar un cuento de terror?", me dijo al ver mi cara estirada por el hartazgo y la impaciencia normal en ese lugar.

No esperó una respuesta. Él ya había tomado la decisión de hablarle a un extraño, lo que en aquellas condiciones era bálsamo para el alma.

Jesús conoció a Lorena cuando los dos iban a la secundaria. Desde siempre la muchacha le pareció simpática. La forma ondulada de sus cabellos y sus ojos orientales eran como un contrasentido en relación con su piel morena. Ella no era de la colonia; su familia había llegado de Tamaulipas por una transferencia del empleo de su padre, que trabajaba para la Comisión Federal de Electricidad. Por eso Jesús Martínez encontró el momento propicio para ofrecerse como guía cuando Lorena quisiera conocer la ciudad. La rondó durante casi dos meses hasta que ella, "graciosa y risueña como una tarde de lluvia después de la tormenta", aceptó la invitación a pasear. Su primera cita fue a las afueras del Palacio de Bellas Artes. Quedaron de verse un sábado por la mañana. Él, con un pantalón de mezclilla y una sudadera roja, se sentía Robert Redford. Ella, con sus zapatillas y su vestido floreado, "era la misma encarnación de un ángel" que parecía decidido a salvarlo del amor que le latía por todos los poros del cuerpo.

El primer encuentro fue como el de todos los enamorados. Él le ofreció su brazo derecho y la llevó a pasear por los andadores de la Alameda. La explicación turística comenzó por el blanco mármol del edificio que nació destinado a ser el palacio legislativo. Después una estatua, luego las fuentes, la Torre Latinoamericana y los edificios del entorno, hasta que se fue agotando la arquitectura. Jesús se había bebido un folleto turístico con los que se emboba a los turistas, el que estiró a más no poder "ante las interrogantes que brotaban como manantial desde el fondo de sus ojos negros". Cada vez que se le acababan las explicaciones, a Jesús le bastaba con bajar la mirada hacia aquellos pies diminutos asomándose por las viejas sandalias, y entonces le volvía la inspiración.

Ella le pidió que la llevara al Zócalo, pero eso no estaba en el guion de Jesús, por eso mejor la tomó de los hombros y la sentó suavemente sobre una banca. Ahí le habló de sus sentimientos. De la taquicardia que sentía cuando ella se le acercaba. De eso que lo dejaba inmóvil cada vez que ella le buscaba la mirada. La tarde estaba cayendo cuando Jesús le pidió a Lorena que fuera su novia. No le dio una respuesta, pero la tibia mano sobre su rostro lo volvió loco. Sintió a un animal que se quería salir desde adentro y la besó en los labios. Ésa fue la primera vez que pensó en comérsela.

El amor los "llevó y trajo rápido y recio por todos lados". La secundaria y los años pasaron pronto: ella con un infinito amor que lo llenaba todo, y él con una pasión que casi siempre se desbordaba con los celos. A la menor provocación del viento, Jesús estaba al borde de la ira. Las palabras suaves de Lorena no alcanzaban para apagar el incendio que comenzaba siempre en su cabeza y terminaba por hacerle arder las manos. Las bofetadas en el cine, en la plaza y a la puerta de su casa daban siempre cuenta del amor codependiente de los dos. Ella siempre terminaba por reconocer su culpa y su amor inmenso ante los ojos llorosos de él. Jesús la cobijaba en un abrazo y borraba las escenas de violencia en su relación, hasta aquellas que habían pasado hacía apenas unos segundos. "Siempre terminaba todo en un 'te quiero para toda la vida' tan cálido y fuerte" que los dos se lo creían, aun cuando minutos después estuvieran de nuevo en medio del "incendio de los celos".

Un día se la quiso comer por odio. Ella no estaba de ánimo cuando él le propuso que se fueran a vivir juntos; ya estaba a punto de terminar la carrera de odontología y sintió que una relación marital la dejaría sin posibilidades de ejercerla. Jesús había alcanzado un ascenso en su trabajo: pasó de ser auxiliar de técnico a encargado del almacén, y la mejora del ingreso le daba la posibilidad de mantener una familia. Lorena no lo despreció, sólo trató de hacerle ver la importancia de su proyecto personal. Intentaba ganar tiempo para titularse. Pero su negativa sonó hueca en la cabeza de Jesús. La confusión se le acumuló de un solo golpe. Todo se le volvió oscuro.

Cuando supo de sí, no reconoció dónde estaba. Miró a su alrededor y supuso que estaba sentado en la sala de espera de un hospital. Lo intuyó por el olor a formol y desinfectante que le calaba la nariz. Se recompuso. Trató de recordar lo que había pasado, pero la memoria lo traicionó. Sólo la figura de Consuelo Miranda, su suegra, le hizo recordar el momento en que medio mataba a golpes a Lorena. La mujer ni siquiera lo volteaba a ver. Lo despreciaba desde que sabía el tipo de vida que le estaba dando a su hija. Jesús se sintió fusilado por el silencio que tenía que compartir al lado de la madre de su novia. Nunca cruzaron una palabra, porque desde que salieron juntos la mujer se opuso a la relación. Desde su punto de vista no había hombre que fuera digno de su hija.

En esa ocasión Lorena resultó con dos costillas rotas, la mano derecha y la mandíbula fracturada, amén de golpes en todo el cuerpo y el rostro desfigurado. Jesús era un animal en sus momentos coléricos. Pese a la oposición de Consuelo a su relación y el dolor que le costaba ver a su hija en aquellas condiciones, esa vez fue condescendiente. Trató de darle una oportunidad a Jesús, cuando lo único que estaba haciendo era darle una posibilidad al diablo. No lo acusó de las lesiones que sufrió su hija. Declaró ante la policía que Lorena había sido víctima de un asalto en la calle y que las lesiones se las hicieron dos desconocidos que intentaron quitarle el bolso cuando regresaba tarde del trabajo. El testigo de aquellos hechos ficticios fue el mismo Jesús Martínez, quien fue trasladado del hospital ante el agente del Ministerio Público del Distrito Federal, donde explicó, haciendo alarde de su imaginación, la forma en que encontró a su novia inconsciente y sangrando en una calle de la colonia Escandón.

A los tres días Lorena fue dada de alta. "Los golpes que denunciaba su cuerpo eran comparados con lo destrozada que estaba su alma" y aun así pudo más el amor que sentía por su hombre. El cariñoso y arrepentido niño que era Jesús en sus brazos hizo que volviera a creer que ya no volvería a golpearla. Se prometieron amor para toda la vida y ella aceptó vivir con él. Consuelo sólo movió la cabeza cuando Lorena le notificó su decisión de irse a vivir con el verdugo.

Tuvieron un mes de vida en común. "Fueron los días más floridos" en la vida de aquel hombre, que al imaginar a su mujer en los brazos de otro se salía del trabajo para ir a su casa, abría violentamente la puerta y entraba desaforado para interrumpir la escena que en su mente lo hacía debatirse casi hasta la muerte. El alma le volvía al cuerpo cuando encontraba a Lorena ocupada y distraída en los quehaceres de la casa. Ni siquiera eso era suficiente para calmar la ira que iba acumulando desde el inicio de la sospecha hasta que la encontraba a veces cantando, a veces sumida en sus pensamientos. De todas maneras peleaban. Él buscaba afanoso en los rincones de la casa algún indicio que descubriera al hombre imaginario que le robaba las caricias de su mujer; buscaba en el cesto de la basura, bajo la cama y hasta en la alacena. De todas formas siempre había una razón para que su furtiva llegada terminara en una golpiza que la dejaba medio muerta, mientras él bufaba de coraje ante el cuerpo inerte y sangrante.

Llegó el momento en que el sufrimiento físico de Lorena pudo más que sus sentimientos. Se armó de valor y decidió dejar aquel infierno. Un día Jesús ya no la encontró en la casa. Se quedó rumiando sus celos por una semana. Su vivienda se hacía más grande a cada paso que daba y amenazaba con tragárselo cualquiera de las noches que pasaba solo. Y la casa empezó a hablarle: le contó que fue testigo de los pensamientos de Lorena. Le dijo que se sentía bañada por el amor de otro hombre. Le susurró al oído la risa que la volvía loca cuando lo engañaba. Le contó detalle a detalle los idilios que le conoció cuando él no estaba ahí. Fue describiéndole paso a paso cómo eran los encuentros de Lorena con cuanto hombre tocaba a su puerta. Hasta le dijo que disfrutaba engañándolo a todas horas del día, principalmente cuando él tenía que quedarse obligadamente dos o tres horas haciendo los tediosos inventarios.

A Jesús le hervía la sangre cuando imaginaba el rostro feliz de su mujer en esas circunstancias imaginarias. No sabía qué le dolía más, si el sentimiento de impotencia por saberse abandonado o la humillación de que hasta la casa se burlara de su desgracia. El coraje se le fue acumulando en la boca del estómago hasta que le llegó a los pies. Sólo así tuvo el impulso de salir a buscarla a donde estaba seguro de que la encontraría. Llegó a la casa de Consuelo para reclamar a su mujer. No era aún mediodía cuando estaba llamando a la puerta. La ira se acrecentó al ver que los golpes secos en el portón metálico no tenían respuesta. Pensó en irse, pero luego insistió. Merodeó la casa durante casi cinco horas, hasta que a lo lejos, entre el bullicio de las calles, pudo distinguir la figura de dos mujeres que caminaban del brazo e intentaban respirar la libertad. El corazón le dio un vuelco; pasó del coraje a la impotencia. No se dejó ver. Se convirtió en uno más de los transeúntes que a esa hora congestionaban la calle. Como por instinto buscó algo entre sus ropas. Por primera vez sintió la necesidad de tener un arma. Hasta entonces le habían bastado las manos para salir de cualquier situación violenta, por eso no hizo caso del repentino deseo.

Desanduvo sus pasos hasta la casa de su suegra. Las dos mujeres estaban entrando apenas cuando las sorprendió como un animal a su presa. Las empujó hacia adentro y de un manotazo cerró la puerta. Primero golpeó a Consuelo. Un golpe seco en el rostro la dejó fuera de cualquier posibilidad de resistencia. Lorena, "asustada como un conejo", corrió hacia el interior de la casa, pero no hubo lugar que la escondiera. De los cabellos Jesús la arrastró desde una de las recámaras hasta la sala. Como si fuera una muñeca de trapo la azotó en el suelo. Con los puños cerrados comenzó a golpearla hasta el cansancio. Sólo los primeros dos golpes le dolieron en el rostro a aquella mujer que ya estaba muerta de miedo.

Como a un hilacho, pero con el amor de un padre, Jesús levantó a la inerte mujer para llevarla a la cama. Posiblemente ya no respiraba cuando la depositó sobre el lecho. Él se recostó a su lado. Le habló de todo el cariño que le tenía, de todos los sueños que había fermentado desde que la conoció. Le recordó a detalle la primera vez que la llevó a pasear por la Alameda, le habló del viaje que tenían programado en diciembre al puerto de Acapulco. Saltó otra vez el tema de los hijos que no tenían. Otra vez era un niño que mendigaba amor. Le tendió la mano sobre el pecho y después puso su pierna como para cobijarla. Le habló en un murmullo de la felicidad que les aguardaba en su casa, de la urgencia de irse a cualquier lado donde los dos pudieran ser felices. Otra vez le hizo la promesa de que no volvería a golpearla. Pero Lorena ya no respondió al soliloquio de Jesús. Su cuerpo comenzó a enfriarse, por eso él la metió bajo la cobija y se acurrucó junto a ella para darle calor.

Los gritos lastimeros de Consuelo lo volvieron a la realidad. Se levantó y corrió a su encuentro. La halló en la sala, con la sangre seca en el rostro. Seguía desorientada y confundida. Los sollozos revivieron la ira de Jesús. Entendió que la desobediencia de su mujer tenía su origen en los consejos de su madre. Ella era la causa del demonio en que él se convertía todos los días, por eso decidió matarla. Necesitaba terminar con el origen de su desdicha. Fue a la cocina en busca de algo para cumplir su cometido. Un cuchillo.

"Me paré frente a ella —contó como extasiándose en el recuerdo—, los ojos se le hicieron grandes y quiso gritar. La tomé del cuello y la levanté de donde estaba sentada. Primero le pegué en el rostro y le escupí todo lo infeliz que me había hecho."

Tras los golpes vino una tanda de navajazos. Primero le insertó el cuchillo tres veces en el estómago. Nunca la soltó del cuello. Las puñaladas las hizo con la mano izquierda mientras con la derecha intentaba ahogar sus gritos. El coraje de Jesús no terminó cuando su suegra se desvaneció. La recostó en un sillón y sintió que babeaba cuando le pasó el cuchillo por el cuello. Disfrutó al ver brotar la sangre y la miró fijamente mientras exhalaba su último aliento. Él tuvo un dejo de compasión. La auxilió espiritualmente. Le preguntó al oído —ya sin ninguna respuesta de la mujer— cuáles eran sus pecados. Le pidió que le contara sus males para que pudiera llegar limpia al cielo. Hizo algunas oraciones y la perdonó de todo el daño que le había hecho.

Con la sangre que aún seguía brotando le pintó una cruz en la frente, como símbolo de su deseo de que muriera en paz. "Después de todo, a los muertos se les perdona porque ya pagaron con la vida", me dijo mientras unas lágrimas se le escurrían por el rostro.

"A Lorena —prosiguió— no la acuchillé. Su cuerpo era tan perfecto que no merecía que nada que no fuera yo la penetrara."

Tras el asesinato de Consuelo, Jesús volvió a la recámara. "Lorena estaba dormida en un dulce sueño de ésos que sólo pueden tener los que tienen el alma buena." Se recostó a su lado y se abandonó al cansancio; durmió casi cinco horas al lado de la mujer inerte. A la mitad de la noche buscó sus caricias, pero no tuvo respuesta. Comenzó a besarla y reinició el monólogo amoroso con el que durante noches enteras la emborrachó hasta la madrugada. Le hizo el amor desesperadamente. Estaba seguro de que sus caricias podrían devolverle la vida, "porque no hay mayor vida que las caricias que salen de las manos de un hombre enamorado".

Estuvo durmiendo con ella durante tres noches. Sólo detenía su desenfrenada pasión para hablarle al oído y contarle lo feliz que lo hacía. Le recitó algunos versos mochos de Pablo Neruda. Los entremezcló con el sentimiento que esos días lo embargaban. Le habló al oído de los días por venir que estaban matizados de color de rosa. Otra vez los hijos que no habían tenido saltaron a la escena. Él deseaba con toda el alma procrear un hijo al que quería llamar Pablo. En ese hijo quería inmortalizar al poeta chileno. Estaba próxima la fiesta de Navidad y le juró que le compraría aquella sala a cuadros que una vez vieron mientras caminaban despreocupados por las calles del Zócalo, en los brevísimos momentos que tuvieron de paz. Le volvió a dar su palabra de hombre de que la llevaría a conocer Acapulco. Planeaba que celebraran el Año Nuevo en la playa. Ella no respondió a ninguna de sus propuestas. El cuerpo rígido, con la boca abierta, miraba fijamente al techo. Él pasó por alto el silencio mortuorio.

Unos golpes secos en el portón lo sacaron de su abstracción. "En el aire había moscas y un olor a perro muerto." Algo desde su interior lo sacudió como una descarga eléctrica. Se enfundó como pudo en sus deslavados pantalones de mezclilla, que con la sangre seca y negra podían delatar el asesinato de Consuelo. Como si él fuera el resucitado por amor, caminó tembloroso hasta la puerta. Desde adentro observó que eran dos mujeres que insistían en llevar la palabra de Dios hasta ese lugar. Les gritó que no recibiría ningún tipo de evangelización, que lo dejaran en paz. Que en esa casa se profesaba la religión católica y que era ferviente devoto de la Virgen de Guadalupe. Como espantadas, las dos misioneras arreciaron el paso, no sin antes deslizar bajo la puerta dos revistas: *Atalaya* y *Despertad*.

Jesús Martínez miró cómo "el aire se interesó en las revistas, porque con su mano invisible comenzó a hojearlas". Se dio la vuelta y lo sorprendió el cuerpo tieso de Consuelo tendido en el sillón. Con su mirada opaca lo seguía fustigando. Hasta entonces tuvo conciencia de lo que había pasado. Se paralizó por la sorpresa. Anticipó su futuro en prisión, pagando por los dos asesinatos, y eso lo hizo reaccionar. Pensó en las posibilidades de ocultar el crimen: eran pocas. No estaba seguro de quiénes lo habían visto empujando a sus víctimas al interior de la casa. No sabía si los gritos desesperados de Consuelo habían sido escuchados. Ni siquiera sabía si la mujer había tenido tiempo de llamar por teléfono a alguien.

Decidió que la mejor salida era no salir de la casa.

Se encerró mientras le llegaba la iluminación para borrar la evidencia de sus crímenes. Le dio vueltas a varias formas de deshacerse de los cuerpos. Sacarlos por la noche era arriesgado. No había forma de sepultarlos en aquella casa, cubierta de concreto. La solución se le ocurrió como una epifanía mientras abrazaba el cuerpo de Lorena. Las tripas le gruñeron de hambre. A causa de la adrenalina no se percató de que había pasado casi tres días sin probar alimento. La garganta reseca le recordó que ni siquiera había bebido agua. El líquido espeso y salado que salía de la boca de su amada fue un néctar que jamás probó mientras vivía. Abrevó "como si fuera un oasis en medio del desierto" que le devolvió la vida. Entonces tuvo la solución a su problema.

Con la paciencia de saberse a salvo, salió de la cama, fue a la sala y con el cuchillo con que le dio muerte, comenzó a destazar a su suegra. Primero una pierna, luego la otra y las manos. La cabeza no fue difícil de desprender, pues ya sólo pendía de algunos jirones. En cambio, le costó trabajo —casi medio día— cercenar el torso hasta convertirlo en una pila de carne tasajeada y amoratada. Las tripas las desechó en pedazos por el escusado. Lo más difícil fue lidiar con el olor nauseabundo de carne descompuesta. Lo solucionó colocándose un ungüento de mentol en las fosas nasales, como había visto en una película de Clint Eastwood, lo que le dio resultado. Los huesos desnudos los colocó en dos bolsas de basura para evitar el hedor. La pila de carne la puso dentro del refrigerador mientras se le ocurría qué hacer con ella.

Cuando estuvo frente al cuerpo de Lorena no pudo evitar un sentimiento de dolor. El cuchillo que tenía listo en la mano le pareció indigno de ella. Se quedó en silencio, "escuchando sólo la sinfonía del corazón", mientras miraba la belleza de su mujer. Bajo la cobija se asomaban los pies breves y simples que tantas veces habían sido su inspiración. Aun cuando ya estaban hinchados y amoratados le parecieron tan ágiles como cuando los descubrió en el primer paseo por la Alameda. Entonces decidió que no la cercenaría. Comenzó por acariciar los dedos hasta que no pudo frenar el deseo que le nacía en el alma: de una mordida arrancó el primero. Lo masticó. Percibió el "olor fragante de la primera noche" que había pasado al lado de Lorena y no se detuvo. A dentelladas voraces dio cuenta de los 10 dedos. Siguió con las plantas de los pies y luego con una parte de la pierna derecha.

Cuando Jesús llegó a la rodilla, el apetito había cedido. En el estómago sólo quedaba una sensación de hartazgo. El sabor a sangre paseaba de lado a lado por su boca. Pedazos de carne molida y ácida todavía se asomaban por las comisuras de sus labios. Los hilos de baba que escurrían hasta el pecho le provocaron una náusea que lo obligó a dar dos arqueadas pero no depuso nada. Con la respiración agitada pudo sobreponerse a la saciedad. Hasta entonces pudo ver que los pies de Lorena ya no eran aquellos tímidos y graciosos que a veces daban saltitos cuando caminaba. Con la delicadeza de un amante volvió a cobijar los huesos secos y rojos a los que redujo aquella parte del cuerpo que amaba.

Se volvió a recostar al lado del cada vez más hinchado cuerpo de Lorena. Lo abrazó y se durmió de nuevo. Esa misma rutina la realizó durante los siguientes 75 días. Cuando llegó la Navidad el cuerpo de Lorena ya era un manojo de huesos, un esqueleto a medio pelar que sólo mantenía intacto su rostro, donde los ojos botados eran un nido de moscas verdes que zumbaban en el aire fétido.

Para evitar que los vecinos se alarmaran por la pestilencia de los cadáveres, todas las noches Jesús encendía una fogata en la sala. El fuego no sólo acabó con el aire podrido, sino también fue devorando por partes el interior de aquella vivienda. El cuerpo de Jesús comenzó a dar muestras de agotamiento y reconoció que aquella situación no podía seguir. El vómito y la diarrea incesantes le indicaron la necesidad de buscar otra salida. Afuera, los vecinos comenzaron a mirar con desconfianza la forma abrupta en que habían desaparecido las mujeres. El silencio de la casa era más desconcertante porque en las noches se encendía una luz amarillenta, que no pocas veces delató una silueta escurriéndose de un lado a otro de la habitación.

El 28 de diciembre Jesús Martínez Soto tomó la decisión. Era un zombi amarillento el que se asomó a la calle para entregarse al primer transeúnte que pasara. Ni siquiera esperó a una patrulla. Tembloroso salió al encuentro de una mujer que caminaba por la banqueta con una bolsa del mercado. Sin decirle nada, Jesús trató de sujetarla del brazo y apostó a que la mujer adivinara sus pensamientos. Sorprendida, la señora saltó hacia la calle y retrocedió como si viera un fantasma. Él intentó seguirla, pero la mujer corrió fuera de su alcance. Lo mismo intentó con otro hombre que pasaba en bicicleta, sin obtener ningún resultado. Así trató de detener por más de 20 minutos a la gente que pasaba frente a la casa. Los vecinos llamaron a la policía para acusar a ese loco que asustaba al vecindario.

Los dos oficiales que detuvieron a Jesús casi vomitaron al sentir en sus rostros el tufo de su aliento. Jesús balbucía. Con movimientos sin coordinación y frases incoherentes trataba de explicar lo que sucedía. Apenas pudo señalar con la mano derecha hacia el domicilio de Lorena y Consuelo. Les dijo que las había matado y que se las estuvo comiendo por meses. La incredulidad de los dos oficiales acabó cuando entraron a la casa: un aire cargado de muerte volvió a golpearlos como el aliento del loco que habían detenido.

"Al día siguiente —dijo con el rostro iluminado— fui noticia de primera plana en todos los periódicos. Me bautizaron como 'el caníbal de la colonia Escandón'".

Cuando Martínez Soto terminó de contar aquella historia, no dejaba de frotarse las manos. Se notaba cansado. Su respiración estaba agitada por la emoción. Hacía rato que *la Rana* había dejado de lado el pincel. Otros presos se habían sumado a la mesa para escuchar la historia que aquel preso contaba por segunda vez en todos los años que llevaba en Puente Grande. Todos los presos estábamos pasmados por los sentimientos encontrados que provocaba aquel testimonio.

Sólo Antonio Vera Palestina y sus allegados no se acercaron a la mesa. A la distancia cuchicheaban y se reían por algo, al ver al grupo de reos que se debatían en sus sentimientos y los que negaban con ligeros movimientos de cabeza. Martínez Soto sostuvo un largo silencio, como esperando que la historia se fuera asentando en la conciencia de sus oyentes. *La Rana* rompió el hielo.

"Órale, compitas —dijo con su voz suave de mando—, a la chingada, que la película ya se acabó."

Todos los que estábamos reunidos nos retiramos discreta y silenciosamente, como quien no quiere despertar a un moribundo. Todos nos llevamos el recuerdo de Lorena convertida en un esqueleto putrefacto. La sensación de carne podrida calaba fuerte en el ambiente. Ésa fue la primera ocasión que, quienes en ese sector oímos la narración, ni siquiera tocamos la espesa ración de comida: un puñado de frijoles con algo que parecía un pedazo de carne roja y hedionda.

Los días siguientes fueron de dolor intenso para *el Caníbal*. A nadie le dijo lo que sentía ni se escuchó un lamento tras los recuerdos removidos, pero el infierno de aquel hombre se notaba no sólo en las largas horas que pasaba mirando al cielo, sino en los poemas más amorosos y de desesperanza que estuvo entregando a cada uno de los presos que escuchamos su historia, como si se tratara de tarjetas de presentación.

—Éste es el poema de un hombre solo que sólo aspira a tener algo de paz por dentro —me dijo, mientras me extendía una hoja cuadriculada y medio doblada—. Léelo, a lo mejor te encuentras entre todas estas espinas que escribí para ti. Pero —me advirtió— no me responsabilizo si te incendias.

—¿De qué trata? —pregunté ingenuamente.

—De nada —respondió con una sonrisa apenas dibujada en su rostro—, es sólo de un hombre bueno, con un alma buena, al que el amor mató.

Así era *el Caníbal*. Tenía —en palabras de Rafael Caro Quintero, que le gustaba parafrasear aquellas analogías poéticas— el corazón de casa: todo cabía ahí. Lo comparaba con un gran espacio vacío en el que *el Caníbal* podía ir acomodando una a una las cosas más insignificantes, las que a nadie le interesan, como el aire, una nube, el cielo o una lágrima; y las convertía en cosas elementales para vivir. Por eso Caro Quintero era uno de los más asiduos lectores de los poemas de aquel que no terminaba de llorar el amor que lo sepultó en vida dentro de Puente Grande.

CAPÍTULO 6

Reos en fuga permanente

En la prisión, el último recurso que queda siempre es la imaginación. Cuando no se aprovecha, los reos se mueren lentamente en la soledad y la frustración. Por eso todos se aferran, a veces rayando en la locura, a la posibilidad de vivir con lo que les queda dentro. Yo mismo me tuve que sostener de esa posibilidad. Tal vez a los ojos de otros presos yo resultaba tan divagante como *el Caníbal.* Mi razón para continuar vivo en la prisión fue escribir. Las largas horas de la madrugada, cuando el frío o los ladridos de los perros espantaban el sueño, saltaba de mi litera y me tendía en el piso para derramar tinta sobre la muda hoja blanca. Ahí iba escupiendo de a poco lo que la mente me dictaba. Así comencé *Los malditos.*

A veces no era suficiente intentar hilvanar las historias que en el día salía a pescar; necesitaba algo más. Nunca dejé de sentirme reportero. Mi temor más grande era que pudiera olvidar cómo se escribe a máquina. Por eso un día que cayó en mis manos un pedazo de cartón no lo pensé dos veces: lo recorté con los dientes y dibujé un teclado. Ésa fue mi máquina de escribir imaginaria, en la que todas las noches me clavaba para redactar una nota que no me costaba vislumbrar como la principal en la portada de un periódico. Pensaba como reportero. De día salía al patio a pescar alguna historia que contar al monstruo ávido que es el lector. Lo imaginaba reclamándome historias para saciar su apetitito voraz, para llenar ese hueco que lo hace exigente y cruel.

Por eso en las noches, antes de dormir, sacaba mi teclado de cartón que escondía bajo el colchón. Lo acariciaba. Le hablaba. Lo seducía.

Lo invitaba a que me dejara tocarlo suavemente y que de ese idilio brotara la palabra. Una palabra que no quedaba escrita en ninguna parte, pero que yo sabía que por el hecho de imaginarla ya tenía sustancia, aunque luego flotara por el aire y saliera por la angosta ventana a la libertad, lo que yo no podía hacer.

La sinfonía que era para mis oídos el golpeteo de mis dedos temblorosos y amarillos fue, en no pocas ocasiones, una molestia para mis compañeros de celda. Daba por terminada mi nota cuando alguien desde su cama me gritaba que ya le parara a mi sonsonete. El principal defensor de mis actos era *la Rana*. Con su voz de mando terminaba fustigando a los somnolientos presos que reclamaban silencio para dormir.

"Él está viviendo como mejor le parece —decía *la Rana* desde su sepultura—, así que déjenlo en paz o se las ven conmigo."

Yo agradecía el gesto solidario y, para evitar problemas, dejaba a medias mis textos imaginarios. Si en la fantasía aún rondaba alguna idea que reclamara nacer a la palabra, entonces sacaba mi libreta y comenzaba lenta y apasionadamente a garabatear un texto tangible, que me permitiera sentirme vivo en medio de aquellas paredes que me ahogaban o al menos amenazaban con quitarme la razón. Después, el alma se quedaba en calma. Todo tenía sentido.

Pero no sólo los presos inocentes se aferraban a la imaginación. En el área de sentenciados —igual que lo viví en el área de procesados— cientos de presos lograban sobrevivir cada día en aquella prisión. La forma más común era usar el recurso de sentirse en libertad, convencerse de que todo aquel encierro no estaba ocurriendo. Que las golpizas de los oficiales eran pesadillas, que la privación de alimentos no existía. Que la sepultura en vida sólo era parte de un gran sueño.

Un experto en fugarse de la realidad era Rafael Caro Quintero. Se abstraía de su entorno y se sumía en sus pensamientos. Se sentaba en la banca que él llamaba su "oficina" y sólo él sabía lo que pasaba por su cabeza. A veces musitaba para darle mayor fuerza a sus diálogos con las personas que traía a su imaginación. Se molestaba. Regañaba.

Hacía corajes. Pero en no pocas ocasiones también se le iluminaba el rostro con algo de alegría. Su boca era una media luna que dejaba entrever su felicidad. Luego, como arrepentido, borraba su sonrisa con un ligero movimiento de cabeza que a la distancia se observaba como una negación.

Otra de las formas en que Caro Quintero lidiaba todos los días con el encierro de la prisión de Puente Grande era recordar sus días de gloria. Aunque siempre fue un hombre solitario, había ocasiones en que la soledad se lo comía. Entonces reunía a algunos de los presos más inmediatos y los invitaba "a pasear en la Suburban". Cuando salía al patio, en las escasas horas que se nos permitía asolearnos, empezaba a caminar en torno de la cancha. Se hacía una formación como de escoltas: dos adelante y tres detrás, y caminaba interminablemente. Todos mantenían la formación simulando viajar dentro de una camioneta. El chofer —designado como una distinción especial de Caro Quintero— siempre avisaba del tráfico, de los semáforos, del cruce de calles. Al chofer le correspondía decidir en qué calles imaginarias estaba circulando. A veces era la Ciudad de México, otras era algún poblado que nadie conocía, pero a Caro Quintero le gustaba que lo llevaran por las calles de Guadalajara. Casi siempre ése era el requisito para asignar el grado de chofer a alguno de los presos de aquel pasillo. En algunas ocasiones, con la amabilidad que lo caracterizaba, terminaba por despedir al conductor cuando las calles por las que transitaba no coincidían con el mapa que Caro Quintero tenia cincelado en su memoria.

"Párese en la siguiente esquina, por favor —decía el capo con una sonrisa—, usted no sabe ni por dónde nos trae, va a terminar por perdernos."

Todos soltaban la risa ante la vergüenza del conductor.

Con la formación detenida en algún punto del patio, del tamaño de dos canchas de basquetbol, Caro Quintero volteaba a todos lados en busca de un suplente "porque estaban deteniendo el tráfico". Alzaba la mano para que todos los presos que estaban en ese momento en el patio voltearan a verlo. Buscaba entre las miradas acuciosas y se decidía, a veces casi al azar, por un nuevo conductor. El suplente que llegaba corriendo ante la evidente desesperación de Caro Quintero por "tener el tráfico detenido", hacía un ademán de saludo, simulaba que abría la portezuela y se montaba en la unidad. Algunos reos eran simpáticos en ese momento. Había quienes simulaban el arranque del motor y hasta encendían el radio de la camioneta.

Caro Quintero no era el único al que gustaba pasear en "su camioneta" entre los linderos del patio y la razón. Eso sí, era de los más discretos al momento de "circular", siempre a velocidad moderada, "para no llamar la atención de los oficiales de tránsito". Siempre hacía la recomendación a su chofer en turno para que tuviera precaución en cada cruce de calle al que se aproximaban. A veces le gustaba ir bajando a cada uno de los que "viajaban" con él para ir subiendo a otros reos. Se divertía como un niño jugando a sentirse en libertad. A bordo de su camioneta casi no hablaba. Le gustaba más bien que algunos de sus acompañantes le contaran alguna historia, sobre todo las relacionadas con el sitio por el que transitaban imaginariamente.

Había algunos presos que sólo por el gusto de "viajar" al lado de la leyenda que era Caro Quintero comenzaban a explorar su imaginación fermentada por el encierro prolongado. Hacían unas narraciones dignas de cualquier escritor de novelas. Iban explicando al paso de la camioneta, como si fueran guías de turistas, lo que se podía apreciar a la izquierda y a la derecha. Por lo general eran explicaciones casi museográficas y arquitectónicas de iglesias y monumentos históricos. Caro Quintero se extasiaba proyectando en su imaginación las imágenes que iban describiendo poco a poco sus acompañantes. La alegría en su rostro no dejaba duda de que se había fugado momentáneamente para olvidarse de las altas paredes de Puente Grande, que en aquellos 24 años de encierro lo habían consumido físicamente, pero también consolidaron su mente.

Rafael Caro Quintero siempre se supo observado por el gobierno. Por eso a veces se hacía el loco. Dentro de la cordura que guardaba para sí mismo y todos sus compañeros de prisión, de vez en cuando afloraban actitudes que tenían por objeto desconcertar a los que lo observaban las 24 horas. Su comportamiento ante los oficiales de guardia a veces era errático, en los linderos de la locura.

Hablaba con algunos oficiales como si fueran sus grandes conocidos de la vida. Por disciplina, los custodios ni siquiera le contestaban, sólo lo veían de arriba abajo. Entonces Caro Quintero se metía en un soliloquio que la mayoría de las veces terminaba con un grito del vigilante: "¡Guarde silencio!" Entonces el capo se encogía de hombros y, con la risa a flor de labios, terminaba musitando: "Yo sólo decía, oficial, pero no es para que se enoje". Luego volvía a la compostura de preso de alta peligrosidad: se quedaba serio. Clavaba la mirada de odio en la pared y apretaba con fuerza las mandíbulas. Todo el odio se le acumulaba en los hombros, que parecían más cargados hacia adelante. Entonces se volvía a sumir en su pensamiento, donde nada podía penetrar.

Con todo su odio y sus pinceladas de locura, Caro Quintero no dejaba de ser el preso ingenioso e inteligente que señalaba la dirección de la cárcel de Puente Grande. La muestra más evidente de ello era sin duda la comunicación que mantenía desde la cárcel con sus amigos, sobre todo con su socio y amigo Joaquín Guzmán Loera, en aquel tiempo todavía en libertad. Se escribían a través de cartas que a simple vista parecían de amor.

Aprovechaba que los reos podíamos escribir todo lo que quisiéramos a una mujer. Y casi todos dirigíamos nuestras palabras al amor que nos esperaba fuera de la prisión e intentábamos disolver los barrotes de la celda con palabras que iban saliendo de lo único que nos quedaba: la esperanza de sentirnos amados.

En aquel tiempo una estación de radio de Guadalajara emitía un programa nocturno a las 10 de la noche, dirigido casi exclusivamente a la población carcelaria: *Corazones solitarios*. Ahí, casi de modo enfermizo, mujeres de todos los sectores sociales solicitaban sostener correspondencia con algún interno de la cárcel de Puente Grande. Había quienes buscaban aquella comunicación con fines de encontrar una amistad, pero la mayoría de las veces ésta evolucionaba hacia el amor. Por eso todos los presos se tendían escribiendo delirantes y febriles misivas que pudieran tentar el corazón de las mujeres que se comunicaban al programa.

En el pasillo al que estábamos asignados, yo era el único que tenía radio. Me lo había ganado a pulso por ser "un reo bien portado" y hasta ese momento sin ningún castigo por indisciplina. Ése era mi estímulo por acudir a la escuela, participar en actos religiosos y mantener un ritmo de lectura constante, que comprobaba entregando resúmenes de los libros que solicitaba a la biblioteca.

Muchos presos me pedían que por las noches les hiciera un resumen del programa. Yo anotaba nombres y direcciones de las mujeres que pedían sostener correspondencia. Al día siguiente, como si se tratara de una segunda emisión matutina del programa, dictaba al pasillo mensajes, direcciones y nombres de las solicitantes. Después, al mediodía o a la mañana siguiente, decenas de presos entregaban su correspondencia al oficial de guardia para que la pusiera en el buzón del correo. Eran cartas cargadas de besos y amor.

Ésa era la coyuntura que aprovechaba Rafael Caro Quintero para mantenerse comunicado con sus socios y gente de confianza, entre ellos *el Chapo* Guzmán. Ese sistema era ingenioso pero no pasaba inadvertido. Unos oficiales de guardia tenían que revisar todos los escritos que salían de aquellas celdas. Así se jugaba el eterno juego de la simulación: Caro Quintero apostaba a que engañaba la seguridad de la cárcel y la dirección de ésta fingía que era engañada. El resultado fue una comunicación fluida entre Caro Quintero y *el Chapo* Guzmán, bajo la vigilancia del Cisen.

El gobierno federal nunca desconoció que desde Puente Grande Caro Quintero escribía cartas al *Chapo*. Todas las misivas tenían como destinatario un domicilio en Guadalajara y a veces un apartado postal. Las cartas iban dirigidas a "Guadalupe" y el capo de Guadalajara hablaba de amor. Le manifestaba que aguantaría como un hombre el infortunio de la cárcel y que necesitaba contar con "ella" en esos momentos difíciles. No acababa de agradecerle "todo el apoyo" que le daba y le reiteraba que haría por "ella" lo que pidiera.

En el cuarto o quinto párrafo —aseguró posteriormente un funcionario del Cisen— Caro Quintero solía aludir a su esperanza de salir pronto de prisión y le recordaba a "Guadalupe" el "compromiso" que hicieron durante los días que estuvieron "juntos en Guadalajara" y la seguridad de que volverían a "caminar juntos". Siempre mandaba saludos a "los muchachos" y le pedía algún favor para alguno de sus "parientes".

A Caro Quintero le llegaban cartas que el Cisen suponía del *Chapo* Guzmán. Las cartas, dijo un funcionario federal, las escribían de manera indistinta "Soledad" o "Eréndira". Estaban fechadas en Guadalajara. En ellas le contaban de manera muy escueta las últimas novedades en la calle, noticias "que salían en la tele sobre la guerra contra el narco", le decían cómo "estaba la familia" y en el último párrafo no dejaban de refrendar "su apoyo y solidaridad para hacer lo que fuera" para que él estuviera bien.

Caro Quintero obtuvo la libertad en agosto de 2013. Cuando *el Chapo* Guzmán estuvo otra vez en prisión, después del 22 de febrero de 2014, recibió en su celda cinco cartas de "Leticia". Las misivas mostraban la misma sintaxis de las cartas de Caro Quintero a "Guadalupe". A su vez, "Leticia" le reiteró su "cariño hasta el tope" y ofreció hacer lo que le pidiera *el Chapo* "para terminar con ese encierro".

Sin embargo, Guzmán Loera nunca le respondió a "Leticia" a través de una carta. Le enviaba recados con su abogado. Por ejemplo, le mandó decir "que hablara con la gente de la casa para reorganizar los muebles". Se quejaba de que nadie le hacía caso y que él "necesitaba que le pusieran atención". Ésa pudo haber sido la antesala de su segunda fuga.

En comunicaciones posteriores, registradas en grabaciones del área de locutorios y en la de visitas familiares, *el Chapo* mencionó en diversas ocasiones a "Leticia" y pidió que le dijeran que seguía "a la espera de su promesa". También le agradecía, a través de terceras personas, "las mejoras" que le iban haciendo a "la casa". En las últimas dos conversaciones en las que salió a relucir "Leticia", le mandó decir, entre otras cosas, que ya estaba ansioso y listo "para el día de la visita".

Caro Quintero nunca lo dijo, pero en la prisión de Puente Grande nadie dudaba que los negocios del *Chapo* fueran los mismos que los suyos. Los más adentrados en el tema aseguraban que Guzmán era solamente un cuidador de los negocios de Caro. Incluso se decía que Guzmán estaba trabajando con la estructura del Cártel de Guadalajara, que una vez fue de Caro Quintero.

Por eso, cuando Caro Quintero fue liberado y tras unos meses *el Chapo* Guzmán se fugó por segunda vez, no pudo quedar de lado la conjetura de que la mano de Caro Quintero estuvo tras ese escape que ridiculizó al gobierno del presidente Enrique Peña Nieto.

Yo ya estaba en libertad cuando esos hechos ocurrieron, pero la comunicación por medio de cartas con algunos de los reos con los que trabé una buena amistad no dejó de sugerir la teoría de que, tras la nueva captura del *Chapo*, el nuevo jefe del Cártel de Sinaloa sería quien, a pesar de haber estado en prisión durante los últimos 28 años, aún controlaba la estructura criminal: Caro Quintero.

Todo el mundo esperaba un baño de sangre en el interior del Cártel de Sinaloa tras la recaptura del *Chapo* Guzmán, pero no fue así; la organización continuó operando con la violencia de siempre. Se esperaba un cambio de mando e incluso una fractura entre facciones del cártel de las drogas más importante, pero no sucedió nada de eso. Y no pasó nada, me confió un reo en una carta, porque en realidad nunca se perdió el mando. El gobierno federal, con todo su equipo de analistas del Cisen, concluyó que tras la captura del *Chapo* Guzmán la estructura operativa del Cártel de Sinaloa pasó a manos de Ismael *el Mayo* Zambada. Para algunos presos de Puente Grande no fue así. *El Mayo* en realidad nunca tuvo la posibilidad de dirigir la organización. Alguien apuntó desde el presidio que Caro Quintero era el único que podía quedarse con el control de las células al servicio del *Chapo*, toda vez que *el Mayo* nunca se había subordinado a las instrucciones de éste. Si bien es cierto que Caro Quintero se había distanciado en los últimos meses del *Mayo*, resultaba inviable una confrontación a muerte entre ambos jefes, lo que en último caso apuntaba a la posibilidad de que el Cártel del Pacífico se partiera en dos.

Desde que *el Chapo* fue capturado, el 22 de febrero de 2014, *el Mayo* intentó asumir el control del cártel pero fue conminado a abandonar su intento mediante al menos tres mensajes que salieron de la celda del *Chapo* a través de sus abogados.

En cambio el carácter afable de Caro Quintero y su amistad con *el Chapo* hizo suponer que el propio Guzmán le hubiera confiado el dominio sobre la mayor parte del Cártel de Sinaloa. Las ocasiones en que *el Chapo* ha estado ya preso en los penales de alta seguridad de Puente Grande y del Altiplano nunca perdió el control de su gente, a la que dirigió a través de sus abogados y visitas que recibía de manera periódica.

Las nuevas reglas de seguridad que el gobierno federal diseñó para anular la peligrosidad de Guzmán en prisión y su inminente permanencia de muchos años en la cárcel, llevaron a algunos reos —que empataron su teoría con analistas del Cisen— a suponer que *el Chapo* se vería obligado a renunciar al control del cártel para dejarlo en manos de "un aliado", y el mejor para eso sería Caro Quintero.

Hacia esa posibilidad se inclinaban los que conocieron la buena relación entre Caro Quintero y *el Chapo*, que se fincaba en 10 años de correspondencia y mensajes entre los dos jefes del narco, aunque estuvieron en prisiones federales distintas. Caro Quintero estuvo primero recluido en El Altiplano y no fue hasta 2007 cuando llegó a Puente Grande. Posteriormente, a mediados de 2010, fue trasladado al reclusorio de Guadalajara, y desde ahí pudo mantener una línea de correspondencia, a través de terceras personas, con *el Chapo*. Los dos se manifestaron lealtad y compromiso "para ayudarse en cualquier situación".

Además, un reo cercano al *Chapo* me escribió que es uno de los pocos jefes del narco que mantienen un código de ética tan alto que evitaría a toda costa que uno de sus hijos asumiera el control del Cártel de Sinaloa. No sólo eso, sino que *el Chapo* insistiría en que sus hijos se mantuvieran alejados de la estructura criminal. Ese código fue practicado siempre por Caro Quintero, quien de acuerdo con la PGR ha mantenido a sus hijos fuera de los negocios del narcotráfico y por eso mantienen una vida social sin conflictos con la justicia mexicana.

En cualquier caso, habría elementos para considerar que el Cártel de Sinaloa ahora tenía como jefe a Caro Quintero, quien aun cuando estaba en la cárcel nunca se sintió ajeno a los negocios de su socio y amigo. No es difícil esa posibilidad, conociendo la personalidad de Caro, quien siempre intentó jugar con el sistema. Eso es natural en los presos, quienes nos sentimos ofendidos por la forma en que se nos trataba en aquellos pasillos de olvido.

En la cárcel de Puente Grande, Caro Quintero bromeaba al entregar sus cartas a los oficiales, pues lo hacía con una sonrisa y añadía el encargo de cuidarlas para que le llegaran "a la novia". Sin esperar respuesta, el capo preguntaba ingenuamente si "ya mero" lo dejarían salir. Frente a la seriedad de los custodios, Caro Quintero reculaba: "Por lo menos al patio", añadía con la risita que no se le apagaba en los labios. Al menos en el patio sentía algo de libertad, aunque fuera sólo en su cabeza, donde la imaginación tomaba la forma de una camioneta que lo transportaba a los lugares de su preferencia.

Como si se tratara de una regla no escrita, únicamente los jefes de cártel tenían derecho a poseer "su camioneta" y a organizar rondas en el patio en aquella casi ridícula formación. Los reos de menos valía criminal no podían darse ese lujo. Ellos estaban a expensas de una invitación, la que también se otorgaba en forma jerárquica; los choferes de las camionetas normalmente eran jefes de sicarios, del mismo cártel o al menos de uno asociado al que representaba el dueño de la "camioneta". Los otros tres hombres que caminaban en la formación siguiente, como si fuera el asiento trasero, tenían que ser de menor nivel criminal que el del chofer, y a veces se reservaba la tercera fila de asientos para algún invitado especial o para los acusados de ser sólo colaboradores del cártel, principalmente operadores financieros, blanqueadores de dinero o facilitadores de otras actividades criminales. En general, esos asientos estaban ocupados por gente que había sido policía, militar o funcionario y en aquel montaje les correspondía el papel de escoltas.

Lo que a los ojos de algunos reos —que veíamos con incredulidad aquel escape cotidiano de la prisión— era sólo un juego, para los que participaban en aquellas excursiones por diversas calles de ciudades de México, Estados Unidos, Colombia o Panamá, era una parte de su realidad. Se tomaban tan en serio los papeles en aquellas representaciones, que si la formación se detenía, los primeros en "descender" eran los que iban en la tercera fila de asientos, por lo general ex policías o militares. Volteaban a todos lados para garantizar la seguridad del jefe, que viajaba invariablemente en el lado del copiloto.

Luego seguía la representación: el chofer se quedaba dentro de la "camioneta". A veces para distraerse hacía como que encendía la radio y él hablaba como locutor o cantaba melodías aleatoriamente. Había reos que asumían a tal punto su papel, que también repetían los anuncios comerciales de cualquier producto o marca que recordaran. Por su parte, el jefe de cártel dirigía la representación. Se alejaba unos pasos de la "camioneta" y examinaba los alrededores. El "guía" reanudaba sus explicaciones señalando con el índice para proyectar mejor la imagen ficticia en la imaginación de su patrón. Entonces el capo reía, metido de lleno en el papel con el que se estaba liberando de aquella prisión, y empezaba a preguntar. A veces eran dudas reales, pero otras eran para calar la capacidad y la imaginación del que lo acompañaba.

Los escoltas se movían marciales de un lado a otro, siempre alertas, protegiendo el perímetro que caminaba el capo para evitar atentados. Lo protegían no de la comunidad de los presos —cada uno estaba sumido en su propia imaginación— sino del supuesto escenario de riesgo urbano en el que avanzaban.

Mientras, regresaban los que habían bajado de la "camioneta". El conductor hacía toda clase de sonidos y voces para que el ruido de la radio alcanzara los oídos del jefe. Esta simulación era el complemento que varios capos valoraban más. A veces la versatilidad como locutor de un reo era motivo para que lo invitaran a manejar la camioneta. El elegido tenía que imitar a la perfección cualquier programa de radio, desde algunas canciones hasta anuncios.

A Caro Quintero también le divertía escuchar noticias inventadas. Le brillaban los ojos apenas escuchaba, según la fértil imaginación de su chofer, los últimos acontecimientos sobre la renuncia del presidente de la República o acerca de imaginados desastres naturales. Entonces, en su papel de capo en plena libertad, daba instrucciones: pedía que lo comunicaran de inmediato con el secretario de Gobernación para proponerle quién debía ser el nuevo presidente. A veces, en medio de aquel juego de imaginación, el jefe preguntaba al más inmediato de sus escoltas si él quería ser presidente de México, para proponérselo al secretario de Gobernación en turno.

"Usted, Chuyito —me dijo una vez que lo veía divertirse, mientras yo estaba sentado en su banca—, ¿no quiere ser presidente de México?"

Sonreí y acepté gustoso la deferencia. Él se volvió sonriente hacia uno de los presos que lo acompañaban y le dio la instrucción: "Dígale al secretario de Gobernación que digo yo que el nuevo presidente de México va a ser el *repor*. No creo que nos vaya peor, para como tienen al país estos cabrones". Después, el escolta improvisaba una conversación formal con el secretario de Gobernación y al final colgaba el auricular haciendo una mueca. Entonces volteaba hacia donde Caro Quintero seguía distraído, observando la arquitectura de un monumento histórico de cualquier parte del país o del mundo. Le decía que su instrucción había sido acatada y que se había aceptado su propuesta. Entonces Caro Quintero volteaba hacia el que había elegido para tan honroso y ficticio cargo: "Ya estuvo, mi *repor* —me dijo en aquella ocasión—, que se presente de inmediato en las oficinas del secretario para los protocolos necesarios. Dígale al oficial de guardia que lo deje salir".

Ahí era cuando todos nos estrellábamos con la realidad. Antes de que se le borrara la sonrisa daba dos grandes zancadas para entrar de nuevo en la imaginaria camioneta y ordenaba que se pusiera en marcha. De forma irónica le pedía al chofer que mejor lo llevara de regreso a su celda. Después de todo, decía para convencerse, la podredumbre de la política no era en nada distinta a la mierda de aquella cárcel.

Las fugas imaginarias de Caro Quintero para soportar el rutinario y gris día a día de la cárcel federal de Puente Grande no siempre las escenificaba en el patio. A veces, cuando los guardias de turno eran tolerantes, llevaba hasta el pasillo sus momentos de libertad imaginaria. Le gustaba que se simulara una estación de radio. En poco más de dos años que fuimos compañeros de celda frecuentemente me invitó a que recreara un noticiero. Ésa era la prueba más clara de la distinción que me otorgaba al avalar mi condición de reportero.

"Aviéntese, Chuyito —me decía rompiendo el sordo silencio del pasillo—, denos el gusto de un programa de radio para que nos cuente las últimas noticias que están pasando allá afuera."

Nadie podía decirle que no a Rafael Caro Quintero. Iniciaba un repaso fantástico de lo que mi hija, en sus cartas, me contaba que estaba ocurriendo en el México de afuera. Hacía un resumen de las pláticas de otros presos, que se enteraban sobre los últimos acontecimientos mediante la visita de sus familias. A veces nutría la exposición con noticias recreadas desde el silencio de mi celda.

Entonces comenzaba a transmitir desde la XERCQ. La estación tenía las iniciales de Rafael Caro Quintero, quien desde la identificación de la supuesta transmisión ya estaba envuelto en una risita que ponía de buenas a todos los presos del sector. Radio Pasillo, La Voz de los Pobres Presos, era el eslogan de aquella transmisión que se nutría con las más variadas peticiones de otros reos, quienes terminaban zambutidos en el juego imaginario de la libertad. Las peticiones de saludos, dedicatorias de canciones y mensajes de aliento iban nutriendo y pincelando de verdad aquel programa radiofónico, hasta convertirlo en un escape colectivo de la cárcel.

Esas imaginarias transmisiones de Radio Pasillo fueron tan cotidianas y tan necesarias para alimentar la esperanza, que en el patio a veces se me acercaban reos a pedir —aun sabiendo que aquello era un juego— saludos para la familia o felicitaciones para el hijo que acababa de terminar sus estudios, bendiciones para la madre que festejaba su onomástico o cumplía años, abrazos para la mujer amada. Nunca faltaba un pretexto para sumarse al eterno juego de la libertad.

Por las noches los reos daban rienda suelta a sus emociones. Mandaban saludos y cantaban. El teniente Alberto Cortina Herrera se desgañitaba cantando al amor lejano. Seducía a la audiencia, no con su tono de voz sino con aquellas canciones viejas que a todos nos recordaban el primer amor y aquella libertad derrochada de la que sentíamos vergüenza cuando caminábamos por aquellos senderos por donde bien nos sabía conducir Rafael Caro Quintero.

A otros capos también les gustaba fugarse de la realidad. Héctor *el Güero* Palma, en su oportunidad, hizo lo propio. A diferencia del magnetismo que derrochó en su momento Joaquín Guzmán Loera, *el Güero* era hosco. Caminaba por los pasillos de la cárcel acompañado de cinco escoltas y no saludaba a nadie. Cuando amanecía con el *carcelazo* sobre sus espaldas era violento. No mandaba golpear a nadie; él mismo se encargaba de saldar cuentas con los presos que le habían faltado o le caían mal. Tenía muchos enemigos dentro de la prisión y pocos presos lo reconocían como líder. Casi toda la población penitenciaria lo aborrecía, no sólo por su arrogancia sino por su conocida enemistad con *el Chapo* Guzmán.

Aun cuando para la PGR *el Güero* Palma era socio de Guzmán, en la prisión no se comportaron como tales. Palma trató de arrebatar el control del penal al *Chapo*. Por su cuenta, sin considerar la opinión del que una vez fue su socio, *el Güero* buscó la forma de tener a su disposición todo el aparato de gobierno y seguridad de la cárcel. Fue más allá: buscó hacerse de las mujeres del *Chapo* mediante la intimidación y el soborno. En varias ocasiones intentó acercarse a dos mujeres que, se sabía, tenían amoríos con el jefe del Cártel de Sinaloa: una del área de enfermería y otra de cocina. Una era conocida como *la China* y la otra como *la Güera*. Por respeto a Guzmán ningún preso volteaba a verlas, pero fueron constantemente acosadas con lascivia por *el Güero* Palma.

Mientras Héctor Palma intentó comprar la lealtad de los mandos del penal, *el Chapo* no dijo nada, ni siquiera puso atención a esas acciones que bien conocía de su socio, pero montó en cólera cuando conoció sus pretensiones amorosas. Ordenó a sus escoltas que fueran por *el Güero* para hablar con él en el centro del patio del pasillo tres, pero orgulloso como era Héctor Palma, fue altanero y devolvió a los hombres que lo buscaban con un mensaje para *el Chapo*.

"Díganle a ese cabrón que si quiere hablar conmigo que venga a buscarme él."

La respuesta enfureció al *Chapo*. Frente a la mirada de decenas de presos que sabían de la cita y que observaban expectantes como si fuera la función del siglo, Guzmán Loera no dijo nada. Caminó alrededor de la cancha de basquetbol y pidió a sus escoltas que lo dejaran. Cabizbajo y con las manos atrás, dio vueltas por 15 minutos. Cuando se detuvo, dio a los hombres de su círculo de seguridad alguna instrucción y, como si una bomba fuera a explotar, cinco de ellos corrieron hacia el pasillo y encontraron a uno de los reos más cercanos al *Güero* Palma en el comedor. Jugaba ajedrez. No le pidieron que los acompañara. Comenzaron a golpearlo y lo llevaron ante *el Chapo*. Los guardias se limitaron a ver la escena. Un ademan del *Chapo* bastó para que se retiraran del patio y dejaran todo bajo su control.

El hombre que le llevaron al jefe del Cártel de Sinaloa era Roberto Solís Gastélum, *el Cochi*, un jefe de sicarios que en algún momento estuvo a las órdenes de Miguel Ángel Félix Gallardo, pero dejó las filas de ese grupo cuando *el Chapo* y *el Güero* Palma iniciaron actividades por su cuenta. Ya en prisión, *el Cochi* se alejó de Guzmán cuando su amigo Héctor Palma lo invitó a formar parte del grupo de 12 hombres que lo cuidaban en Puente Grande. Además, *el Cochi* tenía motivos para no estar cerca del *Chapo* porque en dos ocasiones se le negó la posibilidad de hablar con su familia desde los teléfonos que el jefe del Cártel de Sinaloa tenía a disposición de todos los presos. *El Chapo* tuvo también sus razones para negar aquella petición: Solís Gastélum no llamaba a nadie de su familia; en una ocasión se descubrió que utilizó el teléfono para contactar a un escolta de los Arellano Félix, con los que *el Güero* Palma intentaba aliarse desde la prisión.

La negativa del *Güero* Palma a ir a hablar con él fue sólo un pretexto de Guzmán Loera para cobrarle la cuenta pendiente al *Cochi*. Cuando lo tuvo enfrente, el capo no le dijo nada. Dos hombres sujetaron al *Cochi* por la espalda y lo pusieron de rodillas. *El Chapo* descargó todo su coraje con dos patadas al rostro. Tres de sus escoltas tomaron eso como una instrucción directa y se abalanzaron contra el sicario. Ningún preso se movió de su lugar hasta que el cuerpo del *Cochi* quedó inmóvil. De algún lugar surgió una pistola, que fue accionada por uno de los hombres de confianza del *Chapo*. Antes de que la detonación hiciera eco en las paredes, el cuerpo del escolta del *Güero* Palma se sacudió en tres ocasiones. Después, como si se tratara del final de un entierro, uno a uno los presos que fueron testigos del asesinato se marcharon despacio del patio y fueron comentando los hechos en voz baja.

En los pasillos, *el Chapo* Guzmán ordenó a uno de los oficiales que se hiciera cargo del cuerpo. Un grupo de uniformados entró al patio y comenzó la movilización protocolaria para declarar la muerte de un reo. En el parte oficial se estableció que nadie supo de dónde procedieron las detonaciones ni se conocieron las causas de la ejecución. El Ministerio Público que inició las averiguaciones optó por archivar el expediente ante la ausencia de testigos. Fueron llamados a declarar 10 presos de menor cuantía, quienes afirmaron ante el representante social que no se dieron cuenta de los hechos porque estaban jugando en la cancha de basquetbol.

El Güero Palma entendió aquella ejecución como el rompimiento formal con *el Chapo* y reforzó su seguridad. Abrió una convocatoria para reclutar a otros 20 presos para que se sumaran a los 12 que eran como sus ojos y le cuidaban las espaldas. Extremó sus precauciones y evitó salir al patio para no provocar a su ex socio. Se esforzó aún más en comprar a las autoridades de la cárcel y utilizó amenazas para conseguir a las mujeres del *Chapo*. Además, trató de demostrar su poder secuestrando a dos escoltas del *Chapo*. No los mató, pero los dejó lisiados de por vida.

Las demostraciones de poder del *Güero* Palma no se limitaron al interior de la cárcel. También mandó ejecutar a cinco de los hombres más cercanos al *Chapo* que se encontraban en Sinaloa y a otros tres que estaban en la cárcel de Culiacán. Incluso acarició la posibilidad de secuestrar a la familia de Guzmán, para lo cual se alió con los Arellano Félix, cuyos sicarios fungieron como su brazo ejecutor fuera de la prisión. Desde el penal federal de Puente Grande, *el Chapo* hizo lo que estuvo a su alcance y ordenó a la dirección del penal que limitara las actividades de Palma. Por instrucción oficial se le notificó al *Güero* que no podía caminar más allá de su pasillo, excepto por instrucciones de los oficiales. Por órdenes del *Chapo*, Palma fue enviado dos veces a celdas de castigo, donde se le mantuvo aislado y limitado en sus actividades y alimentos durante tres meses.

El Güero cambió su estrategia. A través del procurador general de la República, Jorge Madrazo Cuéllar, ofreció al gobierno federal información para ubicar a los principales colaboradores del *Chapo*. Así daba a las autoridades la posibilidad de iniciar una cacería contra el Cártel de Sinaloa o del Pacífico, que en ese momento ya se consideraba la organización más importante del narcotráfico mexicano. La intención del *Güero* Palma no sólo era disminuir al *Chapo*, sino de paso cobrar venganza contra Miguel Ángel Félix Gallardo, quien lo inició en el tráfico de drogas y con el que ahora mantenía una guerra a muerte porque les atribuía a sus sicarios los asesinatos de su esposa y dos de sus hijos.

Los Arellano Félix, sobrinos de Miguel Ángel Félix Gallardo, se deslindaron de esos crímenes y responsabilizaron de ellos a Guzmán Loera. Le explicaron, a través de un mediador, que la ejecución de su mujer, Guadalupe Leija, y la de sus dos hijos, fue obra de Rafael Clavel, un venezolano que estaba al servicio de Miguel Ángel Félix Gallardo por sus amplios conocimientos en lavado de dinero y manejo de cuentas bancarias a nivel internacional.

En prisión, *el Güero* Palma supo que Clavel había roto el código de los cárteles al atentar contra una familia. Por eso movilizó mar y tierra para dar con el paradero del asesino. De acuerdo con reportes de la DEA, Rafael Clavel buscó a Guadalupe en Guadalajara, Jalisco; aparentó un encuentro casual y comenzó a enamorarla. Él pretendía tener acceso a las cuentas bancarias del *Güero* Palma y la convenció de que fuera a vivir con él unos días. Estuvieron en varias ciudades del país como una pareja furtiva de enamorados. Luego se fueron a San Francisco, California, y Clavel tuvo acceso a una cuenta de más de siete millones de pesos. Cuando el dinero del *Güero* Palma estuvo en sus manos, el sicario venezolano decapitó a Guadalupe. No conforme con ello, mandó la cabeza de la mujer por paquetería a la casa de Palma en Culiacán, Sinaloa. Los dos niños también fueron ejecutados de manera brutal: Clavel los arrojó de un puente y se dio el lujo de notificárselo a su padre.

Posteriormente Rafael Clavel intentó refugiarse en la ciudad de Caracas, Venezuela, pero hasta allá llegó el brazo del *Güero* Palma. Con el apoyo de las Fuerzas Armadas Revolucionarias de Colombia (FARC), aliadas de varios capos del Cártel del Pacífico, localizó al asesino de su familia y empezó a cazarlo. Clavel no tuvo más opción para escapar de la furia de su enemigo que esconderse en una prisión de su país. Se entregó a las autoridades venezolanas como operador financiero de Miguel Ángel Félix Gallardo y gustoso fue a prisión. No pasaron ni dos meses desde que lo sometieron a proceso judicial cuando fue encontrado muerto en su celda. Manos anónimas le dieron siete puñaladas que no eran de muerte: lo dejaron desangrarse lentamente y, todavía con vida, le cortaron la cabeza. No dejaron un mensaje ni nada que relacionara explícitamente su ejecución con la venganza que le juró *el Güero* Palma, pero le cortaron los testículos.

La sangre de Clavel no fue suficiente para calmar el dolor de Héctor Palma. Otras 30 personas cercanas al narcotraficante y colaboradores de Miguel Ángel Félix Gallardo también fueron ejecutadas en diversas ciudades mexicanas, principalmente en los estados de Sinaloa, Jalisco, Sonora y Baja California. Muchos de esos ejecutados también estaban ligados con el cártel de los Arrellano Félix, quienes sólo reclamaron como ofensa la muerte del abogado Joel Solorio Rosas, de la cual se disculpó *el Güero* cuando ya estaba en prisión. A manera de colofón, Palma también mandó ejecutar a los tres hijos de Clavel, cuyos cuerpos fueron hallados con la cabeza destrozada en un barrio de clase alta en Caracas.

Con ese antecedente, *el Chapo* Guzmán sabía de lo que era capaz *el Güero* Palma, por eso limitó la guerra en el interior de la cárcel. Primero le mandó un mensaje en el que ratificó el protocolo de honor del narco: el respeto a la familia. Palma respondió en los mismos términos y entonces la dirección de la cárcel federal de Puente Grande, por instrucción del *Chapo*, levantó el castigo al *Güero*, a quien sacaron de la celda de aislamiento y se le permitió andar por diversos sectores de la cárcel. De cualquier forma no volvieron a confiar uno en el otro ni buscaron la forma de restablecer la alianza que una vez firmaron con sangre. En tres ocasiones se les vio compartir el patio a la misma hora. Jugaron basquetbol sin siquiera verse a los ojos. Ordenaron a sus equipos que ni siquiera se tocaran en la disputa del balón, para evitar fricciones. Fue el más extraño partido que se haya visto: únicamente el balón se movía por la cancha mientras los jugadores se mantenían en sus posiciones como estacas, observando las manos del otro equipo. Al término de uno de esos juegos, Guzmán y Palma se quedaron al centro de la cancha y sólo ellos supieron de lo que hablaron. Los escoltas de ambos y los espectadores del asombroso partido, todos expectantes, se desilusionaron cuando los jefes se dieron la espalda sin saludarse de mano ni dar muestras de que se hubiera allanado su áspera relación.

Después, ante los rumores de que había sido blando, para evitar que su liderazgo cayera, el propio *Chapo* Guzmán debió de hablar con algunos presos, no para darles explicaciones sino para que lo ayudaran a que la tranquilidad del penal no se alterara y siguiera pasando inadvertido todo lo que ocurría en Puente Grande. *El Güero* Palma ni siquiera se tomó la molestia de hablar con sus hombres. Siguió siendo como era antes de llegar a la prisión: un hombre seco, de pocas palabras, que no veía en su entorno nada que no fueran sus intereses. Su más grande muestra de aprecio hacia algunos reos de su grupo era invitarlos a sentarse al sol y escucharlos atentamente mientras contaban sus deseos más grandes, los que realizarían cuando salieran del presidio. Él hablaba con frecuencia de un sueño: irse a vivir a una isla donde no tuviera que ver a nadie. Se imaginaba rodeado de palmeras y tirado bajo el sol; así esperaría que cayera la tarde, no por ver el espectáculo del astro cayendo en el infinito mar, sino por sentir que había logrado vivir un día más sin meterse en problemas.

"Quisiera tener por lo menos un día de paz, en el que no tenga que pensar a quién debo matar ni de quién debo cuidarme", decía como si fuera un secreto de confesión.

Como el resto de los prisioneros, *el Güero* Palma también se fugaba de la reclusión de manera constante, aunque fuera con el pensamiento. Adentro de su celda, se tiraba sobre la cama por largas horas y hablaba con el techo. Dibujaba un mapa con las cosas y los seres que le gustaban. Sonreía cuando iban apareciendo las imágenes de sus padres, su esposa y sus hijos. Hablaba con ellos. Les contaba lo difícil que era estar preso y les pedía que no le lloraran. La muestra más evidente de sus fugas era el moqueo de nariz. Como lo marcaba la regla no escrita, mientras Palma permanecía en aquella abstracción nadie debía hablar ni hacer ruidos que lo sacaran de su concentración, pues el reclamo del capo lo mismo podía quedar en una reprimenda en privado o llegar a una golpiza de sus escoltas.

Porque los escoltas del *Güero* no sólo se encargaban de su seguridad; también ejecutaban las sentencias que le dictaba la ira. En el penal los conocían como *Los Bateadores* porque estaban armados con bates de beisbol que usaban cuando algún preso le faltaba al respeto a Palma. Sin importar la hora, llegaban a la celda del ofensor y lo sacaban al pasillo; lo ponían de rodillas, lo obligaban a reconocer la falta cometida y lo hacían pedir perdón en voz alta. Después el infortunado, sin importar si trabajaba para otro capo, debía admitir que en la prisión federal sólo tenía valor la palabra del *Güero* Palma. Dependiendo de la ofensa, el preso era sancionado. A veces bastaba un ligero golpe en la cabeza o tres batazos en las nalgas, pero si se consideraba que el desacato era mayúsculo, como desobedecer una orden directa del capo, caía sobre el castigado una lluvia de golpes que en no menos de tres ocasiones terminaron en la muerte. Luego *Los Bateadores* se marchaban en silencio, no sin antes recomendar a los expectantes oficiales de guardia que recogieran lo que quedaba del interno.

Las golpizas a otros presos eran el pasatiempo preferido del *Güero* Palma en la cárcel. Cuando no estaba ordenando castigos a sus compañeros de pasillo, el capo se sumía en sus pensamientos. A veces hacía representaciones públicas como las de Caro Quintero y su camioneta Suburban a mitad del patio. A Palma le gustaba el béisbol y por eso buscaba a los presos que juzgaba capaces de narrar partidos ficticios. Se apasionaba escuchando la crónica de una supuesta final entre los Naranjeros de Hermosillo y los Tomateros de Culiacán. Aquellas veces se sentaba en una banca del patio e invitaba al mayor número de presos posible para que lo acompañaran, y mientras hacía ademanes a un vendedor de cerveza que pasaba por su mente y le exigía que llevara bebidas para todos, ordenaba al cronista de aquellos encuentros que diera rienda suelta a la imaginación. Los reos invitados a esa banca improvisada como tribuna también hacían lo suyo. Algunos fingían beber la cerveza que corría siempre por cuenta del anfitrión. Después venían las porras al bateador en turno.

La pasión de Palma llegaba al extremo. Con los ojos claros clavados en el imaginario diamante del campo, traspasando el gris concreto de la cancha de basquetbol, saltaba de gusto en la tribuna, aplaudía y se llevaba las manos a la cabeza. Sufría con cada jugada de su equipo. Se desgañitaba en insultos hacia los Naranjeros de Hermosillo y obligaba al cronista a que fuera modificando las acciones imaginarias del encuentro. Bajo ninguna circunstancia los Tomateros de Culiacán podían estar abajo en el marcador.

Si por alguna causa sentía que el narrador de los encuentros estaba inclinando la balanza del juego hacia el equipo de Hermosillo, lo relevaba a mitad del partido. Igual que Caro Quintero cambiaba de "chofer" porque el primero no llenaba sus expectativas, *el Güero* buscaba a alguien que llevara el partido de los Tomateros por un rumbo mejor. Algunos presos se esforzaban por cumplir el capricho del capo: relataban las jugadas imaginarias con pinceladas de color y entrevistas, mediante "enlaces en vivo", con cada uno de los bateadores que iban bajando del montículo. Las entrevistas en directo que más le gustaban eran las de aquellos jugadores que sumaban puntos para los Tomateros de Culiacán. Cuando la simulaban, Palma ordenaba a uno de sus hombres de confianza que se comunicara por teléfono con el jugador, le hiciera llegar sus saludos y le mandara una botella del mejor vino para festejar su actuación. A veces la felicidad por el resultado final del encuentro no se limitaba a una botella de vino, sino que ponía a disposición del jugador "lo que quisiera". Entonces *el Güero* ordenaba que le hicieran llegar una compensación económica que iba desde los 100 000 hasta los cinco millones de dólares. El regalo en efectivo, según lo ordenaba, iba acompañado de un auto último modelo de la mejor marca o una residencia en cualquiera de las ciudades preferidas del capo: México, Miami o Madrid.

A lo lejos, las excentricidades y la generosidad de Palma con los jugadores imaginarios de los Tomateros de Culiacán eran observadas con algo de morbo por *el Chapo*. Sonreía. Movía la cabeza. Soltaba la risa viendo la forma tan seria con la que su ex socio asumía aquella infantil situación. Cuando la barra de presos seguía el partido desde la banca, *el Chapo* Guzmán y sus hombres —que no lo dejaban ni a sol ni a sombra— tampoco escapaban de la inercia y de pronto ya estaban buscando en el cielo la trayectoria de la pelota, que no se veía pero era seguida por decenas de ojos hasta que todos los espectadores festejaban un impecable *home run*. La emoción del *Chapo* de "ver" una anotación más de los Tomateros de Culiacán era saludada por el grupo del *Güero* Palma con un aplauso que convertía aquel reducto de la prisión federal en un verdadero estadio.

"Mándenle de mi parte una botella de coñac a ese cabrón", terminaba por avalar *el Chapo* la imaginaria fuga con la que se divertía la tribuna del *Güero* Palma.

Sólo que las ofertas del jefe del Cártel de Sinaloa no eran tan imaginarias. Mientras estuvo en la prisión federal de Puente Grande hizo llegar millonarios regalos al menos a una docena de jugadores de los Tomateros de Culiacán. Sus enviados personales entregaban los objetos con una tarjeta que decía del puño y letra del remitente: "Un presente de sus amigos en prisión", y firmaba con las iniciales JGL, de la misma forma con la que rubricaba sus cartas de amor que desde ahí le mandó a Zulema Hernández, la ex policía que conoció en prisión luego de ser encarcelada por robo calificado. El capo sinaloense estaba orgulloso de haberla conquistado con sus palabras escritas, una botella de whisky y media docena de rosas.

Esos regalos a los beisbolistas de su equipo favorito pudieron tener sólo la intención de ganarse su simpatía, pero en la prisión federal se consideró como una señal de Guzmán para agradar al *Güero* Palma, en recuerdo de la alianza que una vez mantuvieron. Lo cierto es que Guzmán, cuando estaba de buenas y hablaba de su vida personal, no dejaba de reconocer que Palma le salvó la vida en varias ocasiones. Contaba con detalles cómo estaba rodeado por un grupo de sicarios de los Arellano Félix en Hermosillo, cuando *el Güero* irrumpió con casi 100 sicarios y lo rescató.

También relató con algo de emoción cuando, con el apoyo de Palma, le arrebató la plaza de Mexicali al Cártel de Tijuana para introducir droga a Estados Unidos. Asimismo, le atribuía a Palma la idea de cavar túneles bajo la línea fronteriza para disminuir la posibilidad de pérdidas. Esa idea la aplicó igualmente, con gran rendimiento económico, en varios lugares entre Tijuana y San Diego. Aquellos túneles fueron verdaderas obras de ingeniería de más de cinco kilómetros, que contaban con alumbrado, oxígeno y rieles para el transporte mecánico de toneladas de cocaína que abastecían el mercado estadounidense.

"Era muy bueno con las ideas —llegó a decir *el Chapo* sobre *el Güero* Palma—. A mí nunca se me habría ocurrido enlatar cocaína para que pasara legalmente por la frontera."

Los envíos de cocaína de Guzmán a Estados Unidos están bien documentados por la DEA. Con base en los testimonios que después ofrecería uno de sus operadores de más confianza en el manejo del dinero, el contador Miguel Ángel Segoviano, se pudo establecer que *el Chapo* no sólo hacía enlatados de cocaína que pasaba por tren a Estados Unidos haciendo parecer que se trataba de chiles; pudo introducir asimismo latas con el sello comercial La Comadre que aparentemente contenían frutas en conserva, verduras precocidas y hasta leche en polvo.

El Güero Palma tuvo otra iniciativa: introducir droga a Estados Unidos mediante un sofisticado método que aprendió de sus socios colombianos y que a la fecha sólo utiliza aquí el Cártel del Pacífico: la cocaína líquida. *El Chapo* contaba a sus allegados en la cárcel que cuando Palma le platicó esa idea, él soltó la carcajada. Después pudo ver cómo la cocaína, con un minucioso proceso químico, se podía disolver en diversos líquidos, principalmente chocolate. De esa forma el Cártel del Pacífico pudo enviar enormes cargamentos de líquido al país vecino: unas veces la droga iba disuelta en chocolate y otras en leche. Los capos hasta crearon una marca de jugos para exportar la droga; se llamaba Los Dos Amigos, como lo eran entonces Guzmán y Palma.

Una vez conocida la técnica para transformar la apariencia de la cocaína, Palma se volvió más creativo. Relataba *el Chapo* que un día llegó con unas donas en un plato, que dejó en una mesa de centro. Se sentó junto a su entonces socio en un sofá y lo miró sin decir nada.

—¿Y eso, compadre? —preguntó *el Chapo*—, ¿ahora se va meter al negocio de la panadería?

El Güero no dijo nada. Sonrió y respiró hondo. Entonces tomó una dona y se la puso en la boca a Guzmán.

—Pruébela, compadre —le dijo—, le va a gustar. Me quedaron muy buenas estas pinches donas. Se me hace que hasta las voy a exportar.

El Chapo lo miró, incrédulo. Estaba a punto de dar la mordida pero *el Güero* le retiró la dona a tiempo.

—¡No, compadre, mírela primero!

El Chapo tomó la dona. No le vio nada extraño y se la devolvió con delicadeza a su compadre como si de pronto sintiera que su vida estaba en peligro.

—Pues es una dona normal —le dijo—, pero tenga, no sea que me vaya a explotar.

Con una carcajada, *el Güero* volvió a colocar la dona en el plato, con las otras.

—Las voy a mandar a Estados Unidos —dijo—, a los gringos les va a gustar el azúcar. Se van a volver locos de felicidad.

Las donas estaban cubiertas con azúcar hecha a base de cocaína. Otras estaban bañadas de chocolate y de glaseado de fresa, también a base de la droga. Colocadas en empaques con la marca Mi Panadería, comenzaron a exportar cantidades industriales a Estados Unidos.

La estrategia del *Güero* Palma para el tráfico de drogas en la frontera norte consistía en ocultar su mercadería dejándola al descubierto y fue uno de los métodos más redituables para el Cártel del Pacífico. En ese mismo sentido se le ocurrió empaquetar grandes cantidades de mariguana con forma de sandías, las que después de ser formadas se colocaban en camiones que pasaban sin mayor problema por las garitas de Tecate y Tijuana, principalmente.

También por sugerencia de Héctor Palma, *el Chapo* pudo innovar con la construcción de submarinos. Contaba que en un taller mecánico de Tijuana le armaron tres submarinos, que si bien no fueron utilizados para enviar cocaína a Estados Unidos, resultaron muy útiles para trasladar la droga desde Colombia o Panamá hasta Mazatlán, aunque a veces, las menos, la flota zarpaba desde el puerto de Lázaro Cárdenas, Michoacán, con cargamentos de mariguana que le enviaba su socio y amigo Nemesio Oseguera Cervantes, *el Mencho*, quien posteriormente fundaría el Cártel de Jalisco Nueva Generación con ayuda de Guzmán Loera.

Antes de que Palma introdujera esas ideas, reconocía el jefe del Cártel del Pacífico, la manera más ingeniosa de introducir la droga a Estados Unidos era lanzarla con catapultas. Los paquetes eran proyectados por el aire para que fueran cachados por sus trabajadores del otro lado. El método causaba muchas pérdidas. Únicamente uno de cada 20 envíos alcanzaba su destino y la mayoría de los que atrapaban la droga del lado norteamericano terminaban en la cárcel, lo que también representaba un costo elevado para el cártel, pues había que mantener a las familias y pagar los abogados de aquellos fracasados narcotraficantes.

Pero sin duda la mayor aportación del *Güero* Palma al Cártel del Pacífico —así lo reconoció *el Chapo*— fue transportar cocaína disfrazada de carbón vegetal. Inicialmente los paquetes, elaborados a semejanza de un trozo de carbón, fueron recubiertos con una película de fibra de vidrio y pintados de negro. Los trozos del falso carbón se colocaban en furgones de tren repletos de ese combustible, que pasaba sin mayor problema todas las revisiones de las autoridades norteamericanas. Posteriormente esa técnica avanzó: los verdaderos trozos de carbón vegetal eran perforados para colocar adentro la droga. Había ocasiones en que 50% del cargamento de carbón de un vagón estaba relleno de la mercancía ilegal.

Las utilidades que el ingenio del *Güero* Palma le dio a la organización criminal fueron muchas, sobre todo por el trasiego de estupefacientes hacia Estados Unidos, donde llegó a purgar nueve años de prisión. No hay que olvidar que en 2016 las autoridades de ese país lo entregaron al gobierno mexicano, y de inmediato fue reaprehendido bajo la acusación de dos homicidios que habría cometido a mediados de los noventa.

A pesar de las diferencias surgidas en el encierro con *el Güero*, *el Chapo* no dejaba de respetarlo y así se lo demostraba cada vez que podía. En una ocasión, tras observar que Palma insistía en imaginar el juego de béisbol que siempre ganaban los Tomateros de Culiacán, Guzmán Loera quiso darle un regalo a su compadre: ordenó que por la noche una brigada de custodios borrara las líneas que marcaban la cancha de basquetbol y que en su lugar se trazara un diamante de béisbol. Ordenó que se dibujara en el centro el escudo de los Tomateros y se colocara la leyenda: "Tomateros, Campeón de Campeones".

A la mañana siguiente, cuando *el Güero* salió de su celda para dirigirse con sus seguidores a la rutina diaria del partido imaginario, se quedó literalmente con la boca abierta. Los trazos en el concreto hablaban más del cariño del *Chapo* que de la posibilidad de observar mejor los encuentros imaginarios. Era un niño que saltaba de alegría ante la sorpresa de su ex socio. Volteó hacia la comitiva que lo acompañaba y con una risa que pocas veces puede surgir del rostro de un preso comenzó a abrazar a todos los que lo acompañaban. La euforia los invadió a todos y se fundieron en abrazos y gritos de alegría como si aquel gesto le significara todo en la vida. Luego, de manera improvisada, sabiendo de antemano quién era el autor del regalo, al unísono gritaron una porra para *el Chapo.*

Guzmán Loera constató la alegría de sus hermanos de rejas desde el silencio de su ventana. No dijo nada. Acostumbrado como estaba a hacer felices a los presos —esto lo contó Noé Hernández—, se dio la media vuelta y se tendió en su mesa de concreto para escribir algunas líneas en una carta. Los gritos que llegaban desde la cancha lo sacaban de concentración en algunos momentos. Sólo movía la cabeza de vez en cuando como para retomar las ideas que se esfumaban a cada grito de *home run* de aquellos hambrientos aficionados que una vez más estaban mentalmente fuera de la prisión y fuera de sí. Él seguramente estaba buscando otras formas más concretas para evadirse de Puente Grande.

CAPÍTULO 7

El Chapo y sus nexos

El Chapo Guzmán ha sido el único recluso que ha logrado fugarse de dos penales federales de alta seguridad, y muchos soñaban hacer lo mismo en Puente Grande. En alguna ocasión Humberto Rodríguez Bañuelos, *la Rana*, me dijo que tarde o temprano a todos los reos les llega el deseo de salir por la fuerza de aquellos muros. A veces no es suficiente con las fugas mentales, explicaba, aunque ya el propio deseo de escaparse ayuda mucho.

La mayoría de los presos se había distraído al menos alguna vez con esa posibilidad. Muchos no ocultaban su emoción al imaginarse que salían brincando las bardas, disfrazados de visitantes o rompiendo los muros. Nadie se planteaba hacer un túnel porque era sabido que la cárcel de Puente Grande se asentaba en una base de concreto de más de un metro de espesor. *El Chapo*, experto en túneles, cuando conoció los planos de la cárcel de Puente Grande, dos meses antes de darse a la fuga, había reconocido la nula probabilidad de escapar por esa vía.

"Además —dijo, y la frase quedó impregnada en las paredes del penal— somos hombres, no ratas para salir por un hoyo."

Así que *el Chapo* buscó otra posibilidad para salir. Fueron sus buenas relaciones con altos funcionarios las que permitieron que saliera por la puerta principal, con el uniforme negro de los agentes federales de investigación.

La fuga del *Chapo* era la que más inspiraba a los presos la necesidad de sobrevivir. Si bien *el Chapo* fue el preso más querido durante su estancia en Puente Grande, también es cierto que después de su fuga la admiración de la comunidad carcelaria por él creció aún más, al grado de que después de varios años de su escape algunos presos se ponían la mano sobre el corazón cuando hablaban de Guzmán Loera como muestra de respeto. Para la mayoría de los reos de Puente Grande, tras la legendaria fuga el jefe del Cártel de Sinaloa se convirtió en "don Joaquín" o *el Chapito,* y no había día que su hazaña no se recordara con un halo de fantasía.

"Es que *el Chapito* —dijo en una ocasión *la Rana*— no es de este mundo: tuvo que haber venido de más allá de las estrellas."

Algunos reclusos tenían la certeza de que se trataba solamente de conversaciones, pero para otros era una forma de pulir un plan que los llevaría de regreso a la libertad. En especial había un reo que se pasaba la vida pensando en ese acontecimiento. Le decían *el Fugas* y fue relegado de casi todos los grupos porque una vez tuvo la osadía de afirmar que su escape sería más espectacular y más original que el del mismo *Chapo,* y no era que despreciara al capo, aclaraba, sino que ése era el gran reto por superar.

Se llamaba Hugo Tafolla Sánchez y cuando lo conocí ya tenía 11 años preso por formar parte de la estructura criminal del cártel de Amado Carrillo. En el área de sentenciados empezaron a considerarlo loco después de haber recibido una sentencia de 48 años. Le decían *el Fugas* no sólo porque —como muchos otros— siempre estuviera pensando en la posibilidad del escape, sino porque ya se había fugado de la realidad. Perdió la cordura unos días después de que lo condenaron. Como consecuencia casi inmediata, su mujer lo abandonó. Además, murieron sus padres. Llegó a contar, antes de perder la razón, que hasta su perro había muerto de la tristeza. Fue acusado de delincuencia organizada y del homicidio doloso de un agente de la PGR. Él siempre se sintió responsable de los hechos que le señalaron y por eso no aceptó siquiera apelar la sentencia.

Dos años estuvo viviendo como cualquier cautivo de la cárcel federal: debatiéndose en el martirio diario de los barrotes. Después el dolor cedió. Cambió el gesto de angustia por una sonrisa permanente.

Él no supo en qué momento se volvió "feliz". Sus compañeros de celda aseguraban que un día se fue a dormir con el rostro desfigurado por el llanto, el cuerpo quebrado por la tristeza y el alma apretada en el dolor, pero cuando despertó ya era otro. Frente al helado silencio al que obligan las paredes de la cárcel, él habló y habló sobre un sueño que tuvo: contaba que una luz se le apareció y lo llamó por su nombre, que lo llevó a recorrer los mismos caminos que andaba cuando estaba loco de libertad. Que esa misma luz lo hizo verse en el tiempo y volvió a acariciar a su perro.

"Aquella voz —me contó en una ocasión— no era de humanos; era la voz de Dios que me tocó con su esperanza."

Desde entonces dejó de ser preso. Se convirtió en un hombre tras la libertad y sabía que nada era para siempre; que —como decía Caro Quintero— siempre había una salida a cualquier situación y no existía nada que no se pudiera vencer, si no era la muerte. Por eso afirmaba que fue la voz de Dios la que le encomendó que buscara la forma de salir de prisión. Él asumió el mandato como si se tratara de un ministerio de fe. No había día en que no buscara la forma de dejar el encierro. Estaba seguro de que su fuga, difícil de lograr, sería más espectacular y más notoria que la de Guzmán Loera, al que conoció bien, no sólo en Puente Grande sino cuando se inició y era socio de Amado Carrillo. En algún momento *el Fugas* fue uno de los hombres de confianza del *Chapo*.

Cuando lo cansaba darle vueltas al pensamiento de verse en libertad, *el Fugas* contaba una historia que ya era épica entre los presos sentenciados: cuando *el Chapo* aún no era el gran hombre del narcotráfico y todavía pensaba como mortal. Entonces el alma se le desbordaba revelando detalles de la vida desconocida del capo.

Decía que la primera vez que estuvo a las órdenes del *Chapo* fue cuando Miguel Ángel Félix Gallardo, en medio de la sierra, lo designó como asistente de la escolta de Guzmán Loera. Al poco tiempo de servir al chaparrito —como él le decía—, éste lo elevó de rango y lo convirtió en uno de sus hombres del primer círculo. Recordaba con especial insistencia el día que vio al *Chapo* haciendo una llamada telefónica en medio de la sierra de Durango, cuando estaban organizando el envío de un cargamento de mariguana a Estados Unidos. Y fue ahí, durante aquella semana en que el sinaloense había organizado a su gente, cuando comenzó a ver que su leyenda crecía.

A decir del *Fugas*, hasta ese recóndito lugar de la sierra entró la llamada, y él como asistente corrió los tres metros que lo separaban para entregarle un teléfono en la mano. Con la mirada perdida en la lejanía, *el Chapo* contestó:

—Diga... —y luego esperó en silencio—. Está bien, mi general, ahí nos vemos —volvió a hablar Guzmán con el tono seco que utilizaba cuando no estaba de acuerdo en lo que se le decía—. Yo respondo por la serenidad de toda mi gente, porque no me puede impedir que lleve mi escolta, ¿o sí?

La atención con la que Guzmán Loera escuchaba a su interlocutor indicaba que éste era muy importante. En muy pocas ocasiones se podía ver que contestara con esa quietud que *el Fugas* comparó con la de un ministro de la Iglesia cuando estaba en el púlpito, hablando de las cosas de Dios.

—Yo le doy mi palabra, general: voy en son de paz, en espera de que se haga la tregua que usted me está proponiendo y que se olviden los malos entendidos que hemos tenido entre ellos y nosotros. Pero también necesita darme usted su palabra de que ellos van en las mismas condiciones que me está planteando.

Enseguida *el Chapo* se despidió con el consabido "nos vemos luego" y devolvió el teléfono al *Fugas*, que además de asistente era su guardaespaldas y en ocasiones hasta su secretario particular. Guzmán Loera se quedó quieto por un momento, todavía viendo a lo lejos.

—Mario —le dijo a uno de los trabajadores que estaban a su alcance—, dense prisa para empacar esta mota. Luego juntas a tu gente y se van más arriba; vamos a comenzar el corte desde la parte alta porque el ejército va a llegar por aquí la semana que viene. Si necesitas más gente dile a Juanito que te la mande, no quiero que dejen una sola mata en pie, vamos a levantar bien la cosecha porque ya vienen los guachos tumbando vara.

—Sí, patrón, ya le estamos dando recio —contestó Mario, cuadrándose, como le gustaba al *Chapo*.

Era evidente —explicaba *el Fugas*— que en aquella llamada *el Chapo* tuvo un conflicto emocional: por un lado agradecía el informe de que en breve llegarían a la zona alta de Durango las fuerzas federales de combate al narcotráfico, pero por otra parte no le gustaba la idea de reunirse en Guadalajara con los Arellano Félix para pactar una tregua.

A la mitad de aquel campo de tonos verdes, viendo a lo lejos las decenas de trabajadores que cosechaban la hierba, se le vino a la mente la última vez que se había entrevistado con los hermanos Arellano Félix, en un intento por pactar un acuerdo para no seguir con la ola de violencia que ya había puesto en alerta al gobierno mexicano e inquietado a muchos funcionarios antidrogas de Estados Unidos.

El Chapo y su séquito arribaron un día antes a Puerto Vallarta para la entrevista pactada el sábado 7 de noviembre de 1992. Con la debida antelación, como le gustaba, comenzó a reconocer el lugar. Observó hasta el más mínimo detalle que le pudiera anticipar una posibilidad de peligro. Nunca confió en los pitazos del gobierno federal, pero menos aún confiaba en sus enemigos.

Con exagerados detalles, al *Fugas* se le volaba la memoria. Como si se tratara de un bello recuerdo narró el sigiloso arribo de las cinco camionetas, cuando apenas estaba clareando el día. Trataba de reproducir los sonidos de los vehículos cuando transitaban por las calles empedradas del puerto jalisciense. Todo el convoy se dirigió a la casa de seguridad que tenía *el Chapo* en ese lugar. Ahí había vigilancia externa a cargo del ejército y de la policía estatal de Jalisco.

El encuentro sería al mediodía del sábado, con la mediación de un general de apellidos Gutiérrez Rebollo, que había recibido la encomienda "desde muy alto" para dar salida a los insistentes reclamos de la DEA estadounidense, que presionaba al gobierno mexicano para poner fin a la guerra entre los dos principales cárteles en México, ya a punto de desbordarse en un baño de sangre.

Casi babeando por la emoción, *el Fugas* contaba que *el Chapo* y su comitiva se habían instalado en aquella finca con vista al mar desde lo alto, cuando volvió a sonar uno de los teléfonos que tenía a su resguardo. Sólo dejó que sonara dos veces y, como si quemara, se lo entregó a su jefe.

—Sí, mi general, ya estamos aquí —dijo Guzmán con un tono cortés y cálido—. Aquí estamos ya, tal como lo acordamos; sólo espero que me indique hacia dónde nos vamos arrimando...

Aunque era de pocas palabras, esa vez *el Chapo* parecía dispuesto a ser diplomático para resolver las diferencias con sus antiguos socios.

—No está de más decirle que estoy confiando en su palabra —le recordó al interlocutor, con tono suave, pero enérgico.

Después de todo, aquel hombre en extremo desconfiado se estaba poniendo en las manos del militar —justificaba en su narración *el Fugas*—. El general Gutiérrez Rebollo había sido el contacto del *Chapo* más importante y más cercano con la esfera de gobierno en los años noventa. Hablaba con él hasta tres veces por semana. El militar se ganó la confianza del jefe del Cártel de Sinaloa porque una ocasión le respetó la vida.

—No, mi general, no es que dude de su honorabilidad, sólo le recuerdo que tenemos un pacto de caballeros —insistió el sinaloense.

El primer encuentro del general y *el Chapo* fue a mediados de los ochenta. Guzmán Loera estaba a las órdenes de Félix Gallardo, y Gutiérrez Rebollo se hallaba en el destacamento de Nayarit, como segundo al mando de la región militar de Jalisco. Ninguno de los dos era cabeza de nada, pero se entendieron como tales. Ese episodio se contaba de manera casi pedagógica en Puente Grande:

—¿Y a dónde dice que van? —le preguntó un joven mayor al hombre que dirigía el reducido grupo de guardias privados que viajaban en un auto compacto con torreta amarilla, escoltando una pipa de gasolina.

—Vamos hacia Sinaloa, mayor —le contestó el de bigote corto. Mientras tanto, el militar leía el manifiesto de transporte de combustible sin siquiera verlo a los ojos.

—Pero aquí no coinciden los datos con la carga —blofeó el mayor sin levantar la vista del documento que aparentaba leer—, ¿no será que ustedes me están ocultando algo? Además, ¿para qué requiere una pipa de gasolina una patrulla de escolta con tres guardias?

El Chapo no supo qué decir. Bajó la vista y tanteó las posibilidades de salir airoso de un enfrentamiento. El mayor pareció leerle la mente:

—Ni se le ocurra, amigo. Tiene las de perder. Somos exactamente 25 soldados los que estamos aquí, todos bien armados con fusiles ametralladora, granadas y ese Barrett que no se raja...

—Está bien, mayor, me la ganó —dijo *el Chapo* viendo directo a los ojos, como acostumbra—. Se ve que usted es un hombre derecho y se la voy a plantear: me pongo en sus manos. Llevamos una carguita de coca y vamos a Tijuana. Usted me dirá qué procede. Sólo le digo que a la cárcel no voy, y si se trata de matarnos, aquí nos matamos.

Las palabras del *Chapo* le gustaron al militar.

—Tiene valor, amigo —dijo el mayor, viendo también directamente a los ojos del *Chapo*—, eso me gusta y creo que nos vamos a arreglar sin necesidad de que alguien muera este día aquí.

—Usted me dirá, mayor. Estoy en sus manos.

—Como le digo, nadie va a morir hoy aquí. Se ve que usted es un hombre de palabra y de valor, así que vamos a hacer lo siguiente: usted va a seguir su camino hasta Tijuana, con la garantía de mi palabra de que nadie los va a molestar, pero llegando a su destino usted se reporta a mi teléfono y entonces hablamos.

—Me gusta la propuesta, mayor —contestó *el Chapo* aliviado: nadie iba a morir en ese retén, donde estaba en desventaja.

Los dos cumplieron su palabra. Tal como se acordó, *el Chapo* llegó sin contratiempos a Tijuana, hizo la entrega que le había encomendado Miguel Ángel Félix Gallardo y, para cumplir su palabra, se reportó con el mayor. Hablaron de los términos de compensación. Ésa fue la primera de muchas conversaciones que sostuvieron por la vía telefónica aquellos dos jefes en ascenso; el mayor en el ejército y Guzmán en las filas del narcotráfico.

Tal vez nunca se lo dijeron —comentaba *el Fugas*—, pero lo supusieron: cada uno sirvió al otro para seguir ascendiendo. *El Chapo* utilizaba la conexión con el mayor para garantizar el trasiego de drogas desde Sinaloa hacia la frontera norte sin problemas, y el mayor se valía de la relación con *el Chapo* para dar "golpes consensuados al narco". El ascenso del militar, hasta llegar a general, fue de la mano con el crecimiento de Guzmán como el hombre fuerte del Cártel del Pacífico.

Cada vez que un cargamento importante pasaba por la ruta que controlaba el mayor, éste le pedía al *Chapo* que entregara una parte para decomisarla, con lo cual tenía materia para informar sobre las acciones de combate al narcotráfico. Eso le valió al mayor para ascender en menos de tres años al rango de general brigadier, después de ostentar casi por trámite los grados de teniente coronel y coronel, además de conseguir renombre en las esferas de la seguridad pública en el país.

La comunicación entre Gutiérrez Rebollo y *el Chapo* fue permanente y constante. La confianza que se había sembrado entre los dos era sólida; por esa razón Guzmán no dudó en acudir a la cita de Puerto Vallarta —si bien con sus propias medidas de seguridad—, cuando el general le pidió que se reunieran a pactar una tregua con el Cártel de Tijuana.

Aun cuando confiaba plenamente en el general, al *Chapo* lo invadían las dudas en otros aspectos. Nunca se puso en manos de aquellos con los que se iba a sentar a la mesa para negociar una tregua. Por ese motivo, desde un día antes se desplegó un operativo para sellar entradas y salidas de Puerto Vallarta: desde carreteras federales hasta caminos rurales o veredas, no había nada que se moviera en ese territorio sin que *el Chapo* lo supiera. Estaba atento para detectar la llegada de algún grupo armado que pusiera en riesgo las conversaciones. También pretendía ubicar la llegada de los hermanos Arellano en el momento exacto, para saber con cuánta gente llegaban.

El operativo de sellado no reportó ningún movimiento anormal. Ni siquiera se detectó la llegada de los hermanos Arellano Félix porque lo hicieron en una avioneta Cessna. La fletaron en una línea comercial con la versión de que llevarían a cinco turistas gringos que estaba en Tijuana y querían saltar en paracaídas aprovechando los aires ascendentes de la costa de Jalisco.

El Chapo nunca se había entendido con ninguno de los Arellano Félix. Las diferencias surgieron casi desde que se encontraron, cuando los hermanos fueron incluidos en el negocio del narcotráfico por invitación del *Padrino*, Miguel Ángel Félix Gallardo, quien siempre los cobijó porque eran sus sobrinos y hacían gala de ello.

La primera confrontación con ellos que recordaba *el Chapo* fue la ocasión en que por instrucciones del *Padrino* él se tuvo que trasladar de Sinaloa a Guadalajara para organizar —él decía "articular"— a la gente que estaba en ese lugar, pues a decir del *Padrino* el negocio estaba decayendo por la irresponsabilidad de sus sobrinos.

Guzmán Loera arribó y, según *el Fugas*, en menos de dos semanas reorganizó el Cártel del Pacífico en la capital de Jalisco. Ahí implantó una nueva disciplina que hizo más eficaz al equipo que controlaba el trasiego de drogas desde Michoacán y el centro del país hasta la frontera norte. Ese nuevo esquema de trabajo incluía quitarles algunas prebendas a los hermanos Arellano Félix, quienes no pudieron hacer valer su condición de sobrinos con el jefe de la organización.

Por recomendación del *Chapo*, fue removido el grupo de los hermanos Arellano Félix de Jalisco, donde su rutina diaria consistía en juego, parranda y mujeres. Se les destinó como encargados de plaza a la ciudad de Hermosillo, Sonora, donde las condiciones climáticas eran de por sí adversas, no se diga el deficiente trabajo de vigilancia y control de las rutas para cruzar el desierto con destino a Tijuana y Nogales. El cambio molestó sobremanera a los hermanos, principalmente a Ramón, quien pistola en mano amenazó con matar al *Chapo* cuando les anunció que Félix Gallardo los había removido del mando local. En esa ocasión Guzmán Loera ni siquiera se llevó la mano a la cintura, donde llevaba fajada una pistola Colt calibre .38 súper, de la que nunca se separaba.

Después del incidente, cuando sus acompañantes —entre ellos *el Fugas*— le preguntaron por qué ni siquiera intentó desenfundar ante la amenaza de Ramón Arellano, *el Chapo* les confió: "Para matar a un hombre se necesita mucho valor y estos muchachos no son de valor. Nunca le vi en los ojos la decisión de matarme".

Después de ese incidente, con los Arellano ya establecidos en Sonora y la plaza de Guadalajara bajo el mando del *Chapo,* pasaron casi dos años para que volvieran a encontrarse. Fue en una fiesta que organizó Félix Gallardo con todos sus socios en una casa de Guadalajara. *El Chapo* la había convertido en el lugar más seguro del país para todo el cártel. Las buenas relaciones que mantenía con el general Gutiérrez Rebollo, quien controlaba plenamente la zona militar de Jalisco, le dieron la certeza de que nadie los molestaría.

En esa reunión, uno de los socios del *Padrino* que estaba encargado de la plaza de Ciudad Juárez se acercó a Guzmán Loera y le regaló una pistola chapada en oro:

—Mire, don Joaquín, aquí le entrego mi pistola como muestra de mi lealtad y mi amistad, pero sobre todo en agradecimiento a su labor por el cártel.

El Chapo volteó hacia aquel sujeto de aproximadamente 1.70 de estatura, de tez blanca, bigote ralo y nariz casi aguileña. Le notó la sinceridad en la franca sonrisa de dientes postizos.

—Don Amado —contestó sonriente *el Chapo* sin perder de vista al interlocutor y palpando el arma que le estaba entregando por la cacha—, de verdad es un placer poder saludarlo.

—Recíbame el obsequio —insistió Amado.

—Muchas gracias —contestó el sinaloense mientras guardaba la pesada pistola con emotiva incredulidad. Luego la observó con detenimiento y deletreó en voz baja las iniciales ACF que tenía grabadas la empuñadura en oro.

—Amado Carrillo Fuentes… —dijo en un murmullo— la voy a conservar con mucho gusto, en recuerdo de su amistad.

El agradecimiento de Carrillo Fuentes hacia *el Chapo* radicaba en que éste había sido el intermediario ante Gutiérrez Rebollo después de una serie de decomisos de droga en Chihuahua. El general se mostró dispuesto a brindar protección a las operaciones de la gente de Ciudad Juárez, recalcando siempre que lo hacía en atención a su amistad con Guzmán Loera. Carrillo Fuentes así lo entendió y a la primera oportunidad se lo agradeció al *Chapo* de forma muy personal.

Ése —explicaba *el Fugas*— fue otro de los motivos que hicieron crecer el distanciamiento y el rencor de los Arellano Félix contra el capo sinaloense: los primeros nunca pudieron trabar buenas relaciones con Amado Carrillo, a quien Félix Gallardo nombró de facto como encargado de plaza en Ciudad Juárez. Los Arellano en Hermosillo y Carrillo Fuentes en Ciudad Juárez se confrontaron muchas veces por el control de las rutas de traslado de drogas a través del desierto.

Tras esos enfrentamientos, ambos grupos buscaron ampararse en su parentesco con los miembros de la cúpula del cártel: los Arellano apelaron a la tutela de su tío Miguel Ángel Félix Gallardo, en tanto que Amado Carrillo habló con su tío Ernesto Fonseca Carrillo, ambos con suficiente poder para darle la razón a su grupo, sólo que al realizar consultas siempre pesó la opinión del *Chapo*, quien manifestó total apoyo a Carrillo Fuentes.

Del clan Arellano Félix, sólo Ramón y Francisco Javier asistieron a la reunión que ofreció *el Padrino* a sus socios en Guadalajara. Ahí se volvieron a encontrar con *el Chapo* y afloraron nuevamente sus diferencias. Ramón, quien le guardaba rencor a Guzmán Loera, se acercó para recordarle que lo habían "sentenciado" a muerte y que la pena se cumpliría cuando ellos lo dispusieran.

—Pues vamos dándole trámite al asunto —le dijo *el Chapo* sin quitarle la vista a los oscuros lentes de Ramón.

—Como te digo, chaparrito —respondió Ramón casi en un susurro—, ese momento lo vamos a decidir nosotros.

Contaba *el Fugas* que el rostro de Guzmán Loera se mantuvo sereno. Nunca descuidó las manos de su adversario. Sabía que no llevaba un arma, pero no se confió. En aquel evento los únicos hombres armados eran los militares que se encargaban de la seguridad en la periferia de la casona. Por decisión del *Padrino*, en las reuniones para agasajar a sus socios, amigos y trabajadores nadie debía portar armas en la casa, pues él garantizaba la seguridad de todos. Era una precaución para evitar que se desatara la violencia entre los concurrentes, pues al calor de las copas, decía *el Padrino*, "a todos nos sale el animal que llevamos dentro".

"Ya te la sabes, chaparrito, tú vives hasta el día que nosotros queramos —le volvió a soltar Ramón a dos centímetros de su nariz, para después perderse en aquel grupo de hombres que celebraban a carcajada abierta."

El Chapo se quedó donde estaba, pensativo. Sin una sola seña de emoción en su rostro, estudió los movimientos de Ramón, que se dirigía a donde se encontraba su hermano Francisco Javier, el más joven y el más violento de los Arellano Félix. Le decían *el Tigrillo* porque representaba todas las aspiraciones de sagacidad y fiereza de la familia.

A diferencia de la mayoría de los narcotraficantes que departían en aquella finca, al *Tigrillo* no le había costado nada subir a la élite criminal, pues desde los 10 años vivió como rey al amparo de sus hermanos Ramón y Benjamín, que le cumplían todos sus caprichos. Uno de los lujos que le dieron sus hermanos era ubicarlo en Guadalajara para que se relacionara con la gente más pudiente del occidente del país. Para ello le compraron varias casas en las zonas más lujosas de la capital de Jalisco, hasta que *el Chapo* llegó para operar el traslado de los Arellano a Hermosillo "por el bien del cártel".

Aun cuando *el Tigrillo* nació en Sinaloa, su idiosincrasia compaginaba mejor con los jaliscienses. Realizó su formación inicial en prestigiados colegios de Guadalajara, adonde también acudió Ramón, sólo que con una mayor carga cultural de Sinaloa, a tal grado que a Ramón sus compañeros de secundaria lo conocían como *el Sinaloense*, para denotar su arraigo bronco y pendenciero, que nunca pudo ocultar.

Francisco Javier estaba en plena adolescencia y era ampliamente conocido en los círculos sociales de *juniors* tapatíos por sus derroches y gusto por la fiesta, cuando llegó la instrucción del *Padrino*: debían trasladarse a Hermosillo para hacerse cargo de los negocios del cártel en esa región, con lo que también evitaba que sus intereses en Jalisco se vinieran a pique.

Durante toda la fiesta *el Chapo* acarició la idea de terminar de una vez con aquel conflicto con los Arellano Félix, que seguía creciendo. Su ventaja era la pistola que en ese mismo lugar le había regalado Amado Carrillo. Era el único en aquella casa que portaba un arma y tenía a su alcance a sus enemigos declarados.

—¿Qué piensas, Joaco? Te veo muy pensativo —observó Armando López Esparza, uno de los pocos presentes que, como *el Güero* Palma, podía tutear al capo.

—Nada, compadre —respondió *el Chapo*, saliendo de su aparente letargo.

—¿Cómo que nada? A mí no me salgas con eso —insistió López Esparza—, si a leguas se te ve que algo traes en la cabeza.

—Pos sí, compadre —reconoció Guzmán—, son esos cabrones hermanitos Arellano, que ya me llenaron de piedras el buche...

—Pos usted me dirá, compadre, qué es lo que ocupa hacer para que se sienta tranquilo.

—No, nada de momento. No vamos a echarle a perder la fiesta al *Padrino* —reconsideró—. Usted sabe que si hay algo que aborrezco es la indisciplina y no voy a comenzar una guerra en este momento ni quiero al *Padrino* de enemigo al verme matar a sus sobrinos en su fiesta.

—Pos se me hace que la guerra ya la comenzaron esos muchachitos, ¿qué no?

—Pos se me hace que sí.

Después de todo *el Chapo* no iba a matar a los sobrinos del *Padrino* en una fiesta que pretendía fortalecer la unidad de todos los jefes de plaza al servicio de aquel hombre que entonces ya era el principal narcotraficante de México. La intención de la reunión era darle una organización a la naciente actividad, con el fin de manejar el tráfico de drogas como una verdadera empresa. Al *Chapo* le podían mucho las formas —contó *el Fugas*—, y no las iba a romper en un arrebato de coraje.

La situación que llevó al *Chapo* a proponer el traslado de los Arellano Félix de la capital de Jalisco se basó en gran medida en la información y el consejo del general Gutiérrez Rebollo, quien alertó a su amigo y socio de los riesgos que corría *el Padrino* al permitir que sus sobrinos cerraran centros nocturnos, restaurantes y todo centro de diversión al que ellos y sus amigos asistieran en Guadalajara. Estaban violando el primer principio del narcotraficante: el anonimato.

En los altos círculos sociales de Guadalajara la mayor parte de la semana se hablaba de los excesos y los escándalos de los hermanos Arellano Félix; cualquiera que frecuentara los clubes deportivos o los centros de esparcimiento se podía dar cuenta de la vida regalada que llevaban los muchachos.

Desde que *el Tigrillo* estudiaba en el Colegio Británico, con una formación inicial bilingüe, ya se hablaba de la disipación de sus hermanos, pues Ramón ya se hacía notar en aquella sociedad conservadora. Los escándalos fueron en aumento hasta que llegaron a oídos del grupo de inteligencia militar, que después fue presidido por el general Jesús Gutiérrez Rebollo.

"De alguna u otra forma se puede tolerar lo inquieto de los muchachos —le explicaría en su momento el general al *Chapo*—, pero ya comenzaron a asesinar, y eso siempre tiene repercusiones."

El general se refería a diversos hechos violentos que se suscitaron en Guadalajara, los cuales fueron atribuidos a los hermanos Arellano Félix. La mayoría de esos crímenes se cometieron en las inmediaciones de centros nocturnos, bares o discotecas y estaban relacionados con la venta de drogas y con disputas por mujeres. No faltaron testigos presenciales que relataron el carácter explosivo de Ramón, que siempre defendía al *Tigrillo* con lujo de violencia.

Tal grado de exposición llamó la atención del general, que se lo advirtió al *Chapo*. Le pidió que pusiera remedio a la situación antes de que el gobierno federal investigara más a fondo. Cuando *el Padrino* fue informado en forma oportuna, decidió que *el Chapo*, con su disciplina de trabajo, se encargara de la plaza de Guadalajara y metiera en cintura a los tres jóvenes, y la recomendación del sinaloense fue trasladarlos a una plaza adonde no atrajeran tanta atención pública.

A los pocos días del encuentro en la casa del *Padrino* comenzó a sentirse el odio de los hermanos contra *el Chapo*: mandaron matar a sus principales colaboradores, en los que radicaba una gran parte de la eficiencia del trabajo que realizaba para el cártel. Al principio el sinaloense no sabía con certeza de dónde venía la embestida, hasta que las investigaciones de Gutiérrez Rebollo le confirmaron que se trataba de la guerra que ya habían puesto en marcha los Arellano Félix.

Una de las muertes que más le dolió al *Chapo* fue la de su compadre Armando López Esparza, abatido en una emboscada. Esperaban atrapar a Guzmán, sólo que fortuitamente el que dirigía aquel convoy que circulaba por las calles de Tijuana era López Esparza. Ése fue el punto de no retorno entre los dos bandos.

A partir de esa muerte, *el Chapo* le puso precio a las cabezas de los Arellano Félix: un millón de dólares por cada una. La oferta fue casi secreta, pues se limitó al grupo de trabajo del *Chapo*, pero en menos de una semana se había difundido como reguero de pólvora entre todos los integrantes y colaboradores del Cártel del Pacífico.

Cuando *el Padrino* supo de la recompensa que ofrecía *el Chapo* por la ejecución de sus sobrinos poco o nada hizo para evitar la confrontación directa. Estaba consciente de que las diferencias eran de carácter personal y en nada afectaban las ganancias de su organización. Después de todo, las dos facciones le redituaban amplios beneficios en las condiciones que ellas mismas habían determinado.

Sólo en una ocasión *el Padrino* llamó a las dos partes al diálogo y escuchó las razones de aquella guerra. Fue una reunión breve, en una casa de Culiacán, con Ramón Arellano y *el Chapo*, cada uno con un escolta desarmado, como era la regla del jefe del cártel. Guzmán llevó precisamente al *Fugas*.

—¿Por qué los dos están gastando tiempo y sus mejores hombres en esa confrontación? —preguntó Félix Gallardo sin mirar a ninguno de los interlocutores. Estaban sentados a una amplia mesa metálica que servía de desayunador, a mitad del jardín.

—Es una cuestión de honor —le contestó *el Chapo* sin quitarle la mirada a Ramón.

—Así mero, tío, como lo dice el chaparro —secundó Ramón en tono provocador—, esto es una cuestión de hombres.

—¿Hay algo en lo que yo pueda ayudar para evitar que se maten? —insistió el jefe del cártel, viendo ahora a Ramón.

—No —respondieron los dos al mismo tiempo.

—Señores, es todo lo que necesitaba saber —dijo *el Padrino* mientras se ponía de pie y repetía su fórmula de cortesía—. Tienen garantizada su seguridad hasta que salgan de Sinaloa. Que Dios los acompañe, aunque estoy seguro de que a alguno de los dos lo va a tener que dejar solo en algún momento.

La oferta del *Chapo* por las cabezas de los Arellano llegó a oídos del *Tigrillo*, el más chico de los hermanos, que de inmediato buscó la forma de disminuir la posibilidad de éxito de su enemigo. A pesar de su orgullo, los Arellano Félix procuraron un acercamiento con Amado Carrillo, con quien tenían sus diferencias, pero estaban dispuestos a ceder un paso para que Guzmán Loera no tomara ventaja.

Para conseguir su objetivo, no les importó acercarse con quien habían tenido roces derivados del control sobre las rutas para el tráfico de drogas a través del desierto, entre Sonora y Chihuahua. En primera instancia buscaron el cobijo del *Padrino*; le argumentaron que necesitaban acercarse a la gente de Carrillo Fuentes para evitar más fricciones que afectaran las operaciones del cártel. Félix Gallardo accedió e hizo que se reunieran para platicar sobre las dificultades que habían tenido en los últimos meses.

Todo iba bien. Carrillo Fuentes aceptó una repartición justa de caminos y veredas en el desierto, pero la negociación se vino abajo cuando Ramón propuso aniquilar al grupo del *Chapo*.

—Yo no puedo negociar la cabeza de un amigo —le dijo Carrillo Fuentes en aquella reunión, que se realizó en Casas Grandes, según se lo contó él mismo a Guzmán tiempo después.

—Se trata de dividirnos el territorio —explicó Ramón—; sólo quedaría tu grupo y el nuestro. Pero hay que quitar de en medio a la gente que nos estorba. *El Chapo* tiene que morir.

—No —dijo categórico—, yo no voy contra los de Sinaloa. Tengo mi palabra empeñada y no puedo faltar a ella. Yo soy hombre de palabra.

La reunión terminó sin ningún acuerdo. Ramón se levantó y, rencoroso como era, ni siquiera se despidió de Carrillo Fuentes, quien se quedó con la mano extendida. La alianza no se pudo concretar y, aun cuando tampoco se declaró una ruptura, las relaciones de los Arellano Félix con Amado Carrillo quedaron muy lastimadas. Lo que más pesó en *el Señor de los Cielos* fue el desaire de la despedida. Los detalles los comentaría posteriormente Carrillo Fuentes en uno de sus encuentros con el general Gutiérrez Rebollo, en el cual le pidió a éste que pusiera sobre aviso al *Chapo* "para que no lo fueran a madrugar con otra alianza malintencionada".

Al término de la entrevista con Amado Carrillo, Ramón Arellano le habría dado instrucciones al hombre de su confianza que lo acompañó al encuentro en Casas Grandes. Mientras conducía la camioneta por el solitario camino que cruza el desierto hacia Hermosillo, le dijo:

—Mire, Beto, en cuanto pueda póngale una cola al Amado y quiero que me dé cuenta dónde quedó su cuerpo.

—Así será, patrón —asintió Beto, al que apodaban *la Rana.*

El seguimiento de los movimientos de Amado Carrillo mantuvo a *la Rana* ocupado más de cinco meses, hasta que se presentó la oportunidad de ejecutarlo. Fue en la Ciudad de México, en un restaurante adonde *el Señor de los Cielos* acudió con su esposa a celebrar un aniversario de bodas. Estaban los dos departiendo cuando irrumpieron cinco personas armadas y abrieron fuego contra la pareja.

La rápida intervención del equipo de seguridad de Carrillo Fuentes evitó que el ataque fuera mortal. Tres de los sicarios de los Arellano Félix perdieron la vida en el contraataque, mientras que otros dos se daban a la fuga. Éstos fueron plenamente identificados por el propio Carrillo Fuentes, quien desde el suelo alcanzó a ver la obesa figura de cabello rizado cuando se daba vuelta para escapar.

En el atentado fue la mujer quien sufrió mayores heridas, mientras que el capo de Juárez salió ileso. Ese día ordenó una intensa cacería contra los Arellano Félix. Después de realizar algunas investigaciones, la gente de Carrillo Fuentes confirmó que *la Rana* había sido el principal ejecutor de los planes de los hermanos. Aun así Amado Carrillo tuvo la suficiente sangre fría para aceptar una entrevista con un enviado de los Arellano, quien se acercó por instrucciones de Ramón para explicar que el atentado en el restaurante no había sido ordenado por ellos; se lo atribuyeron al *Chapo*. Amado recibió al emisario en Ciudad Juárez.

—¿Y por qué debería pensar yo que el atentado fue cosa de los Arellano? —cuestionó con feroz lógica al enviado—. *El Chapo* no ha mandado a nadie para decirme que no fue él quien ordenó el ataque. ¿Por qué creo que realmente no fue *el Chapo* quien atentó contra mí?

—Es una instrucción que tengo del señor Ramón Arellano —se excusó Manuel Herrera, a quien apodaban *el Caballo*—. Mi obligación era venir a decirle que reciba los saludos de los hermanos Arellano y que cuente con nosotros para ubicar al responsable de ese atentado.

—Le agradezco mucho, Manuelito —dijo Carrillo Fuentes en tono ceremonioso—. Y coméntele a don Ramón que aprecio en todo lo que vale su atención. Que sin duda yo valoraré todo lo que pueda hacer para encontrar a los pistoleros que quisieron matarme.

—Así se lo haré saber al patrón —dijo *el Caballo*.

—Pero dígale además —insistió Amado, poniéndose de pie— que apreciaré aún más que me pudiera mandar esposados y amordazados a los dos pistoleros que quedaron vivos: quiero a Humberto Rodríguez Bañuelos, *la Rana*, y al que nombran *el Milton*, que se encargan de la plaza de Tijuana y que están a su servicio.

Aquella aseveración dejó helado al *Caballo*, sin posibilidad de seguir argumentando a favor de la inocencia de los hermanos.

—No se preocupe, Manuelito —le dijo Amado Carrillo casi al oído, mientras caminaba a su espalda—, usted no está en problemas; sus patrones son los que están en problemas conmigo. Pero no soy un hombre rencoroso, sino un hombre de negocios. Dígales que si me entregan a los pistoleros que quisieron matarme, el asunto queda olvidado.

Sin pensarlo, *el Caballo* se puso de pie y sacó el teléfono que llevaba en su chamarra. Marcó unos números y aguardó la respuesta:

—¿Don Ramón? —preguntó *el Caballo* entre serio y temeroso. Después expuso las condiciones planteadas, siempre bajo la mirada intensa de Carrillo Fuentes. *El Señor de los Cielos* trataba de adivinar por los ojos del emisario lo que le estaba diciendo aquel que contestaba desde Hermosillo.

—Quiere hablar con usted —le dijo *el Caballo*, con algo de alivio para quitarse la responsabilidad de transmitir con precisión las ideas de ambos.

—No, Manuelito —respondió Amado Carrillo—, si hablo con su patrón estoy despreciando su labor de mediador. Eso nunca lo podría hacer con una persona tan valiente como usted.

Aquella aseveración colocó al emisario en mayores aprietos.

—Don Amado insiste en su planteamiento inicial —le repitió *el Caballo* a Ramón.

Guardó silencio y asintió. Oteó con la cabeza. Se notaba casi cuadrándose ante aquella voz que estaba a muchos kilómetros de distancia. Colgó. Pasó un trago de saliva y se dirigió a su anfitrión:

—Don Amado, dice mi patrón —explicó con la voz casi quebrada— que no le pueden entregar a nadie porque el atentado no vino de nosotros.

—No se apure, Manuelito —lo tranquilizó Carrillo Fuentes—, si no me pueden entregar a los que me quisieron matarme sus razones tienen. Pero hágales saber a los señores Arellano Félix que mientras no me entreguen a esos pistoleros no podemos hablar de una alianza —dijo mientras se retiraba de aquella sala, sobre cuya chimenea parecía vigilarlos una cabeza de rinoceronte. Un escolta del capo de Juárez apresuró el paso del invitado hacia la salida.

Ésa fue la segunda y última vez que los hermanos Arellano Félix trataron de aliarse con el grupo de Amado Carrillo. La conversación la conoció íntegra y a detalle *el Chapo* en voz del general Gutiérrez Rebollo.

Las luces que centelleaban a lo largo de la Bahía de Banderas volvieron a la realidad al *Chapo*. Ahí estaba, con el primer café de la mañana en la mano, a la espera de que el general le indicara mediante una llamada telefónica el lugar donde debía encontrarse con sus enemigos para negociar una tregua que —por conocer el carácter rencoroso y violento de Ramón Arellano— él sabía de antemano fallida. Los hermanos nunca iban a llegar al acuerdo de trabajar pacíficamente mientras *el Chapo* mantuviera un estatus superior en el cártel del *Padrino*.

—Patrón —lo sacó de su letargo *el Fugas*—, nos avisan que ya están puestos los retenes. Nada entra ni sale de Vallarta sin que no lo sepamos. Nos está apoyando la gente del general.

—¿También están cubiertos los caminos rurales y las rancherías? —preguntó *el Chapo*.

—Todo, patrón —insistió el ayudante—, hasta tenemos gente que resguarda la costa. Nada se nos puede escapar.

—Muy bien, hay que estar alerta. Desayunen y manténganse preparados.

La llamada del general llegó pasadas las 10 de la mañana. Por más de cuatro horas *el Chapo* había tenido en sus manos, como acariciándolo, aquel teléfono celular en espera de la llamada. Al primer timbrazo contestó:

—Ordene, general —le dijo en tono suave y amable. Guardó silencio como siempre que atendía las llamadas del militar. En menos de 30 segundos Gutiérrez Rebollo le explicó los últimos acontecimientos en la negociación de paz entre los grupos del narcotráfico—. Ahí estaremos, como lo indica —dijo *el Chapo*, como si se hubiera quitado un gran peso de encima. Cortó la línea y se dirigió a sus siete escoltas que se mantenían expectantes.

—Muchachos —habló como si se dirigiera a un gran auditorio—: no hay reunión de tregua, pero tenemos la posibilidad de quitarnos de encima a los hermanos Arellano. Tenemos la iniciativa y la vamos a aprovechar.

El general fue muy conciso: a última hora los Arellano Félix habían decidido no sentarse a negociar, al considerar que no necesitaban al *Chapo* para sus planes de expansión. Ante ese panorama, el militar recompuso la estrategia y buscó aprovechar la presencia de Guzmán Loera en el mismo lugar donde se encontraban los jefes del Cártel de Tijuana.

Los informes de inteligencia —que eran el fuerte del general Gutiérrez Rebollo— indicaban que Ramón y Francisco Javier habían dicho que todavía se encontraban en Hermosillo, pero en realidad ya estaban en el puerto jalisciense. Esperaban que *el Chapo* se descuidara para atacarlo. Los sicarios bajo el mando de Ramón y Javier llegaron con la apariencia de turistas estadounidenses que venían a saltar en paracaídas en las playas de Vallarta. Se formó un grupo de 12 pistoleros, que se fueron sumando en excursiones procedentes de diversas partes del país; todos llevaban el pelo rubio.

La última versión que el general le filtró al *Chapo* sobre el movimiento de los Arellano en Vallarta fue que aquella noche estarían desde las 10 de la noche en la discoteca Christine. *El Chapo* tuvo todo el día y los elementos logísticos disponibles de la zona militar para organizar el ataque final, con el fin de deshacerse de aquellos que le habían jurado la muerte. A petición de Guzmán Loera, el general lo apoyó con tres unidades del ejército. Ni el general ni *el Chapo* pensaban realmente en la posibilidad de un acuerdo de paz.

El plan del *Chapo* se desarrolló con exactitud: en cuanto una informante desde la discoteca avisó que ya estaban los dos hermanos en el interior, que habían pedido vodka con hielos y que estaban acompañados por tres escoltas, *el Chapo* ordenó el ataque a la discoteca Christine. El blanco eran los cinco hombres que estaban en el segundo piso. Las instrucciones fueron bajadas a toda la tropa por *el Güero* Palma, quien fue designado como cabeza del operativo. *El Chapo* quería asegurar aquella jugada y utilizó un total de 78 efectivos.

Pasada la medianoche, cinco camionetas Suburban y tres camiones del ejército llegaron a las puertas de la discoteca. Los camiones circulaban sin matrícula y las camionetas portaban en las puertas logos con el escudo nacional. Los sicarios del Cártel de Sinaloa portaban uniformes con las insignias de la PGR. Se bajaron de los vehículos y se distribuyeron afuera del antro. Adentro, con la incursión de los primeros hombres armados, aquello se volvió un caos y provocó la alerta de los cinco hombres que estaban en una de las mesas del segundo piso. La reacción no se hizo esperar: los tres escoltas de los Arellano comenzaron a disparar sobre los hombres que iban entrando.

La Rana era el encargado de la seguridad de los hermanos Arellano Félix en ese lugar, y el oficio que tenía para no quedar atrapado en ninguna situación volvió a sacarlo adelante: no era la primera vez que iban al Christine, y desde que llegaron él ya tenía definida la ruta de escape ante una eventualidad como la que se presentaba. No era fortuito que se colocaran en la parte más alta de la discoteca: lo hicieron para estar cerca de la puerta que llevaba a la azotea y, en el último de los casos, tener acceso a los ductos del aire acondicionado, que eran una ruta segura para huir.

La intuición de *la Rana* no falló. En cuanto se escucharon las primeras detonaciones, personalmente condujo a los Arellano Félix a la salida. Los otros dos escoltas se quedaron a repeler la agresión o al menos a detener a los atacantes unos segundos y así ganar tiempo. Afuera, por la parte de atrás de la discoteca —como lo había previsto y ordenado *la Rana*—, los esperaba una camioneta lista para cualquier contingencia. *La Rana* condujo hasta el aeropuerto de Vallarta, donde utilizaron la misma avioneta en la que habían llegado para regresar a Tijuana.

Ya en el aire, Ramón y Javier hablaron por primera vez, según lo contó Rodríguez Bañuelos.

—¿Quién fue? —Ramón dejó la pregunta en el aire.

—El general era el único que sabía que estaríamos en ese lugar —dijo Javier con algo de rabia— y nos dio su palabra de que estaríamos seguros.

—Fue *el Chapo* —terció *la Rana*.

—Pero todos eran militares —insistió Javier.

—Sí, pero al frente venía *el Güero* Palma —les contó *la Rana*— y ese amigo no da un paso sin que lo autorice *el Chapo*. Deduzco que el general no quiso meterse en aprietos.

—Hijo de puta —masticó Ramón entre dientes.

Al filo de las cinco de la mañana, en la casa de seguridad, *el Güero* Palma se acercó a la mesa donde *el Chapo* estaba tomando una copa de whisky.

—Sin novedad, compadre —dijo Palma con la voz apagada.

—¿Cuántos hombres perdimos?

—Ninguno, compadre.

—¿Y los hermanos?

—Ellos perdieron a dos escoltas y a tres acompañantes.

—¿Se les pelaron o no estaban? —insistió *el Chapo*.

—No, compadre, no los encontramos —reconoció *el Güero* Palma—; más bien se pelaron por atrás.

El Chapo no dijo nada y se quedó pensativo. El operativo tenía la mayor posibilidad de éxito, pero por alguna razón no se pudo concretar. Hizo una llamada al general y le explicó que los Arellano Félix salieron huyendo.

El Fugas contó que *el Chapo* habló largamente con Gutiérrez Rebollo. Le dijo que en menos de tres horas saldría de Vallarta para Sinaloa y le pidió que diera las instrucciones necesarias a los militares que controlaban los retenes. El general debió de entender que aquella operación fallida tendría consecuencias; sabía que su credibilidad ante los hermanos Arellano se había minado y que había gastado una oportunidad de oro para deshacerse de ellos. No dijo nada e hizo como si el hecho no tuviera importancia.

Cuando los Arellano Félix, siguiendo el propio juego del general, solicitaron una nueva reunión en la ciudad de Guadalajara, *el Chapo* pensó en las posibilidades de librarse por fin de los jefes del Cártel de Tijuana. La guerra estaba declarada. La próxima vez que se encontraran sería en el estacionamiento del aeropuerto de Guadalajara.

CAPÍTULO 8

Historias para no morir

Las historias del *Fugas* sobre algunos de los pasajes más importantes de la vida del *Chapo* en libertad podían ser inverosímiles, pero a todos los presos les ayudaban a representarse la imagen del *Chapo* como el protagonista de una película. Las hazañas del sinaloense revivían la imaginación, nutrían la esperanza de todos los que nos apiñábamos en el patio en espera de una historia que nos hiciera olvidar el frío de las celdas y el olvido en el que casi todos los sentenciados se quedan conforme van descontando días a su condena. En mi caso, consideraba las narraciones más como un guión de película que como hechos históricos; después de todo, en la prisión la cordura era lo primero que se fugaba de cada famélico reo.

Cuando le pedí a *la Rana* que me contara su propia historia y por qué en aquella época terminó asesinando a Posadas Ocampo, sólo esbozó una sonrisa. Enseguida me dijo que su historia valía millones de dólares, que era muy suya y que tal vez lo acompañara cuando reposara en la tumba para no sentirse tan solo. No me dijo más y siguió sumido en su inacabable pintura, de la que de vez en cuando se alejaba dos metros para verla con distancia. Al final siempre decía que le faltaba un verde más intenso.

Un día, luchando con sus demonios personales, mientras estábamos sentados en el patio, *la Rana* me contó su historia. Estaba inspirado para hablar. No supe qué lo hizo cambiar de parecer, pero la noche anterior sufrió un ataque de asma que obligó al servicio médico a presentarse en su celda para evitar que muriera asfixiado. Creo que verse al borde de la muerte lo llevó a esa decisión. "Después de todo, ¿qué es un hombre si su historia no se recuerda con algo de cariño?", dijo para empezar.

—Mi historia —dijo— puede comenzar en cualquier lugar y en cualquier momento. Después de todo hay hechos que no cambian para nada. El mío es uno de esos: soy Humberto Rodríguez Bañuelos, mejor conocido como *la Rana*. Asesiné al cardenal y si volviera a nacer lo volvería a matar, porque hay cosas en la vida que no se pueden cambiar, sobre todo cuando uno nace destinado para ellas.

—¿Usted piensa que nació predestinado para matar al cardenal? —le pregunté, buscándole los ojos tras el cristal opaco de sus lentes.

—Sí, creo que desde que nací estuve destinado a matarlo. Eso tendría que pasar en cualquier momento de mi vida. Pudo suceder cuando los dos éramos niños o mientras yo conducía un auto y él cruzaba la calle. Como digo, hay cosas que no cambian en nada: maté al cardenal y eso es todo lo que cuenta.

Rodríguez Bañuelos hoy sigue preso y sujeto al proceso penal levantado por la muerte del cardenal Juan Jesús Posadas Ocampo en mayo de 1993. Aun cuando no lo han sentenciado por esa causa, está encerrado y contempla cómo la vida transcurre a cuentagotas entre las cuatro paredes de su celda. "La vida en el Cefereso de Occidente es muy dura, pero es más difícil pensar todos los días en la culpa que nos carcome por dentro, saber que lo hecho se queda con uno para siempre y puede ser que nos siga pesando más allá de la vida", me confió.

"Por eso le digo que para vivir como yo he vivido es suficiente este odio que cargo en las venas y sentir cómo todos los días la vida te escupe a la cara lo que has hecho, sin importar que lo hicieras porque no tenías opción.

"Aquí, en este infierno de todos los días, creo que la vida me sale debiendo si lo que quiere es que pague la muerte del cardenal. Pues a él lo maté sólo una vez y rápido, pero esta cárcel me está matando todos los días y de a poquito. Cada día que pasa se muere un pedazo de esto que un día fue *la Rana* y que tuvo tantos amigos poderosos.

"¿Cómo quiere, compita, que me sienta todos los días cuando no puedo levantarme de la cama porque me siento entumido o me duele la espalda? ¿O cómo quiere que me sienta cuando paso la noche en vela porque eso de estar orinando cada dos minutos no me deja estar tranquilo? Y ya no le digo de mi problema digestivo que se ha agudizado, ni del problema de reumatismo que tengo y que aquí me lo controlan con una aspirina antes de dormir. Ahora tengo ataques de asma.

"Aquí donde me ve, sentado en esta banca al sol, en el patio del módulo ocho, es donde trato de pasar tranquilamente los días que me quedan de vida, esperando que la muerte me llegue de forma tranquila. Porque tengo la seguridad de que no voy a salir de esta cárcel; yo aquí voy a *entregar el equipo* y sólo sabe Dios qué tanto tenga que pagar más allá de esta vida. Porque si de algo estoy seguro es de que todo se paga, sea en esta vida o en otra.

"Ya estoy viejo y me cuesta mucho trabajo subir y bajar desde el nivel donde se ubica mi estancia; sólo por eso evito ir al médico. Aunque me estoy muriendo de mis enfermedades, sólo hago solicitud de atención médica una vez al mes para no estar subiendo las escaleras; ya ve que me cuesta trabajo caminar y casi no veo... Y luego este méndigo bastón que se atora en las gradas de las escaleras; ya van tres veces que casi me caigo.

"Pero no me estoy quejando, sólo le estoy platicando. Me gusta mucho platicar, pero aquí casi no hay forma porque todos traen sus problemas bien pegados al pellejo y lo que menos quieren es escuchar a un viejo que no se arrepiente de lo que ha vivido, que está consciente de esto que le tocó afrontar y espera que pronto se acaben los dolores del cuerpo, sea con el bálsamo de los recuerdos, sea con la muerte que no llega, o con tardes de pláticas como ésta que me permite hacerle.

"Le decía que aquí todos los días está uno rumiando sus pecados, y claro que yo no soy la excepción. Todos los días me levanto tratando de que no me afecte lo que he hecho, pero antes de que pegue el salto de la cama ya estoy cayendo en el remolino de los recuerdos y en las trampas de la culpabilidad, principalmente por lo que dejé de hacer.

"Porque mi mayor arrepentimiento en esta cárcel no es por lo que he hecho, pues como se lo digo, compa, lo que hice lo iba a hacer tarde o temprano. Más bien me arrepiento de no haber hecho muchas cosas, de haber dejado para después todo lo que debí hacer en su momento, de no haber atendido esos pequeños detalles que hoy me pican en el alma."

—¿Qué cosas dejó de hacer que hoy no lo dejan vivir?

—Simplemente el hecho de no haber abrazado más a mis hijos, de no haber tenido más tiempo para ellos, de haber dedicado tanto tiempo al sucio trabajo que tenía, de no haber querido más a las mujeres que estuvieron conmigo, de no haber dado un poco más de mi tiempo y mi vida a las personas que estaban a mi lado y que en su momento me quisieron. Confieso haber hecho sufrir a las personas que más me han amado y finalmente me dejaron solo.

"Debo decirle que hoy estoy totalmente solo. No tengo visitas, nadie me viene a ver ni me escribe. Estoy, como dicen en esta cárcel, totalmente en el abandono, esperando que me llegue la muerte para ver si alguien se acuerda de mí o por lo menos que alguien diga una oración por el descanso de mi alma. Aunque la verdad sé que me voy a morir solo.

"Es cierto que aquí hay muchos compas que lo quieren y aprecian a uno; es la única familia que me queda, pero como le digo, tienen el sueño de salir de esta cárcel un día, aunque la verdad eso está muy difícil porque la mayoría de los que estamos en los módulos de sentenciados traemos en promedio de 40 a 120 años de prisión.

"Yo traigo muchos años en el papel, pero no puedo pagar más de 40, aunque la verdad, al paso que voy, se me hace que le voy a quedar a deber a la juez, porque la cárcel me está comiendo muy rápido. Bien dicen que la cárcel es muy justa. A la cárcel no se le esconde nada y ella te cobra lo que hiciste. Mire bien alrededor y va a ver que los presos inocentes no están acabados, porque la cárcel los respeta; pero los culpables, vea: se están cayendo de padecimientos.

"Mire a todos los presos: se les nota en el rostro la culpabilidad. Están todos enfermos: unos ciegos, otros con diabetes, por allá los que no pueden caminar por la artritis y la osteoporosis. Más allá están los que se están secando en vida porque simplemente no saben que están enfermos, pero no están sanos. Si son culpables, aparte de pagar con tiempo al juez deben pagar con la vida a la cárcel.

"La cárcel me está cobrando muy rápido y muy caro; me va a pasar la factura antes de tiempo, pero hay que pagar todo lo que hemos hecho. Si no alcanzamos a pagar en esta vida, pos para eso hay otra, para finiquitar los adeudos que dejamos."

—¿Pero cómo se siente usted aquí?

—Ah, qué compita. ¿Pos cómo quiere que se sienta uno en pleno olvido? Aquí uno es nada, cuando en la calle era el rey del mundo. Aquí ni siquiera nombre tenemos; sólo en el pase de lista nos dan algo de personalidad. Fuera de ese momento, somos un número para la institución. A lo más que aspiro entre los compañeros es a seguir siendo *la Rana*; ya olvídese del *Súper H* que era allá afuera. Aquí no soy nada. A veces soy *la Rana* pero casi siempre soy el preso cero ochocientos treinta.

"Lo que a veces me hace sostenerme en pie es alguna de las cartas de mi hija, la única que está pendiente de mí. Tengo varios hijos, pero sólo ella se comunica conmigo. Realmente me encuentro solo aun cuando todos los días estoy rodeado de estos presos.

"Aquí muy pocas veces se asoma la alegría. Casi nunca dan ganas de hacer nada. Todos los días andan iguales persiguiendo al día que sigue, para terminar en lo mismo: en nada. Por eso hay tanto silencio y tanta soledad. La soledad baja por las paredes y, como mancha, se va quedando pegada al cuerpo."

—¿Cuántos años lleva preso?

—Yo tengo casi 10 años en esta cárcel, y no me acabo de resignar a que tengo que pasar aquí lo que me queda de vida. Pregúntele a cualquiera, todos le van a decir eso. A usted mismo, con 20 años de sentencia, no se le ve nada tranquilo.

"Y de estos casi 10 años que llevo aquí encerrado, bajo las más terribles condiciones, le puedo asegurar, compita, que no he pasado un solo día en santa paz. Cada día llega con sus preocupaciones diarias.

Cada día hace que uno se desagarre por dentro. Cada día hace que uno se vaya muriendo en pedacitos, y eso es lo que hace verdaderamente de esto un infierno. Lo bueno es que esto es el último infierno; de aquí a la libertad o a la muerte."

—¿Por qué decidió contarme su historia?

—Porque aquí en la cárcel se va a encontrar a muchos que se dedican a llorar día y noche su desgracia. Siempre buscan a alguien para platicarle sus penas y decirse inocentes, como si eso les ayudara en algo, como si declararse inocentes en la plática de presos fuera a disminuir la pena que ya les dictó un juez. A lo mejor ellos, en su falta de hombría, se sienten bien diciéndose inocentes o que cometieron sus delitos sin saber lo que estaban haciendo, pero eso a nadie le interesa; lo único que hace es demeritar esta cárcel y a los que estamos cumpliendo como hombres las consecuencias de los actos que cometimos. Le cuento mi historia porque quiero sacármela del corazón. El silencio de tantos años me está matando lentamente.

—¿Por qué piensa que está usted en prisión?

—Yo estoy aquí porque fui sicario. Mi oficio era matar. He matado a muchos, por eso me han dado tantos años de condena. Pero la muerte que más pesa sobre mí es la del cardenal. Y pesa no porque me arrepienta, sino porque no hubo forma de escaparme de ella; es como si me hubiera seguido por muchos años hasta que terminé por matarlo.

—¿Cree que el cardenal haya sido un hombre santo?

—Yo no creo en la santidad de los hombres, porque santo sólo es el Padre que nos ve y nos cuida desde el cielo, pero algo comenzó a pasarme después de la muerte de Posadas. Como que me fue faltando algo y todo se me fue haciendo como un sueño. Le perdí el gusto a la vida y a pesar de tener todos los placeres a mi alcance siempre deseaba algo distinto a lo que tenía.

"Estoy seguro de que el cardenal Posadas no era un hombre santo. ¡Claro que no! Era tan pecador y tan humano como usted y como yo, como cualquier otro de los que haya usted conocido en cualquier lugar. Yo más bien pienso que esa paz que me abandonó con la muerte de Juan Jesús Posadas fue porque me había negado tanto tiempo y tantas veces a matarlo. Como que fue un castigo de Dios por no haber cumplido a tiempo con el designio que me había hecho desde el momento en que nací.

"Mire, usted vea al *Tiroloco* (José Antonio Malcom Faraoni) o al *Roque* (Rodrigo Villegas Bon) y los encontrará como si nada, metidos en su mundo. Para ellos no pasa nada, no han tomado conciencia de lo que han hecho. Para ellos el asesinato del cardenal ha sido uno más; no les afecta en nada el homicidio porque simplemente no piensan. Está mal que lo diga, pero son como animalitos. Le voy a contar una anécdota para que se dé una idea de lo que le estoy hablando. En una ocasión, a medianoche, *el Roque* me llamó desde su celda.

"—¡Don H, don H! ¿Está usted despierto? —decía, hasta que el compita *Güero* que vive en mi celda me dijo que me estaba hablando.

"—A sus órdenes, *Roque* —le contesté medio aturdido—, ¿qué se le ofrece?

"—Necesito platicar con usted —soltó con una voz agitada y algo desesperado—; necesito que me aconseje.

"—Claro que sí, *Roque*, mañana que salgamos al patio nos sentamos para hablar sobre lo que usted quiera. Mientras, trate de dormir.

"—Gracias, don H —me dijo, y se volvió a quedar dormido.

"Ya no pude dormir, tratando de adivinar de qué necesitaba hablar *el Roque* conmigo, ya que fue el más insubordinado del grupo de sicarios que comandé. Hacía mucho tiempo que no se acercaba a mí a pesar de tener más de ocho años encerrados en el mismo módulo. Al otro día, cuando nos sacaron al patio, me senté y esperé al *Roque*, quien llegó justo unos pasos detrás de mí con una actitud un poco sospechosa. En su cara se veía que no había dormido bien la noche anterior.

"—¿Qué te traes, *Roque*?, ¿por qué tanta angustia en tu cara? ¿De qué se trata? —le pregunté, un poco para calmarme yo, porque nunca había visto tan inestable al muchacho.

"—¿Es cierto lo que me contó una de las enfermeras? ¿Nos van a reducir la visita familiar a una hora cada mes y en la comida nos van a restringir las tortillas porque llevamos una vida placentera?

"Ya no escuché lo que siguió diciendo. Contuve el coraje para no golpearlo en la cara. Me estaba pidiendo que lo orientara sobre la forma de interponer un amparo para evitar que le dieran menos tortillas en la comida y que le quitaran sus cuatro horas de visita familiar cada 13 días.

"¿Entiende lo que quiero decir? La mayoría de los presos de esta cárcel están metidos en su mundo, pensando a veces en la cotidianidad, sin darle mayor importancia a lo fundamental que tiene el hombre, que es la trascendencia sobre sus propios actos. El hombre debe llegar más allá de sus cosas, por eso le digo que mi historia puede comenzar en cualquier momento y en cualquier lugar, lo importante es que yo sigo siendo *la Rana*.

"¿Qué piensan las otras personas que vienen en mi proceso? La verdad, no sé. De algunos ni siquiera conozco su nombre completo, sólo sus alias. No he vuelto a saber de ellos, salvo en aquellas ocasiones en que el abogado de mi caso me platicaba un incidente. No sé qué piensan ellos de los actos que hoy los tienen en la cárcel."

En el proceso por el homicidio del cardenal también estaban implicados *el Chapito* (Santiago Nieblas Rivera), *el Lichi* (Ulises Murillo Mariscal), *el TH* (Manuel Alberto Rodríguez Rivera), *el Puma* (Juan Enrique Váscone Hernández) y *el Ingeniero* (Isaías Mar Hernández). La mayoría no se conocieron hasta que formaron parte del grupo de sicarios de Humberto Rodríguez Bañuelos. Todos eran miembros de la pandilla del Barrio Logan, de San Diego, California. A casi todos los detuvieron mucho tiempo antes que a *la Rana*, y los procesaron y sentenciaron en forma distinta. Cuando Rodríguez Bañuelos fue llevado a Puente Grande, ya todos ellos estaban ahí con sentencias en firme por el magnicidio.

—A la mayoría de ellos no los he vuelto a ver —continuó *la Rana*—; sólo sé de ellos lo que me llegaba a platicar el abogado que llevaba mi defensa. Aquí en Puente Grande sólo veo al *Roque* y al *Tiroloco*; sólo nos saludamos y muy pocas veces nos sentamos a platicar... Es que no hay nada que tengamos en común, salvo los crímenes que hicimos juntos; pero como le digo, ni siquiera tenemos la misma conciencia de los hechos y eso nos separa cada día más.

Lo que decía *la Rana* era verdad: en el módulo de sentenciados nunca mantenía comunicación con quienes fueron sus pistoleros. A veces con *el Tiroloco* y *el Roque* sólo se saludaban de lejos por la mañana. A veces alguno de los dos se acercaba a *la Rana* en la clase de pintura, sólo para pedirle un óleo que se le había terminado o un pincel. Nunca hablaban de cosas importantes. Ellos estaban en su mundo, viviendo su cárcel como Dios les daba a entender, en tanto que *la Rana* estaba masticando sus problemas.

—¿Cómo es un día para usted? —pregunté, conociendo de antemano la respuesta. Lo hice porque eso era parte de mi fuga imaginaria. No quería conformarme con ser un preso; necesitaba sentirme reportero incluso en la prisión.

—¡Uy, compita, qué pregunta más pendeja me hace! Como si usted no lo supiera. Un día aquí es igual que todos los que vienen y muy parecido a los que pasaron, con la diferencia de que cada uno es más complicado que el anterior. Cada día trae sus propias complicaciones; todo depende del ánimo con el que amanezcan los celadores.

"Verá, el día para mí comienza antes de las cinco de la mañana. Aun cuando el pase de lista llega puntualmente a las seis, yo estoy en pie desde 15 minutos antes de las cinco. Con calma me aseo y lavo mi ropa interior. Normalmente a las cinco levanto a los dos compañeros que viven en mi celda. Entre los tres hacemos la limpieza, comenzando por el tendido de las camas hasta terminar con una lavada a fondo del escusado.

"Ya con el aseo hecho, y una vez que ha pasado la lista, me pongo a escribir. Llevo una especie de diario en el que voy consignando los pormenores de lo que sucede en la cárcel. Pienso que si no hubiera sido sicario, tal vez habría sido periodista. ¿Se ha fijado que los sicarios tenemos mucho parecido con los periodistas? Es que los dos vivimos y ganamos más fama con las desgracias de otros, y cuando nos decidimos hacemos el mismo daño terrible: lo mismo mata la pluma que un *cuerno de chivo*. No me lo tome a mal, pero por algo está usted en la cárcel.

"Después de que pasa la lista comienzo a hacer las anotaciones del día anterior. Me sirve como ejercicio para mantener activa la memoria y recordar paso a paso lo que hice y cuáles fueron las cosas más importantes del día. Y todo lo que recuerdo de un día antes comienzo a escribirlo en mi libreta. El otro día el compañero Montes se burló de mí porque leyó la anotación que hice sobre el clima: llovió con sol y comenzó a hacer calor. A él le dio risa, pero para alguien puede ser importante ese dato si llega a leerlo en 10 o 100 años.

"Una vez que lleno mis libretas de anotaciones, hago la solicitud a la oficina de Trabajo Social para que me permita sacarlas y entregarlas a mi hija. Ya le han dado varias docenas. De algo han de servir para dar testimonio de lo que he vivido. Tal vez sirvan para completar mis memorias o terminen siendo comidas por los ratones, pero eso ya no importa.

"Aunque aquí todos los días son iguales, con sus preocupaciones, yo trato de hacerlos diferentes; busco la forma de escaparme a la rutina: evito caminar por la misma banqueta del patio que pisé el día anterior, trato de sentarme en una banca distinta al momento de platicar con mis amigos, a veces como con la mano izquierda; hasta me he puesto los zapatos al revés... Y eso es en serio, aunque se burle y se me quede viendo a los zapatos; hoy sí me los puse bien.

"Después de hacer mis apuntes del día anterior, invariablemente me comienzo a prepararme para el baño, que aquí nos programan antes del desayuno. Los días que nos programan actividades deportivas autorizan el baño hasta las seis de la tarde. Y cuando esto sucede me doy un *baño de vaquero* o, como dicen aquí, un *baño de avión*: se lava uno sólo las alas y la cola."

En efecto, el área de sentenciados tiene un régimen menos estricto que la zona de procesados y el Centro de Observación y Clasificación (COC). Cuando no hay deporte se autoriza que los presos se bañen antes de ir al desayuno. A las siete de la mañana se da la orden para salir hacia las regaderas. Si el oficial de turno es accesible, permite que cada preso permanezca en la ducha por 10 minutos, pero otros sólo conceden dos minutos.

Rodríguez Bañuelos siempre fue un reo muy disciplinado, por lo que algunos oficiales le tenían cierta consideración. Cuando salíamos de la celda hacia el comedor para desayunar, teníamos que ir formados, rápido y en silencio, pero a *la Rana* lo dejaban marchar fuera de la fila. Ya había sucedido algunas veces que el tropel lo arrollaba porque usaba un bastón, no veía bien y sus pasos eran torpes. El mayor riesgo que encaraba era descender los dos niveles de escaleras, donde ya habían perdido la vida algunos presos.

—¿Qué le parece la comida?

—Está muy pinche, no tiene sal ni sabor. A veces nada más sabe a carne podrida. Muy pocas veces está limpia. Pero ni modo, a todo le entra uno con esta hambre. Es muy poca la comida que nos dan. Y eso que yo como muy poco porque tengo un problema digestivo. Antes de que me detuvieran, tratando de cambiar mi apariencia, me hice algunas cirugías de rostro y estómago: me hice un *bypass*, me recorté el estómago y por esa razón como poco pero muy seguido.

"Aquí nos dan los tres alimentos: el desayuno antes de las ocho de la mañana, la comida a la una de la tarde y la cena a las siete de la noche. Todo puntualmente. Si tenemos suerte la comida llega caliente, y si no, pos hay que entrarle a los frijoles gelatinizados y al té de canela que parece agua fresca. Se trata de estar chingando con uno. Se trata de que no te dejen vivir tranquilo y de hacerte la estancia en esta cárcel lo más difícil y pesado que se pueda... Ése es el objeto de la cárcel, ¿a poco no, compita?"

Cuando *la Rana* se decidía a hablar, lo hacía en serio. Sus monólogos eran inagotables. Siempre se iba colgando de una idea para saltar a otra y a otra hasta terminar en algún extremo lejano de la conversación. Algunos presos decían que mareaba con su plática, por las vueltas que le hacía dar al supuesto interlocutor. En realidad nunca dejaba hablar al otro. Era disperso tanto en sus ideas como en sus pláticas, por eso había que estarlo llevando de nuevo al hilo de la conversación.

—Ah… sí, es cierto. Le estaba platicando mi historia; lo que pasa es que en esta cárcel uno va perdiendo la poca lucidez con la que llega. Vea usted a todos lados y verá que no hay personas, sólo muertos vivientes que deambulan por el patio y que en su celda se la pasan sumidos en sus pensamientos. Cada uno de los que están aquí llegó siendo el más cabrón, el más temido, y ahora véalos: con los pensamientos hechos marañas y sin orden lógico en sus conversaciones. Es el rigor de la prisión, por eso usted me ha de comprender.

"A veces yo también pienso que estoy enloqueciendo. Hay días que me da el *carcelazo*. Esos días se me quedan pegados en la cabeza, como una película vieja que va pasando cuadro a cuadro. Me llegan de golpe los recuerdos de la muerte del cardenal: desde el momento en que me dieron la orden, la vez que lo conocí por pura coincidencia, las tres veces que me negué a matarlo, la ocasión que me mandaron matarlo a la de ya y la última vez que lo vi, cuando expiraba su último aliento; cuando pude observar entre el humo de la metralleta cómo su mirada se iba perdiendo a lo lejos, a lo alto, como buscando a Dios. No se me olvida su mirada."

Tuve la oportunidad de platicar con otros asesinos. Casi todos concluían que lo más difícil "en el arte de matar es ver a los ojos de las víctimas". Así lo dijo Carlos Rosales, *el Tísico*, fundador del crimen organizado en Michoacán. Por eso todos los sicarios miran a otro lado cuando van a matar, al menos no a los ojos. Por eso se los vendan a la mayoría de los ejecutados, no como una cortesía sino para que el ejecutor no viva con remordimientos. Una vez Carlos Rosales me confesó que la mirada de un muerto se puede quedar clavada para toda la vida. El propio Rodríguez Bañuelos coincidió cuando dijo que el sentimiento que le dejó la muerte del cardenal lo tenía pegado a él todos los días. "Sería porque al momento de matarlo le sostuve la mirada y vi cómo se le fue apagando el brillo de sus ojos con cada balazo que le asesté", me dijo.

—Yo he matado a muchos, pero nunca lo había hecho con esa mezcla de coraje y gozo. Me pagaron por su muerte, pero lo hubiera hecho contento sólo por el gusto de matarlo. Como le decía, si él volviera a nacer lo volvería a matar, primero porque ya estaba destinado que yo le quitara la vida, y segundo porque hizo cosas que ni con la muerte puede pagar. Por eso cuando lo vi muerto me sentí descansado.

Aunque *la Rana* estaba plenamente convencido de que no hay forma de escapar al destino marcado por la mano de Dios, contó que la vez que le encargaron la muerte del cardenal él se rehusó. Era un encargo difícil y estaba convencido de que sería el último que realizaría en toda su vida. Ya conocía a Juan Jesús Posadas Ocampo, pero antes de la encomienda formal de su muerte no sabía que fuera un ministro de la Iglesia católica.

Me contó casi al oído la forma en que se dieron los hechos. Parecía temer que sus palabras se las llevara el aire. Como todos los presos cuando contaban sus historias en el patio, volteaba a todos lados, temeroso de que aquella confesión fuera a caer en oídos que no eran los designados. No sabía quién de los dos estaba con el corazón más a galope, si yo por desentrañar aquella historia de viva voz del protagonista de uno de los pasajes criminales más importantes del país, o él por contarle a alguien que no era agente del Ministerio Público lo que había conservado en secreto.

—Un día recibí una llamada en mi celular —dijo en tono casi inaudible—. Ahí fue donde me dieron la orden:

"—*¿Ranita?* —me habló aquella voz con mucha animosidad, con el típico acento chilango—, ¿dónde anda el amigo?

"—A la orden, comandante —le contesté, sabiendo que su llamada era para encargarme una ejecución—. Ando acá por las bellas tierras de Michoacán. Déjese caer la greña y nos vamos de reventón a la costa…

"—No —me cortó la frase el otro, con tono de preocupación—, fíjese que tengo mucho trabajo y ya sabe usted cómo es el general cuando se le pega algo en la cabeza. Sólo le llamo para encargarle un asuntito.

"—Usted me dirá.

"—Sí. Es ahí cerquita. Necesito que vaya a Guadalajara y ahí espere nuevas instrucciones —me explicó, ya calmada, aquella voz.

"—Ya sabe, comandante, usted diga *Rana* y yo salto… —festejé la broma con una carcajada que no compartió el del otro lado de la línea. Era mi frase favorita.

"—Sí. Vaya para allá y le estoy hablando en unos dos días más. Mientras, vaya juntando a la gente porque necesitamos asegurar el objetivo.

"—¿Entonces no es un trabajo para mí solo? —pregunté, como para calibrar la magnitud del encargo.

"—No. El general quiere asegurar el objetivo. Va usted a necesitar un grupo de apoyo. Tiene dos días para organizar a la gente.

"—Como usted diga, comandante —le contesté entre molesto y desconcertado. Nunca me habían encomendado un asunto con la recomendación de usar un grupo de apoyo. Eso lo decidía yo, valorando el riesgo de garantizar eficiencia al cien por ciento—. Espero la llamada y quedo pendiente."

El general para el que trabajaba *la Rana* como sicario, cuyo nombre nunca quiso revelar, era muy estricto. Le gustaba la seguridad total en cada uno de los trabajos que le encargaba. Pero ésa fue la única vez en que le sugirió llevar un equipo de apoyo, una decisión que Rodríguez Bañuelos nunca compartió, aunque en esos años de encierro llegó a entenderla. Pudo descifrar pacientemente cómo funcionaba la cabeza de aquel hombre. Después de la llamada, contó, comenzó a moverse sigilosamente, con el fin de no dejar ni un cabo suelto.

—Me fui a Guadalajara y ahí estuve masticando las instrucciones que se me dieron. Ese diálogo, el de la llamada, lo recuerdo todos los días. Son de esas cosas que no se te van nunca de la cabeza, que todo el día están contigo, hagas lo que hagas; en el baño, en el comedor, caminando por el patio, en silencio en la celda. Es el último pensamiento antes de dormir y el primero por la mañana.

La Rana decía que conocía al general y sabía que era exigente. Por la forma en que se le hizo el encargo pudo entender que se trataba de uno muy especial y requería pulcritud milimétrica para que "el viejo" quedara contento y no fuera a reclamarle falta de profesionalismo.

—¿No le he dicho cómo era cuando él se enojaba? Era cabrón con mayúsculas. No tenía madre el viejo para eso de la venganza y el desquite. Una vez, allá por Sonora, lo vi enterrar vivos a tres cabrones que se le andaban pelando con un dinero. Eran un teniente, un sargento y un elemento tropa que le quisieron robar la nómina de toda la partida.

"En esas fechas yo tenía algo de control en la región, porque era el responsable de las acciones de la policía judicial de Sinaloa, cerca de los límites con el estado de Sonora. Ya el general me había conectado y yo le estaba haciendo algunos trabajos de información sobre movimientos del Cártel de Sinaloa en esa región.

"Aquella vez —explicó *la Rana*— el general había encargado a uno de sus tenientes que pasara a recoger el pago de la nómina de toda la gente que estaba trabajando en Chihuahua y Sonora. Ese pago lo hacía puntualmente *el Señor de los Cielos* cada día 20 del mes. El único inconveniente era que el general tenía que desplazar a su personal para recoger el pago donde indicara el contacto que tenía con Amado Carrillo Fuentes."

Una tarde, *la Rana* escuchó al mando militar cuando hablaba por el teléfono móvil, mientras él esperaba sus instrucciones para otro trabajo:

"—Cómo me dice eso, don Amado. Creo que estamos entre caballeros; si usted afirma que mi gente salió de allá desde ayer, es porque así es. Yo voy a seguir esperando a que mis muchachos se reporten. ¡Dispense la molestia!

"Apenas colgó, el coraje comenzó a notársele en los ojos. Con las venas de las sienes hinchadas, parecía que iba a estallarle aquella cabeza redonda y calva tras los grandes lentes negros. Dejó el teléfono sobre la mesa en la que yo esperaba pacientemente y salió hasta el quicio de la puerta para gritar al guardia que siempre esperaba ahí, a veces en funciones de escolta y en otras de mensajero:

"—Oficial, dígale al mayor que me ubique en forma inmediata al teniente Soto y me lo traiga de los güevos.

"Regresé con el general a los tres días para darle mi parte informativo sobre el trabajo, que era ubicar el paso de un cargamento de droga que bajaría de la sierra de Sinaloa con destino a Nogales. Le di el informe en la misma mesita en la que hacía tres días había observado su arrebato de ira. Muy conforme con los datos aportados, tras pagarme la información, el general me pidió que lo acompañara.

"Me invitó a subir a la camioneta Suburban que él mismo conducía y enfiló desde aquella base militar en Santa Ana, Sonora, hacia el desierto, con dirección a Magdalena de Kino. Después de 30 minutos de circular por una vereda, hizo alto. Llegamos a un paraje donde ya lo esperaban tres camionetas militares.

"—General —se le cuadró un teniente de la policía militar, apenas descendimos—, el paquete está en la camioneta. Sólo estamos esperando sus instrucciones para proceder.

"—Adelante, teniente —respondió el general mientras se llevaba la mano derecha a la frente en actitud de saludo—; baje a los cabrones, quiero ver qué dicen a su favor —dijo, mientras con paso lento y las manos enlazadas por detrás se dirigía hacia mí—. Venga *Ranita*, le quiero mostrar cómo se trata aquí a los que me traicionan.

"En aquel sitio alumbrado sólo por los faros de las camionetas, en pleno desierto, unos seis policías militares comenzaron a cavar tres tumbas. El silencio sólo era interrumpido por el jadeo de los que paleaban la tierra y el zumbido de la palas contra la arena.

"—Dígame, teniente —se dirigió el general a Soto—, ¿qué pasó, a dónde iba con mi dinero?

"—General, déjeme explicarle —lloriqueaba el teniente, atado de manos y pies, tirado en el piso como un cerdo en el matadero—, se me hizo fácil invitarle una copa y unas viejas a los muchachos apenas habíamos salido de Casas Grandes y se nos pasó el tiempo...

"—¿Y por eso cuando los encontraron iban para Tamaulipas?

"—No, mi general, íbamos a Tamaulipas en punto de borrachera. Cosa de borrachos. Nunca tuvimos la intención de robarnos su dinero.

"El general se dio la media vuelta y no volvió a hablar pese a los gritos de misericordia de los tres que estaban amarrados en el piso. Se acercó a su camioneta y desde ahí observó cómo cada uno era colocado en su tumba, mientras tres policías comenzaban a sepultarlos vivos. Me tomó del brazo y me llevó a la puerta de la camioneta, a la par que caballerosamente la abría:

"—Ya vio a esos tres pobres pendejos, *Ranita*. A mí me duele más, pero es la disciplina que se debe imponer para que las cosas salgan bien. Yo aquí les digo que el único seguro de vida que tienen es hacer las cosas exactamente como yo mando.

"No volvimos a hablar en el trayecto al cuartel. En mi cabeza se quedó grabada la imagen de los tres ejecutados revolcándose en sus tumbas, mientras el general comenzó a silbar por lo bajo una canción que sólo él sabía cuál era. Esa tonada todavía me llega a despertar en las noches."

Por eso a *la Rana*, cada vez que el general le hablaba o le enviaba instrucciones a través de su gente para realizar alguna tarea, no se le quitaban de la cabeza los gritos de aquellos tres que se fueron apagando en la arena del desierto de Sonora. Tomaba muy en serio los trabajos que le encargaba, "en parte por mi reputación profesional y en parte por mi propia seguridad. Porque hasta para ser sicario hay que tener reputación".

Contó que apenas recibió la llamada y supo que el general lo quería en Guadalajara para estar atento a su encargo, él salió rápidamente hacia allá.

En Morelia tenía su casa y negocios que le permitían vivir sin complicaciones. "Vivía como una persona decente, al margen de mis malandrinadas y mis fechorías —decía al respecto—. En Morelia yo era una persona respetada y llevaba una vida decente, con esposa e hijos. Por eso decidí que tendría que utilizar a algunos de los muchachos más efectivos de los que conocía. Y yo no he conocido muchachos más efectivos para una operación de esa naturaleza, de matar y correr, que los del Barrio Logan, del sur de San Diego, donde tenía mis contactos."

Desde hacía más de 10 años, antes del asesinato del cardenal Posadas, *la Rana* frecuentaba la ciudad de San Diego por diversión y para hacer negocios. Decía que esa ciudad le servía de refugio cuando tenía que esconderse de las autoridades mexicanas. Siempre pensó en San Diego como el preferido de sus devociones, "porque siempre me brindaba el consuelo que yo más necesitaba y me daba esa paz y tranquilidad que a veces busca uno para sentirse vivo de nueva cuenta".

—No sé si le pase a usted, compita, pero a mí me sucede que a veces el alma se me va llenando como de maldad y llega un punto en el que ya no puedo hacer nada porque tengo el cuerpo lleno de odio y rencor.

En esos momentos buscaba un refugio: lo sólo encontraba en la ciudad de San Diego, donde aseguraba que se sentía descansado de todo el odio y la maldad que lo carcomían. Después de ese descanso volvía a sentir —como si fuera una corriente eléctrica que le recorría todo el cuerpo— todo su resentimiento y podía cumplir con mayor prontitud una ejecución o cualquier otra orden. "No, compita, no estoy hablando de drogas, estoy hablando de emociones que se van acumulando en el cuerpo."

—Pero le decía que me gustaba ir a San Diego; ése era mi paraíso. Ahí me desintoxicaba de todos los sentimientos que se me iban acumulando. Ahí se me iban olvidando en unos cuantos días los sufrimientos y el sabor amargo en la garganta que me quedaba después de cada asesinato. Ahí me serenaba para pensar mejor en los encargos que me hacían. Por eso aquel día que salí de Morelia tras recibir la llamada del general, ni siquiera dudé en ir a refugiarme aunque fueran dos o tres días a San Diego, donde también debería encontrar a unos muchachos que me ayudaran.

—¿Qué fue lo primero que se le vino a la mente cuando supo que el general sugería el apoyo de un grupo de sicarios?

—Pensé que me mandaban a matar al presidente de la República. Por la cabeza de todos los narcos siempre ha pasado matar al presidente, pero nadie lo hace, no por falta de valor sino porque no encuentran al hombre adecuado para ese encargo. Todos quieren una operación limpia y sin complicaciones. Yo estaba seguro de que yo era el hombre que bien pudo haber matado a un presidente de la República, pero nunca me lo pidió nadie. Lo habría hecho con gusto:

mejor pasar a la historia como el que mató a un presidente y no como el que mató a un cardenal.

"Después de la llamada del general me fui a Tijuana y de ahí, como lo acostumbraba, a pie crucé la línea y me dirigí a San Diego. Nunca me gustó cruzar la frontera en vehículo; no sé a qué se deba, tal vez al recuerdo que guardé en mi memoria de la única vez que vi a mi padre cruzar la frontera, a muy temprana edad. Él iba por unas refacciones para la máquina de tortillas que teníamos en el rancho y alguien le consiguió un pase para San Diego. Lo acompañamos mi hermano Carlos y yo. Nos dejó esperándolo todo un día donde comienza la línea fronteriza, hasta que lo vimos regresar por la tarde, contento, con un envoltorio donde traía varios pedazos de fierro que se necesitaban para hacer funcionar la única máquina de tortillas en el pueblo. Después, cada vez que yo cruzaba la frontera hacia San Diego, de alguna forma evocaba la presencia de mi padre a mi lado cruzando a pie.

"En San Diego ubiqué al *Boricua*, mi contacto, para explicarle que necesitaba con urgencia por lo menos a cinco muchachos que pudieran viajar a Guadalajara para ayudarme a realizar un trabajo. Él sabía bien mis exigencias sobre la gente que le pedía: sin antecedentes penales en México, jóvenes, capaces de correr, y sobre todo con inteligencia y valor para soportar interrogatorios de la policía mexicana. Este último requisito podía ser omitido, dado que nunca fui afecto a dar detalles de mis operaciones. Explicaba a los muchachos lo que debían hacer y eso era todo; no necesitaban saber más.

"En menos de 24 horas había reunido a mi equipo de trabajo para la encomienda de la que no conocía ningún detalle. Con algunos de los muchachos que me mandó *el Boricua* ya había trabajado en otras ocasiones, principalmente en la frontera de Tijuana. Eran encargos que se debían hacer con el mayor de los sigilos, sin que se enteraran los hermanos Arellano Félix, y por lo mismo se hacían con gente que no pertenecía al Cártel de Tijuana. En eso radicaba la importancia del Barrio Logan, un semillero de sicarios al mejor postor.

"El primer trato formal de venta de droga a gran escala que tuve con el Barrio Logan fue por encargo del general. Yo había utilizado algunos contactos de las pandillas de ese barrio para colocar mercancía que lograba decomisar como policía. Siempre en cantidades menores a un kilogramo y creyendo invariablemente que todo se hacía en completo secreto. Había subestimado la capacidad de inteligencia del ejército.

"Fue el mero día de mi santo. El general me hizo llegar como presente varios miles de dólares. Me los mandó con un oficial de su confianza en cuestiones de dinero: el teniente Soto, a quien después vi cómo enterraron vivo en un paraje del desierto. Llegó hasta las oficinas de la policía de Culiacán y, viendo para todos lados, se dirigió a mí:

"—Comandante —habló quitándose los lentes de sol que traía—, aquí le manda mi general —dijo estirándome un fajo de billetes estadounidenses—. Es para que se vaya a celebrar hoy en la noche y festeje su santo. Mi general está muy contento por su apoyo.

"—Me da gusto saludarlo, teniente —le dije mientras recibía el fajo de billetes—. Dígale a mi general que el contento con servirle soy yo. Y coméntele que le agradezco el presente.

"—Yo se lo comentaré, comandante —agregó el militar—, pero antes debo también entregarle este paquete que mi general quiere que usted vaya a colocar a San Diego…

"—¿Y qué es? —pregunté, nervioso.

"—Son 12 kilitos de coca —explicó el militar— y mi general necesita el efectivo mañana en la tarde para cubrir unos pagos al personal.

"Cuando recibí el paquete en mis manos, el primer pensamiento fue colocarlo con algunos de mis conocidos dentro del cártel del *Chapo*, de los Arellano Félix o Amado Carrillo, diciéndoles que era una carga incautada por mi comandancia a un burro que iba solo por el desierto. No creí tener mayor problema para que me compraran aquellos 12 kilos de cocaína. Pero me dejó helado el colofón del teniente:

"—Pero mi general no quiere que lo vaya a colocar entre sus conocidos, porque precisamente de ellos viene esa mercancía. Es por seguridad de usted mismo.

"—¿Y dónde entonces piensa mi general que voy a vender esto?

"—Usted es un hombre inteligente, comandante —se acercó tanto que pude oler su fétido aliento—; no necesita que uno le diga lo que sabe hacer perfectamente. ¿O ya no tiene contactos en San Diego?

La Rana contó que, sin decir más, el teniente Soto se alejó. Dejó sobre su escritorio un paquete envuelto en cinta canela, con un sello de alacrán en tinta roja. Desde la entrada de la oficina el envoltorio parecía la cuna de un niño recién nacido o el féretro de uno de esos niños que se mueren de hambre y frío en la sierra, y que a *la Rana* como policía judicial frecuentemente le tocaba bajar a Culiacán para los trámites ante el Ministerio Público. De la misma forma que aquellos niños recién nacidos o muertos, aquella carga le causaba escozor, primero por saber que había sido descubierta su relación con el Barrio Logan, que suponía secreta, y segundo por el riesgo que representaba el paso de tanta droga a Estados Unidos.

—Yo estaba acostumbrado —dijo— a pasar droga hacia San Diego, sin ninguna alteración emocional. Desde Tijuana, lo hacía sin mayor problema introduciendo el polvo en la suela de mis botas, las que había acondicionado con un zapatero de mi confianza, de tal forma que se podía desmontar la suela. Ésta siempre estaba repleta con más de 250 gramos de droga, cantidad suficiente para hacer un buen trato con mis conocidos en el sur de San Diego.

"Mi primer contacto, y uno de los más confiables en esa ciudad, era *el Boricua*, un puertorriqueño que quizá tenía unos 21 años cuando lo conocí. Medía por ahí de dos metros de estatura. Había llegado a Estados Unidos con la intención de enrolarse en la Universidad de San Diego, aprovechando su potencial para jugar basquetbol, pero de alguna forma terminó en las calles del sur, negociando con los latinos que se acercaban a comprar drogas. Al *Boricua* yo le vendía las cargas de droga que lograba incautar en Sinaloa, lo que también me servía para hacer mis reportes y demostrar que era un eficiente policía. Por lo general sólo incautaba cocaína y entregaba al agente del Ministerio Público una mezcla de bicarbonato de sodio revuelto con harina, para cumplir con la obligación oficial de la incineración.

"Aquel paquete de droga que me miraba desde el oscuro rincón donde estaba mi escritorio me preocupaba, no sólo por tener que buscar la forma en que debería pasar la droga hacia San Diego, sino porque aquel sello significaba que en algún momento había sido propiedad del cártel del *Chapo*, y que ahora, en mi poder, se podía prestar a muchas complicaciones. Contacté al *Boricua* y le propuse la venta.

"—Son 12 kilos que vienen desde Colombia —le expliqué rápidamente por teléfono—. La propuesta es que tú vengas por ellos a Tijuana y te cobro solamente 11 kilos.

"—Me gusta la idea —dijo con plena confianza—. Ahí estaré el martes, donde siempre."

La Rana era muy cauto en sus movimientos. Contó que había acondicionado un local en el mercado municipal de Tijuana, donde hacía algunos tratos relacionados con la comercialización de drogas. Ahí mismo recibía algunas armas que compraba a los del Barrio Logan, mismas que después colocaba con la gente del Cártel de Tijuana y el del *Chapo*, que siempre necesitaba equipo para trabajar en óptimas condiciones de seguridad. Fue en ese mercado donde uno de los muchachos del Logan que le suministraba el parque, *el Tiroloco*, le corrió la información de que había un segundo comprador de armas en el área de Tijuana.

El otro comprador, que ya tenía conexión con una pandilla de San Diego, era un hombre de negocios —de cuello blanco, decían ellos— que introducía armamento en cantidades industriales hacia el sur de México. *El Tío* le decían a aquel hombre, que *el Tiroloco* describió con la apariencia de un catedrático. Era alto, robusto, de tez blanca, le bailaba la papada al momento de hacer negocios y tenía la manía de hablar siempre con las manos reposando sobre su pecho.

Hasta aquel mercado llegó puntual *el Boricua* y *la Rana* le entregó el cargamento, entre aliviado y nervioso "porque uno nunca se acostumbra a hacer una entrega de drogas". Le pagó puntualmente y se despidieron. *La Rana* miró cómo su larguirucho agente de ventas se perdió entre aquel mar de gente del mediodía, en su mayoría aspirantes a emigrantes que acuden a comerse un caldo de pollo antes de intentar dar el brinco hacia el norte.

Explicó *la Rana* que, realizada la venta, se regresó a Culiacán e hizo contacto con el que le había encargado ese trabajo.

"—Mi general, la misión se cumplió y aquí tengo su dinero; mande a que lo recojan.

"—Muchas gracias, *Ranita* —le dijo con aquella voz, que más parecía la de un abuelo hablándole a su nieto, que la de un militar haciendo negocios de narcotráfico—, por ahí estará el teniente Soto para que le entregue ese encargo.

"—Cuando usted guste mandar, mi general, yo estoy para servirle.

"Ésa fue la primera ocasión en que el general utilizó mi relación con las pandillas del Barrio Logan y eso me ganó una posición de relativo respeto con el militar, sobre todo porque él necesitaba mis nexos con aquellas bandas cuando se requerían sicarios eficaces", recordaba Rodríguez Bañuelos.

Contó que en una ocasión el general le solicitó la presencia de 10 pistoleros del Barrio Logan para que se apersonaran frente a las instalaciones de la partida militar en Santa Ana, Sonora. La contratación fue efectiva y rápida, como siempre. *El Boricua* —que se encargaba de contratar a los sicarios— cumplió las especificaciones establecidas por el general: que nueve midieran casi dos metros y sólo uno de ellos midiera aproximadamente 1.50.

—Necesito destacar ese pequeño detalle de la estatura —le dijo el general en su momento.

La operación se llevó a cabo sin contratiempos. En el ataque al cuartel militar en la pequeña población de Santa Ana perdieron la vida los dos soldados que hacían guardia en las puertas. Los 18 efectivos que fueron sorprendidos casi entrada la madrugada apenas pudieron repeler la agresión y declarar ante el agente del Ministerio

Público Militar que el grupo de pistoleros que se dio a la fuga tras el ataque era comandado por una persona que no medía más de un metro y medio de estatura. Ésa fue la base incriminatoria para que se procesara judicialmente al jefe de la agencia federal antidrogas, dependiente de la PGR, que estaba operando en la plaza de Hermosillo. Era un comandante con quien el general mantenía diferencias y que no le permitía operar plenamente en el control de aquella zona.

Como ese hecho se suscitaron decenas más en todo el país. En todos ellos intervino y participó directamente *la Rana* mediante pistoleros del Barrio Logan. Ellos a su vez tenían confianza en los operativos a los que se les invitaba porque eran actos de precisión y se pagaban sustanciosa y puntualmente.

—En la mayoría de los casos yo sólo coordiné —admitió Rodríguez Bañuelos—, aunque hubo otros en los que tuve que comandarlos, a petición directa del general, para garantizar eficiencia total en la misión. Mi confianza en los muchachos del Barrio Logan era total. Tanto así que, después de la información que me filtró *el Tiroloco* sobre la presencia de un segundo comprador de armas (que de ahí las estaba introduciendo al sur del país), me dejé llevar por ellos y comencé a organizar una redada en suelo mexicano para ver de quién se trataba y a qué cártel le estaba vendiendo las armas que le suministraban en el sur de San Diego.

Para la compra de armas *la Rana* hacía tratos con los de la pandilla Sur 13, quienes estaban asociados con la Eme (Mexican Mafia) para que les suministraran personal para las tareas que encargaban el cártel o el general. Pero al comprador extraño se las vendía la NF (Nuestra Familia), pandilla asociada con los norteños de California y enemigos ancestrales de la Eme y de Sur 13. Por eso el interés de esos grupos en ayudar a *la Rana* a eliminar al competidor.

Después de seguir la pista a los vendedores de armas que llegaban a Tijuana luego de cruzar el cerro y entrar ilegalmente a México para entrevistarse con aquel misterioso cliente, Rodríguez Bañuelos ubicó el lugar de operaciones: la pequeña iglesia católica de San Felipe de Jesús, localizada al norte de la ciudad y a la que es relativamente fácil llegar desde la línea fronteriza. El *modus operandi* era simple: llegaba el vendedor, siempre con una mochila negra y larga en la cual cargaba entre 10 y 12 rifles de asalto y cartuchos. Entraba a la pequeña iglesia y se dirigía al confesionario. Ahí se encontraba con el comprador, que le pagaba en efectivo, y luego recogía la maleta discretamente para llevarla a su auto. A decir del *Tiroloco*, la operación se realizaba cada día último de mes.

Se estableció incluso que el misterioso comprador fuera un hombre corpulento, con el pelo canoso y un alzacuellos tan blanco que no pasaba inadvertido. Lo acompañaban dos personas, una alta y otra bajita, las dos con rasgos indígenas. Después de la compra enfilaban hacia la salida a Mexicali y se dirigían a Guadalajara por la carretera a Tepic.

—A poco va a dejar que le ganen el mandado, comandante —le dijo *el Tiroloco* a *la Rana*.

—Nada de eso, *Tirito* —contestó el policía de manera condescendiente—. Sólo hay que esperar que llegue el momento adecuado para pasar el cobro de la factura. Pero ese amigo ya tiene su calavera pintada.

El ataque estaba decidido. Había que matar a aquel misterioso comprador, quien llegaba en forma sigilosa y se notaba que tenía los contactos suficientes, pues su auto pasaba automáticamente por los retenes y los filtros militares que el general tenía instalados a lo largo de Nayarit, Sonora y Sinaloa. Era urgente eliminar a ese competidor. "No tenía alternativa: si no lo mataba, él terminaría por matarme en cuanto supiera que yo era el principal comprador de armas para el suministro de los cárteles del norte del país."

Por eso, contó, le pidió al *Boricua* dos pistoleros arriesgados para ejecutar al comprador de armas frente a la capilla de San Felipe de Jesús, a plena luz del día, en cuanto saliera con la mochila del confesionario. Los pistoleros fueron Neto y *Monín*, dos muchachos de no más de 20 años, pero con el odio metido en los hombros. A leguas se les veía que eran ex presidiarios. Iban a utilizar pistolas para facilitar la huida y evitar los problemas de ocultar un arma larga.

El comprador llegó puntualmente. Después llegó el vendedor y se hizo la entrega. Los pistoleros contratados esperaron afuera de la capilla. Desde la acera de enfrente, a bordo de su camioneta, *la Rana* supervisaba la operación, listo para dar la luz verde al ataque. *Monín* y Neto estaban a bordo de una motocicleta, a menos de 50 metros de la puerta de la capilla. Sólo esperaban la señal para lanzarse contra el comprador. Desconcertó a *la Rana* que el párroco de aquella iglesia saliera para despedir a aquel hombre corpulento y canoso que ya les daba instrucciones a sus ayudantes. Les ordenó que movieran aquella pesada mochila que descansaba en el suelo y la subieran a la cajuela de un auto Grand Marquis blanco.

La presencia del padre de la capilla frenó el ataque.

"Yo no iba a ordenar la muerte de un hombre de Dios y menos en la puerta de su iglesia. Esperé a que los tres compradores se despidieran del sacerdote y, ya cuando habían dirigido sus pasos hacia aquel auto, hice la señal para el ataque. Los dos pistoleros arrancaron."

La Rana escuchó que *Monín* cortaba cartucho y Neto le imprimía velocidad a la motocicleta con un rugido ensordecedor en aquella calle sin tránsito. Neto frenó en seco frente a los tres hombres y *Monín* repartió el cargador de aquella pistola nueve milímetros entre los dos que auxiliaban al que vestía de sacerdote. Apenas cayeron al suelo, los sicarios se dieron a la fuga. Ellos regresarían a San Diego cruzando el cerro por la noche, como emigrantes mexicanos que van en busca de empleo.

El misterioso comprador de armas, por instinto de conservación, se echó a correr hacia la entrada de la capilla.

—Como depredador que soy —relató Rodríguez Bañuelos—, ya estaba frente a él cerrándole el paso y apuntándole al pecho con mi pistola .38 súper, como augurándole una muerte rápida y serena. Ahí lo vi directo a los ojos. No era hombre de armas; su pacífica mirada detrás de aquellos lentes transparentes de alguna manera me conmovió.

Por un segundo *la Rana* dudó en vaciarle aquella carga de plomo hirviendo. Algo le decía que se diera la vuelta, pero no hizo caso al sentimiento, sino a la razón, al hecho principal por el que se encontraba en aquel lugar.

—Apreté el gatillo con énfasis, y al ver que la pistola no reaccionaba, volví a oprimir con mayor intensidad. Lo hice en cuatro ocasiones, pero por alguna razón aquellas balas no quisieron salir.

Al día siguiente, el *Diario de Tijuana* y los principales periódicos locales publicaron la nota: dos paisanos fueron víctimas de un robo en su intento por llegar al otro lado de la frontera. Los diarios decían que intentaron despojarlos de sus pertenencias, pero como se resistieron, los pandilleros los acribillaron justo a las afueras del templo de San Felipe de Jesús, adonde los migrantes habían acudido a rezar. Ninguno de los medios hacía alusión a un ajuste de cuentas entre traficantes.

—La cara de aquel traficante se me quedó grabada en la mente. Por varios días estuve pensando en la forma en que no pude matarlo, estando a medio metro de distancia.

En la imaginación de *la Rana* se fermentó la certeza de que no pudo ejecutarlo porque lo protegía Dios. A algún santo milagroso se había encomendado y su oración fue más poderosa que la del policía-sicario. Según *la Rana*, ese pensamiento lo persiguió varios días. Era uno de los remordimientos que lo ahogaban en la prisión.

—A la fecha sigo pensando en eso —me confió con el rostro casi desencajado—: en las razones tan poderosas que estaban escritas en el plan de Dios para que en esa ocasión se haya salvado aquel que, luego supe, era el cardenal Juan Jesús Posadas Ocampo.

CAPÍTULO 9

La invención de los pozoleros

La religiosidad de Humberto Rodríguez Bañuelos era natural, pero se pudo haber fortalecido durante el tiempo que estuvo al servicio de los hermanos Arellano Félix. El más religioso de todos ellos era Francisco Rafael. "Siempre fue un hombre creyente y temeroso de Dios." Así lo describió Manuel Ramos Iriarte, al que le decían *el Copetón*, quien fue uno de sus escoltas aproximadamente durante 10 años. *El Copetón* también estaba recluido en la cárcel federal de Puente Grande, acusado de diversos delitos, entre ellos el homicidio calificado de dos militares de Tijuana. Purgaba una condena de 72 años.

El Copetón era reservado y su soledad rayaba a veces en la tristeza. Era de los abandonados porque desde hacía 12 años no tenía ninguna visita. A veces, para mitigar la soledad de la cárcel, cantaba. Siempre lo hacía casi en un murmullo. Se sujetaba de los barrotes de su celda y soltaba todo su dolor con canciones de José José, quien aseguraba que fue su amigo cuando los dos estaban en el pináculo de sus carreras y estuvieron rodeados de fama y poder. Juraba que la canción *El triste* uno de los éxitos del cantante, fue inspirada en él.

Al *Copetón* lo conocí apenas a las dos semanas de haber llegado al área de sentenciados. Fue uno de los presos a los que *la Rana* recomendó acercarme porque era "un reo pacífico" y sin problemas para el diálogo. "Sólo nunca lo contradiga —me recomendó—, porque entonces sí le deja de hablar para siempre." Yo nunca lo contradije; dejé que soltara todo lo que traía en el pecho. Cuando ya se había librado así de una parte de su carga, caminaba dos pasos a un costado de donde estuviéramos y se volvía a quedar en silencio. Ésa era la señal de que no tenía nada más que hablar y deseaba quedarse solo.

Le gustaba hablar de caballos. Decía que en sus años de gloria, allá por 1990, cuando estaba a las órdenes de Francisco Rafael Arellano Félix, llegó a tener una de las mejores cuadras del país. Hablaba siempre de Emiliano, un caballo árabe azabache que se distinguía entre los andaluces y sus cuartos de milla por su inteligencia. Le gustaba montarlo porque estaba seguro de que entendía sus pláticas. Emiliano no necesitaba riendas. Apenas veía a su amo, comenzaba a relinchar. Lo invitaba a treparse en su lomo. Bailaba de gusto. La caricia del *Copetón* en su cabeza era la mejor recompensa que podía recibir el animal. Decía, como si hablara del amor de su vida, que eran uno solo cuando estaba montado en él.

"Me entendía hasta el pensamiento. Yo escuchaba su respiración y entendía su gozo."

El Copetón cabalgaba largos tramos, con Emiliano trotando a ese pasito que calaba todos los huesos del jinete. Su dueño, como un enamorado, le iba hablando de sus pensamientos. Sólo Emiliano sabía cuáles eran sus deseos y sus miedos. Los demonios del sicario de los hermanos Arellano Félix, aseguraba, "quedaban reducidos a ángeles sin alas" cuando él se trepaba al lomo de la bestia. Por eso decía que el caballo se convirtió en su amor, al que no dejaba de llorarle todos los días cuando cantaba las canciones de José José pegado a los barrotes. Casi nunca terminaba una plática. Siempre había un recuerdo que lo llevaba a los días felices montado en su caballo y terminaba por sollozar. A veces, cuando estaba en silencio y mordiéndose los labios, las lágrimas dejaban adivinar que pensaba en el caballo.

Como *el Copetón* se la pasaba hablando de Emiliano, muchos presos que escuchaban las pláticas al pasar pensaban que era homosexual. A hurtadillas se cuchicheaba la desgracia del amor perdido de aquel hombre. La mente de los reos creó el mito de que el Emiliano al que le lloraba *el Copetón* era "un hombre alto, delgado, de pómulos saltados y ojos verdes que una vez fue parte del grupo de sicarios que tuvo a sus órdenes". Al *Copetón* eso no le molestaba. Ignoraba los comentarios y se iba a la parte más lejana del patio a seguir masticando su dolor. Allá, apartado de los rumores, daba rienda suelta a su sentimiento. Era cuando desahogaba todo lo que sentía a gritos.

Este triste reo conocido como *el Copetón* contrastaba con el sanguinario pistolero que fue cuando estuvo al servicio de Francisco Rafael Arellano Félix, por cuyas órdenes —contaban quienes lo conocieron en libertad— mató a no menos de 200 personas, casi todas del Cártel de Sinaloa. A todos les cortaba las manos y las piernas, y luego diseminaba sus miembros en un radio de 100 metros, como formando una cruz. Siempre dejaba el torso al centro con un letrero con el nombre de los sicarios que seguían en su lista de ejecuciones.

Las leyendas que se contaban sobre él en Puente Grande decían que *el Copetón* fue precursor de las desapariciones sin rastro de sus ejecutados. A él se le atribuía el método de disolver sus cuerpos en ácido. Él fue el primer "cocinero". Así se autonombró cuando, una vez que se le instruyó que no dejara huella de una de sus víctimas, se le ocurrió meterla en un tambo con ácido sulfúrico y ponerla a hervir. Lo que resultó de la cocción, por el color blanco y espeso, lo llamó el "pozole".

El nombre de "pozoleros" fue el que dentro del cártel de los Arellano Félix se les dio a los que en cada célula criminal se encargaban de borrar los rastros de las ejecuciones. *El Copetón* explicó la técnica que había inventado y pronto todos los grupos al servicio del Cártel de Tijuana comenzaron a deshacerse de sus rivales sin dejar huella. Por su contribución, *el Copetón* recibió de Francisco Rafael Arellano Félix un millón de dólares. Entonces pudo cumplir el sueño que había tenido desde niño: comprar tres caballos en un rancho de Texas. Entre ellos estaba Emiliano, al que le vendieron con un certificado de legitimidad de raza que el feliz comprador consideró el acta de nacimiento de su animal.

Al *Copetón* se le encargó que capacitara a los pozoleros del Cártel de Tijuana. Era estricto en la aplicación de su receta: marcó las porciones exactas de químicos, el orden en que debían colocarse en el tambo las partes de los cuerpos, igual que los tiempos y las variantes del procedimiento, según las circunstancias. Hasta diseñó una especie de fosa séptica para verter el caldo resultante, gelatinoso y blanco. Todo lo plasmó en un manual que se distribuyó entre las células de la organización. Posteriormente dicho instructivo de desaparición de cuerpos pasó al Cártel de Sinaloa y al de Amado Carrillo Fuentes. "Hasta el ejército me copió la receta —dijo—, sólo que ellos la perfeccionaron utilizando otros ácidos que no se consiguen fácilmente."

El rango menor dentro del cártel de los hermanos Arellano Félix siempre fue el de pozolero. Hasta que había "cocinado" por lo menos a 50 víctimas se le daba la oportunidad de ascender a sicario. Según el manual del *Copetón*, sólo después de haber disuelto 50 cadáveres "cualquier hombre se encontraba listo para no tener miedo al momento de matar y desmembrar a su enemigo". También estableció que abajo del nivel de pozolero estaba el grado de "carnicero", que tenían los auxiliares encargados de trocear los cuerpos en las porciones establecidas para echarlos al tambo con ácido. A los carniceros también les correspondía allegar todos los químicos utilizados para la elaboración del pozole, así como derramar sobre la fosa séptica el contenido de la cocción.

El Copetón hizo su propia escuela de pozoleros. Con frecuencia convocaba a todos los designados para esa tarea para hacerles una evaluación, con la anuencia de Francisco Rafael Arellano Félix. El centro de reunión era un rancho llamado Los Alambrones, a las afueras de Mexicali. Ahí llegó a congregar hasta 40 de esos hombres, cuya técnica revisaba y a quienes les hacía observaciones cuando no ejecutaban correctamente el manual. En las prácticas revisaba con el rigor de un cocinero que no quedaran rastros reconocibles de cuerpos en el caldo final, pues aseguraba que "un solo diente no disuelto" podía hacer que todo el trabajo resultara inútil.

Entre los jóvenes que fueron formados por *el Copetón* en aquellos campamentos del rancho Los Alambrones estuvo Santiago Meza López, que fue detenido en abril de 2013 y al que la PGR considera el pozolero más importante de la historia del crimen organizado.

El Ministerio Público federal le atribuyó la disolución al menos de 300 personas. *El Copetón* lo mencionó alguna vez como uno de los primeros que vendieron los secretos del pozole al Cártel de Sinaloa, después de haber trabajado casi 12 años para los hermanos Arellano Félix, donde se inició cuando aún no cumplía ni los 17.

El largo encierro que llevaba *el Copetón* lo hacía rememorar los tiempos en que estaba al servicio del Cártel de Tijuana las pocas veces que no estaba sumido en la tristeza. Mencionaba, como si su mente estuviera troquelada, uno a uno de quienes él capacitó en el "arte de desaparecer cabrones". Era una larga lista la que a veces repasaba en el patio. Mencionaba a cada uno de sus pozoleros por su nombre completo y el nombre de su jefe de célula.

A la menor provocación, *el Copetón* contaba detalles de la vida cotidiana del cártel, así como de las conductas y las costumbres de sus jefes. "Toda la familia de los Arellano era muy religiosa —contaba—. No había un solo domingo en que no acudieran a misa."

A veces las celebraciones eucarísticas de la familia Arellano Félix se llevaban a cabo en su propia casa de Tijuana. Hasta ahí llegaban, regularmente los domingos al mediodía, por lo menos tres sacerdotes enviados por el obispado de Tijuana para que oficiaran misa. A veces, por decisión de Francisco Rafael, el mayor de los hermanos, todos acudían en familia hasta la Catedral de Nuestra Señora de Guadalupe, donde oficiaba de manera regular el obispo Emilio Carlos Berlié Belaunzarán, y después su sucesor, Rafael Romo Muñoz.

La presencia de la familia Arellano Félix no pasaba inadvertida durante las celebraciones religiosas en la catedral de Tijuana. Cuando no era por la invitación que se hacía a los fieles presentes para que se retiraran de los primeros asientos, era por las millonarias limosnas que dejaban en las alcancías del lugar, principalmente en la que se encontraba junto a la imagen de san Judas Tadeo. Porque Francisco Rafael siempre fue devoto de ese santo. Se encomendó a él desde que estuvo preso en una cárcel de San Diego, California, luego de ser aprehendido el 7 de agosto de 1980. Ahí confió en el santo para que el juez no escuchara al fiscal que le estaba solicitando una pena de 20 años de prisión contra él. San Judas lo escuchó y sólo tuvo que pagar un corto periodo bajo custodia después de pagar una fianza.

La fe en san Judas Tadeo fue en ascenso. Francisco Rafael no dejó nunca de confiar en él, ni siquiera en 1993, cuando fue encarcelado en Tijuana por el delito de narcotráfico. Él fue quien alentó al resto de la familia a encontrar consuelo en el cielo cuando iban mal las cosas de la tierra. Su madre fue la mejor aliada que tuvo en asuntos de fe. Ellos invitaban a todos para asistir a la catedral e influyeron para que en todos los hermanos Arellano Félix hubiera un respeto pocas veces visto hacia los jerarcas de la Iglesia.

Cuando estaba en prisión, Francisco Javier le rogaba a su madre que intercediera por él ante el obispo de Tijuana. Le pedía que fuera a verlo personalmente y le entregara "una limosna" no menor de 500 000 dólares. El dinero iba junto con la petición de una oración para que alcanzara la libertad y para que los santos del cielo no dejaran nunca de cuidarlo en cualquier situación.

El deseo de orar por la seguridad y la tranquilidad de Francisco Rafael no sólo fue escuchado por su madre. Pronto sus hermanos hicieron lo que estaba a su alcance para acercarse a los jerarcas de la Iglesia, con la única encomienda de que intercedieran ante Dios por el bienestar de la familia y la seguridad de sus negocios. Hacia mediados de la década de los noventa no había sacerdote en Tijuana que no recibiera la visita de los hermanos Arellano Félix o de uno de sus hombres de confianza para pedir oraciones por la familia. A cambio se les otorgaba una jugosa "limosna" para las obras sociales de la iglesia.

El que asumió el papel de mediador y encargado de las relaciones con la Iglesia católica de México fue Ramón Arellano Félix. Era el más sanguinario, pero también el que más creía en el poder de la bendición sacerdotal y la intermediación de la Iglesia para que sus asuntos terrenales fueran por buen camino. Cada semana se sentaba a organizar a su gente para que visitara las iglesias y no quedara ningún sacerdote de Tijuana sin ayuda económica. Se había convertido en una especie de vicio, pues no podía dejar de entregarla por miedo a que Dios los abandonara.

Hasta 2002, cuando Ramón Arellano fue abatido en un enfrentamiento en Mazatlán, no dejó de entregar de manera puntual las millonarias limosnas a la iglesia ni dejó de asistir cada semana a la misa que se oficiaba en su casa o en la catedral de Tijuana, con la intervención del obispo de esa arquidiócesis. Seguía confesándose con el purpurado de manera regular aun cuando ya estaba en la lista de los 10 más buscados por el Departamento de Justicia de Estados Unidos. A todos los jefes de sicarios de ese cártel también los obligaba a que fueran a misa de manera regular. En ocasiones el mismo Ramón se encargaba de verificar el acercamiento de sus sicarios con la iglesia, preguntándoles a los sacerdotes si habían ido.

En dos ocasiones, dijo *el Copetón*, fueron convocados a una casa de Tijuana todos los mandos del cártel, entre jefes de sicarios, pistoleros y administradores, para ser confesados por un grupo de sacerdotes enviados por el obispo. Las dos veces, aparte de la confesión, se realizaron bautizos, primeras comuniones y confirmaciones para los miembros del cártel que no contaban con esos sacramentos. El padrino de todos los que fueron aceptados como nuevos miembros de la Iglesia fue Ramón Arellano Félix. Esa vez *el Copetón* y otros 30 sicarios hicieron su primera comunión.

"Mi padrinito Ramón —narró al respecto— se portó como el caballero que siempre fue: me colocó una medalla de la Virgen del Perpetuo Socorro y me entregó en las manos un rosario. Me dijo que ésa era mi única salvación."

Nunca se quitó del cuello aquel rosario. Lo perdió cuando lo detuvieron bajo la acusación de haber matado a dos militares, y supo que al quedar sin la protección que había portado por años cualquier cosa podía sucederle. Sabía que la muerte lo iba a sorprender en la cárcel y que no había forma de evitarla. Ésa era otra causa de su tristeza: todos los días despertaba convencido de que ya vivía sus últimas horas.

Benjamín y Francisco Javier Arellano eran los más renuentes a los actos de fe. Discrepaban de la visión de sus hermanos Francisco Rafael y Ramón. Por miedo o por respeto nunca discutían con ellos sobre el tema, pero por lo bajo cuestionaban sus decisiones. Buscaban pretextos para no asistir a las celebraciones religiosas obligatorias. Entre Francisco Javier y Benjamín comentaban lo innecesario de aquellos actos religiosos, pero nunca se opusieron abiertamente a que sus hombres acataran la decisión de sus hermanos y se acercaran a los ministros de la Iglesia católica.

Ni siquiera cuando Ramón anunció su intención de acercarse al representante del papa en México, el cardenal Girolamo Prigione, manifestaron su oposición. En silencio aceptaron la determinación que se anunció en una reunión familiar. Benjamín sólo atinó a decir que esa medida podía afectar a la empresa —así se referían al cártel cuando estaban en familia— y que de ello podrían desencadenarse consecuencias que escaparan de su control. Nadie dijo nada. La reunión se dio por terminada con una sentencia definitiva salida de la boca de Ramón: "Vamos a pedir la mediación de la Iglesia para que el gobierno federal deje de perseguirnos".

Los jefes del Cártel de Tijuana estaban convencidos de que el gobierno federal se había lanzado contra ellos. Ramón Arellano había intentado acercarse al entonces secretario de Gobernación, Fernando Gutiérrez Barrios, pero lo único que logró fue despertar su enojo: ordenó a la PGR, que dirigía Enrique Álvarez del Castillo, una persecución a muerte de todos los miembros del Cártel de Tijuana. La instrucción no fue difícil de cumplir para el procurador.

Contaba lo que era del dominio público, que cuando Álvarez del Castillo fue gobernador de Jalisco tuvo un acercamiento con los miembros del Cártel de Guadalajara. Sólo así se sustentaba su versión de que Miguel Ángel Félix Gallardo, fundador del Cártel del Pacífico, dialogó en no pocas ocasiones con él, estableciendo una alianza para que el grupo, después a cargo de Rafael Caro Quintero, pudiera actuar en completa libertad. Álvarez del Castillo cumplió con los acuerdos, si no de alianza, sí de omisión, para que el Cártel de Guadalajara, donde ya estaba incorporado *el Chapo* Guzmán, pudiera actuar libremente. Eso se sabía en el cártel de los hermanos Arellano Félix, por eso Ramón intentó un acercamiento con el secretario de

Gobernación mediante cinco llamadas telefónicas. Las primeras dos fueron recibidas con atención por el secretario Gutiérrez Barrios. Las otras tres, dijo *el Copetón*, el funcionario se limitó a escuchar la propuesta de Ramón para tener un encuentro personal con el fin de llegar a un acuerdo. Pero éste nunca se concretó.

Por esa razón Ramón intentó la mediación de la Iglesia católica, con el propósito de que interviniera ante el propio presidente Carlos Salinas de Gortari para llegar a un acuerdo en el que el principal reclamo sería que se les dejara de perseguir. Las cifras que tenía Ramón Arellano mostraban, en efecto, una encarnizada persecución: sólo en los primeros dos años de gestión del procurador Álvarez del Castillo, el Cártel de Tijuana había sufrido la detención de por lo menos 18 de sus jefes de plaza y sicarios.

En la cabeza de Ramón Arellano Félix existió siempre la idea de que el cártel del *Chapo* Guzmán estuvo trabajando para la PGR. A ello atribuyó las bajas en su estructura criminal. Por eso tomó la decisión de buscar la mediación del representante del papa en México. El encuentro fue pactado con el apoyo del obispo de Tijuana, quien aconsejó a Ramón que buscara a Prigione en la Ciudad de México. Ramón Arellano no lo dudó y le encomendó la tarea de obtener una cita con el nuncio apostólico al hombre de sus confianzas: Humberto Rodríguez Bañuelos.

Cuando Ramón Arellano realizó esas gestiones aún no había ocurrido el asesinato del cardenal Juan Jesús Posadas Ocampo. Fue a principios de 1992 cuando manifestó su intención de acercarse al gobierno federal para tratar de llegar a una tregua. En la mente de los hermanos Arellano Félix estaba buscar que *el Chapo* Guzmán dejara de actuar como el indicador de la política antinarcóticos de Salinas de Gortari. A cambio de ello, la familia Arellano Félix ofreció la pacificación de todo el norte del país. Estaban dispuestos —a decir del *Copetón*— a llegar a sendos acuerdos de paz con los cárteles de Amado Carrillo y del propio *Chapo*. Hasta se discutió la posibilidad de ceder parte de su presencia en la zona de Tijuana para compartirla con las otras organizaciones delictivas.

La reunión con el representante del papa en México no se pudo concretar en 1992. Tras ser contactado por Humberto Rodríguez Bañuelos, el nuncio apostólico no aceptó la intermediación. Respondió que si en realidad los hermanos Arellano Félix querían reunirse con él, tendría que ser uno de ellos quien lo buscara. Las tres veces que *la Rana* se presentó en la residencia de Prigione fue rechazado.

"Era un cabrón —dijo Rodríguez Bañuelos—: antes de que le dijera de parte de quién iba, él ya me estaba despachando de manera muy cordial."

La Rana se valió entonces de la amistad que tenía con el sacerdote Gerardo Montaño Rubio, quien a principios de la década de los noventa estaba asignado al obispado de Tijuana. Él era el principal contacto del sicario en la Iglesia católica porque a través de Montaño se hacían las entregas de dinero para las obras sociales. A su vez, el padre Montaño también recurría a *la Rana* para solicitar a los hermanos Arellano Félix ayuda económica para la remodelación de las capillas de la arquidiócesis de Tijuana.

En una ocasión —relató Rodríguez Bañuelos— el padre Montaño lo buscó de manera insistente y le pidió 100 000 dólares para trabajos de remodelación del seminario de Tijuana. *La Rana* tardó menos de dos horas en darle respuesta. Habló con Ramón Arellano, quien no tuvo empacho en hacerle llegar la ayuda solicitada, pero no con los 100 000 dólares solicitados, sino tres veces ese monto. Cuando el padre Montaño recibió el dinero, le besó la mano al principal sicario de los hermanos Arellano Félix.

Por eso Rodríguez Bañuelos no dudó en solicitar la ayuda del padre Montaño para obtener una cita con el nuncio apostólico. El padre Montaño fue el principal gestor de los encuentros malogrados con el cardenal Prigione; personalmente fue varias veces a la sede de la nunciatura apostólica en la Ciudad de México e hizo los contactos necesarios para que al menos se escuchara al enviado de la familia Arellano Félix. Después el obispo de Tijuana, Emilio Carlos Berlié, negó que supiera de esos hechos. Pero el padre Montaño logró que el emisario del Cártel de Tijuana al menos fuera recibido.

La entrevista que buscaba Rodríguez Bañuelos no se concretó porque nunca fue recibido de manera formal por el nuncio. Él supuso que la negativa se debió a que era un asesino y a que en el obispado de Tijuana ya se sabía quién estaba gestionando una cita para los hermanos Arellano Félix. La última vez que Rodríguez Bañuelos buscó a Prigione llevaba "una modesta limosna para la Iglesia". Era un millón de dólares que le mandaba Ramón Arellano al representante del papa "para que la Iglesia siguiera con sus obras de caridad".

—Padre —le dijo *la Rana* a Prigione—, vengo a que le dé consuelo a mi alma.

El dignatario católico lo recibió en la puerta de la casa. Lo miró de arriba abajo. Fijó los ojos en el estetoscopio que colgaba del cuello del sicario. Lo miró fijamente y le respondió:

—Yo no puedo darle consuelo a todo eso que sientes, hijo.

Rodríguez Bañuelos, apenas un paso adentro de la casa y con el portón entreabierto, extendió la mochila deportiva negra con el dinero y la puso a sus pies.

—Aquí le dejo esto —le dijo en el quicio de la puerta—; de algo le habrá de servir para la obra social que hace por nuestros pobres.

El nuncio apostólico no dijo nada. Miró la mochila, tomó del brazo a *la Rana*, lo empujó ligeramente a la salida y le dio la bendición.

Ante la negativa de recibir a su emisario, los Arellano Félix decidieron hacer las gestiones por cuenta propia. Buscaron la mediación directa del obispo Berlié Belaunzarán para que concretara el encuentro con Girolamo Prigione. En menos de dos semanas el obispo ya tenía fecha para el encuentro.

La cita fue el 13 de diciembre de 1993. Ramón Arellano voló en clase comercial desde Tijuana a la Ciudad de México. Su equipo de guardaespaldas era reducido: Rodríguez Bañuelos a la cabeza de otros cuatro. Fue discreto porque ésa era una de las condiciones que le puso el nuncio a través del obispo de Tijuana.

El encuentro fue a las 11:00 horas. Ramón Arellano llegó puntual. Él y sus hombres fueron recibidos en la nunciatura con el protocolo para funcionarios federales. Los seis hombres pasaron al *lobby*, donde les ofrecieron café. Ninguno de los que esperaban el encuentro aceptó la cortesía. Sólo hubo caras largas en la espera. Prigione apareció casi una hora después, con disculpas porque estaba cansado y desvelado tras encabezar las celebraciones de la Virgen de Guadalupe en la Basílica.

Ramón fue exageradamente atento. Apenas estuvo frente a Prigione, le besó la mano. Con la mirada ordenó a todos sus acompañantes que hicieran lo mismo. El nuncio lo tomó por los hombros y le agradeció la visita. Después lo invitó a pasar a su oficina. Caminaron despacio, con las manos detrás. Los escoltas de Arellano, que iban desarmados, permanecieron en la sala al menos con cinco elementos de seguridad de la nunciatura. Cuando Prigione aceptó recibir al jefe del Cártel de Tijuana le mandó decir, a la usanza de las mafias italianas, que la seguridad de él y de sus escoltas corría por su cuenta en la sede apostólica.

La reunión de Prigione con Ramón Arellano duró poco más de tres horas. Sólo ellos saben lo que platicaron. En la versión del *Copetón*, el nuncio apostólico hizo varias llamadas durante su entrevista con Ramón. Frente al jefe del Cártel de Tijuana, el cardenal llamó directamente al nuevo secretario de Gobernación, Patrocinio González Garrido. Le dijo con quién estaba reunido y que aquel hombre lo único que buscaba era la paz. Le pidió abiertamente la posibilidad de una reunión entre los tres.

La respuesta del secretario fue negativa. De entrada no aceptó que el representante de la Iglesia católica en México fuera el interlocutor de la delincuencia. Con el altavoz del teléfono activado, González Garrido le pidió al nuncio que colaborara con el Estado mexicano y permitiera la captura de Ramón Arellano. El nuncio se negó a ello. Le recordó que en ese momento Arellano estaba bajo su protección y que la nunciatura apostólica era territorio del Estado Vaticano. Le advirtió la posibilidad de un conflicto, pues en ese entonces México y el Vaticano recién habían restablecido relaciones diplomáticas. Sólo tres años antes el papa Juan Pablo II y el presidente Carlos Salinas de Gortari habían puesto fin a más de un siglo de distanciamiento oficial entre los dos estados. El reinicio de las relaciones se oficializó un año antes de aquel encuentro. "México y el presidente Salinas no necesitan un escándalo internacional —le dijo el nuncio al secretario de Gobernación."

Tras terminar la conversación con González Garrido, el nuncio siguió conversando con Ramón Arellano. Dos veces salió de su despacho para dar indicaciones a sus colaboradores. Los escoltas de Arellano vigilaban los pasos del cardenal cuando salía de su oficina, pero el nuncio los tranquilizaba con su infaltable sonrisa. Antes de que terminara aquella reunión, el nuncio recibió una llamada. Era el entonces procurador Jorge Carpizo McGregor, que habló por instrucciones del secretario de Gobernación. Esa vez Prigione contestó sin altavoz, así que Ramón no se enteró de la postura del procurador, sólo escuchó al nuncio solicitarle garantías para que el jefe del Cártel de Tijuana no fuera detenido cuando saliera de la casona ubicada en la colonia Guadalupe Inn.

Se despidieron de mano. El nuncio le afirmó al capo que su seguridad estaba garantizada hasta que llegara a la ciudad de Tijuana. Ramón volvió a besar el anillo del cardenal antes de salir de su oficina. No dijo nada a sus escoltas y se dirigió hacia la salida de la casona. Los escoltas comandados por *la Rana* lo siguieron en silencio, observados por la guardia personal del nuncio. "A veces se gana perdiendo", dijo hablando para nadie Ramón Arellano, ya a bordo de su camioneta.

El Copetón deducía en sus pláticas del penal que esa reunión con Prigione en realidad fue el inicio de una relación no reconocida pero respetada entre el gobierno y el Cártel de Tijuana. A partir de ese encuentro cesó la persecución general contra su organización y los hermanos Arellano Félix así lo reconocieron. Nunca fueron malagradecidos con el nuncio apostólico: las limosnas que estaban acostumbrados a dar, lo mismo en la catedral de Tijuana que en la Basílica de Guadalupe, fueron más frecuentes, igual que aquellas que otorgaban a las capillas y las parroquias de Baja California, principalmente en Tijuana, donde no había celebración patronal que no financiaran los Arellano Félix.

Le bendición de Prigione nunca abandonó a la familia. En la arquidiócesis de Tijuana, por orden directa del obispo, los sacerdotes tenían la obligación de auxiliar espiritualmente las necesidades manifiestas del cártel. En tanto, el padre Montaño fungió como coordinador del obispado para atender todas las celebraciones religiosas que reclamaban los hermanos Arellano y sus principales colaboradores. Él era también el responsable de recibir las limosnas que enviaban cada semana para el obispado, nunca menores de 500 000 dólares.

"A mí me tocó hacer varias entregas de dinero —dijo *el Copetón*—. Siempre se lo daba al padre Gerardo. A veces nos veíamos en algún café, pero casi siempre lo hacíamos en las puertas de la arquidiócesis."

El padre Gerardo Montaño era un tipo agradable. Acudía solo por el dinero, siempre vestido de negro. Para disimular su investidura religiosa no usaba alzacuellos. Pasaba más bien por un profesor, pero lo delataba la invariable bendición que le prodigaba al emisario. No le gustaba que le besaran la mano, aunque ésa era la instrucción de Ramón Arellano para todos los que mandaba con el encargo.

"Era lo primero que preguntaba cuando se le reportaba la entrega de la limosna", relataba *el Copetón*.

Cuando alguno de sus emisarios, con la fidelidad y la obediencia que le tenían al jefe del cártel, le confesaba que no había besado la mano del sacerdote, Ramón lo obligaba a regresarse para cumplir el rito como él había ordenado. El capo tenía la superstición de que al no besar la mano a un emisario de la Iglesia todo se podía revertir y traer al cártel una maldición. Y ésta podría acabar con el negocio del trasiego de drogas y caer sobre los miembros de su familia. Por eso obligaba también a sus hermanos a que todos los días hicieran una oración antes de iniciar cualquier actividad. Debían rezar un padrenuestro o encomendarse a la Virgen María a través de la oración universal.

A su vez el hermano mayor, Francisco Rafael, insistía en que todos los miembros de la organización delictiva, sobre todo los hombres de su mayor confianza y los integrantes de su equipo de seguridad, llevaran siempre una imagen de san Judas Tadeo, el santo patrono de las causas difíciles. "Porque esto en lo que andamos no es cosa fácil", les explicaba.

CAPÍTULO 10

La muerte del cardenal

Tembloroso de la emoción, aunque *la Rana* decía que era por una descompensación de azúcar, narró su versión del día en que dio muerte al cardenal Juan Jesús Posadas Ocampo. Repasó con la mirada aquellas caras ansiosas de historias y después se volteó hacia el lienzo donde trataba de plasmar unos cisnes que nadaban en un lago rodeado de árboles verdes y soñolientos. Sin quitar la mirada del óleo, empezó a hablar.

—Ése fue el día más terrible de mi vida. Amaneció como amanece aquí: con un sol que apenas si se quería asomar. Yo me pasé la noche pensando en los detalles de la operación. Los muchachos estaban nerviosos. Nunca había visto tanta inquietud en sus rostros. Por disciplina les ordené que no hubiera alcohol ni drogas esa noche. Todos estaban lúcidos. Les pedí que revisaran sus armas, que se pertrecharan bien y se encomendaran al santo de su devoción. Yo hice una oración a san Judas Tadeo, que nunca me ha dejado solo. Seguramente la preocupación se me veía en el rostro, porque se me acercó *el Boricua*.

”—¿Qué, comandante, otra vez navegando en el mar de los recuerdos? —me preguntó el puertorriqueño—. Le he dicho que a ese océano no se meta, porque uno termina por ahogarse.

”—Sólo estaba masticando algunas cosas. ¿Ya está lista la gente para el trabajo? —le contesté con desgano.

”—Ya están listos los muchachos. Usted ordene y comienzo a mandarlos. Que se vayan de uno en uno, para no llamar la atención.

"—Sí, diles que se vayan aventajando, de uno en uno, en autos distintos. Que lleguen al estacionamiento del aeropuerto y procedan con la formación."

A *la Rana*, que seguía sin quitar la mirada de su pintura, se le entrecortaba la respiración. Hacía un gran esfuerzo por sacar de sus recuerdos aquellas escenas, que estaban sepultadas desde hacía años. Las pausas en su narración cada vez eran más prolongadas. Su audiencia estaba alerta, como a la espera de las primeras detonaciones. Pero eran sus palabras, sólidas y pausadas, las que nos sacaban del suspenso:

—Llegué al estacionamiento del aeropuerto apenas pasadas las ocho de la mañana.

Sin que Rodríguez Bañuelos se enterara, en aquel lugar también fueron citados Ramón y Benjamín Arellano Félix, a los que un emisario del procurador Jorge Carpizo les prometió un encuentro con *el Chapo* Guzmán. Era una propuesta del gobierno federal para que los grupos rivales tuvieran un acercamiento, con el propósito de sentarse después a dialogar para poner fin a su guerra. El enviado de Carpizo fue Rodolfo León Aragón, *el Chino*, que entonces era director de la Policía Judicial Federal, al que el sistema nunca abandonó, llegando a encumbrarlo como alcalde del municipio de Salina Cruz, Oaxaca, en las elecciones de 2016. A él se le había encomendado hacer los contactos para que todos coincidieran en el mismo sitio y a la misma hora. El objetivo era poner las bases de una eventual confusión entre los cárteles, que resultara en la muerte del cardenal Posadas Ocampo.

Y es que, de acuerdo con informes del Cisen, el cardenal fue ubicado por el gobierno federal como el agente que estaba introduciendo armas en el sur del país, apoyando de esa forma al Ejército Zapatista de Liberación Nacional (EZLN). El secretario de Gobernación, Patrocinio González Garrido, informó de esa versión al presidente Salinas de Gortari.

Desde la federación se tomó la decisión de hablar con el prelado, pero el cardenal se negó tres veces a acudir a citas con el jefe de la oficina de la Presidencia de la República, José Córdoba Montoya.

A la cuarta ocasión que fue convocado, Posadas Ocampo asistió sólo para decirle personalmente al funcionario que no tenía interés en dialogar con el presidente sobre la imputación que se le hacía. Entonces ocurrió el incidente del que dieron cuenta algunos periódicos: en un arrebato Córdoba Montoya empujó y amenazó al prelado.

Una versión de ese ríspido encuentro la daría a conocer años después José Antonio Ortega Sánchez, el abogado que contrató el Arzobispado de Guadalajara como visor de las averiguaciones sobre el asesinato del cardenal. Ortega Sánchez ventiló públicamente que Posadas Ocampo despertó la ira del personero del presidente Salinas cuando tuvo la osadía de mencionar en aquella oficina la posibilidad de que bandas de narcotraficantes de Colombia, Bolivia y Perú tuvieran nexos con Raúl Salinas de Gortari. Eso provocó la escena: el encolerizado Córdoba Montoya tomó por la solapa al cardenal, y se afirma que lo abofeteó y lo sacó a empujones del edificio oficial.

Las hipótesis son muchas, pero el desenlace es el mismo. La reacción del Estado fue la de siempre: violenta y directa. En alguna parte de la estructura del gobierno federal se decretó la muerte del cardenal. Se buscó al mejor de los gatilleros y se diseñó el escenario idóneo para presentarlo a la opinión pública con detalles verosímiles: el fuego cruzado, una confusión entre pistoleros de los dos cárteles de las drogas más importantes del momento: el de Tijuana y el de Sinaloa. Por eso fueron citados en el lugar los jefes de ambas organizaciones, que llegaron con la intención de negociar la paz.

En el estacionamiento del aeropuerto de Guadalajara, minutos antes del asesinato del cardenal, estaban presentes los hermanos Arellano Félix con algunos de sus pistoleros, y el grupo del *Chapo* se movilizaba entre los vehículos estacionados, como a la espera de alguien. Los dos grupos de narcos fueron a la cita convocada por Rodolfo León Aragón, el operador del procurador Carpizo, pero sin atenerse a la seguridad ofrecida por el gobierno federal.

Rodríguez Bañuelos pudo observar la presencia de pistoleros de los hermanos Arellano Félix y del *Chapo*. A muchos de ellos los conocía perfectamente. Con la mayoría de ellos había hecho tratos y negocios en más de una ocasión y otros habían estado bajo sus órdenes en algún momento. Primero sospechó que el general le había enviado un refuerzo no anunciado para que cumpliera con mayor eficiencia el encargo, pero aun así no se dejó ver ni permitió que los integrantes de su grupo descendieran de las camionetas, donde esperaban la llegada del cardenal.

Desde lejos reconoció la presencia de varios hombres, entre ellos Guzmán Loera. Entonces entendió que no se trataba de ningún apoyo para su misión. Intentó no distraerse con ese detalle; estaba dispuesto a cumplir eficientemente la tarea encomendada, y si hacerlo implicaba matar al *Chapo*, sin duda alguna lo haría.

"No iba a dejar que mi reputación de sicario quedara por los suelos. Estaba dispuesto a cumplir con el objetivo que me había encargado el general."

Por el radio alertó a sus hombres de la presencia de Guzmán y ordenó evitar una confrontación con su grupo, a menos que se interpusiera con el objetivo. Lo que no cuadraba en su lógica era la presencia de pistoleros de los Arellano Félix; eso lo tenía más desconcertado, pues en cuanto aquellos sicarios lo vieran se rompería el trato que tenía con Ramón Arellano, del que seguía siendo jefe de escoltas.

Rodríguez Bañuelos se había disculpado con Ramón desde hacía una semana. Le dijo que tenía un compromiso personal en San Diego, donde iba durante unos días para atender un asunto ajeno al cártel; supuestamente era un negocio de armas, la oportunidad para ganar unos dólares. Ramón le tenía confianza y no dudó de él, después de todo era el encargado de su seguridad personal. Sin mayor problema le autorizó la ausencia, no sin antes pedirle que le organizara las guardias en tanto regresaba. *La Rana* fue quien le designó a cada uno de los hombres que en ese momento se estaban moviendo de manera sigilosa en el ya muy lleno estacionamiento del aeropuerto de Guadalajara.

Ninguno de los ejecutores conocía la hora de llegada del cardenal, excepto Rodolfo León Aragón, a quien la Secretaría de

Gobernación había informado que Posadas Ocampo iría a recibir al nuncio apostólico Prigione, que se disponía a realizar una gira de trabajo por Jalisco.

Rodríguez Bañuelos se mantuvo alerta y dejó que transcurrieran las horas. A veces se bajaba de su camioneta para observar mejor el entorno. Los sicarios del *Chapo* Guzmán se perdieron de vista, mientras los de los Arellano Félix permanecían nerviosos en sus vehículos. La mañana transcurrió en una tensa espera. Todos, desde sus posiciones, observaron el arribo de dos vehículos de la PGR con hombres armados. En los grupos de los hermanos Arellano Félix y del *Chapo* Guzmán se supuso que era la fuerza que el gobierno federal enviaba para garantizar que el encuentro promovido entre los cárteles se llevara a cabo con la seguridad prometida. *La Rana* volvió a dudar si se trataba de un grupo de apoyo para cubrirle la salida cuando cumpliera la misión.

A las 15:30, tras una espera de casi siete horas, sonó el teléfono de *la Rana*. Era la voz del comandante Rodolfo León Aragón, quien le avisaba de la llegada del objetivo. El sicario no dijo nada, cortó la comunicación y alertó a sus hombres. Enseguida el Grand Marquis blanco del cardenal entró despacio entre los cajones del estacionamiento y se detuvo a casi 100 metros de donde se encontraba *la Rana*. Nadie bajó del auto. El cardenal tuvo tiempo de tomar dos veces el teléfono. Parecía tranquilo.

Concentrado en sus pensamientos, Rodríguez Bañuelos se bajó por enésima ocasión de su camioneta y sus hombres hicieron lo mismo. Se desplegaron en forma de abanico hacia el auto de Posadas Ocampo, todos con rifles de asalto AK-47. Al frente iba Rodríguez Bañuelos y con él avanzaban Juan Francisco Murillo Díaz, *el Güero Jaibo*; Édgar Nicolás Mariscal Rábago, *el Negro*, y Jesús Alberto Bayardo Robles, *el Gori*. No tenían en la mira otro objetivo que al cardenal, quien hablaba con su chofer.

A menos de cinco metros del automóvil, los cuatro ejecutores vaciaron sus armas. Sabían a quién estaban asesinando. Nunca hubo confusión sobre la identidad de su víctima.

"Cuando apreté el gatillo, durante segundos interminables vi la mirada del cardenal —contó *la Rana* sin despegar la vista del cuadro que seguía pintando como por inercia—. Sentí su mirada como si me perdonara lo que estaba haciendo."

En el comedor del módulo ocho reinaba el silencio. Se podía escuchar cómo la mano temblorosa de Rodríguez Bañuelos arrastraba el pincel sobre el lienzo. En los ojos de los presentes se notaba el ansia por el desenlace, aunque era conocido. *La Rana* detuvo las pinceladas y meneó la cabeza. Se molestó porque el blanco con que intentaba rellenar los escuálidos cisnes que nadaban en el lago azul se le había desbordado. Volvió a mirar a los presentes, se acomodó los pesados lentes que ya se le habían escurrido hasta la mitad de la nariz, tomó aliento y se metió otra vez en su pintura y en su narración: "Luego todo fue adrenalina. Sabía que estaba disparando el arma sólo por el zangoloteo de las manos. Pude sentir cada uno de los impactos que le asesté al cardenal. Todo sucedió en menos de 30 segundos".

La confusión y los gritos de los transeúntes lo hicieron reaccionar. Aún humeaban los cañones de los rifles de asalto y sentía el cosquilleo en sus manos cuando ordenó al *Gori* que verificara la muerte del cardenal. Bayardo Robles caminó como en cámara lenta hasta el costado del auto y vio el cuerpo inerte del prelado, que se inclinaba hacia su costado izquierdo. No le bastó ver la sangre que salía a borbotones; recargó el arma y roció otra ráfaga en el cadáver, a menos de un metro.

Sobre la cabeza de los sicarios se escucharon zumbidos de bala. Desde alguna parte del estacionamiento del aeropuerto, los sicarios de los hermanos Arellano Félix y los del *Chapo*, cada grupo parapetado en sus posiciones, comenzaron a disparar. Las ráfagas contra el cardenal hicieron explotar la tensión acumulada en las horas de espera. Los dos grupos cubrían la huida de sus jefes. Los Arellano Félix buscaron la seguridad del interior del aeropuerto, mientras que *el Chapo* se retiró por tierra.

Hubo balas perdidas por todos lados. Aquel 24 de mayo de 1993, aproximadamente a las 15:45 horas, en el estacionamiento del aeropuerto de Guadalajara, perdieron la vida otros inocentes. Por los tiros de cualquiera de los tres bandos que disparaban para cubrir su escape, quedaron tendidos en el suelo Pedro Pérez Hernández, Juan Manuel Vega Rodríguez, Francisca Rodríguez Cabrera, Ramón Flores Flores y José Rosario Beltrán Medina. Al chofer del cardenal, Martín Alejandro Aceves Rivas, lo alcanzaron las balas del grupo de *la Rana*. Lo único que tenían en común fue que estuvieron en el lugar y la hora que el Estado mexicano marcó para asesinar al cardenal Juan Jesús Posadas Ocampo.

El grupo de sicarios de Rodríguez Bañuelos salió a toda prisa del estacionamiento, metros atrás del comando que resguardaba al *Chapo* Guzmán. Huyeron al menos en cinco camionetas robadas, como lo habían planeado. En la confusión de la retirada, Bayardo Robles se quedó solo y los agentes de la PGR lo detuvieron. Fue presentado como uno de los asesinos materiales del prelado.

"Luego vino lo que todos sabemos —dijo *la Rana* un poco aliviado de la tensión—: el procurador Carpizo salió a explicar que la muerte del cardenal fue el resultado de una confusión. Según él, dos bandas de narcotraficantes se habían enfrentado en el aeropuerto y como consecuencia del fuego cruzado perdieron la vida el prelado y seis personas más. La captura de Jesús Alberto Bayardo Robles, *el Gori*, fue providencial para el gobierno. Era la mejor prueba para demostrar la hipótesis que difundió el procurador. Se dijo que *el Gori* estaba bajo el influjo de las drogas, pero no fue así."

Cuando *la Rana* terminó de contar la historia sobre el asesinato del cardenal, se notaba exhausto. Dos bostezos seguidos y la mirada clavada en su interminable pintura delataban que se había desprendido de un gran peso. Después calló. Los presos que lo escuchaban entendieron y comenzaron a retirarse. Como si fuera un funeral, uno a uno se acercó a *la Rana* para agradecerle la narración con el tono de un pésame. Unos le tocaron el hombro, otros le dieron un toque con el puño cerrado en la barbilla. Los más discretos se marcharon con el consabido "ánimo", que expresaba todo el cariño que un preso puede tener por uno de sus iguales.

A la distancia, la historia de Rodríguez Bañuelos se concatena a la perfección con el dictamen del doctor Mario Rivas Souza, el médico forense de Jalisco que se hizo cargo de las investigaciones periciales del caso. Fue el primero en refutar la tesis del procurador Carpizo McGregor sobre el fuego cruzado, pues Rivas Souza aseguró que las balas que mataron al cardenal fueron disparadas en forma "directísima y a corta distancia".

En un hotel en San Diego, adonde fue a refugiarse, Rodríguez Bañuelos se enteró de la confrontación mediática entre la Iglesia y el gobierno federal. Le daba risa, contó, escuchar cómo Carpizo intentaba sostener a toda costa su versión. Pero las pruebas que divulgó el doctor Rivas Souza obligaron al procurador a presentar otra hipótesis sobre el crimen cuando la del fuego cruzado ya era insostenible. Carpizo tuvo que decir que Posadas Ocampo y su chofer, Martín Alejandro Aceves, fueron confundidos con el narcotraficante Joaquín *el Chapo* Guzmán y uno de sus escoltas, pues los gatilleros de los hermanos Arellano Félix sabían que el sinaloense llegaría en un vehículo similar al del cardenal y se confundieron.

Pero lo que se supo en la cárcel de Puente Grande fue que ninguno de los detenidos declaró conocer el vehículo en el que viajaba *el Chapo* Guzmán, y menos que fuera similar al que utilizaba con frecuencia Posadas Ocampo. Lo mismo sostuvo la comisión especial del Congreso de Jalisco que dio seguimiento a las investigaciones del asesinato, la cual estableció que "nunca fueron identificadas las armas del homicidio" ni las personas que dispararon contra las víctimas. Además, se perdieron algunas pruebas periciales, lo cual se atribuyó a los agentes de la PGR que estuvieron en el lugar de los hechos. Asimismo se perdió el pectoral del cardenal Posadas y algunas insignias de agentes federales que portaba el grupo de Rodríguez Bañuelos quedaron tiradas en la escena del crimen. Tampoco aparecieron las grabaciones de las cámaras de vigilancia que cubrían el estacionamiento del aeropuerto.

La Rana sólo movía la cabeza cuando en el patio del módulo ocho los reos sacaban sus propias conclusiones sobre la forma en que el gobierno intentó validar su versión. De alguna forma avalaba lo expuesto por la comisión del Congreso de Jalisco, la cual cuestionó la ineficiencia de la PGR para detener a los hermanos Benjamín y Ramón Arellano Félix cuando se refugiaron en el aeropuerto y algunos de sus escoltas entraron a la terminal con armas largas.

"A mí me da mucha risa, compita —me confió días después Rodríguez Bañuelos—, cómo el gobierno manipuló todo para sus propios intereses."

Para colmo, el general Gutiérrez Rebollo, que protegía a los hermanos Arellano Félix, Amado Carrillo y Joaquín Guzmán Loera, estuvo a cargo de la investigación de los homicidios. A él le correspondió llevar a cabo detenciones, declaraciones y cateos, todo lo cual puso a disposición de la PGR y de la Procuraduría General de Justicia del Estado de Jalisco.

Rodríguez Bañuelos no volvió a tocar el tema. Argumentó que el caso daba miedo porque había muchos intereses detrás de aquel asesinato, aunque en el fondo se sentía orgulloso de que el gobierno le hubiera encomendado esa tarea.

"Es una forma de recibir el reconocimiento como el mejor gatillero de toda la historia de México. Es como si el gobierno me hubiera dado un certificado de ser el mejor", expresó.

No obstante, después de muchos años y encerrado en el presidio federal de Puente Grande, *la Rana* no se sentía seguro. Su vida pendía siempre de un hilo. Casi todos los presos de ese penal creen que su existencia es como una moneda en el aire, pero *la Rana* sentía que la suya valía menos que la de cualquier otro preso. Sabía que en cualquier momento, aun entre los muros de la cárcel, podía amanecer muerto en caso de que se volviera incómodo para algún capo o un funcionario.

"Aquí lo más fácil es morirse. ¿Qué le cuesta al gobierno envenenarme con la comida? ¿O simplemente cambiarme el medicamento?", razonaba.

Por eso era meticuloso. Antes de ingerir su comida la revisaba detenidamente, como si pudiera descubrir el eventual veneno. Veía al cocinero a los ojos. Intentaba deducir que se había ordenado oficialmente su asesinato a partir de un gesto o una mirada extraños del que le servía los alimentos. En el comedor olfateaba, probaba su ración de a poquito y volteaba a todos lados antes de sentarse a la mesa. Hasta que se convencía de la falta de indicios de un atentado, masticaba despacio. Buscaba conciliar el instinto de conservación con aquella hambre carcelaria que lo impulsaba a devorar su ración en un santiamén.

Cada vez que recibía su dotación de medicinas, la que invariablemente se hacía tres veces diarias y poco antes de los alimentos, *la Rana* miraba con recelo las pastillas que la enfermera le entregaba en su mano. Clavaba sus gruesos lentes sobre la palma de la mano e intentaba descubrir si esas píldoras eran del mismo color y tamaño que las que recibía anteriormente. Dudaba antes de llevárselas a la boca y, a veces, antes de engullirlas las tocaba con la lengua y las paseaba por su boca. No le quitaba la mirada de encima a la enfermera. Se convirtió en un experto en identificar las pastillas sólo por su sabor. Decía que el medicamento para controlar su hipertensión sabía a vinagre, que las píldoras para el dolor de la artritis tenían un sabor a pimienta fermentada y que las de la gastritis sabían a limón con vainilla.

Siempre alerta, a veces *la Rana* se levantaba de su cama a mitad de la noche sólo para revisar que en el aire no navegara ningún olor extraño. Como ex policía conocía las técnicas del crimen. Era un perro de caza olfateando todo a su alrededor. Cuidaba que nadie lo tocara. Sabía de muchos casos en que sólo fue suficiente un toque a la piel para transferir un veneno. Por eso mantenía la distancia con los demás reclusos: se sabía el mejor de los asesinos y evitaba la cercanía con los que simplemente eran asesinos peligrosos. Nunca estrechó la mano de otro criminal.

"Soy el mejor gatillero de la historia de México —presumía—, pero también soy el que más ama la vida, especialmente la mía."

La Rana era uno de los presos más afables. A todos los sentenciados del módulo ocho les dispensaba, con cierta distancia de por medio, una plática colorida. Al que nunca lo vi acercarse fue a Oliverio Chávez Araujo, *el Zar de la Cocaína*, que el 17 de mayo de 1991 encabezó un motín en la cárcel de Matamoros que duró 13 días y del que resultaron 35 reos muertos y 50 heridos, como resultado de una disputa por el control del penal. Los hombres de Chávez Araujo masacraron al grupo que desde el exterior manejaba el capo Juan García Ábrego.

La Rana me comentó que no se le acercaba al *Zar de la Cocaína* no porque le temiera a él, sino porque estaba seguro, conociéndose, que la plática podía convertirse en un desencuentro, y él buscaba llevar su cana de la mejor manera posible. La aspiración de Rodríguez Bañuelos era tener una muerte natural.

"Mi vida sólo le pertenece a Dios —me dijo— y es el único que me la puede quitar. Mi obligación es cuidarme, no por mí mismo, sino por la obediencia que le debo a Dios. Lo único que tengo es mi vida y eso es lo que debo entregarle en su momento."

Estaba convencido de que existía una hora predestinada para su muerte y su obligación era llegar con plenitud a ese momento.

"El día que me sorprenda la muerte como un llamado de Dios —filosofaba— quiero que me encuentre bien vivo."

CAPÍTULO 11

El Zar de la Cocaína

Oliverio Chávez Araujo no hablaba. La mayor parte del día la pasaba en silencio. Se alejaba de todos. Era como un viejo ermitaño que se remontaba en sus pensamientos y no permitía que nadie se metiera en ellos. Para todos los presos era el hombre más temible de aquel sector de la cárcel de Puente Grande. Nadie se le acercaba. Y no era infundado aquel miedo. Cuando llegué al área de sentenciados, Rodríguez Bañuelos me aconsejó que no me acercara a él.

"Usted es muy pinche preguntón —me dijo—, y a ese hombre no le gustan las preguntas. Mejor evítese una muerte extraña en esta cárcel y haga como que no existe."

Las historias que se contaban sobre *el Zar de la Cocaína* eran terribles. El capitán Joel Ibarra Cansino era un especialista en la vida de Oliverio Chávez Araujo. A él le escuché, en largas noches de pláticas, algunas historias sobre la vida de aquel hombre, al que una cicatriz en la mandíbula izquierda lo hacía verse más siniestro. Hablaba de Chávez Araujo con cierta tristeza, como si tratara de absolverlo de todos los pecados que había cometido en su larga vida delictiva.

El capitán Ibarra se sabía de lado a lado la vida de Chávez Araujo porque sirvieron juntos en las filas del ejército. Antes de ser *el Zar de la Cocaína* estuvo a las órdenes de Ibarra. El capitán impulsó la carrera militar de Chávez Araujo por su dedicación. Fue gracias a él que lo ascendieron al rango de sargento, de donde posteriormente habría de desertar para convertirse en uno de los principales jefes del narcotráfico, siempre al amparo del Cártel de Tamaulipas, que había consolidado Juan Nepomuceno Guerra y luego heredó el sobrino de éste, Juan García Ábrego.

"Chávez Araujo es un hombre malo", me dijo Ibarra sin que yo le preguntara.

Era una noche calurosa. El infierno de la prisión se había transformado en un horno donde los cuerpos de los presos destilaban sudor y tristeza. Nadie podía dormir. El hacinamiento en las celdas viciaba el aire y costaba trabajo respirar. Por turnos, como si se tratara de la libertad, los reos nos colocábamos en las rendijas de las ventanas que daban al patio para jalar un poco de aire fresco. No sólo nos atormentaban los olores de los cuerpos cocidos lentamente; también tragábamos los vapores que escupían las coladeras. El aire se infestaba de olor a podrido. Yo estaba a la espera de que el capitán Ibarra me cediera el espacio para ventilar los pulmones, porque siempre fue amable conmigo. Él estaba más acostumbrado que yo a los vapores sudorosos de la celda. Cuando me cedía su tiempo de respirar por la ventana, le daba risa cuando veía mi cara.

"Ánimo, *repor* —me decía en medio de una risita que apenas se podía escuchar—, jálele al aire. No se me vaya a morir. Este pinche olor es más malo que cualquiera de los que estamos aquí. Éste sí nos puede matar a todos."

Posteriormente me hizo su advertencia sin que yo le preguntara, pero consciente de mi pasión por las historias. Casi me susurró al oído que Chávez Araujo era malo. Con la vista clavada en el patio y tratando de jalar todo el aire que se extendía en la noche clara, escuché la historia que fue escupiendo a pausas aquel mínimo hombre abandonado. Se me pegó a la espalda. Con algo de repulsión sentí el calor de su cuerpo, pero me sedujo la historia.

"No te acerques a Chávez Araujo —me repitió al oído—. No le gustan los reporteros. Ya sabe que andas buscando historias y dijo que si le preguntas algo te manda matar."

La noticia hizo que se me quitara el calor de golpe. Yo había comprendido el peligro, pero escuchar directamente que el narcotraficante ya había pensado en mi muerte fue otra cosa. Seguía creyendo en el fondo de mí que recuperaría mi libertad porque era inocente, pero también sabía dónde estaba en ese momento: la turbiedad corrupta bajo la cual se había llevado a cabo mi proceso penal me echaba encima una sentencia de 20 años en primera instancia, lo que también me hacía pensar en toda una vida de encierro. Y en la prisión, como decía *la Rana*, había que estar bien vivo para cuando llegara el momento de la muerte. Lo último que yo quería era morirme preso.

"Lo he visto matar de manera cruel —me había dicho *la Rana*—. No necesita motivos; es de esos hombres que no matan por gusto sino por una necesidad que les nace de adentro."

Como pude me zafé de las delgadas manos del capitán que ya estaban escurriéndose hacia mis hombros. Lo miré de frente. Entendió que lo que me seducía era su historia. No dijo nada. Bajó la mirada. Lo sentí avergonzado. Dio un paso atrás y se sentó en su cama. Hizo una mueca de viejo cansado y me llamó a sus pies. Yo era un niño a la espera del cuento anhelado que me hiciera soñar. Habló quedito para que sus palabras no salieran volando por las rejas.

—A Oliverio lo conocí en el ejército —habló tocándome la cabeza, como si acariciara a un perro—. Éramos muy jóvenes los dos. Teníamos ganas de ser alguien en la vida. La pobreza de la que veníamos nos empujaba a eso: queríamos comernos el mundo, no sin antes quitarle el dinero que tuviera.

"Cuando yo ya era capitán, él fue asignado a mi compañía. Era un hombre inteligente. Cumplía con prontitud todas las tareas encomendadas. Era muy diligente, pero le ganaba la ambición. No había labor que se le asignara en la que no consiguiera una ventaja económica para él. No puedo decir que no fuera compartido, pero exageraba en su gusto por el dinero. Me compartía sus utilidades y eso era bueno en aquel momento.

"Nunca decía mentiras. Afrontaba con hombría todas las decisiones que tomaba y siempre hablaba directo. Hasta cuando cometía errores era el primero en decirlos antes de que fueran descubiertos por la superioridad. Por eso llegué a estimarlo tanto y busqué la forma de ascenderlo en la jerarquía militar. Yo fui el responsable directo de su formación; siempre lo recomendé para que recibiera adiestramiento. Lo elevé al rango de sargento y entonces se volvió incontrolable.

"La principal tarea de mi compañía era desarticular bandas de narcotraficantes que operaban en el estado de Guerrero. El sargento Chávez Araujo comenzó a mostrar su verdadera ambición: pocas veces hacía la entrega de detenidos. La mayoría de los narcotraficantes capturados por su sección eran puestos en libertad por una orden suya después de recibir un pago y confiscarles la droga que se les encontraba."

Al contar sus historias el capitán Ibarra tenía la manía de alzar la mano izquierda y cubrirse los ojos. Se cerraba al mundo y parecía mirar dentro de sí mismo. Tal vez era una forma de no sentir culpa o al menos de no demostrarla, porque en sus relatos invariablemente confesaba algunos actos que no lo llenaban de orgullo precisamente. Bajaba la cabeza en actitud de derrota o la movía a los lados, para sacudirse los sentimientos que le iban llegando conforme se metía en la historia. A veces sollozaba en medio de sus palabras, pero se recomponía. Esa noche no fue la excepción. Sin dejar de tocarme la cabeza, mesándome el pelo como al hijo que quería proteger, se lamentó de aquellos días en que sirvió al ejército con Chávez Araujo de su lado.

—Una vez —siguió contando— desde México nos llegó la encomienda de capturar a Alfredo Ríos Galeana, el famoso asaltabancos. A Chávez Araujo le encomendé las labores de investigación. Diligente como era, pronto dio con pistas: localizó a una de las amantes del asaltabancos. Leticia o Patricia se llamaba, no lo recuerdo bien. Lo que nunca se me va a olvidar es el rostro de aquella mujer después de ser torturada durante casi una semana.

"Oliverio la llevó a una casa de seguridad en Chilpancingo. La secuestró cuando salía del mercado y llevaba en brazos a su hijo de menos de un año. La mantuvo secuestrada, reclamándole la ubicación de Ríos Galeana. Ella le dijo desde el principio que no sabía dónde estaba su amante. Pero Oliverio Chávez era un animal.

"La ató a una silla y colocó delante de ella al niño. Lo desnudó y lo dejó a su voluntad. En menos de dos horas el niño no dejaba de llorar. Oliverio insistía en que delatara el escondite del asaltabancos. La mujer se debatía al ver la desesperación de su hijo. Con el cuarto lleno de soldados nadie escuchaba los gritos de la mujer, que pedía clemencia para el niño. Pasaron así toda la noche. Aún no clareaba el día cuando Oliverio le dio un ultimátum: decía dónde estaba Ríos Galeana o aquel niño no vería otro amanecer.

"La falta de respuesta de la mujer, que seguía sumida en un llanto más desesperante que el del propio niño, le dio la pauta. De una patada el frágil cuerpo fue a caer a los pies amarrados de la mujer. Los gritos de la prisionera resonaron con más fuerza. El niño dejó de serlo para convertirse en una pelota entre las botas de los soldados."

Ibarra sollozaba mientras proseguía la narración. Las lágrimas se le escapaban entre los dedos, con los que intentaba seguir cubriendo sus ojos. Sudor y lágrimas escurrían por su cuello. La mano que tenía en mi cabeza se clavaba con los dedos como cinco estacas, en un intento de sujetarse al presente mientras recordaba. Andrés, el otro preso que compartía aquella minúscula celda con nosotros, daba vueltas en su cama. También parecía lacerado por las palabras con las que se desarrollaba aquella historia.

—El niño, ya muerto y sangrante, fue puesto de nueva cuenta a los pies de la mujer. Pero ella hacía mucho que había dejado de llorar. Sus ojos eran dos grandes hoyos inundados. La mujer se desvaneció en muchas ocasiones y en todas ellas la devolvían a la realidad. Apenas soltaba balbuceos delirantes, le caía una andanada de golpes. Le pegaron con la culata de los rifles y con los puños cerrados. Luego fue el objeto de placer de los seis soldados presentes en aquella habitación.

"La violaron durante cinco días —siguió contando Ibarra, arrepentido—. Para mantenerla viva le daban agua a la fuerza y le inyectaron morfina. Oliverio ya no tenía la intención de arrancarle la información sobre Ríos Galeana. La tortura le nacía de las entrañas. Desde las primeras horas que tuvo bajo su custodia a la mujer, él supo que ella ignoraba la ubicación del delincuente. El único motivo para retenerla fue que le gustó desde el primer momento en que la vio. A Oliverio, si algo lo hacía perderse, era el gusto por las mujeres.

"Después, el sargento Chávez Araujo llevó a un médico que le brindó la atención necesaria. Durante dos días estuvo al pendiente de sus necesidades. Una guardia permanente de tres soldados la atendió mientras seguía inconsciente en tanto que Oliverio y una partida militar continuaban la búsqueda de Ríos Galeana. Como no lo encontraron, al regreso Chávez Araujo desató su ira contra la convaleciente: con una navaja 007 le tasajeó el rostro, en carne viva le cortó los labios, rasgó una gran cruz sangrante en su frente y le perforó las mejillas."

Con el rostro desfigurado con una macabra sonrisa, aquella mujer fue llevada ante el capitán Ibarra. Él no supo la razón de ese acto; pensó que se trataba de una intimidación contra él porque en el rostro de Chávez Araujo asomó una mueca de perversidad. No le dijo nada. Dejó que fuera el sorprendido capitán quien iniciara el diálogo sobre aquella escena. La mujer estaba tirada en el suelo. No supo cuál de las dos sonrisas era más horrenda, si la de la mujer desollada en vida o la del sargento que seguía inmóvil frente a él.

"Sólo me miraba de arriba abajo —relató Ibarra—. Me la acercó empujándola con el pie. Le pregunté qué era aquello, quién era esa mujer y qué estaba pasando."

Oliverio Chávez, con una sonrisa de felicidad, le dio una explicación detallada de sus pesquisas para dar con el paradero de Ríos Galeana. Le narró paso a paso lo que le hizo a la mujer, sobre todo deleitándose en la forma en que mató al niño delante de su madre, las veces que la violaron y la forma demencial en que le desfiguró el rostro. Le dijo que la llevaba para pedirle instrucciones sobre el destino final de la prisionera. El capitán comprendió que era un modo de hacerlo partícipe de su crueldad.

"No tuve más opción que pedirle que se deshiciera de ella —confesó Ibarra envuelto en llanto—. Le ordené que se la llevara y que concluyera con aquello sin dejar rastro."

Oliverio levantó el cuerpo como si fuera un costal, se lo echó al hombro y salió silbando. El capitán supo después que la mujer fue destazada viva y que sus partes fueron tiradas en un estero de la Costa Chica de Guerrero, donde sirvió de alimento a los cocodrilos. La misma suerte corrieron 10 detenidos que fueron relacionados con el asaltabancos. En cada caso, los cautivos agonizantes eran llevados ante Ibarra, que no tenía estómago para ese espectáculo. Éste sabía lo que era matar, pero admitía que nunca lo hizo con la maldad de Chávez Araujo.

"En una ocasión —siguió el relato con el ritmo pausado con que me mesaba el pelo— le dije que ya no me trajera a sus víctimas. Le pedí que no siguiera matando de esa forma. Lo amenacé con detenerlo y consignarlo a la autoridad."

"Oliverio me miró como sólo se puede hacer cuando se odia de verdad. Me dijo que yo era una niña y no tenía la calidad suficiente para ser capitán del ejército; que si tenía miedo, mejor renunciara. Me advirtió que si lo consignaba ante la superioridad yo terminaría como uno de aquellos cuerpos con los que gozaba cada vez que los ponía ante mi vista. Ésa fue la última vez que platicamos como miembros del ejército. A los pocos días desertó para iniciar su negocio en el narcotráfico. Se asoció con un grupo de sembradores de amapola y comenzó su emporio hasta convertirse en el principal comercializador de cocaína del país, muy por encima de los narcos de Sinaloa."

Al capitán Ibarra lo agotó el llanto. De los sollozos pasó a los bostezos. Se olvidó de que yo seguía sentado a sus pies. Giró sus nalgas sobre el filo de la cama y se recostó. Con la mirada puesta en el techo, como un ciego, buscó de nuevo mi cabeza. Me acerqué como para darle consuelo. Pasó su mano suave de preso sobre mi rostro. Era como si intentara descubrir mis facciones. Con sus dedos salados de lágrimas tocaba mis ojos, mi nariz, mis labios. Sus caricias las escondía en un gesto paternal con el que me limpiaba el sudor del rostro en medio de la hedionda noche.

Oliverio Chávez dormía a tres celdas de la nuestra. Era desconfiado. Tenía la manía de levantarse a mitad de la noche y pegar el oído a las paredes para escuchar lo que cuchicheaban los demás. Se pegaba a la reja en espera de una palabra que le revelara el hilo de la conversación de los insomnes. Hurgaba en el aire cualquier indicio de que se hablara de él. A la mínima sospecha de que lo aludieran, reclamaba de inmediato. Su voz rompía el duermevela en el que todos los presos navegábamos. A veces, no conforme, al día siguiente mandaba a su gente que le llevara a algún preso para llamarle la atención por referirse a su persona.

La escena era la siguiente: Chávez Araujo se plantaba en una esquina del patio y desde ahí ubicaba al preso que sospechaba había hablado sobre él la noche anterior. No lo llamaba, sólo alzaba la mano hasta que el otro lo viera y entonces le hacía una seña con el índice derecho, como si rascara el aire. El preso no tenía más remedio que ir, y entonces Chávez Araujo era directo:

"Yo no existo para usted ni para nadie —decía a los reconvenidos—; déjese de cosas y no vuelva a mencionarme en sus pláticas."

Cuando alguien volvía a mencionarlo y de algún modo era sorprendido, el sanguinario ex militar advertía: "Siga hablando de mí y va a salir de esta cárcel con los pies por delante". Más de la mitad de la población de sentenciados había recibido esa amenaza al menos en una ocasión.

Mandó por mí después de la noche en que el capitán Ibarra me relató su historia. De alguna forma el aire cálido de la noche le llevó hasta su celda nuestra conversación. Yo estaba sentado en una banca bajo el sol, hablando con *la Rana* sobre el asesinato del cardenal Posadas Ocampo y no me percaté de la insistencia del *Zar de la Cocaína*. Fue *la Rana* quien me dijo, bajando la cabeza para ser discreto, que me estaba llamando Chávez Araujo. Se me heló la sangre cuando vi que Oliverio Chávez levantaba su mano hacia mí desde un extremo del patio. *La Rana* susurró algo que no alcancé a entender, pero comprendí su solidaridad cuando puso su mano derecha sobre mi rodilla izquierda. "Vaya —me dijo— y no lo vea a los ojos."

Como si aquel dedo índice fuera un imán, me levanté para cruzar el patio. Sentí cómo se me iba cargando el peso de todas las miradas de los presos conforme avanzaba hacia Chávez Araujo. Los 50 metros que nos separaban fue la distancia más grande que he recorrido en toda mi vida. No dije nada. Bajé la mirada y dejé que él hablara. Escuché aterrado las pocas frases que sabía pronunciar aquel asesino. Me dispensó un colofón que nadie le había escuchado antes: "¿Me entiende lo que le estoy diciendo?" Yo asentí. Luego me despidió con un ademán que alcancé a ver de reojo: sacudía el aire con la mano derecha.

Ya en la celda, al amparo del infierno en que se volvía cada noche de primavera, el capitán Ibarra me miró con misericordia. Me invitó a sentarme en el filo de la cama donde le gustaba sumirse en sus recuerdos. Sus breves ojos negros desnudaron los sentimientos que en el día lo habían estado acribillando. De alguna forma se sentía responsable de la amenaza que ahora pesaba sobre mí.

"Es mi culpa", me dijo casi al oído.

Se replegó a mi costado izquierdo. Hizo una prolongada pausa y comenzó a hablar otra vez acerca de la historia de Chávez Araujo. En esa ocasión fue más cauteloso y casi inaudible. Se escuchaban más los ladridos de los perros a lo lejos que las palabras que embarraba en mis oídos. Los dos conocíamos el riesgo, pero en la cárcel no hay muchas cosas que hacer. Ibarra lo hacía por expiar un poco el dolor de la complicidad que en su momento mantuvo con Chávez Araujo, y yo por mi terquedad de reportero.

"Después de que Chávez Araujo dejó el ejército, yo mismo fui tras él porque sabía que no estaba en nada bueno. Lo ubiqué con un grupo de sembradores de amapola.

"Ese grupo lo encabezaba su tío, Hilario Guillén Araujo. Este señor se fortaleció en el estado de Guerrero mientras Oliverio fue sargento. Le brindó todas las posibilidades de protección para el trasiego de drogas. Las patrullas del ejército que se le encargaban a Chávez Araujo siempre las ponía a disposición del grupo de narcotraficantes de su tío. Le abrían el paso desde la zona de Coyuca de Catalán, Guerrero, hasta Matamoros, Tamaulipas, donde comenzaron a hacer negocios con el cártel de Juan García Ábrego, al que le suministraban mariguana, cocaína y la goma de opio que se cultivaba en la región, de la que se extraían morfina y heroína."

Pronto los negocios del narcotráfico dejaron de ser locales. A decir del capitán Ibarra, el grupo de Hilario Guillén Araujo hizo contacto con el Cártel de Medellín y a través de los hermanos Fabio, Jorge Luis y Juan David Ochoa comenzaron a introducir cantidades industriales de cocaína proveniente de Colombia hacia Matamoros. Los hermanos Ochoa no sólo proveían la droga; también financiaban las operaciones del grupo que operaba en Guerrero, donde Oliverio Chávez ya era el segundo hombre, apenas bajo las órdenes de su tío.

Oliverio era un hombre muy hábil para los negocios. Esa cualidad lo llevó a tener contacto de primer nivel con el Cártel de Medellín. No se limitó a la relación con los hermanos Ochoa, sino también asistió a reuniones importantes encabezadas por Pablo Escobar Gaviria. Éste incluso hizo gestiones para conseguirle un pasaporte y documentación oficial para que obtuviera la nacionalidad colombiana, un gesto muy especial de la mafia de Medellín que ni siquiera se le otorgó al *Chapo* Guzmán.

El motivo de esa deferencia, dijo el capitán Ibarra, era que Chávez Araujo le hizo obtener grandes beneficios a la organización colombiana, sobre todo por el control de las rutas de tráfico de drogas que iban desde Guerrero hacia Matamoros, donde Oliverio fue el representante de los intereses de Pablo Escobar ante el cártel de Juan García Ábrego, el principal comprador de la cocaína que salía de Colombia con destino hacia Estados Unidos. Por eso estuvo en condiciones de hablar al tú por tú con el fundador del Cártel del Golfo.

"Desde hace muchos años —me susurró enseguida el capitán— yo tengo mi vida en las manos de Chávez Araujo. Sé que está esperando el momento de matarme. No me perdona que lo haya detenido y puesto en prisión."

La confesión me tomó por sorpresa. Entendí la necesidad de aquel hombre por descargar lo que traía en el pecho. Era su forma de vengarse contra el sanguinario narcotraficante que le había hecho pasar los peores momentos de su vida, aún más horribles que los vividos en prisión. También entendí que contarme la historia de Chávez Araujo era para Ibarra una forma de dejar un testamento que lo redimiera ante la sociedad si llegaba a morir en la cárcel.

"Le cuento todo esto —me dijo— porque usted sabrá darle un buen uso a esta historia... si es que un día tiene el valor y puede salir de estas paredes."

Las palabras del capitán me dolieron, pero seguí escuchando su confesión:

—A Chávez Araujo lo pesqué un día. Estaba tras él desde hacía tiempo y la oportunidad se me presentó en un retén cerca del rancho Los Corrales en Coyuca de Catalán. Me habían informado que se estaba preparando un cargamento de goma de opio y que la gente de Hilario Guillén Araujo organizaba el traslado. Nunca imaginé que al frente de aquellos tres hombres estuviera el propio Oliverio.

"Me aposté a 10 kilómetros del rancho y esperé más de dos días a que pasara la camioneta que, me dijeron, iba retacada de opio. A primera vista aquel vehículo gris de redilas me pareció de lo más usual en la región. Estaba sucio, con rastros de haber llevado animales hacía poco: tenía mierda escurrida por los lados. Adentro viajaban tres personas con aspecto de campesinos que fueron a vender vacas.

"Apenas detuve a la unidad y encañonamos a los tres, reconocí a Oliverio. La sangre me hervía. Él no dijo nada. Por puro trámite pedí que se identificaran. Cuando él vio quién era yo, volvió a aflorar aquella risita que ya le conocía de muchos años. De manera lenta y con la seguridad que sólo un asesino puede tener, bajó de la camioneta y les dijo a sus hombres que se esperaran. Estaba seguro de controlar la situación. Pensó que me iba a achicar como cuando me llevaba aquellos cuerpos medio muertos para demostrar su falta de sentimientos.

"—Buenas tardes, capitán —me midió—. ¿No se le hace que anda muy lejos de sus terrenos?

"—Éstos son mis terrenos —le respondí.

"—No creo. Éstos son mis terrenos y por aquí el que manda soy yo.

"—Eso ya lo veremos —insistí, al momento en que ordenaba a uno de mis hombres que lo detuviera.

"—Soy Oliverio Chávez Araujo —me dijo como si necesitara refrescarme la memoria—. Soy narcotraficante y llevo una carga de opio.

"—Eso ya lo sé, por eso vengo a detenerte. Te voy a meter a la cárcel.

"—Se me hace que va muy rápido, capitán. Todavía no nace el que me detenga.

"Apenas dijo eso, quiso sacar su pistola, pero para entonces mi sargento ya lo tenía encañonado. Oliverio no pudo hacer nada. Lo sometí ante la mirada nerviosa de sus compañeros. Desde el suelo vociferaba mi sentencia de muerte. Decía la forma en la que me iba a matar. Fue más allá: lanzó amenazas de muerte contra mi familia. Decía con certeza dónde se encontraba mi esposa y mis hijos. No había forma de callarlo. Aun bocabajo, gritó que destazaría a cada uno de mis hijos, que iba a hacer que me los comiera a pedazos e iba a gozar el momento de su venganza.

"Revisamos la camioneta. Encontramos más de 15 kilos de goma de opio que llevaba escondidos en un falso fondo. Eran 60 paquetes envueltos en plástico café. Nos llevamos a los detenidos, la camioneta y el cargamento hasta el cuartel de Chilpancingo. Ahí lo entregué a la PGR.

"En el trayecto Oliverio seguía amenazante. Decía que mis hombres y yo ya estábamos muertos, que no sabíamos lo que estábamos haciendo. Advirtió que en realidad el más ofendido por aquel decomiso sería Juan García Ábrego. Como las amenazas no surtían efecto, cambió de estrategia: nos ofreció cinco millones de pesos por su libertad. No le importaban sus compañeros detenidos; dijo que nos podíamos quedar con ellos y con parte de la carga. De todas formas quedó en manos de la PGR y fue sentenciado a sólo ocho años de cárcel. En el parte de la PGR con el que se le consignó ante un juez, el Ministerio Público dijo que lo habían detenido sus agentes y le encontraron 300 gramos de heroína, una báscula y un rifle calibre .22. Por eso el juez decidió que su sentencia debería ser mínima."

La corrupción en la PGR en aquel tiempo era todavía más desbordante, contó el capitán Ibarra. Por alguna razón que sólo puede obedecer a los intereses de algunos agentes del Ministerio Público Federal, Chávez Araujo no fue encarcelado en la Ciudad de México ni en Guerrero, donde fue detenido; se le dictó prisión preventiva en la cárcel estatal de Matamoros, donde todo lo que sucedía hacia finales de la década de los ochenta era controlado por Juan García Ábrego, el socio de Oliverio.

En el silencio de la celda, el capitán Ibarra bufaba de coraje. Con la mano izquierda seguía cubriéndose los ojos. Esta vez no había lágrimas que se asomaran mientras iban llegando uno a uno los recuerdos. A veces pedía disculpas por intercalar silencios prolongados para ordenar sus ideas. También interrumpía la narración cuando un oficial pasaba por el pasillo al hacer su rondín. Entonces yo me levantaba del suelo y el capitán fingía dormir. Era la forma de evitar un castigo por estar despiertos a deshoras. Cuando el oficial pasaba de largo por la celda, yo regresaba como un perro fiel a los pies de su amo. El capitán me volvía a acercar con su mano y seguía revolviendo mi pelo como si esa fuera la única forma de tener fuerzas para seguir contando su historia:

—Juan García Ábrego le dio todas las garantías de seguridad, aun estando en prisión. Por cuenta de él corrieron todos los lujos que pudo tener en la cárcel. Acondicionó su celda como un hotel de lujo. Tenía todo a su disposición: mujeres, vinos, drogas, armas y teléfonos. No había nada fuera del alcance de Chávez Araujo en la prisión de Matamoros, por eso se convirtió en el jefe de la misma.

"Desde aquel penal Chávez Araujo siguió siendo el principal socio comercial del Cártel de Matamoros. Continuó enviando grandes cantidades de goma de opio, pero comenzó a perfilarse hacia el tráfico de cocaína. Como enlace del Cártel de Medellín con el de Matamoros, hacía posible el trasiego de más de 100 toneladas al mes. La droga llegaba desde Colombia por el puerto de Acapulco y él la enviaba a la frontera norte sin mayor problema. En ese tiempo todos los elementos de la PGR que estaban asignados a los estados de Guerrero,

Morelos, Zacatecas, Nuevo León y Tamaulipas cobraban en la nómina de don Silverio.

"La banda de Chávez Araujo pagaba más de 20 millones de pesos mensuales en sobornos.

"De ese tamaño era el trasiego de drogas que estaba haciendo desde la prisión de Matamoros. De hecho era el que sostenía la actividad del Cártel de Matamoros. A García Ábrego le interesaba que Oliverio estuviera cómodo en el penal porque las utilidades que le dejaba su organización eran millonarias. En un arranque de euforia, el propio García Ábrego bautizó a Oliverio Chávez Araujo como *el Zar de la Cocaína*. Afirmaba que no había narcotraficante en México ni en el resto del mundo que pudiera mover más de 100 toneladas de droga al mes como lo hacía *el Zar,* que ni siquiera necesitaba estar en las calles para hacerlo. García Ábrego decía que ni *el Chapo* Guzmán ni Rafael Caro Quintero estaban a ese nivel."

La demanda de cocaína por parte del Cártel de Matamoros se incrementó. Las 100 toneladas que llegaban desde Guerrero no fueron suficientes para el mercado que estaba abriéndose en Estados Unidos y Europa. Por eso le pidió a su principal suministrador que incrementara los cargamentos. Pero Chávez Araujo, pese a dominar cómodamente la prisión, estaba impedido para atender la demanda de su principal cliente. Entonces optó por dejar la cárcel. A menos de un año de su ingreso en la cárcel de Matamoros, hizo los arreglos necesarios con los custodios y la dirección del penal para salir sin problemas.

—Chávez Araujo —continuó su relato el capitán Ibarra— no se brincó la barda del penal ni hizo un boquete en los muros para salir. Salió por la puerta principal.

"Él decidió la forma y la hora de su salida. A las cinco de la tarde, después de comer con algunos de sus principales socios de la prisión, a quienes les anunció su decisión de marcharse, fue hasta su celda una comitiva de oficiales incluidos en la nómina del cártel.

"—Señor —repitió Ibarra las palabras de un oficial como si las hubiera escuchado en aquel momento—, ya es hora.

"Oliverio Chávez se levantó. Se limpió la boca para borrar los restos de comida y de pie le dio el último trago a la botella de whisky que tenía frente a él. Hizo la última recomendación: 'Les encargo mucho a la gente'. Luego, abriéndose paso entre los oficiales que estaban parados en la puerta, avanzó en silencio. Los guardias lo escoltaron por el laberinto de túneles del penal hasta la aduana principal. Ahí abordó una camioneta negra que le tenía lista un grupo de sicarios enviado por el capo García Ábrego."

En libertad, Chávez Araujo duplicó su capacidad para mover la droga. Pronto fueron casi 300 toneladas de cocaína las que enviaba mensualmente desde Guerrero hasta la frontera de Tamaulipas. Fue cuando el Cártel de Medellín le hizo una propuesta que no pudo resistir: hacerse cargo de la plaza de Matamoros para que las utilidades quedaran en el mismo grupo. Se ideó la forma de eliminar al cártel de García Ábrego y se le designó como nuevo encargado de esa plaza. Chávez Araujo no tuvo empacho en traicionar al hombre que lo había sostenido y sacado de la prisión. No hubo diálogo de por medio, simplemente se inició una guerra a muerte entre los dos grupos. Para contener la invasión del Cártel de Medellín en alianza con Chávez Araujo, que tenía el respaldo de fuerzas federales, en el Cártel de Matamoros se decidió reclutar a ex miembros del ejército para formar un grupo que hiciera frente a la gente de Araujo con las mismas tácticas militares. Así nació el grupo de Los Zetas.

García Ábrego se reunió con el comandante de la Policía Judicial Federal, Guillermo González Calderoni, y el militar poblano Arturo Guzmán Decena, miembro del Grupo Aeromóvil de Fuerzas Especiales (GAFE) del ejército mexicano. Se acordó la contratación de soldados retirados, pero el número no fue suficiente: en dos meses apenas pudieron contratar cerca de 60 elementos. Pero cuando Guzmán Decena observó en Matamoros a un grupo de migrantes que pretendían cruzar la frontera hacia Estados Unidos, se le ocurrió contratar como sicarios a esos hombres. Se acercó a un grupo de ellos, que esperaban a que cayera la noche para cruzar el río Bravo. Un golpe de suerte lo iluminó: uno de aquellos indocumentados era ex miembro del ejército guatemalteco. Se había formado en las fuerzas especiales llamadas kaibiles. Se decidió entonces enviar por más integrantes de aquel sanguinario cuerpo de élite. Los encargados de viajar a Guatemala para reclutar a todos los ex kaibiles que se pudiera fueron Heriberto Lazcano (*el Lazca*), Rogelio González Pizaña (*el Kelín*), Jesús Enrique Rejón Aguilar (*el Mamito*), Jaime Durán González (*el Hummer*) y Miguel Ángel Treviño Morales.

—Fueron los ex militares contratados por el Cártel de Matamoros los que lograron detener por segunda ocasión a Oliverio Chávez Araujo.

Aquella frase, que parecía el desenlace de la historia que contaba el capitán, salió desde el fondo de su alma como aliviando todo el dolor que se le acumulaba en su breve cuerpo. Se quedó quieto y en silencio. Parecía hueco. Sólo se escuchó cómo su respiración agitada volvía poco a poco a la serenidad. Ya estaba amaneciendo. La voz del guardia de turno alertando del pase de lista rompió el aire justo cuando el capitán retiraba su mano de mi cabeza. Me miró a los ojos. Su mirada era la de un niño perdido buscando compasión.

—Cuando pueda —me dijo—, cuente esta historia para no sentir que he vivido en balde. No deje que me lleve todo esto a la tumba. Yo no podría descansar con todos estos recuerdos en mi cajón. Hágame esa promesa, como hermanos de prisión que somos.

Asentí, pero no fue suficiente para él.

—Júrelo por lo que más quiera —insistió.

Le juré por mi vida que así sería. Pero no seguía convencido.

—No. Jure por lo que más quiera en esta vida que así será.

Le juré por Dios y por mi hija que escribiría lo que me estaba contando desde el fondo de su memoria y su corazón. Me pidió que me pusiera de pie. Que pusiera mi mano derecha del lado izquierdo del pecho y que levantara mi mano izquierda. Me pidió que deletreara unas frases que me fue dictando:

—Yo, Jesús Lemus, preso número 1568 de la cárcel de Puente Grande, juro por Dios y la vida de mi hija que voy a contar algún día la historia de Oliverio Chávez Araujo, el asesino más cruel de toda la historia de México. Y esto lo digo a las cinco de la mañana con cuarenta y siete minutos del 16 de abril de 2011.

Después el capitán Ibarra se recostó, cerró los ojos y aparentó olvidarse de todo. Al pase de lista ni siquiera se levantó. No abrió los ojos ni cuando el oficial de turno comenzó a gritarle que se pusiera de pie. Sólo alzó su mano derecha y le mostró el dedo medio. Fue su pase a un castigo de 30 días de aislamiento.

Con aquella sanción a cuestas, a la espera de ser trasladado a una celda de castigo, donde no podría ver ni la luz del día, el capitán Ibarra no se rasuró ni tendió su cama. Se acostó en la mesita de concreto que compartíamos en aquella reducida celda y comenzó a escribir una carta. El resto de los presos fuimos llevados primero a desayunar y luego al patio a tomar el sol. Pasamos toda la mañana fuera de las celdas, entre el patio y el comedor, donde *la Rana* seguía pintando su inacabable cuadro del lago con cisnes que no alcanzaban a tomar forma. En mi cabeza seguía recreando la historia de Chávez Araujo, que no dejaba de mirar alrededor con odio.

"Algo hay en el aire —me dijo Rodríguez Bañuelos sin verme a los ojos—. El día se está llenando de muerte."

Yo pensaba en la mía cuando miraba el rostro de Chávez Araujo, que me seguía por todos lados. Pensaba en el capitán Ibarra y en aquella forma desenfadada de contar lo que por muchos años había guardado en su pecho. Pensaba en *la Rana* con todos sus padecimientos físicos a cuestas. Miraba al *Copetón* que seguía sumido en su estado ya normal de tristeza. Veía a Orlando Magaña, que esa ocasión no amaneció dicharachero. Ese día estuve seguro de que no iba a salir vivo de aquella prisión.

Antes de la una de la tarde nos regresaron a las celdas. Ya no encontré ahí al capitán ni sus pocas pertenencias, que cuidaba como el tesoro más grande del mundo. Sobre su cama desnuda había unos papeles. Apenas pisamos la penumbra de la celda, Andrés y yo nos vimos a los ojos. Nos quedamos parados mientras escuchábamos cómo se cerraba la reja metálica a nuestras espaldas. No dejábamos de ver aquella especie de carta escrita en dos hojas por los dos lados. Andrés se acercó y las tomó con la desesperación de un ciego.

"Es una carta para ti", dijo, y estiró hacia mí la mano con las hojas. Tomé las hojas y comencé a leer:

Amigo Lemus. Éste es mi testamento más preciado. Le pido que me perdone por no haber podido contarle esta historia de la forma en que yo quisiera. No tuve el valor de sacar estos recuerdos para entregárselos en persona. Pero lo que le voy a contar aquí es la verdad de un preso que ha decidido no seguir viviendo. Me cansé de estar cargando con todo esto que siento y creo que le voy a quedar a deber al juez todos los años que me dio de prisión. Le quiero contar la forma en que Oliverio Chávez Araujo mató a mi hijo Raúl.

Después de que lo entregué a la PGR, desde la prisión Chávez Araujo me mandó un mensaje. Dijo que iba a cumplir su promesa de venganza que hizo el día que lo detuve. Yo sabía de lo que era capaz y por eso me puse alerta. Mandé a mi esposa y a mis tres hijos a que salieran de Chilpancingo. Los escondí en Cuernavaca. Ahí unos familiares de mi mujer les dieron alojo. No sé cómo, pero desde la prisión él los ubicó.

Un día mandó secuestrar a mi esposa. Se la llevó a ella y a mi hijo mayor. Los sacaron en la madrugada. Raúl tenía sólo 12 años. Cuando supe del secuestro no pude menos que pensar en la forma en que le dio muerte a la amante de Alfredo Ríos Galena y a su hijo de brazos. Por eso rabié y lloré. Imaginaba a mi mujer en las manos de los sicarios de Oliverio Chávez. Me imaginaba todo lo que le podían estar haciendo. No dejaba de pensar en la tortura que estaría padeciendo mi hijo. No hubo dependencia del gobierno a la que no le pidiera ayuda para dar con el paradero de ellos. La búsqueda duró una semana. Nadie había visto nada. En medio de mi dolor yo tenía la esperanza, y así le rogaba a Dios, de que mi esposa y mi hijo ya estuvieran muertos; me estaba muriendo por dentro sólo de pensar que los tendrían en una tortura constante.

Un día la policía de Jojutla dio parte al cuartel de Cuernavaca de un hecho inusual. Una mujer fue encontrada en la calle como extraviada. Tenía la mirada perdida. Divagaba algo que no se le podía entender.

Hablaba apenas en un murmullo. Llevaba con ella un costal hediondo que a fuerza del tiempo estaba recubierto por una tecata negra. Era mi Lucía. La encontré donde la mantenían en resguardo los policías. Todos la miraban como si fuera un espectáculo mientras ella se mecía en la silla que intentaba contenerla. Los ojos se le saltaban de llanto. La boca la tenía reseca de la deshidratación. A sus pies descansaba el costal, a donde ella volteaba de vez en cuando y le hablaba con cariño.

Le hablé con la mitad del alivio que tengo. Le acaricié el rostro. Con las manos traté de arreglarle el pelo. Su pelo siempre había sido mi pasión. Me destrozó el corazón ver aquel estropajo de cabello lleno de basura y tierra. No me dijo nada. De su boca no salía una sola palabra que fuera para mí. Con los ojos llenos de lágrimas volteé a ver el costal. Lo abrí en medio de la hediondez que ya había inundado la comandancia de la policía y que obligaba a los mirones a taparse la nariz y la boca con el cuello de sus camisolas. No me pude sostener en pie. Mi cuerpo pesaba más que lo que estaba viviendo.

Dentro del costal estaba un amasijo de carne podrida. Los gusanos hacían que pareciera que la carne se movía. La cabeza de mi hijo me miraba fijamente: estaba clamando venganza desde adentro de aquel costal. Junto a la cabeza se podía distinguir lo que una vez fueron sus manos. Las tripas se enredaban entre los dedos y la cara. Pude distinguir un pedazo de pie. Su cuerpo estaba totalmente destazado.

Con el dolor que no le deseo a nadie, a mi esposa la perdí en el silencio de un hospital psiquiátrico de la Ciudad de México y a mi hijo lo sepulté en el panteón de Chilpancingo. Sólo me quedaron dos hijos y yo me quedé vacío desde entonces. Cuando volví a ver a Oliverio Chávez Araujo, al ser trasladado a la cárcel de Puente Grande, sólo me regaló aquella sonrisa que me dejaba ver cada vez que llevaba a mi presencia los cuerpos destazados de sus víctimas. Nunca nos hemos cruzado la palabra. Él goza cada ocasión que me mira y yo no dejo de vivir la muerte de mi hijo cuando lo tengo a la vista. Es un dolor que no puedo seguir soportando. Soy un hombre cobarde porque nunca tuve la fuerza de vengar a mi hijo. No tuve el valor para reclamar la locura de mi esposa. Por eso aquí le cuento esta historia, para que contándola me ayude a mi venganza contra Oliverio Chávez.

Yo ya tomé una decisión. He decidido que no puedo seguir viviendo con el dolor de ver todos los días al asesino de mi hijo. No quiero seguir compartiendo la misma cárcel con el hombre que más infeliz me ha hecho. He decidido que voy a matarme en cuanto tenga la posibilidad, pero no quiero irme sin agradecerle todo el cariño que recibí de usted. Y espero un día poder encontrarnos en alguna parte, no sé si en el cielo o en el infierno, para seguir contando historias. Le agradezco toda la atención que me puso y todo el apoyo que me brindó siempre. Lo quiere con el alma su hermano de rejas, Joel Ibarra.

No puedo decir que no sentí nada cuando terminé de leer aquella carta. El capitán Ibarra no sólo me estaba haciendo partícipe de su venganza, sino que me estaba haciendo cómplice de su muerte. De alguna forma me sentí responsable por los sentimientos de aquel hombre, porque yo, con la tonta insistencia de que me contara una historia carcelaria, removí el demonio de sus sentimientos que durante años había podido mantener atado con las cadenas de la cordura. A nadie dentro de la prisión le dije nada sobre aquella carta. Andrés, el otro compañero de celda, respetó mi decisión de no hablar sobre el contenido de esas hojas.

A los tres días se supo, por la versión de un oficial de guardia, que el capitán Ibarra se había suicidado. En medio de la mirada incrédula y morbosa de algunos presos, el guardia dijo que a mitad de la noche, luego de cantar *Paloma querida* de José Alfredo Jiménez, el capitán se quitó los pantalones y con ellos hizo una especie de cuerda, que utilizó para colgarse de la reja. De manera macabra contó que tenía una sonrisa en los labios.

Al día siguiente *la Rana* me habló en su mesa de pintura sobre la fuerza de los presentimientos. De cómo los presos desarrollan esa extraña habilidad, como resultado de la ley de las compensaciones, para detectar en el aire lo que los sentidos no pueden percibir. Él estaba convencido de que ante la pérdida de algunos sentidos, se desarrollan otros. Por ejemplo, decía, los presos que se están quedando ciegos desarrollan un olfato de perro y un oído de gato. En contraposición, según él, quienes se estaban quedando sordos tenían una vista de águila. "Ésa es la ley de la cárcel: compensa lo que nos quita", dijo. Así justificó el olor a muerte que detectó en el aire antes del suicidio de Ibarra.

—Yo le dije —habló ufano— que en el aire estaba la muerte, aun sin saber que el capi ya estaba planeando su suicidio.

Acepté lo que me estaba diciendo, sin dejar de ver los cisnes chuecos que ya parecían hechos en relieve de tanto óleo que les había aplicado.

—No se ría de mis patos —me dijo en broma—. No vaya a salir con la mamada con la que me salió ayer el pendejo del teniente Martínez: dijo que me estaban quedando bonitos los tres osos polares que nadaban en el lago.

Pese a las ocurrencias de Rodríguez Bañuelos, que no dejaban a ningún preso sumirse en la tristeza y el abandono, no pude quitarme del pensamiento el rostro de Ibarra y su forma desaforada de llorar aquel dolor que lo desgarraba. Por eso, cada vez que veía a Chávez Araujo en el patio no dejaba de pensar en el capitán. Era como si me hubiese heredado toda la amargura que un hombre puede acumular.

Chávez Araujo se paseaba con toda su maldad por el patio, con cuatro de sus hombres a menos de un metro. Su guardia personal estaba atenta a todo. Nadie podía caminar cerca del *Zar de la Cocaína*. Si por error el balón con el que se distraían algunos presos iba a parar cerca de Oliverio, nadie se acercaba a recogerlo; sus guardias tenían que patearlo de regreso. Había ocasiones en que los juegos de futbol o basquetbol se quedaban en suspenso porque Oliverio Chávez no daba la instrucción de regresar el balón. Era para demostrar su poder. No había nadie en ese sector de la cárcel que le reclamara nada. Todos sabíamos de su crueldad y su historia era la más negra de Puente Grande.

La carta de presentación de Oliverio Chávez era la masacre que dirigió cuando estuvo recluido por segunda ocasión en la cárcel de Matamoros. Por instrucciones suyas fueron asesinados 35 presos de un grupo leal a Juan García Ábrego. El motín duró tres días. Después fue trasladado a la cárcel de máxima seguridad, donde recibió una condena de 70 años de prisión porque el agente del Ministerio Púbico nada más pudo demostrar el homicidio calificado de dos internos.

En la cárcel de Matamoros, como en Puente Grande, Chávez Araujo era intocable. Tras su segunda captura en 1989, cuando fue detenido por la policía federal con el apoyo del cártel de García Ábrego —al que le disputó el control de la plaza fronteriza—, Oliverio comenzó a recobrar el gobierno de la prisión. Tenía la certeza de poder trabajar desde adentro, como lo había hecho años antes, sólo que esa vez el Cártel de Matamoros —que ya se estaba convirtiendo en el Cártel del Golfo— no se lo iba a permitir. La disputa no sólo era por el control del penal, sino por las rutas del tráfico de cocaína que salía desde Guerrero hasta la frontera norte.

El pináculo del conflicto se presentó cuando Martha Palacios Rodríguez, esposa de Oliverio, intentó tomar el control del cártel de su marido. Con Oliverio en prisión, comenzó a trasegar heroína desde Guerrero. El cambio de mando en el cártel de Chávez Araujo le abrió una puerta al de Matamoros para negociar con la nueva cabeza. Eso no iba a permitirlo *el Zar de la Cocaína*, quien miró como rival a su esposa.

El cadáver de Martha Palacios fue encontrado en las inmediaciones de Tecpan de Galeana, Guerrero. Las sospechas apuntaron a que se trató de una venganza desde la cárcel de Matamoros. Los ejecutores fueron agentes de la PGR pagados por Chávez Araujo. Ellos mismos asesinaron a sus rivales William Botero y su esposa Judith Yépez, así como a la abogada Dolores Mendoza, en la ciudad de Brownsville, Texas. Hasta allá fueron alcanzados por la mano de Oliverio cuando supo que estaban negociando cocaína de Colombia para el Cártel de Matamoros.

Los tres ejecutados en Brownsville fueron secuestrados por los agentes de la PGR cuando cruzaban la frontera. Botero y Yépez, ambos de origen colombiano, acababan de pagar una sentencia de dos años en la misma cárcel de Matamoros. Intentaban radicar en Estados Unidos y seguir conectados con el Cártel de Medellín para llevar a cabo el trasiego de drogas hacia el norte. Esa traición a Oliverio fue acordada con el Cártel de Matamoros.

Cuando se supo de la muerte de William Botero, su cuñado Germán Yépez —preso en la cárcel de Matamoros— se acercó a reclamarle a Oliverio. Fue intempestivo. Le exigió una explicación, pero Oliverio no estaba dispuesto a hablar acerca de sus actos. Ordenó a los hombres que lo resguardaban que golpearan a Yépez. Lo encerraron en una celda y lo torturaron durante dos días. Con la lección aprendida Germán Yépez fue devuelto a su celda. Pero la sed de venganza se fermentó en él.

Un día después, aún con las huellas de los golpes, de nueva cuenta fue en busca de Oliverio. Iba acompañado de otros internos, todos pagados por el Cártel de Matamoros, pero Chávez Araujo no dejó que se le acercara. A cinco metros de él sus escoltas le cerraron el paso. Se hicieron de palabras. Los que acompañaban a Yépez eran más y se armó una trifulca. En medio de la confusión Germán sacó una pistola y le disparó en el rostro a Oliverio. La bala no pegó de lleno en la mandíbula, pero aun así le destrozó el lado izquierdo.

Oliverio se refugió en la cocina de la prisión, donde se parapetó: en menos de una hora, con la complicidad de algunos custodios, pudo introducir armas de fuego de grueso calibre, armó al grupo de internos que le era fiel y con ellos defendió su posición. Hasta ahí llegó el personal médico del penal para brindarle atención. Estaba malherido pero continuó organizando el contraataque. Ordenó a sus pistoleros que recorrieran el penal, donde había más de 1 100 presos, para ubicar a todos los hombres de Germán Yépez.

Los internos del Cártel del Golfo, que conocían la situación, vendieron caras sus vidas. Con puntas, palos y sólo cinco pistolas hicieron frente al improvisado ejército. Los disparos y las peleas duraron dos días. Oliverio también compró a algunos presos imparciales del penal y los obligó a que entregaran a los pistoleros de Yépez. Al tercer día los 35 hombres que se habían alzado en armas contra él estaban de rodillas. Todos eran miembros del Cártel de Matamoros que habían sido colocados en esa cárcel por instrucción del entonces comisionado de la Policía Judicial Federal antinarcóticos de San Nicolás de los Garza, Nuevo León, Emilio López Parra, y del director de Enlace y Concertación de la Dirección General de Investigación de Narcóticos, Luis Esteban García Villalón, que trabajaban para García Ábrego en el periodo del gobernador Américo Villarreal Guerra (quien tenía lazos familiares con Juan Nepomuceno Guerra, el fundador del Cártel de Matamoros).

Los 35 rebeldes capturados por las fuerzas de Chávez Araujo fueron ejecutados en su presencia. En un acto que se pareció a un juicio sumario, *el Zar de la Cocaína* le preguntó a cada uno de los arrodillados cuál era su función en el Cártel de Matamoros. Ninguna respuesta lo satisfizo. Todos fueron ejecutados por los pistoleros que resguardaban a Chávez Araujo y él ejecutó a Germán Yépez, al que antes del disparo le repitió que nadie estaba por encima de él en el narcotráfico.

Tras la ejecución, los sicarios dispersaron los cuerpos en todo el penal. Chávez Araujo incluso mandó traer reporteros de Estados Unidos a los que engañó diciendo que adentro había confusión y caos como resultado de una guerra entre pandillas por el control de la cárcel. Desde adentro controló también a las autoridades federales que acudieron para recuperar el penal. Afuera se supo que se trataba de un motín. El capo les dejó saber que un bando estaba controlado por Germán Yépez y que el otro lo encabezaba él mismo. Mantuvo la farsa de la confrontación durante tres días, mientras capturaba a todos sus enemigos.

La prensa nacional de aquel tiempo, basada en las versiones filtradas por Oliverio Chávez, también reportó que dos grupos se peleaban el dominio en la prisión, cuando ésta nunca salió del control de Chávez Araujo. Los cuerpos que fueron presentados a la prensa eran de un solo bando, pero se aseguró que también había entre ellos partidarios de Oliverio. Además, éste se entregó a la autoridad federal en supuesto estado inconsciente, exagerando la gravedad de la herida de bala en el lado izquierdo de la mandíbula.

Chávez Araujo fue trasladado primero a un hospital y después a la cárcel federal de Puente Grande, donde no pudo ejercer el mismo control que en la cárcel de Matamoros, pero sometía a los presos de su sector a base de amenazas de muerte. Todos eran sus enemigos naturales, pero a los que aborrecía de forma casi natural eran a los que llegaban por ser miembros del Cártel del Golfo.

Los cinco presos de esa organización que ya estaban sentenciados en aquella prisión ni siquiera volteaban a verlo. Caminaban siempre en grupo para cuidarse las espaldas. Se escurrían por el patio, por donde Oliverio, como si fuera un perro de caza, no les quitaba la vista. Estudiaba cada movimiento de los integrantes del cártel rival a quienes se les notaba de lejos el miedo que le tenían, aunque purgaban una sentencia de 20 años por delincuencia organizada.

Uno de ellos, Juan Rosales, me contó la historia de cómo se integró el Cártel del Golfo y se echaron los cimientos para que se formara el de Matamoros. Era delgado y alto. Parecía que se doblaba cuando platicábamos en el patio. Por su amabilidad no parecía un narcotraficante. Sus ojos grandes y negros siempre estaban vigilantes. Su mayor temor era que en un descuido apareciera junto a él Oliverio Chávez o alguno de sus esbirros y le diera muerte.

Rosales era un narcotraficante de segunda generación. Su padre fue uno de los escoltas de Juan Nepomuceno Guerra. Cuando supo que sobre mí pesaba una amenaza de muerte de Oliverio Chávez, consideró que eso nos hermanaba: podíamos perder la vida en cualquier momento.

—Carnalito —me dijo un día en que estábamos al sol—, yo no le voy a contar la mejor historia que haya escuchado en la cárcel, pero sin duda será la más verdadera.

Sonreí ante la oferta. El hombre se inclinó para que sus palabras llegaran a mis oídos como él quería.

—Es en serio —me dijo cambiando el tono de su voz—, no se ría. Le voy a dar la historia jamás contada de Juan Nepomuceno Guerra y sus nexos con el poder político de México.

"¿Qué puede haber más apasionante sobre la corrupción oficial que la historia de la muerte del cardenal Posadas Ocampo?", pensé al escucharlo. Pero la primera frase de Juan Rosales me sacudió:

—El narcotráfico en Tamaulipas —me dijo con la mayor seriedad del mundo— lo instituyó el PRI.

Como para escucharlo mejor, me planté bien sobre el piso. Era curiosa aquella escena: mientras Rosales y yo intentábamos sumergirnos en la historia, sus cuatro coacusados, que no se separaban sino para dormir, se mantenían vigilantes. Miraban a todos lados, menos hacia el punto desde donde, con ojos de águila, Oliverio Chávez seguía atento a todos los presos. Aquella mirada de fuego caía especialmente sobre los cinco señalados de ser gente del Cártel del Golfo y, en consecuencia, sus enemigos.

—Sí, así como se lo platico —seguía Juan Rosales—: fue el presidente Emilio Portes Gil el que permitió la creación de grupos de contrabandistas en Tamaulipas. Todo ocurrió, según me lo contaba mi padre (Jesús Rosales Hurtado), en Ciudad Victoria. Ahí Portes Gil tenía presencia. No había nadie que no amara al presidente de la República, pero no era por su política de gobierno sino porque a todos los que se lo pedían les daba la posibilidad de organizarse para contrabandear lo que quisieran. Sobre todo se contrabandeaba alcohol. En Estados Unidos estaba vigente el decreto de la Ley Volstead. Por eso una de las formas en que Portes Gil ayudaba a sus amigos era brindándoles protección para que introdujeran de forma ilegal grandes cantidades de bebidas alcohólicas al país vecino. Así comenzó a ganar simpatizantes desde un año antes de convertirse en gobernador de Tamaulipas. Portes Gil era originario de Ciudad Victoria y la mayoría de sus amigos acudió a él para que les autorizara la entrada a esa actividad, que si bien era delictiva en Estados Unidos, no lo era en México.

Como secretario de Gobernación del gobierno de Plutarco Elías Calles, Portes Gil acumuló mucho más poder que como gobernador. Ya encumbrado en el gobierno federal como encargado de la política interna del país, podía otorgar más ayuda a sus amigos y pronto se afianzó en su estado natal mediante grupos que lo controlaron. Cuando fue convocado para ser el segundo hombre en importancia del gobierno federal, llamó como su sucesor en la gubernatura estatal a Francisco Castellanos Tuexi, quien después se distanció de él pero fue el que impulsó las correrías de Juan Nepomuceno Guerra: un hombre ambicioso que lo mismo traficaba alcohol a Estados Unidos, que traía desde allá aparatos electrónicos, armas y municiones.

Cuando el gobernador Castellanos Tuexi se distanció de Portes Gil, éste quiso retomar el control de Tamaulipas pero ya no pudo hacerlo. Aun así logró imponer como gobernador a Hugo Pedro González. Después de eso, Plutarco Elías Calles no sólo impidió que Portes Gil regresara a su tierra, sino que trató de evitar a toda costa que influyera en los asuntos de la entidad. Lo consiguió aliándose con Castellanos Tuexi. Cuando Miguel Alemán llegó a la presidencia, y al gobierno del estado el general Raúl Gárate Legleu, se selló la ausencia de Portes Gil de la política tamaulipeca.

A finales de 1962 el veracruzano Fernando Gutiérrez Barrios era subdirector de la Dirección Federal de Seguridad (DFS) y organizó una consulta para conocer el grado de popularidad de quienes aspiraban a gobernar Tamaulipas. En ese tiempo se disputaban el poder local grupos afines a Raúl Gárate Legleu, Tiburcio Garza Zamora, Francisco Castellanos Tuexi y Roberto Guerra Cárdenas. Con base en el sondeo de Gutiérrez Barrios, se nombró "candidato de unidad" a Praxedis Balboa Gojón, quien fue electo gobernador para el periodo 1963-1969. Como parte del acuerdo, también se nombró a Roberto Guerra Cárdenas titular de la Oficina Fiscal del Estado. Guerra Cárdenas era sobrino del ya afamado contrabandista Juan Nepomuceno Guerra. Con los años, un hijo de Guerra Cárdenas, Jesús Roberto Guerra Velasco, fue electo alcalde de Matamoros y se encargó de proteger los intereses delictivos de su familia, que para 1980 ya encabezaba Juan García Ábrego.

También fue propicia para el Cártel de Matamoros la designación del también tamaulipeco Emilio Martínez Manautou como secretario particular del presidente Gustavo Díaz Ordaz. Desde esa posición privilegiada celebraba reuniones con alcaldes, regidores, directores de policía y empresarios, todos afines al grupo de Juan Nepomuceno Guerra. Y éste, a su vez, inició una campaña para financiar la candidatura de Martínez Manautou a la Presidencia de la República, que en el PRI le disputaba el secretario de Gobernación, Luis Echeverría Álvarez.

Derrotada su aspiración presidencial, Martínez Manautou buscó un enroque en su estado. Impulsó como candidato a gobernador a Enrique Cárdenas González, a quien posteriormente la DFS le descubrió nexos con la familia Guerra. Sin embargo, en un golpe de suerte para Martínez Manautou, el siguiente candidato priísta a la presidencia fue José López Portillo, quien había sido subalterno del tamaulipeco. Por eso, al asumir la presidencia lo resucitó políticamente al nombrarlo secretario de Salud. Desde el gabinete federal se convirtió en candidato natural al gobierno de Tamaulipas, al que llegó sin mayor problema.

—El gobernador Martínez Manautou —me dijo casi en secreto Rosales— era parte de un grupo de empresarios entre los que se encontraban Carlos Hank González, Tiburcio Garza Zamora y Leopoldo Sánchez Celis.

Este último fue gobernador de Sinaloa. Se cuestionó públicamente su gestión tras la captura de Miguel Ángel Félix Gallardo, su ex jefe de escoltas y después socio de Rafael Caro Quintero.

Hacia 1984 —siguió contando Juan Rosales como si trajera un guión, mientras los otros cuatro miembros del Cártel de Golfo veían con ojos de guardia todos los movimientos en el patio—, Martínez Manautou decidió que el candidato del PRI para alcalde de Matamoros fuera Roberto Guerra Cárdenas, el sobrino de Juan Nepomuceno Guerra. Esto fortaleció al crimen organizado en Tamaulipas. La organización creció, y fue en las administraciones de Américo Villarreal Guerra, también pariente de Juan Nepomuceno Guerra, y de Manuel Cavazos Lerma, cuando se convirtió en un verdadero cártel y se tornó más violento.

—Fue cuando la maña y el gobierno comenzaron a ser uno solo…

Después de decir esta frase, Juan Rosales me miró como para que le confirmara que su historia era la más increíble que había escuchado en aquella cárcel. Sonreí. Su exaltación al relatarla bastaba para hacer interesante la narración. El sol, aunque tenue, comenzaba a calar en el cuerpo. Intenté jalar a los cinco miembros del Cártel del Golfo hacia la sombra, pero se negaron a obedecerme: no les gustaba acercarse a las paredes. Siempre estaban a mitad del patio porque, a decir de Juan Rosales, ése era el lugar más seguro. Temían que al acercarse a un muro podían ser atacados más fácilmente. No sólo temían a Chávez Araujo. A Rosales se le atribuyeron asesinatos de algunos de los principales colaboradores del Cártel de Sinaloa, de La Familia Michoacana y de Los Zetas.

—Está chida la historia —le dije para no defraudar su expectativa.

—Y hay más —contestó con el rostro iluminado desde adentro, y por fuera ya perlado de sudor.

Entonces narró cómo fue la aprehensión de Juan García Ábrego. Señaló como el principal responsable de esa captura a Chávez Araujo, quien lo habría ubicado antes que el gobierno federal. En esta versión, mediante una llamada telefónica *el Zar de la Cocaína* alertó a las fuerzas federales para que lo apresaran.

García Ábrego fue detenido en una finca a las afueras de Monterrey, en el municipio de Juárez, Nuevo León, adonde se reunía frecuentemente con su tío Juan Nepomuceno Guerra para planear los movimientos de droga y acordar otros negocios.

"Oliverio Chávez —dijo Rosales mirando de reojo hacia donde se encontraba el sanguinario capo— pudo infiltrar a colaboradores suyos en la organización rival. Logró que dos ex militares, Martín Barajas y Leonel Montoya, escalaran poco a poco en la estructura del Cártel del Golfo.

"Barajas, un ex militar de Huetamo, Michoacán, comenzó a ganarse la confianza de García Ábrego. Le demostró lealtad cuando tendió puentes de comunicación con un grupo de michoacanos que estaban buscando la forma de vender mariguana y cocaína por su cuenta. Fue entonces cuando Martín acercó a mi primo Carlitos Rosales con el Cártel del Golfo."

Carlos Rosales, al que apodaban *el Tísico* o *el Carlitos*, después sería el representante del Cártel del Golfo en Michoacán y, tras romper con esa organización, daría pie a la formación de La Familia Michoacana. En su momento también alentó la entrada de Los Zetas a Michoacán para "alinear" a todos los productores de mariguana y cocaína que seguían surtiendo a los cabecillas del Cártel de Sinaloa.

"Martín Barajas se ganó tanto la confianza de Juan García Ábrego que pronto fue incluido entre los 120 hombres de su escolta.

"Nadie sabía que Barajas estaba trabajando para Chávez Araujo. Le informaba sobre todos los movimientos del capo del Golfo. Cuando *el Zar de la Cocaína* lo consideró prudente, filtró la información a la policía federal, que finalmente pudo proclamar que detuvo al 'hombre fuerte' de Tamaulipas.

"García Ábrego estaba comiendo cuando irrumpieron las fuerzas federales. Había llegado dos días antes con 100 escoltas para reunirse con su tío y otros miembros de la cúpula del cártel. La vigilancia que le proporcionaban las policías municipales de Juárez y Monterrey lo hacía sentirse seguro; no por nada era conocido también como *el Barón de Monterrey*.

"Desde la mañana anterior a su captura, García Ábrego cometió un error inducido: su jefe de escoltas, por sugerencia de Martín Barajas, le recomendó que dejara francos a la mayoría de los hombres que lo acompañaban. Argumentó que estaban fatigados por las continuas rondas de vigilancia que habían realizado los últimos 15 días y le sugirió que les diera un incentivo. El capo no lo dudó y ordenó que permanecieran solamente 10 escoltas y que al resto se les diera permiso para 'ir con las muchachas' los siguientes dos días, no sin antes advertirles que no llamaran la atención."

Entre los hombres que se quedaron bajo el mando del jefe de escoltas Juan Rosales estaba Martín Barajas. Irónicamente, no pudo salir de la finca a petición del propio García Ábrego. Él señaló a quiénes les tenía más confianza para que se quedaran a garantizar su tranquilidad. Barajas le describió esa situación a Chávez Araujo y éste le dijo que no se preocupara, que únicamente debía asegurarse de no disparar a los oficiales de la PGR que irían por García Ábrego. Le prometió que en menos de tres meses estaría fuera de la cárcel, con una jugosa suma de dinero en sus manos.

—Informados por Chávez Araujo, los federales llegaron a la finca como parte del Operativo Leyenda que se instruyó desde la Ciudad de México. Por recomendación de Martín Barajas no hicimos un solo disparo. En la confusión también atendí al grito de Martín y me tiré al piso. Fue mi más grande error. Los 14 agentes federales hicieron una detención limpia.

"Desde la prisión Barajas intentó comunicarse con su patrón, pero Chávez Araujo nunca más le respondió. Dejó que lo procesaran como a todos los detenidos. Ni siquiera le puso un abogado para que llevara su defensa, mucho menos le hizo llegar el dinero acordado. Barajas fue sentenciado a 58 años de prisión porque el Ministerio Público no sólo lo acusó de pertenecer a la cúpula del Cártel del Golfo, sino también de haber ejecutado en abril de 1995 por lo menos a cinco policías judiciales de Tamaulipas."

A Martín Barajas le hervía la sangre cada vez que miraba a Chávez Araujo en el patio de sentenciados de Puente Grande. Se lo quería comer con los ojos y seguía sus movimientos. Oliverio también lo vigilaba. Eran dos perros de pelea únicamente sujetos por un tenue hilo de cordura y por el temor a un castigo de la guardia del penal.

Miré a Martín Barajas. A menos de un metro, de espaldas a Rosales, estaba absorto. No había nada en su ángulo de visión que no fuera la imagen de Oliverio. Las manos le colgaban largas, pero con los puños cerrados a la espera de la mínima provocación. Su rostro estaba tenso. La única mueca que daba vida a su cara de indio era el palpitar de sus quijadas, que parecían rechinar aunque no se escuchara en aquel griterío de presos que jugaban interminablemente basquetbol bajo el quemante sol de mediodía.

Cuando su nombre salió en la plática, Barajas retrocedió medio paso. No descuidó su puesto de vigilancia, sino apenas orientó su oído para escuchar mejor. Una sonrisa se le quiso dibujar en el rostro, pero Oliverio cambió de ubicación para resguardarse del sol que ya se había comido la sombra donde estaba, y Barajas se quedó quieto.

Venteó en el aire como un perro, en busca de cualquier indicio de peligro para actuar. En su cabeza había matado tantas veces a Oliverio Chávez que nada más esperaba el momento de culminar su sueño.

—A éste me lo voy a tragar en cuanto se descuide —masculló Barajas.

Juan Rosales no puso mucha atención a la reacción de su escolta y habló de él como si no estuviera presente. Hizo un ademán a los otros tres hombres que lo cuidaban y con el índice derecho sobre el pómulo izquierdo les advirtió que siguieran vigilando a Oliverio. Nadie dijo nada; se reacomodaron con un movimiento ligero de hombros y siguieron expectantes a lo que sucedía en el patio.

—Si Oliverio nada más hubiera abandonado a Martín en la cárcel —explicó Rosales— no sería tanto su odio. Pero no fue así. Tuvo el descaro de enviarle un recado a Juan García Ábrego sobre lo que él hizo para que fuera detenido por las fuerzas federales. Le mandó decir, a través de su abogado, que su captura, anunciada como un triunfo para el gobierno de Ernesto Zedillo, y especialmente para el procurador Antonio Lozano Gracia, le había costado cinco millones de dólares, lo que pagó con gusto únicamente por verlo tras las rejas, de donde esperaba que no saliera nunca.

"Fue más allá. Le dijo el nombre de los dos ex militares que infiltró en su cártel. Se jactó de haber conocido siempre cada uno de sus movimientos. Hasta le mencionó el nombre de las mujeres a las que frecuentaba, le dio direcciones y le nombró los últimos cinco sitios donde estuvo escondido. Le aseguró que su vida siempre estuvo en sus manos y que lo dejó vivir en libertad el tiempo que él quiso. Para finalizar, le detalló cómo negoció la operación que concluyó en su detención y se despidió con un 'nos vemos en el infierno'."

La reacción de Juan García Ábrego desde la prisión no se hizo esperar. Al conocer el nombre de los dos traidores ordenó que los mataran. A Leonel Montoya, uno de los escoltas que García Ábrego mandó a descansar horas antes de su captura, lo colgaron de un puente en Ciudad Victoria. Su casa en el municipio de Altamira fue incendiada. Adentro perecieron su madre y una de sus hermanas, atadas de manos y pies a dos sillas del comedor.

A Barajas no le pudo hacer nada físicamente porque fue recluido de inmediato en la cárcel federal de Puente Grande. Pero el capo del Cártel del Golfo ordenó a su jefe de escoltas, Juan Rosales, que lo asesinara en la cárcel en cuanto pudiera, y le ofreció a cambio un millón de dólares y la posibilidad de contar con un abogado permanente para que llevara su proceso penal y evitara la sentencia de 60 años que el agente del Ministerio Público pedía para él. Aun así, Rosales no atendió la instrucción.

"Tomé experiencia en cabeza propia —dijo Rosales con algo de orgullo—. Yo ya había visto la forma en que se hizo añicos la promesa de Oliverio de ayudar a Martín Barajas. Finalmente lo dejó a su suerte aunque él se expuso para servirle. Por eso le perdoné la vida.

"Martín y yo hablamos largo y tendido. Se abrió de capa como hombre que es: me contó la forma en que había estado al servicio de Oliverio. Fue sincero cuando me habló de la forma en que había puesto en riesgo mi vida, la de García Ábrego y la de él mismo por servir a los intereses de Oliverio. Con lágrimas en los ojos me contó la traición que su patrón le hizo. Me describió la forma en que lo abandonó en la prisión y cómo nunca le llegó la ayuda prometida ni el pago por su trabajo de contrainteligencia. Me dijo que hiciera lo que tenía que hacer con la encomienda que me hizo García Ábrego. Bajó sus manos y su cabeza en espera de mi decisión. Decidí perdonarlo. No había nada que reclamarle; después de todo los dos éramos perros sin amo que nos quedamos a la buena de Dios en esta cárcel."

Desde que Rosales perdonó a Barajas éste se convirtió en su mejor guardián. No había lugar al que fuera Juan sin que lo siguiera aquel indio de la zona michoacana de Tierra Caliente para preservar su seguridad. Era hábil. Su astucia se le desbordaba por los ojos. Siempre estaba viendo a todos lados y nada se le escapaba. Solía ir un paso adelante de cualquier situación. El mayor peligro que Barajas y Rosales tenían enfrente era Chávez Araujo. Los dos se cuidaban de él, sólo que Barajas siempre estaba buscando el momento de darle muerte.

El odio de Barajas hacia Chávez Araujo iba mucho más allá de que lo abandonara a su suerte. La razón me la explicó Juan Rosales en el patio:

—Oliverio no sólo dejó abandonado a Martín en la prisión. Se lo quiso quitar de encima y le mandó decir a García Ábrego dónde se encontraba la familia del ex militar infiltrado. De esa forma puso a su esposa y a sus cinco hijos como blanco para que el capo del Golfo desfogara su ansiedad de venganza.

"Toda la familia de Martín fue ejecutada. Primero un comando asesinó a su esposa en las calles de Arteaga, Michoacán; después sus hijos fueron secuestrados y desaparecidos en el municipio de Huetamo. Me tocó ver a Martín cómo se revolcaba de dolor e impotencia cuando su madre le dijo lo que pasó. Creo que desde entonces se murió por dentro.

"Sus hijos fueron sepultados vivos en una fosa cerca de Lázaro Cárdenas. Lo supe porque el ejecutor de las órdenes de García Ábrego fue mi primo Carlos Rosales, que en aquel tiempo tenía el control del estado."

Cuando la plática le removió esos recuerdos, Martín Barajas sólo se cimbró. No dijo nada. En sus ojos se encendieron dos llamas de furia, que de inmediato se apagaron con lágrimas. Bufaba de odio. Los puños se le apretaron más. Parecía que las quijadas se le iban a romper de tanta presión que se le acumulaba en el rostro. Una palabra más sobre la muerte de su familia habría hecho estallar a aquel hombre que parecía clavado en el piso pero no dejaba de vigilar a su enemigo a la distancia. Juan Rosales lo entendió y cambió el rumbo de la conversación.

—Cuando García Ábrego supo que no atendí la orden de matar a Martín, también me sentenció. Me mandó matar dentro de Puente Grande. Le ordenó a Israel Montes Uribe, *el Perro*, que me ejecutara a la primera oportunidad. No sólo pidió mi cabeza, sino también la de los muchachos [Ismael Arteaga Sánchez, Julián López Buenrostro, Ángel Antúnez Galindo y Alberto Martínez Loreto]. La desgracia de ser perseguidos por García Ábrego nos hizo unirnos.

"Ahora somos como una manada. Nos tenemos que cuidar unos a otros. Mírelos —dijo mientras repasaba con la mirada a los cuatro hombres que, dispuestos en semicírculo, no dejaban de ver hacia todos lados para protegernos—. Hicimos un pacto: lo que le hagan a uno, nos lo hacen a todos. Por eso todos nos cuidamos. Aquí nada más nos tenemos a nosotros mismos."

CAPÍTULO 12

De Los Zetas a La Familia

Así era Puente Grande, el lugar donde se hacinaban los hombres más solitarios del mundo. Cada quien cargaba con su propio mundo y se tragaba sus pensamientos de la mejor forma posible. A veces la mejor manera de lidiar con la cárcel era sumirse en las historias de otros, no tanto por conocer vidas ajenas sino para matar el tiempo. Esa misma convicción tenía Carlos Rosales, *el Tísico*, al que le achacaban la muerte de la familia de Barajas. A él lo conocí en el área de máxima seguridad, donde estaba confinado por ser un reo clasificado como de alta peligrosidad. Fuimos compañeros de pasillo y nos identificamos por ser michoacanos.

Desde el primer momento en que nos conocimos me dispensó su amistad. Éramos pocos los michoacanos que estábamos recluidos en esa cárcel y por eso nos veíamos con más cordialidad que a otros. La soledad de la cárcel de Puente Grande tiene esa extraña cualidad: resalta en los presos un raro sentimiento regionalista que hace más solidarios a quienes nacieron en el mismo estado o pueblo. Carlos Rosales representa bien este sentimiento carcelario, porque a todos los michoacanos los veía como a su "otra familia michoacana", decía, burlándose un poco de sí mismo porque estaba acusado de fundar el cártel de ese nombre cuando se separó del Cártel del Golfo. De hecho, Carlos empezó su carrera delictiva como emisario de esa organización y alcanzó su mejor posición cuando Osiel Cárdenas Guillén, su compadre, se quedó al frente del cártel.

"Ese compita —me dijo Carlos Rosales cuando fui asignado a la celda contigua a la suya—, ¿qué armas porta?"

Era la forma común de preguntar a los recién llegados sobre su procedencia y los delitos por los que era procesado. En tono de broma y parodiando el corrido "El reportero" de Los Tigres del Norte, respondí: "Soy reportero y escribo tan sólo lo que ha pasado".

Me festejó la ocurrencia. Escuché cómo se levantó de su cama para acercarse a la reja y entablar un diálogo más directo.

"Y yo soy *Sergio el Bailador*", me respondió con otra parodia musical. Soltó una carcajada franca, como la del hombre más feliz del mundo. Al menos el que tenía mejor ánimo de aquella parte de la cárcel, donde predominaba la tristeza.

Me habló quedito, como si no quisiera que ninguno otro de los presos de ese pasillo supiera de qué hablábamos, lo cual era imposible. Carlos Rosales cuchicheaba cuando hablaba con solemnidad; esa voz susurrante era la mejor muestra de que estaba poniendo toda la seriedad y la atención. Hablaba con propiedad y era educado, pero a la menor muestra de descortesía o de fanfarronería de su interlocutor, suspendía el diálogo y finiquitaba la plática con un " 'ta bueno". Era su forma de decir que desechaba lo hablado y no quería seguir conversando. A pesar de su buen ánimo era un hombre de pocas palabras.

—Cuénteme de dónde viene —me dijo desde su celda.

—Soy de Michoacán. Soy reportero y me acusan de narcotráfico.

—¿Para qué grupo trabajaba? —comenzó, pero lo pensó mejor—. ¿Para qué grupo dicen que trabajaba?

—Dicen que soy de La Familia Michoacana, que soy el patrón de Servando Gómez Martínez, *la Tuta*, y que recibía instrucciones de Nazario Moreno González, *el Chayo*…

No terminé de presentarme de acuerdo con el expediente criminal que me integró la PGR de Felipe Calderón: la carcajada de Carlos Rosales tronó en el pasillo. El guardia de turno nos conminó al silencio, pero Rosales siguió atacado de la risa, aunque lo más bajo que pudo.

—Ahora sí me hizo reír, compita —me dijo con la voz aún entrecortada por la risa—. Hacía mucho tiempo que no me reía así.

—No lo digo yo —me defendí con algo de solemnidad—, lo dice la PGR...

—Esos putos —secundó— ya no saben qué hacer ni qué decir para justificar la guerra que se traen con el narco.

—Lo mismo pienso, pero ellos son los que tienen el poder y hacen con él lo que se les antoja.

—Qué pendejos. ¿Cómo se llama usted?

Le dije mis generales: nombre, lugar de nacimiento, actividad, estado civil; hasta mi número de calzado y peso corporal. Era de los pocos presos con los que se podía hablar como si estuviera con un amigo de años.

—Yo soy Carlitos Rosales, su servidor —me dijo en un susurro—. Si usted es de Michoacán y reportero como dice entonces sabe con quién está hablando.

Su nombre me sonó de inmediato: Carlos Rosales Mendoza era la leyenda del narcotráfico michoacano. Pero en realidad sabía poco sobre él; aquello que publicaron algunos medios de comunicación después de su detención, el 24 de octubre de 2004, cuando intentó asaltar el penal federal de Almoloya para rescatar a su compadre y socio Osiel Cárdenas Guillén, jefe del Cártel del Golfo recluido desde 2003.

Cuando nos presentamos entre rejas, yo sabía que Carlos Rosales fue el hombre más poderoso del narcotráfico en Michoacán, tanto que la DEA llegó a ofrecer hasta dos millones de dólares a quien diera información útil para capturarlo. Se dijo que él reclutó a Nazario Moreno Mendoza y a Servando Gómez Martínez, quienes posteriormente fundaron Los Caballeros Templarios. También se equiparó su actividad delincuencial con la de Rafael Caro Quintero, aunque Rosales era mucho más sanguinario con sus enemigos.

Sin embargo, casi ocho años en una celda de castigo, privado de actividades al aire libre y sometido a la tortura cotidiana de aquella prisión, habían hecho mella en el violento organizador del narcotráfico michoacano. El Carlitos Rosales que conocí chocaba con la imagen que los medios de comunicación difundieron: ahora era un hombre tranquilo; se le notaba en paz. Llevaba su cárcel con calma, como si el tiempo fuera lo único que tuviera a su alcance. Desde mi celda escuchaba que Carlitos hacía oración tres veces al día, se lavaba la cara y las manos por lo menos 20 veces diarias, y se afeitaba por la mañana, en la tarde y antes de irse a dormir. Su máxima distracción en el día era hacer bolitas de papel y lanzarlas a un cesto de basura. Cada vez que encestaba sentía la necesidad de brincar y se felicitaba en voz baja: "Eres un chingón, Carlitos".

En realidad hablaba solo la mayor parte del día. Casi no compartía sus emociones con los otros presos de aquel pasillo. A veces —cuando se cansaba de encestar las bolitas de papel— formaban una bola más grande y comenzaba a hacer malabares con ella. Se escuchaba el siseo de sus zapatos en el piso mientras caminaba por su estancia intentando que no se le cayera la bolita que se ponía en la frente. En ocasiones la botaba en el aire con la palma de su mano. Se escuchaba en el pasillo cómo su mano extendida mantenía a flote su improvisada pelota de malabares, y cada vez que se le caía se recriminaba: "¡Pon atención, Carlitos! ¡Hazlo de nuevo!" Y volvía a intentarlo en interminables ocasiones para ir matando los días de encierro.

Los malabares de Carlos Rosales eran conocidos por todos los presos de ese pasillo de castigo. No faltaban quienes se molestaban por no poder dormir su siesta del mediodía. Los rebotes del papel en el suelo y a veces en la palma extendida de la mano los ponían nerviosos.

—Ya duérmete, aprendiz de payaso —reclamaba alguien desde su celda.

—¡Payaso el que se cogió a tu madre! —respondía Carlos Rosales—, por eso naciste con la cara de idiota.

La risa de todos los que escuchaban era como un llamado a los guardias, que venían a reprendernos y amenazaban con suspendernos la comida. Cuando nos callábamos y la calma retornaba al pasillo, Carlitos volvía a su pasatiempo favorito: las pelotitas de papel.

Y cuando no hacía malabares, cantaba. Le gustaba tararear las canciones de Rocío Dúrcal cuando se ponía a dibujar.

—Estoy pintando la fuente de Las Tarascas, de Morelia —me dijo una ocasión.

—Ese monumento está precioso —fue lo único que atiné a contestarle desde el fondo de mi celda.

La fuente de Las Tarascas es una escultura compuesta por tres figuras femeninas purépechas con el torso desnudo que sostienen una peribana con frutos y representan a las comunidades indígenas de Tzintzuntzan, Pátzcuaro y Morelia. Se colocó en la avenida principal de Morelia por orden del entonces gobernador del estado, el general Lázaro Cárdenas del Río, pero la sociedad conservadora de la capital michoacana la consideró un insulto a la moral e hizo gestiones para que la escultura fuera retirada. La pieza original se perdió durante el gobierno de Agustín Arriaga Rivera. Cuando Cuauhtémoc Cárdenas llegó a la gubernatura, mandó hacer una réplica y la hizo colocar como símbolo de identidad de la ciudad.

—¿Sabía usted que la escultura original se perdió? —me preguntó.

—Sí —le dije, pero sin ánimo de hacer conversación.

—Yo me la robé.

Aquel campanazo terminó de despertarme. Un resorte me empujó del lecho de piedra en que intentaba hacer frente a la somnolencia del mediodía. Me acerqué con pasos de gato a la celda para escuchar mejor a Carlos Rosales, que seguía tarareando *La guirnalda* de Rocío Dúrcal.

—¿Usted se robó la escultura? —pregunté lo que acababa de oír, con la ingenuidad de un reportero pueblerino que intenta corroborar la veracidad de su fuente.

El tarareo se suspendió como si alguien hubiera bajado un interruptor. Hubo un silencio. Creo que por unos segundos Carlos Rosales pensó en la posibilidad de contar una historia que se había guardado por años y que incluso muchos de sus colaboradores se habían llevado a la tumba. Pero le ganó el silencio de la cárcel. Caminó despacio hacia la reja, se limpió la garganta como para salir a escena y respiró hondo. Sentí cómo se desperezaba. Me habló quedito, como para no despertar el soñoliento silencio del mediodía.

—Arrímese a la celda para platicarle.

—Aquí estoy —le contesté con el mismo tono.

Alcancé a ver cómo sus manos se sujetaban a los barrotes como si aquel animal fuera a tirarlo en cualquier momento. Sentí tronar sus nudillos apenas soltó sus primeras palabras.

—Era el tiempo del gobernador Agustín Arriaga Rivera. Yo era un muchacho que se estaba iniciando en la delincuencia. Comencé mi carrera robando autos. Los desvalijaba y los vendía por piezas. No era un negocio rentable porque había que pagar mucho a la policía. No me enorgullezco de haber sido ladrón, pero eso me dio la posibilidad de adentrarme en el mundo del crimen. Así fue como conocí a muchos políticos con los que luego pude trabajar en otros negocios más rentables.

"Recuerdo que por esos años se armó un gran alboroto en Morelia porque mucha gente se oponía a la presencia de la escultura de tres mujeres que mostraban el pecho desnudo a los cuatro vientos. Finalmente el gobernador ordenó retirarla. El monumento fue quitado del jardín de Villalongín y arrumbado en una bodega del gobierno del estado. Un día me fue a buscar una persona para ofrecerme un trabajo..."

—¿Recuerda el nombre de esa persona? —lo interrumpí con un susurro que se me escapó de los labios.

—No lo recuerdo. Creo que ya murió. Era un amigo de la procuraduría de justicia...

—¿Pero cómo era? —insistí.

—Eso no es importante de la historia —reclamó—, sino que me pidió el favor. Cuando me contó lo que quería hacer, yo me sorprendí. Es cierto que era un ladrón, pero mi especialidad eran los autos, especialmente los de lujo.

"Me pidió que fuera a la bodega del gobierno estatal. Me dio llaves y me indicó la forma de entrar. Me explicó de qué se trataba el trabajo: debía sacar una escultura que estaba desmontada en partes y que pesaba más de dos toneladas. Dijo que llevara al menos a cinco hombres para que me ayudaran. La policía judicial me iba a cubrir en la huida. Ésa fue la primera ocasión en que me auxilió la policía. Después me acostumbré; yo creo que por eso se me quedó la costumbre de sobornar policías.

"El trabajo lo hice sin mayor complicación. En menos de tres horas había subido en un camión de carga las piezas de la escultura. Lo que siguió luego ya lo hice por mi cuenta. El que me encargó el trabajo no me dijo a dónde debía llevar las partes robadas, así que no tuve más opción que esconderlas en el rancho El Capire, propiedad de un primo hermano mío en la comunidad de El Naranjito, en la Unión, Guerrero. Allá permaneció la escultura más de siete años.

"Después de un tiempo ya no me acordaba de aquella escultura. Mi primo me llamó un día y dijo que ya iba a tirar esas piezas, pero le contesté que me diera la oportunidad de sacarlas del rancho porque me interesaba conservarlas. No sabía qué iba a hacer con ellas, pero no lo pensé dos veces. Le hablé a mi compadre Osiel Cárdenas Guillén y le dije que le tenía un presente para su rancho en Reynosa, Tamaulipas. Yo sabía que le iba a gustar.

"Así como le platico, llevé la escultura desde Guerrero hasta Tamaulipas. No hubo contratiempos en el camino. A una de las piezas se le rompió un brazo, pero nada que no se pudiera reparar. Me llevé a un arquitecto que se encargó de armarla y de hacerla funcionar como fuente. Mi compadre Osiel estaba muy contento con el detalle, sobre todo cuando le conté que aquel conjunto de figuras había estado en la calle principal de mi pueblo.

"—Y ya que eres tan cabrón, compadrito —me dijo en tono de broma—, ¿no me puedes traer una de las torres de la catedral?

"—Dame chance unos 15 días —le respondí— y te la traigo en pedazos. Sólo deja negocio con el obispo y verás que para mí no hay nada imposible, y menos si me lo pide mi compadrito del alma."

Carlos Rosales festejó su ocurrencia con una carcajada discreta, tal como nos dijo que lo hizo frente a Osiel Cárdenas. Después guardó silencio y empezó a jalar aire más recio. La respiración comenzó a agitársele. Bufaba. Pensé que estaba fingiendo y preparándose para relatar otra historia, pero no era así. Tenía un ataque de angustia. Padecía claustrofobia, un padecimiento algo extraño para alguien que había pasado los últimos ocho años encerrado en una celda de dos por tres metros las 24 horas.

Miré cómo las manos de Rosales soltaron lentamente los barrotes a los que se había aferrado cuando comenzó a contarme la historia del robo de la escultura. Finalmente se desvaneció en medio de un balbuceo confuso. Por su respiración supe que se estaba ahogando. Grité al guardia de turno que el compañero de al lado estaba enfermo. Pero la reacción normal de los guardias de las cárceles de máxima seguridad es no responder al llamado de auxilio de un preso, aun cuando se encuentren al borde de la muerte. Su obligación es dejar que los presos caigan de muerte "natural".

Yo conocía esa situación. Una vez, en el pasillo uno de procesados, me tocó rogar con un coro de presos desesperados para que le dieran asistencia médica a Miguel Colorado González —procesado y luego exonerado por delincuencia organizada en la Operación Limpieza de Felipe Calderón— cuando se desvaneció y todo indicaba que sufría un ataque al corazón. El guardia se presentó media hora después y los servicios médicos tardaron casi dos horas. La crisis había pasado. Colorado González fue auxiliado por su compañero de celda Ricardo Martinelli, que sólo contaba con un lienzo mojado y se lo puso en la frente; por pura suerte no se le murió en los brazos.

Insistía en llamar al guardia para que auxiliara a Carlos Rosales y algunos internos del pasillo de castigo me ayudaron: se hizo un coro insistente que fue escuchado casi 20 minutos después, cuando la crisis había pasado. La respiración de Carlos Rosales era casi normal. Sólo se le escuchaba pasar saliva en cada resuello, como si intentara sacar la desesperación acumulada. Entonces volví a ver a la *Nana Fine,* la enfermera de la que seguía enamorado el preso del COC Jesús Loya. Se hizo presente como única ayuda médica que brindaba la institución al preso en crisis. Con su modosa forma de andar, su pelo negro y aquella estela de perfume que dejaba por donde pasaba, hizo que todos los reos de aquel pasillo entraran en crisis. Primero los bromistas le pedían ayuda para sanar el dolor de sus corazones. Después jadeos y gritos reprimidos manifestaron otros dolores que necesitaban consuelo. Ella sólo sonreía.

Llegó hasta la celda de Carlos Rosales y le habló amorosamente. Me recordó los días en el COC cuando Jesús Loya, sangrante en el piso, la miraba como si fuera lo único que existía en el mundo. Como lo hizo con Loya, ella le tendió la mano a Rosales, que estaba tirado en su celda casi inconsciente. La mano de esa enfermera era la más hermosa del mundo y sostenía los sueños húmedos de todos aquellos reos.

Con voz dulce, como la de una amante, comenzó a reconfortar al caído. Trataba de hacerle ver que estaba bien, que sólo había tenido una crisis de angustia y que su vida no corría peligro si se tomaba aquella píldora que le daba en la palma de su mano. Rosales comenzó a hablar: se sentía mejor; ya podía respirar bien. Había tomado la píldora color naranja de la mano de la enfermera.

En el pasillo, todos atisbaban desde la reja. No pude dejar de pensar en Jesús Loya y la cascada de celos que lo habría ahogado de saber cómo aquellos presos castigados veían a la esbelta *Nana Fine,* que ingenuamente no se daba cuenta de que sus calzones se traslucían bajo el ajustado pantalón ni de que, más que una bendición, ella era un castigo para todos aquellos abstemios de amor.

"Esa mujer es el diablo —me dijo esa vez Ramón Miranda desde su celda—, sólo viene a calentarnos la sangre. Es parte de la tortura."

Miranda era contador y llevaba más de 10 años en prisión, acusado de ser operador financiero de Amado Carrillo Fuentes. Como era diminuto, la calva y los lentes lo hacían parecer un personaje de película. Al escuchar su voz chillona uno se convencía de que estaba fingiendo su personalidad, aunque ésa fuera la verdadera. Todos le decían *Tontín* y él no decepcionaba a nadie. Como parte de su estrategia de supervivencia en la cárcel tuvo que asumir el papel de tonto. Todos se reían de él pues siempre tenía las mejores ocurrencias.

Los presos de ese pasillo se azotaban de risa cuando un oficial ordenaba a Miranda que adoptara la postura de revisión.

—¿Para qué, oficial? —preguntaba.

—¡Para revisarle el culo!

—Ah, bueno, sólo que sea para eso —respondía con inocencia y se disponía a abrirse las nalgas para que el oficial realizara el procedimiento de rutina.

Ramón Miranda se atribuía la encomienda de salvar las almas de todos los que en aquel pasillo se sentían devorados por el pecado de la ambición.

—¿A poco no, reportero? Esto es sólo un centro adonde mandan a los más ambiciosos. Vea usted, aquí sólo hay hombres que no se conformaron con su pobreza. Es gente luchona que de alguna forma buscó remontar las condiciones de miseria en las que crecieron —me dijo una vez desde su celda.

Miranda era el tonto de la cárcel cuando él quería. Porque si se le daba la gana hablaba con claridad y con una elocuencia que pocas veces escuché en la prisión.

—No me deja mentir la realidad —prosiguió—; ahí están Rafael Caro Quintero, Armando Amezcua Contreras, Carlos Rosales, Albino Quintero Meraz, Oliverio Chávez Araujo, Sergio Enrique Villarreal y cientos de presos que sólo hicieron dinero...

—¿Pero de qué forma? —intenté debatir.

—De la forma que sea —respondió, como si estuviera dando una cátedra—, eso es intrascendente. Lo que digo es esto: más allá del concepto para clasificar una conducta como delito, lo importante es el fin...

—Y el fin del narcotráfico es dañar.

—No precisamente. El narcotráfico es una cuestión moral. El uso de las drogas va de acuerdo con nuestro pensamiento social. Hoy es malo traficar con cocaína, cristal o mariguana, pero eso será distinto de aquí a 100 años o más. Va a pasar lo que ya sucedió con el alcohol y el tabaco: hoy son drogas legales, y no dejan de ser drogas, pero hace 100 años estaban prohibidos. Entonces el único delito que cometieron los traficantes de alcohol y drogas no fue la comercialización, sino la ambición que los llevó a entrar a ese negocio para hacer dinero.

Lo mismo va a pasar un día con la cocaína, la mariguana y el cristal: se van a permitir y entonces el delito ya no va a existir. Aquí lo único verdadero es que los hombres del narcotráfico de hoy, en esencia, de lo único que se les podrá culpar a la luz de la historia será de que tuvieron ambición para hacer dinero.

—Y los que cometieron homicidio, ¿qué?

—Ah —respiró hondo—, eso es otra cosa. Yo creo que los únicos delitos que las sociedades modernas deberían considerar como tales son los que atenten contra la vida y la propiedad de las personas. El secuestro, la violación, el robo, la extorsión y el homicidio deberían ser los únicos actos castigados. Está en el libro más antiguo de leyes: la Biblia. Bastaría que los gobiernos modernos atendieran eso para mantener la tranquilidad de la sociedad. Por eso le digo que lo único que esta cárcel contiene son hombres ambiciosos. Nada más hay gente dedicada al narcotráfico y eso es menos dañino que el robo.

Después de platicar con Ramón Miranda me quedé haciendo cuentas. Al repasar mentalmente el número de reos que había conocido hasta ese momento en aquella cárcel me di cuenta de que casi 90% estaban encerrados por delincuencia organizada, es decir, por haber pertenecido a un cártel de las drogas. Sólo 10% era procesado o sentenciado por delitos contra otros, como los calificaba Miranda.

—La nuestra es una sociedad hipócrita —siguió monologando el reo de la celda 17—, porque primero lo forman a uno, cuando es niño, en un sistema de competencia para tener más que los otros. Y después la misma sociedad castiga al que llega a ser más. ¿Usted cree el cuento de que Rafael Caro Quintero o Armando Amezcua están aquí porque hicieron daño traficando drogas? ¡Claro que no! Están presos porque se hicieron ricos, mucho más ricos que cualquier otro.

"Fíjese usted: en la escuela enseñan a los niños a competir. Los forman para aprender más y tener la mejor calificación. ¿A poco no son eso las calificaciones? Un sistema de competencia para destacar unos por encima de otros. Se me hace una sociedad hipócrita cuando al niño que llega a ser mejor en la escuela y se forjó en ese sistema de competencia, en la etapa adulta la sociedad le pide solidaridad y apoyo para los que tienen menos, los que no pudieron alcanzar el estándar de competencia requerido.

"Por eso lo único que ve en esta cárcel son hombres que entendieron bien el sistema de competencia al que fueron sometidos sin que ellos lo pidieran. Le ganaron al sistema y por eso éste los está castigando. Es un sistema acomodaticio e hipócrita que primero enseña y luego castiga al que aprendió mejor."

Las pláticas de Ramón Miranda saltaban de la sociología a la economía. A veces hablaba de política o historia con la misma vehemencia con la que explicaba los métodos de lavado de dinero que puso a disposición del cártel de Amado Carrillo, al que le blanqueó más de 200 millones de dólares en menos de dos meses sin que el gobierno de México y el de Estados Unidos siquiera lo sospecharan.

A Ramón Miranda no lo detuvieron por lavado de dinero. Un policía estatal lo detuvo afuera de un centro comercial en el municipio de Hermosillo por error: el dueño de una zapatería lo confundió con un cliente que minutos antes salió del establecimiento con un par de zapatos que no pagó. Miranda nunca hubiese hecho eso; el robo para él era un delito que debe pagarse con la vida. Pero lo llevaron a la comandancia de la capital sonorense, donde insistió en su inocencia. Pese a todo, el zapatero lo acusó de robo y Miranda fue sometido a proceso penal. Aun cuando dio un nombre falso, ya en la cárcel fue reconocido por sus huellas dactilares y su ficha signalética como el operador financiero de Amado Carrillo, por el que la DEA ofrecía tres millones de dólares a quien proporcionara datos que llevaran a su captura.

Miranda fue, en efecto, uno de los hombres más cercanos al capo. Eso le valió para negociar que el gobierno mexicano no lo extraditara a Estados Unidos, donde al menos tres jueces lo reclamaban para procesarlo. Para ello se acogió a la política "saciamorbos" —como él le decía— de la PGR y se mostró dispuesto a colaborar en todas las investigaciones sobre el Cártel de Juárez. Fue uno más de los testigos protegidos que ayudó al gobierno federal a encarcelar por lo menos a 73 integrantes de la organización de Amado Carrillo.

Más allá de cuadrar historias para ubicar a miembros del cártel en tiempo y forma, como lo requería el agente del Ministerio Público, Miranda se ganó las "simpatías" del gobierno federal cuando relató la forma en que Amado Carrillo decidió cambiar de rostro. Ante agentes de la PGR y del Cisen narró lo que sabía de los sucesos que terminaron en la declaración oficial de que el jefe del Cártel de Juárez había fallecido.

"'Amado Carrillo no está muerto', me confió Ramón Miranda una vez que, junto con otros presos de aquel pasillo, nos llevaron al servicio médico para una revisión de rutina. Mientras esperábamos nuestro turno me contó casi al oído su certeza de que el capo radica en Estados Unidos como testigo protegido al servicio del FBI y la DEA."

Me contó que ése había sido su error más grande. Él pensaba que contar la historia de la falsa muerte de Amado Carrillo le iba a redituar algún beneficio ante las autoridades, pero lo máximo que logró fue no ser extraditado a Estados Unidos. Al contrario, afirmar que sabía de la nueva vida de Carrillo Fuentes le valió que lo sepultaran vivo en aquella prisión de máxima seguridad, donde no tenía ninguna privacidad: sus conversaciones por teléfono eran grabadas y su correspondencia revisada a conciencia.

Cuando lo conocí, Ramón Miranda ya tenía 10 años de estar preso en áreas de segregación, donde no se puede tener contacto con otros reos de forma más abierta. Por instrucción oficial no se le permitía conversar con ningún interno y cuando estaba fuera de su celda lo vigilaban dos guardias.

"El gobierno tiene miedo de que yo vaya a contar, desde aquí, la existencia de Amado Carrillo."

A eso atribuía las revisiones extremas a su celda cada dos días. No eran para corroborar que no poseyera drogas o armas, sino para verificar lo que escribía. De manera rutinaria llegaban cinco oficiales que le ordenaban salir de su estancia. Lo revisaban de lado a lado, hasta detrás de las orejas. Después su celda era meticulosamente auscultada; buscaban en cada rincón algún documento. Los guardias se demoraban casi tres horas, hasta que estaban seguros de que no había textos indiscretos ni apuntes en la pared o en el cuaderno que se le permitía conservar. Ramón Miranda era el único preso que no podía tener acceso a timbres postales. Cuando necesitaba mandar una carta se la tenía que entregar al oficial y, de acuerdo con el criterio del penal, éste decidía si enviaba la misiva o simplemente la hacía perdediza.

"Me tienen como muerto en vida, pero no me van a poder callar para siempre: un día voy a escribir la verdadera historia de cómo el narcotraficante más importante de México pudo burlar al gobierno mexicano", lo escuché reflexionar.

Yo lo veía con una mezcla de emoción y compasión. Intentaba entender cómo una de las historias más grandes del narcotráfico jamás contadas estaba contenida en aquel hombre minúsculo. Llegué a la rápida conclusión de que las historias más importantes de aquella cárcel estaban envueltas en personas que a primera vista parecían insignificantes. Concluí que era la forma más común en que las historias intentan pasar inadvertidas ante los ojos de quienes buscan historias.

—Cuénteme la historia de Amado Carrillo desde que lo conoció —lo provoqué—, lo que más recuerde…

Seguramente miró mi cara de ansia por conocer ese relato y sonrió. Volteó a los lados para ubicar a los oficiales de guardia. Estaban como a tres metros de nosotros, hablando de sus problemas laborales. Uno se quejaba del comandante de compañía y el otro escuchaba como si fuera un secreto de confesión. Ramón Miranda dio un pasito lateral y se colocó más cerca de mí. Pegó su frente contra la pared, en actitud de cansancio, y soltó:

—Amado era un hombre bueno. Nunca fue el asesino despiadado que dicen. Era educado y atento. Nunca lo vi haciéndole un desprecio a nadie ni dejó a su gente cercana con la mano estirada; saludaba a todo mundo de mano. Él sabía que se debía a todos, que todo aquello que era él no lo era sólo por él mismo sino por quienes lo ayudaban: desde quienes le preparaban la comida hasta los que se encargaban de sus más importantes negocios. Por eso le decíamos *el Señor de los Cielos*.

"El apodo con el que todo el mundo lo conocía no salió de ningún reportero ni de ningún agente de la DEA. Ese mote se lo puso [Manuel de Jesús Bitar] Tafich, el jefe del área financiera. Yo trabajaba con Tafich; era hombre de sus confianzas. A mí me hacía encargos personales para Amado. Yo era el responsable de mantener las cuentas de su familia: la de su mamá y sus hermanas, las de algunas novias y amantes que tenía. También les hacía pagos a algunos amigos que tenía en el gobierno federal. Cada mes Tafich me ordenaba que entregara dinero, a veces de forma directa y a veces en depósitos bancarios, a varias organizaciones de asistencia social. A Amado le gustaba dar ayuda a los grupos que cuidan a los ancianitos y a los huérfanos. Por eso decía Tafich que Amado Carrillo era *el Señor de los Cielos* en la tierra.

"Cada vez que me ordenaba depositar para los pobres, Tafich me decía: 'El patrón es un verdadero santo'. Así era, porque no sólo ayudaba orfanatos y asilos, sino también a las familias que podíamos ubicar y que habían sufrido la muerte de una de sus hijas o esposas..."

—¿Ayudaba a las familias de las muertas de Juárez?

—Simón. Cada vez que las noticias decían que había aparecido una mujer asesinada, la primera instrucción era buscar la forma de hacerle llegar dinero a su familia y ayudar a la policía estatal para dar con el asesino.

—¿El Cártel de Juárez no estaba detrás de algunos feminicidios?

—Nunca. Amado Carrillo era el más molesto por las muertes que se estaban presentando en su territorio. Sabía que alguien le estaba "calentando la plaza".

—¿Quién le calentaba la plaza?

—Él pensaba que el Cártel de Matamoros. Siempre culpó de esos asesinatos a Juan García Ábrego, sobre todo luego de que Carrillo se negó a hacer una alianza para ir contra el Cártel de Sinaloa.

—Respetaba al *Chapo*...

—Había una buena relación, pero a quien en realidad estimaba y quería era a su compadre [Juan José Esparragoza Moreno] *el Azul*. Nunca iba a ir contra él. Por eso presumía que tras la negativa de asociarse con Juan García Ábrego éste tomó la decisión de llenar Ciudad Juárez con fuerzas federales a partir de una ola de asesinatos de mujeres.

"Amado tenía controlada a la policía estatal de Chihuahua. Mantenía comunicación directa con el gobernador Francisco Barrio Terrazas, y desde antes su conexión con el gobernador Fernando Baeza Meléndez era muy buena. Por eso, en cuanto el tema de los asesinatos de mujeres llamó la atención nacional, el patrón puso a disposición del gobierno estatal a 50 hombres para que ayudaran en las investigaciones de los asesinatos.

"Se lo encargó a Juan Pablo Ledezma: 'Quiero que hagas una línea de hombres que frene los asesinatos de mujeres y detenga a los asesinos de las que ya han muerto'. Así nació el grupo La Línea, destinado también a ser una línea de contención al avance del Cártel de Matamoros en Ciudad Juárez.

"Con La Línea trabajando del lado de la policía se logró la detención al menos de 50 asesinos. La mayoría de los detenidos eran miembros del Cártel de Matamoros, que mataron a mujeres sin ningún motivo salvo el de 'calentar la plaza'. También se esclarecieron otros asesinatos, aunque menos, en los cuales los homicidas eran novios de las víctimas."

—¿Por qué Amado Carrillo fingió su muerte? —pregunté a hurtadillas mientras veía dónde estaban los oficiales de guardia. Ellos seguían en su plática, volteando mecánicamente a donde estábamos un puño de reos a la espera de entrar al cubículo médico para someternos a los análisis clínicos.

—Él ya tenía la oferta del gobierno de Estados Unidos para hacerse testigo protegido. Sabía que sus nexos con algunos funcionarios mexicanos ya estaban en riesgo. La detención de Jesús Gutiérrez Rebollo lo puso en alerta. El general era quien lo protegía y sabía todos los movimientos del cártel.

"Desde febrero de 1997, cuando se dio la noticia de la detención del general, Amado Carrillo comenzó a acariciar la posibilidad de pasar al retiro. La oferta de un cambio de identidad se la hizo llegar un agente del FBI con el que tenía conexión. Era un oficial latino de apellido Martínez, el contacto con el director administrativo de la DEA, Jim Milford. Con él se reunió Carrillo en varias ocasiones en Chihuahua. Ese agente fue el que le propuso el plan para que se le diera por muerto.

"Al principio no le convenció mucho la idea de fingir su muerte. Se negaba a dejar el negocio del que era amo y señor en el país. Le preocupaba el futuro no sólo de su familia sino de todos los que trabajábamos para el Cártel de Juárez. Finalmente se convenció de que ésa era la mejor salida a la situación que estaba viviendo. En la televisión se hablaba de manera insistente sobre la relación del general Gutiérrez Rebollo y sus nexos con el Cártel de Juárez. Fue cuando Amado Carrillo decidió hacerle caso al agente Martínez del FBI.

"A principios de marzo de 1997 Amado estaba muy preocupado. Yo llegué a verlo muy distante. Nos reuníamos dos veces por semana para revisar los asuntos pendientes. Yo iba como hombre de las confianzas de Tafich. Él sabía que yo hacía las operaciones finales que él dictaba, fueran para entregar dinero a familias de mujeres asesinadas o para blanquear los fondos que se necesitaban hacer llegar a sus cuentas. Siempre me saludaba de mano. Pero en esa reunión lo noté distante. En la sala estábamos unas siete personas. De la parte financiera íbamos Tafich y yo. Luego nos pidió a todos que lo dejáramos solo con Tafich.

"No sé qué platicaron en privado, pero cuando Tafich salió de la reunión tenía cara de muerto. Salimos de la casa y de camino a la oficina me fue dando instrucciones financieras que debía cumplir a la brevedad. Me llamaron la atención los montos de las transferencias que debía hacer. Tafich me pidió que le tuviera cinco millones de dólares en efectivo, una cifra inusual. Lo más que manejábamos en efectivo para los gastos de Amado y sus allegados era un millón de dólares cada semana. No dije nada; se me hizo muy extraño, pero cumplí la instrucción de mi jefe. De cualquier forma me dio mucho gusto la instrucción, porque yo me llevaba a la bolsa el 2% de cada movimiento en efectivo que podía realizar sin dejar ningún rastro financiero.

"Ya en la oficina Tafich, contrario a su costumbre, se encerró. Estuvo haciendo algunas llamadas que le llevaron toda la tarde. Casi a la medianoche llegó un médico al despacho. Yo todavía estaba metido en las negociaciones con amigos de Banamex para tener acceso a cinco millones de dólares que no dejaran ningún rastro.

"Al médico que llegó buscando a Tafich lo recibí yo. Supe que era médico porque así me pidió que lo anunciara: doctor Ricardo Reyes Rincón. No me pareció inusual aquella visita porque en ocasiones anteriores el mismo médico le había hecho algunas intervenciones al *Señor de los Cielos*. Entonces todo cuadró en mi cabeza: supuse que los millones que estaba gestionando ante Banamex serían para uno más de los tratamientos de cirugía estética a los que acostumbraba someterse Amado Carrillo. Yo le entregué en mano a Tafich, por lo menos cuatro veces, fondos para ese fin. Antes de esa ocasión, Amado Carrillo ya se había hecho dos reconstrucciones faciales: se afiló la barbilla, se quitó la papada, se redujo las orejas y se quitó algunos kilos del abdomen. Por eso cuando supe que el médico buscaba a Tafich, no pude dejar de pensar que sería para una nueva intervención quirúrgica para el patrón, al que le gustaba verse bien.

"Amado Carrillo era un hombre bueno, pero su mayor defecto era la vanidad. En una cena en su casa contó que era un trauma: nunca se consideró un hombre guapo. Así se lo dejó ver Isabel, una amiga del barrio de la que él estaba enamorado de niño, cuando vivía en el ejido El Guamuchilito, municipio de Navolato, a 60 kilómetros de Culiacán, Sinaloa.

"Con apenas 10 años de edad, él quería que Isabel fuera su novia pero ella lo despreció; le dijo que tenía las orejas muy grandes y eso le partió el corazón. Cuando ya era el jefe del Cártel de Juárez lo primero que se arregló fueron las orejas. De todas formas, con el poder que tenía, no había una sola mujer que se le negara."

La conversación, de la que yo no perdía detalle, fue interrumpida por uno de los oficiales que nos vigilaban. Habían concluido su plática con un movimiento ligero de cabeza y retornaron a sus funciones. Un oficial me ordenó que me separara de Ramón Miranda, en tanto que el otro le pidió a él que adoptara la posición de descanso.

—Pero si llevo 10 años en descanso —dijo Ramón, retomando su papel de tonto.

Una sonrisa boba le afloró en los labios. Otra vez era el tonto del pasillo que a todas las indicaciones de los oficiales les encontraba una salida graciosa para delicia de los otros presos. Me hizo reír la ocurrencia. No había pensado que aquella prolongada pena de cárcel pudiera considerarse una forma de reposo.

Pasé al cubículo médico para que realizaran mis análisis clínicos. *La Bruja Blanca*, como llamábamos a aquella doctora por el trato despótico que nos daba, ya estaba esperándome con una jeringa en la mano. Me explicó, de acuerdo con el protocolo, que me iba a tomar unas muestras clínicas. Fue directa. Como siempre; fue inclemente ante el dolor y el pudor de hombre: pinchó a propósito 10 veces mi brazo derecho, buscando dar en la vena para obtener la muestra sanguínea. Después me dio un frasco para que orinara. Me entregó un segundo frasco y me ordenó que defecara delante de ella para una muestra coproparasitoscópica. Ésa era la parte que más disfrutaba y más la hacía enojar. Ningún interno entregaba la muestra fecal en menos de 20 minutos, más cuando las ganas del cuerpo no llegaban a causa de su mirada burlona y humillante. Después, con un hisopo se dio a la tarea de colectar una muestra de exudado uretral, lo que en términos reales no es otra cosa que penetrar el pene con un hisopo. El placer de *la Bruja Blanca* era directamente proporcional al dolor que el interno manifestaba en su rostro.

Aun cuando el servicio médico en la cárcel federal de Puente Grande es muy deficiente, cada tres meses todos los reos son sometidos a análisis clínicos. No es por cuidar su salud sino para cumplir con los protocolos oficiales de vigilancia epidemiológica. Sin embargo, en el tiempo que estuve recluido ahí surgieron dos brotes de hepatitis, una epidemia de influenza estacional y por lo menos cuatro pasillos fueron declarados en alerta sanitaria cuando un reo infectó de herpes por vía sexual por lo menos a una docena de sus compañeros.

Salí del cubículo médico igual que todos los internos: con el dolor reflejado en el rostro y las manos intentando sujetar el pene. Ramón Miranda me miró. Movió la cabeza. Seguía con su cara de bobo intentando hacer reír al resto de los presos que ya estaban adoloridos en el pasillo.

"Mejor tuviéramos vagina —dijo mientras se llevaba las manos a los testículos—, al menos disfrutaríamos que nos metieran el cotonete."

El guardia empujó a Ramón Miranda, que era el último preso en la fila. Éste volteó a verlo en actitud de desafío. El guardia paró en seco. Él lo retó con la mirada. Luego afloró su sonrisa tonta.

"Oficial —le dijo—, siento que me van a violar, pero por lo menos muérdame las orejitas..."

La risa de todos los presos fue explosiva. Contrastó con la furia contenida en el rostro del guardia, quien no atinaba a decir nada ante las carcajadas que lo laceraban. Pero tras unos instantes respondió: "Si me gustaras, te cogía aquí mismo, pero eres muy feo".

Desde adentro se escucharon los gritos entre insolentes y burlescos de Ramón Miranda. Nadie se pudo sustraer a la posibilidad de que el preso corría alrededor del cubículo médico mientras *la Bruja Blanca* intentaba cazarlo. Los gritos de pavor por la aguja eran tan ridículos que no dejaban de sacar carcajadas a los presos que ya esperábamos el regreso a nuestras celdas.

Tres días después Miranda pudo continuar con la historia de Amado Carrillo. La plática continuó de celda a celda. Aunque era reservado con su historia, pienso que aceptó narrarla empujado por el letargo de la tarde, que en la cárcel mata de aburrimiento. Me habló desde su celda para que me acercara a la reja. Brinqué de mi cama.

—Échele, mi Ramoncito, soy todo oídos —le dije.

—El patrón —dijo en clave para que los otros presos no supieran el rumbo de la plática— tenía miedo. Pocas veces lo miré así. Si algo le daba pavor era la cárcel, y no era para menos. Su experiencia en la prisión fue terrible; lo golpearon salvajemente unos presos pagados por los hermanos Arellano Félix, quienes querían el control que ya tenían en el norte de Sinaloa.

"Al patrón lo detuvieron en un bautizo, la tarde del martes 27 de junio de 1989, en un rancho cerca de Badiraguato. En esa fiesta estaba también *el Chapo*. Los soldados lo agarraron por una confusión. El pitazo les llegó de los hermanos Arellano Félix, que ya tenían una guerra contra *el Chapo*. Iban por él, pero Guzmán se les escapó media hora antes de que llegaran los soldados. Se alcanzó a despedir del *Señor de los Cielos* y le informó que ya venían los soldados y le dijo que se fuera, pero el hombre sólo se rió.

"El jefe estaba seguro de que los soldados no podían hacerle nada, por su buena relación con el jefe de la zona militar, que ya era su amigo: el general Gutiérrez Rebollo. Pero no calculó que la partida militar avisada de la presencia del *Chapo* en aquella fiesta venía de Tijuana; era gente pagada por los Arellano Félix."

—Pero lo detuvo el propio general Gutiérrez Rebollo —cuestioné, pues recordaba lo que publicaron los periódicos en aquella época.

—No, en realidad no lo detuvo el general. Fue un teniente de apellido Morales. Gutiérrez Rebollo se apersonó en el lugar casi dos horas después. Llegó en helicóptero cuando fue notificado de la detención. Ya no pudo hacer nada, pues no deseaba evidenciar su relación. Ante los periodistas no le quedó otra opción que atribuirse la captura.

"Gutiérrez Rebollo todavía platicó con *el Señor de los Cielos* cuando estaba resguardado en la zona militar de Culiacán. Le pidió una disculpa y le prometió que lo dejarían en libertad a la brevedad. Por eso el patrón dejó la cárcel un año después: le integraron mal la averiguación y le dieron la posibilidad de que un juez lo declarara libre a causa de faltas al debido proceso."

Apenas había iniciado la historia Ramón Miranda, los presos ya estaban apiñados en las rejas de sus celdas. También se querían escapar de las horas largas que se quedaban enredadas en aquel pasillo. Se podían ver las sombras de los reos en la pared. Eso animó al narrador.

Pero fue la voz de Carlos Rosales la que terminó por ponerlo en el centro de la atención de todos los presos.

—¿Y de quién estamos hablando, Ramoncito? —preguntó el michoacano desde su celda.

—Le estoy contando a Lemus sobre Amado Carrillo.

—Un señorón, mis respetos para el hombre —comentó Rosales.

La mayoría de los presos guardaron silencio y siguieron atentos a la charla. Casi todos los que estaban en ese pasillo eran miembros del Cártel del Golfo, que no simpatizaban con el jefe de sus rivales de Juárez. Aun así Miranda, ya sin la intención de hablar en clave, siguió contando la historia del *Señor de los Cielos*. Nadie lo interrumpió. Seguramente fue el peso de Carlos Rosales el que hizo que el resto de los reos se mantuviera en silencio y dejara hablar en serio al que siempre los divertía con sus ocurrencias.

—Yo creo que fue el miedo a caer de nueva cuenta a la cárcel lo que hizo que don Amado tomara la decisión de fingir su muerte.

"Porque además de la golpiza de que fue objeto por parte de unos integrantes del Cártel del Golfo, recibió la amenaza de que lo matarían en la cárcel. Él sabía que lo querían asesinar. Estaba seguro de que si caía de nueva cuenta en prisión lo más seguro era que no saliera vivo.

"Como un favor del general Gutiérrez Rebollo, don Amado no fue a dar de inmediato a una cárcel del Distrito Federal, donde se le hubiera complicado el proceso. Lo encerraron en la cárcel estatal de El Guamuchilito, en Sinaloa, donde estaba prácticamente en libertad porque tenía todo lo que deseaba. Después de la golpiza que le propinaron y las amenazas de muerte recibidas fue *el Chapo* quien buscó la forma de protegerlo: mandó a prisión a 12 de sus hombres más entrones para que lo cuidaran. Y aunque después lo internaron en el Reclusorio Sur, fue para su mayor seguridad.

"Con su poder económico pudo librar pronto su proceso. Yo fui el encargado de juntarle 10 millones de dólares para hacerlos llegar al fiscal Javier Coello Trejo, que sólo dejó que el agente del Ministerio Público cometiera algunos errores para que un juez decretara la libertad de don Amado. El abogado del *Señor de los Cielos*, Alfredo Andrade Bojorges, lo puso de nuevo en circulación el 9 de junio de 1990. A partir de esa fecha don Amado decidió cambiar su nombre. Le ordenó a su abogado que le buscara una nueva personalidad. Públicamente dejó de ser Amado Carrillo Fuentes para convertirse en Juan Carlos Barrón Ortiz, un empresario dedicado a los aerotaxis. Su fachada era la empresa Taxi Aéreo del Centro Norte, radicada en Torreón, Coahuila.

"Para hacer más creíble la detención de don Amado, el general Gutiérrez Rebollo salió a los medios a decir que se le habían incautado grandes propiedades, pero en realidad sólo fueron seis avionetas pequeñas, dos autos y algunas armas viejas que el mismo Amado Carrillo ordenó que le entregaran al general para que presentara algo a la prensa. Por otra parte, don Amado le mandó dos millones de dólares al general como agradecimiento por su ayuda. Yo fui el encargado de hacerle llegar el dinero a la zona militar de Guadalajara."

La historia que Ramón Miranda estuvo contando en el pasillo de castigo nos tuvo al borde de la celda. Como casi todos los presos, era un buen narrador. A diferencia de *la Rana*, que era especialista en cambios de tono y expresiones coloridas, Miranda sabía llevar al clímax a sus escuchas. Le gustaba dejar en suspenso las pláticas. Cualquier cosa era motivo para un "permítanme, ahora continúo". A veces hacía pausas a propósito. No se ocupaba en nada, pero dejaba la narración en la parte más emocionante. Luego retornaba con más bríos. En esos días en los que estuvo contando la historia del *Señor de los Cielos* dejaba la plática a la mitad y se dedicaba a escribir alguna carta, mientras todos los presos nos dábamos un tiempo para comentar el tema.

—¿Ya, Ramoncito? —le gritaba Carlos Rosales—. No nos tenga en vilo. Siga, que ya me emocionó la novela del señor.

Ramón Miranda se reía. Yo imaginaba que se sentía entre avergonzado y emocionado por la forma en que la concurrencia lo aclamaba con tal de que regresara a la narración.

—Ya voy, sólo estoy atendiendo unas llamadas y firmando unos cheques que necesito mandar al banco —bromeaba.

Después regresaba a la puerta de su celda y se limpiaba la garganta con un agudo carraspeo que era la primera llamada de su auditorio. Hacía una pausa larga, luego otro carraspeo y, cuando todo el pasillo estaba listo para escuchar, se lanzaba como al escenario donde sabía conducir a sus oyentes por todos los estados de ánimo.

—Le decía que Amado Carrillo era hábil —seguía con su historia, tal vez imaginaria—: sus nexos y sus conexiones siempre estuvieron en el primer círculo de la presidencia. Era amigo de Carlos Salinas de Gortari cuando éste fue mandatario. Yo fui testigo de un encuentro que se llevó a cabo en La Habana. Yo le preparé el viaje a la isla para que pudiera verse con Salinas.

—¿De qué hablaron?

—No coma ansias, reportero —me fustigó amablemente Carlos Rosales—. Deje que nos platique como él lo tiene pensado.

—Gracias, don Carlos —agradeció el gesto Ramón—. Les decía: don Amado tenía contacto con el presidente Salinas. Eso lo consiguió después de salir de la cárcel. Pero no sólo amplió sus relaciones con funcionarios federales, sino también con embajadores de varios países. Fue Raúl Salinas el que lo metió a la política exterior. Gracias a Raúl don Amado gozaba de total inmunidad en Chile. Por eso cuando sentía que sus enemigos iban por él lo primero que hacía era tomar un avión y perderse en Santiago de Chile. A veces se paseaba por Buenos Aires y Caracas. Nada lo hacía más feliz que viajar a los países del sur; decía que le daban ganas de comprarlos.

"Porque a don Amado, con toda la amabilidad y la educación que tenía, también le gustaba de vez en cuando bromear. Su guasa preferida era contar que a él le habían cortado el ombligo a balazos y que todavía le olía a pólvora. Y cómo no iba a decir eso, si su padrino de bautismo fue nada más y nada menos que su tío Ernesto Fonseca Carrillo, *Don Neto*. Él lo bautizó en diciembre de 1956, en una casa del ejido El Guamuchilito, en Sinaloa, donde creció y se hizo consciente de su habilidad para los negocios del narcotráfico."

—¿Pero qué tiene que ver don Ernesto Fonseca Carrillo? —preguntó Rosales—; no encuentro la relación entre la pólvora del ombligo y el padrino, me ha de dispensar.

—Platicaba don Amado que el día de su bautizo, el padrino, *Don Neto*, lanzó unas ráfagas de metralleta al aire. El niño lloró y *Don Neto* ordenó a la banda que tocara la canción *La bala perdida*, que tranquilizó al bautizado.

"Pero antes déjenme decirles —explicó Miranda— por qué me quedó bailando en la cabeza la idea de la relación de Gutiérrez Rebollo con don Amado. Ellos eran amigos hasta el extremo. Se tenían lealtad y mucho respeto. Ahí el que la regó fue el chofer del general, Juan Galván Lara, que luego declaró contra éste y se volvió testigo protegido del gobierno federal. Después supe que Galván Lara era un agente de los Arellano Félix.

"Él fue el que hizo la grabación que se presentó como prueba reina en el caso del proceso de Gutiérrez Rebollo. En la reunión estaban presentes el general, su chofer, un escolta y dos hombres de la confianza de don Amado. La cita fue en el rancho La Aurora, en el ejido El Guamuchilito, Sinaloa, y hablaron de negocios. Don Amado le pasó información para que incautara droga del *Mayo* Zambada. Fueron casi dos toneladas de cocaína las que don Amado puso en manos del general. La droga permanecía a bordo del barco *Viva Sinaloa*, atracado en el puerto de Mazatlán, ya lista para hacerla llegar al Cártel de Tijuana.

"Con la ayuda de don Amado, el general Gutiérrez Rebollo pudo ir escalando como implacable combatiente contra el narcotráfico. A final de cuentas eso valió para que fuera nombrado director del Instituto Nacional para el Combate a las Drogas durante el gobierno de Ernesto Zedillo. Y es que desde mediados de la década de los ochenta, cuando Gutiérrez Rebollo era jefe de la zona militar de Morelos, ya estaba dando golpes duros al narcotráfico, siempre con la ayuda de inteligencia del jefe del Cártel de Juárez.

"El general dio sus golpes más importantes como jefe de la zona militar de San Luis Potosí, Jalisco y Sinaloa, donde tenía presencia la organización de don Amado. Él le informaba de todos los movimientos que hacían sus rivales de negocios y los dos salían beneficiados. Pero el más agradecido era don Amado, que no escatimó dinero para tener contento a su amigo. Por eso me ordenó, a través de Tafich, que le buscara un buen departamento al general en la Ciudad de México. Yo busqué el mejor. Lo encontré en las Torres Quadrum, en las Lomas de Chapultepec, y costó siete millones de dólares. Ahí mismo tenía don Amado su nidito de amor. El del general era el departamento 6-A y el de don Amado el 4-A."

Por esa relación el general Gutiérrez Rebollo fue apresado y procesado el 2 de febrero de 1997, bajo los cargos de soborno, asociación delictuosa, obstrucción de la justicia y apoyo al tráfico de cocaína. Fue detenido en las propias instalaciones del Instituto Nacional para el Combate a las Drogas, en la sede de la Sedena. Fue internado, por decisión presidencial, primero en la cárcel federal de mediana seguridad de Tepic, Nayarit, y después en la cárcel federal del Altiplano, en el Estado de México.

Inicialmente fue sentenciado a 31 años, 10 meses y 15 días de prisión, pero tras una revisión de la sentencia se le aumentó la pena a 40 años de cárcel y una multa de más de 24 700 000 pesos. Durante su estancia en prisión se le acumularon 14 procesos penales, de los cuales recibió sentencia condenatoria solamente por dos. En los otros 12 no se le pudo demostrar su responsabilidad en los hechos señalados y fue absuelto.

El 14 de abril de 2008 logró un amparo para conservar su grado de general durante su condena. Lo ganó. Le fue restituido su rango militar, pero la sentencia no sufrió modificación. Gutiérrez Rebollo murió el 19 de diciembre de 2013, a los 78 años, en un hospital militar donde estaba internado desde el 3 de diciembre de 2011. El día anterior a su muerte un juez le otorgó, por su devastado estado de salud, el beneficio de cumplir el resto de su sentencia en su domicilio. Los restos del general fueron depositados en su pueblo natal, Jonacatepec, Morelos, donde descansa al lado de su padre, Jesús Gutiérrez Cardoso, diputado del Congreso Constituyente del estado.

—Pero nos iba a contar sobre el cambio de rostro de Amado Carrillo —intenté redirigir la narración.

—Ah, que Lemus, ¿no le acaban de decir que no coma ansias porque lo que va a terminar comiendo es verga? —comentó Miranda.

La risa de la audiencia fue un aliciente para que el diminuto hombre siguiera con la historia desde su celda. A veces soltaba chascarrillos para sacar del marasmo a su audiencia, y en otras ocasiones los lanzaba para darse tiempo de acomodar sus ideas. Su mente era ágil. Cuando se emocionaba con la plática confundía sus palabras. Su pensamiento iba más rápido que su boca. Cuando sus confusiones ya eran muchas y muy evidentes, hacía una pausa mediante una broma al vuelo.

—Sígale, Ramoncito —lo invitó Carlos Rosales, el más emocionado con aquel relato.

—Gracias, don Carlos. Les decía: don Amado Carrillo era muy hábil; pensaba las cosas dos veces antes de hacerlas. Nunca supe de una decisión arrebatada. Siempre estaba calculando las opciones que tenía y las consecuencias. Lo único que lo hacía perder la razón, como ya les dije, eran las mujeres. Tenía ese complejo de sentirse feo, que le había quedado de la experiencia con su primera novia. Por eso en cada conquista recurría a lo que acuden todos los hombres feos: a su dinero. Le gustaba regalar joyas.

"Así fue como estrechó relaciones con el joyero de los narcos, Tomás Colsa McGregor. Era el que vendía las piezas más exclusivas de México. Todos sus lotes de joyas eran importados; la mayoría las traía de Nueva York y eso le daba un valor extra a cada pieza. Don Amado le compraba millones de dólares al mes. A veces eran para hacer regalos a sus más allegados, pero otras era por puro orgullo.

"Cuando sabía que otro jefe del narco había comprado equis cantidad de joyas, don Amado alzaba la oferta y pedía lotes por el doble. Era una pugna de honor a la que ningún jefe se podía sustraer. El más contento con esa situación era Tomás Colsa.

"Por el joyero, don Amado conoció a muchos agentes de la Dirección Federal de Seguridad, que también eran compradores de las joyas de importación. Uno de ellos, Rafael Aguilar Guajardo, se convirtió en el hombre de sus confianzas para mantener sus conexiones con los políticos del gobierno federal. A través de Aguilar Guajardo le hacía llegar millones de dólares a Fernando Gutiérrez Barrios, el secretario de Gobernación de Carlos Salinas de Gortari.

"Pero aquella amistad no duró mucho. Don Amado descubrió que el comandante Aguilar Guajardo le estaba 'ordeñando' los envíos de dinero que destinaba al pago de sobornos para los jefes políticos a cambio de protección. *El Señor de los Cielos* era un hombre bueno, pero no dejado. Por eso citó a Aguilar Guajardo en un restaurante de Ciudad de Juárez para que le diera una explicación de lo que estaba pasando con su dinero. Se sentaron a comer en El Rodeo y estuvieron ahí como media hora. En la reunión también estaba el joyero Colsa, que se había quejado con Carrillo de que Aguilar Guajardo sólo le entregó tres millones de los cinco que le había pedido prestados al jefe del Cártel de Juárez.

"La plática entre Aguilar Guajardo y don Amado fue subiendo de tono. Comenzaron a discutir. Aguilar era violento, explotaba a la primera. Amado era más paciente. Por eso no hizo nada cuando Aguilar Guajardo le dio una bofetada para finalizar la discusión. Don Amado no dijo nada ni dejó que sus escoltas sacaran sus armas en el lugar. Había comensales y prefirió no matarlo en público. Se levantó de la mesa y se encaminó a la puerta. Colsa también salió con la cabeza agachada detrás del *Señor de los Cielos*.

"La venganza vino después. El 12 de abril de 1993 el comandante Rafael Aguilar Guajardo fue ejecutado en la ciudad de Cancún, adonde fue adscrito tras el incidente. Un comando armado lo acribilló cuando paseaba por una de las zonas turísticas del lugar. Sobre su cadáver los sicarios dejaron un anillo de diamantes y una cadena de oro que don Amado le había comprado semanas antes de la disputa para entregárselos el día de su cumpleaños."

—¡Está cabrón! —comentó Carlos Rosales.

En el pasillo reinaba un silencio de funeral. Todos los presos seguíamos proyectando las escenas de aquella historia en nuestras cabezas. Los resuellos de Ramón Miranda era lo único que rompía la pesada calma que se había creado en aquel pasillo.

—¿Está tomando nota, reportero? —me dijo Miranda.

—Lo estoy entendiendo, que es mejor.

—Anote bien lo que le estoy platicando, porque esto no lo va a volver a escuchar en ninguna parte.

—Seguro que sí, Ramoncito —respondí.

—Sí, anótele, ya ve que los reporteros son muy pendejos: todo lo cuentan al revés.

Los siguientes dos días fueron de silencio. Nos tocó una de esas guardias que llamábamos "perras" porque los oficiales no nos dejaban tranquilos. Siempre estaban sobre nosotros. No había nada que les gustara: si estábamos hablando entraban los oficiales al pasillo y nos callaban. Si estábamos quietos entraban para levantarnos de nuestras camas y obligarnos a que nos pusiéramos en movimiento dentro de la celda. Por eso Ramón Miranda optó por dejar en suspenso la narración que nos entretenía tanto. En esa guardia estaba el comandante *Tizoc*, que parecía enojado con la vida. La historia del *Señor de los Cielos* se reanudó hasta que concluyó el turno doble de aquellos encarnizados oficiales.

Miranda rompió el silencio desde el fondo de su celda. Como en esa ocasión la guardia era relajada, se dio el lujo de hacer la narración acostado en su cama.

—Les decía que don Amado tenía miedo de regresar a prisión. Le aterraba la sola idea de que ocurriera.

—¿Y quién no, de todos los que estamos aquí? —terció Rosales—. Estoy seguro de que cualquiera de los que ya hemos estado en *cana* haría lo que fuera para no volver a pisar esta parte del infierno.

—Sin duda —dijo Miranda, y volvió a la historia—. *El Señor de los Cielos* sabía que su regreso a la cárcel era cuestión de tiempo. No sólo el gobierno federal estaba interesado en su detención. También muchos de sus enemigos estaban tratando de ubicarlo para informárselo al ejército. Con la detención del general Rebollo se terminaba la posibilidad de seguir moviéndose con la libertad de hasta entonces. Por eso buscó el contacto que tenía en la DEA.

"La primera oferta para hacerse testigo protegido en Estados Unidos, con un plan para cambiar de personalidad con el fin de que el gobierno mexicano dejara de buscarlo, le había llegado del director administrativo de la DEA, Jim Milford. Él fue el primero en ofrecerle el respaldo del gobierno estadounidense a cambio de que señalara el paradero y las actividades de los principales capos de la droga del país. Ya habían pasado más de 10 años del asesinato de Enrique Camarena, atribuido a Caro Quintero, quien ya había sido detenido. Pero el gobierno de Estados Unidos aún estaba inquieto. La DEA necesitaba asestar un golpe mayor a los señores de la droga en México.

"A la detención del general Gutiérrez Rebollo también se sumó el paso del joyero Tomás Colsa McGregor a la PGR como testigo protegido. Eso inclinó la balanza hacia la decisión de don Amado para acogerse a los beneficios que le estaba otorgando el gobierno de Estados Unidos. Colsa conocía a la perfección los movimientos de don Amado y no iba a tener empacho en delatarlo. Y aunque un día, de buenas a primeras, Colsa renunció a la condición de testigo protegido, ya había declarado lo suficiente para que se le siguiera de cerca la pista al *Señor de los Cielos*.

"Con esas declaraciones la PGR pudo integrar 12 averiguaciones previas contra don Amado Carrillo, que se sumaron a las 16 que se le seguían en Estados Unidos. Estaba entre los 10 fugitivos más buscados por el FBI. Eso era lo que verdaderamente tenía nervioso a don Amado. Por eso tomó la decisión de transformarse, que solamente le comentó a Tafich y a algunos de sus familiares más cercanos. Dentro del cártel nadie más conoció la decisión de su jefe.

"El 3 de julio de 1997 se organizó el operativo para llevarlo a la clínica Santa Mónica, en el Distrito Federal. Se registró con el nombre de Antonio Flores Montes. Lo recibió en la puerta el doctor Ricardo Reyes Rincón, quien hizo los preparativos para internarlo como un paciente que se practicaría una cirugía estética. Se le internó en la habitación 407. En el expediente se consignó que le harían una reducción de pómulos y una liposucción. La gente más cercana a don Amado estaba segura de que se trataba de una cirugía de esas que le gustaba hacerse por el puro gusto de verse mejor.

"Antes de ingresar al hospital, don Amado dejó en orden algunos pendientes económicos urgentes: pidió que se hicieran movimientos millonarios hacia diversas cuentas a primera hora del día. Lo recuerdo porque esa noche me la pasé trabajando, movilizando a mis ejecutivos bancarios para que se hicieran las transferencias como se había indicado. Creo que esa noche moví cerca de 5 000 millones de pesos, lo que fue posible con la ayuda de algunos funcionarios de primer nivel de Banamex. La mayoría de las cuentas destino fueron de los hermanos, las hermanas y madre de don Amado.

"Lo que supe luego fue que don Amado abandonó el hospital tres horas después. Pero no fueron por él sus hombres de confianza. Supe, por una persona que no puedo nombrar, que hasta el hospital llegaron cinco hombres vestidos con trajes. Todos eran estadounidenses. Don Amado los conocía porque ordenó a los 13 hombres que lo cuidaban adentro y en las inmediaciones del hospital, que se retiraran y dejaran la vigilancia a cargo de los cinco que habían llegado. Nadie cuestionó sus instrucciones.

"Don Amado salió caminando, acompañado de los estadounidenses. Abordaron una camioneta negra y se perdieron por las calles del Distrito Federal. Lo que supe luego fue que los tres médicos que estarían a cargo de la operación programada, Ricardo Reyes Rincón, Jaime Godoy Singh y Carlos Humberto Ávila, también desaparecieron. Nadie supo de ellos en los días siguientes.

"La mañana del 4 de julio todo fue silencio entre los hombres que trabajábamos para el Cártel de Juárez. Tafich fue el primero en enterarse de la muerte de don Amado. Él notificó a todos los que estuvieron a su alcance, incluida la familia del jefe. Les dijo lo que oficialmente se asentó en el acta de defunción: que no había soportado la anestesia y en consecuencia había sufrido un infarto cardiaco. La consternación nos pegó a todos. Muchos lloramos porque don Amado era un hombre bueno."

—¿Pero de quién era entonces el cuerpo que se presentó como el de Amado Carrillo? —pregunté, inoportuno como siempre. Miranda me contestó con un grado menos de enojo que la vez pasada:

—Ah, qué reportero, ¡no ha entendido nada! Claro que el cuerpo fue llevado por los hombres que lo sacaron en la madrugada. Yo creo que estaba muerto desde hacía días, porque cuando pude verlo ya tenía un alto grado de descomposición. Los que se llevaron a don Amado fueron los que organizaron todo para aparentar su muerte.

"Déjenme decirles que durante un tiempo, principalmente en los últimos dos años antes de su muerte, a don Amado se le metió en la cabeza buscarse un doble. En varias ocasiones comentó en reuniones privadas que si alguien sabía de un hombre que se pareciera a él, se lo llevaran. Al principio pensamos que bromeaba, que lo hacía por la vanidad de verse reflejado en otra persona. También bromeábamos que un hombre tan guapo no era fácil de encontrar. Don Amado festejaba las ocurrencias de la gente de su mayor confianza. Después comenzamos a sospechar que la insistente búsqueda de alguien que se le pareciera era por una estrategia de seguridad. Pensamos que pretendía enviar al doble como señuelo en algunas operaciones de riesgo.

"Roberto, uno de sus escoltas, por ir tras la compensación económica que ofrecía don Amado para quien le llevara un hombre parecido a él, le presentó a una persona. Era un comandante de la Policía Judicial del Distrito Federal. Se llamaba José Luis Rodríguez y le decían *el Chiquilín*. No se parecía mucho, pero el jefe le entregó a Roberto los 3 000 dólares en su mano. Desde entonces se veía con frecuencia al *Chiquilín* en Juárez, cuando don Amado lo mandaba llamar. Después ya nadie supo de él. Desapareció un mes antes de que don Amado entrara al hospital Santa Mónica.

"El cuerpo que luego se presentó como el del *Señor de los Cielos* pudo ser el del comandante José Luis Rodríguez. Aunque a veces pienso que los estadounidenses sí le encontraron, no sé si vivo o muerto, un hombre que se pareciera a él. Ya viéndolo con detalle, a mí no me pareció que el cuerpo que se presentó a los periódicos y a la televisión tuviera un parecido con él. Pero los primeros en decir que sí se trataba de don Amado fueron los de la DEA. Ellos fueron los primeros en llegar al hospital, aun sin que nadie supiera de la supuesta muerte de don Amado, para verificar que el cuerpo era el del *Señor los Cielos*. Le hicieron los exámenes correspondientes y luego salieron a decir a los medios que, efectivamente, los restos eran de Amado Carrillo Fuentes. Después la PGR se limitó a corroborar lo que dijo la DEA."

El cuerpo de Antonio Flores Martínez, de 42 años, como se registró Amado Carrillo a su ingreso al hospital, fue reclamado por su madre, la señora Aurora Fuentes de Carrillo, que acudió en compañía de sus hijas Bertha Alicia y Luz Bartola. El cuerpo fue trasladado casi seis días después hasta el domicilio de la familia Carrillo Fuentes, en el ejido El Guamuchilito, municipio de Navolato, Sinaloa, donde fue resguardado por más de 360 policías, entre federales y estatales, así como elementos del ejército. De ahí se lo llevaron al panteón.

—¿Y a poco todos se quedaron quietos sabiendo que ya había muerto don Amado? —preguntó Carlos Rosales, haciendo ver que no le cuadraba bien la historia.

—Claro que no —se lanzó de nuevo Miranda—. Al principio todos los mandos del Cártel de Juárez pensaron que había sido un accidente durante la operación, pero en la primera reunión que tuvieron los familiares del patrón para ver quién se iba a quedar al frente de la organización, comenzaron a surgir las sospechas. Vicente Carrillo era el más insistente en que su hermano no había muerto así nada más; sospechaba que lo habían asesinado. Dijo que iba a hacer una investigación para dar con los responsables y que lo iba a vengar. Al frente de la organización quedaron Rodolfo, Vicente y Angélica Carrillo Fuentes. Ellos fueron apoyados por Ismael *el Mayo* Zambada y su socio Joaquín *el Chapo* Guzmán.

"Las investigaciones sobre la muerte de Amado Carrillo dejaron cientos de muertos en el Cártel de Juárez. Su hermano Vicente era muy desconfiado. Comenzó a dudar de la lealtad de muchos hombres que hubieran dado la vida por don Amado. No entendió que todos lo queríamos. Don Vicente hizo su propia investigación y, con base en el dicho de un agente de la PGR, creyó confirmar que a su hermano lo habían matado.

"El policía federal le dijo la versión oficial: que don Amado había fallecido de un infarto cardiaco, como resultado de una mezcla de medicamentos incompatibles, pues le suministraron un sedante cuando en su sangre todavía había altos niveles de anestesia, lo cul le causó el paro cardiaco.

"Entonces don Vicente no tuvo piedad. Mandó buscar a los tres médicos que habían atendido a su hermano. Los mantuvo secuestrados por casi dos semanas. Los torturaron para que dijeran quién les había pagado para ejecutar a don Amado. Los tres doctores nunca dijeron nada. Finalmente ordenó que los mataran, que a dos de ellos los quemaran vivos y al tercero lo destazaran. Sus cuerpos fueron metidos en tambos que luego mandó tirar sobre la autopista México-Acapulco."

Aun cuando en el pasillo de castigados casi todos ya sabían lo que era matar, nadie pudo dejar de emitir un sentimiento de sorpresa. Ramón Miranda guardó silencio a la espera de que cada quien se tragara su conmoción. Sólo se escuchaba la respiración agitada de algunos que mostraban una extrema emoción por lo que estaban escuchando. Nadie se atrevía a romper el silencio, en espera de que siguiera la narración. Miranda supo que tenía a su auditorio donde deseaba y lo llevó a donde él quería.

—Pero no se preocupen —dijo con un gesto de compasión—, los tres médicos, Jaime Godoy, Ricardo Reyes Rincón y Carlos Humberto Ávila tenían antecedentes penales. La PGR los había procesado antes por mala práctica médica. Tras la muerte de Amado Carrillo se les siguió una averiguación previa por el delito de homicidio calificado, al haber utilizado un narcótico prohibido en su profesión.

—No sabe cómo me quita un peso de encima —intervino irónicamente Carlos Rosales.

El resto del pasillo estalló en una risa que evidenció la emoción acumulada, que de esa forma encontró una salida. Algunos presos aplaudieron a Rosales, no por la ocurrencia sino porque estaban seguros de que, si no hubieran soltado la risa, habrían tenido que soltar el llanto.

Ramón Miranda ignoró la euforia. Siguió contando la historia desde su punto de vista.

—Con todo lo que pude saber después, no hay duda alguna de que la muerte fingida de don Amado fue tramada en la DEA. Y pienso que fue así, porque siempre fueron los gringos los que más insistieron en autentificar su muerte a partir de exámenes practicados al cadáver que se presentó a los medios de comunicación. Fueron el director administrativo de la DEA, Jim Milford, y luego su director, Thomas Constantine, los primeros en decir que el cuerpo de aquel que se registró en el hospital Santa Mónica como Antonio Flores Montes en realidad era de Amado Carrillo Fuentes, que usaba el alias de Juan Carlos Barrón Ortiz para hacer sus movimientos.

"Lo que sí les aseguro es que si don Amado no hubiese decidido irse a Estados Unidos como testigo protegido de la DEA, él habría hecho del narcotráfico la más grande empresa de que se tuviera memoria en México. La habría llevado a niveles de organización similares a los de Estados Unidos y Europa, donde las bandas del narcotráfico trabajan en plena armonía y no hay muertos ni destazados como en nuestro país.

"Porque sus nexos con las esferas del poder eran tan altos y su visión era tan clara, que ningún presidente de la República se hubiese opuesto al plan que desde los últimos días de 1996 estaba bosquejando con el general Jesús Gutiérrez Rebollo."

—¿A poco ya tenía un plan para institucionalizar el narco? —pregunté, con el temor de parecer estúpido.

—¡Claro! —respondió Miranda—, pinche reportero, ¿de quién cree usted que estamos hablando? Ni más ni menos que del hombre más visionario en el negocio de las drogas.

—¿Cuál era el plan?

—Le digo que no coma ansias...

Esa vez no hubo risas. Todos estábamos concentrados tratando de hacer cuadrar la historia en nuestras cabezas. Miranda suspiró. Hizo una pausa como si intentara darse valor para seguir.

—Es la primera vez que digo lo que les voy a contar. Juré por la vida de mis hijos que no iba a decir nunca lo que escuché en aquella reunión entre el general Gutiérrez Rebollo y don Amado, pero aquí estamos muertos en vida y creo que aquí ya no valen los juramentos de la calle, así que aquí les voy.

Un aplauso rompió el silencio del pasillo. Luego otra vez el silencio, que invitaba al narrador a continuar.

—Una vez don Amado me mandó llamar para ordenarme unos movimientos de dinero. Me hizo entrar a la sala donde platicaba con el general Gutiérrez Rebollo. Yo sabía que sus reuniones eran para tratar "secretos de Estado" y por eso me frené en cuanto los vi platicando. Pero don Amado me dijo que entrara. Estaba tan concentrado en su charla que pareció olvidarse de mi presencia. El general no dijo nada, sólo me miró desde atrás de sus grandes lentes y siguió escuchando al jefe del Cártel de Juárez. Yo me quería desaparecer por lo incómodo de aquella situación, pero me quedé de pie, al lado de donde don Amado estaba sentado con un vaso de whisky y una pierna cruzada sobre la otra.

"Ahí escuché que el patrón le estaba comunicando al general un mensaje para el procurador de justicia, el secretario de Gobernación y el presidente de la República: él ponía en juego su fortuna de más de 16 000 millones de dólares; si el presidente la quería, podía tomarla, pero que le diera la oportunidad de modificar la imagen del narcotráfico. Don Amado le decía a Gutiérrez Rebollo que estaba dispuesto a comenzar de cero en sus cuentas bancarias; pero con la propuesta que estaba haciendo aseguraba que en menos de dos años volvería a tener otros 16 000 millones de dólares. No quería el pastel para él solo, sino compartirlo con los funcionarios federales...

—¿Pero cuál era el plan que proponía? —volví a redirigir la plática.

—Era muy simple: quería colaborar con el gobierno federal, a través de la Secretaría de la Defensa, para terminar con el narcotráfico desorganizado y evitar que surgieran nuevos cárteles de las drogas. Propuso que éstos dialogaran para actuar como empresarios y no como grupos de delincuentes. También ofreció que no permitiría el comercio de drogas en suelo mexicano, que toda la droga producida en México se enviara directamente a Estados Unidos y a Europa para que ingresaran dólares al país y la economía nacional mejorara, además de que ninguna organización del narcotráfico pelearía contras las fuerzas federales.

"A cambio de que fuera escuchado su plan para terminar con el problema de la violencia por el narcotráfico, Carrillo Fuentes estaba ofreciendo 200 millones de dólares. El dinero se entregaría cuando lo dispusiera el general. Me había mandado llamar para indicarme a dónde y cuándo transferir el dinero.

"Al mencionar la suma que entregaría al gobierno federal, don Amado se dio cuenta de que yo estaba presente. Volteó a verme como si hubiera hecho una travesura y sonrió. Se encogió de hombros y miró con una risita al general Gutiérrez Rebollo, que ya estaba de pie. Don Amado se dirigió a mí:

"—Ramoncito, ya se enteró de algo que no necesitaba saber. Dígame, ¿cómo le vamos a hacer?

"Aquellas palabras me hicieron sentir miedo. Bajé la vista y no supe qué decir. Él era un hombre bueno, pero no dejaba de imponerse con aquella mirada que traspasaba lo que se le pusiera enfrente.

"—Yo hago lo que usted me diga, don Amado —le dije con voz temblorosa. Me moría de miedo. Estoy seguro de que se dio cuenta, porque me sujetó de los hombros para que no me fuera de bruces.

"—Lo que yo digo es que usted no escuchó nada. ¿Estamos de acuerdo?

"Moví la cabeza afirmativamente. Lo veía a la cara, pero no a los ojos.

"—Míreme a los ojos —me ordenó con voz suave pero firme—, porque estamos hablando como hombres que somos. ¿O no?

"Le respondí que sí y lo miré a los ojos.

"—Mire, Ramoncito —siguió hablando don Amado—. Yo creo en usted, sé que es de mucha lealtad, pero lo más caro que tiene un hombre en esta vida es su palabra y su juramento. ¡Júreme por sus hijos, que yo también los quiero mucho, que nunca va a decir una sola palabra de lo que escuchó aquí!

"—Juro por la vida de mis hijos que nunca voy a decir nada.

"Después me dio un abrazo, me palmeó la cara dos veces, me dio un beso en la mejilla y me pidió que me fuera. El general Gutiérrez

Rebollo fue testigo de aquel juramento y saludó mi respuesta con una sonrisa."

Tras el silencio que siguió, se escuchó que salían de la celda de Ramón Miranda unos sollozos. Decía muy quedito algo que no alcanzamos a entender. Era como una oración que dejaba salir desde lo más hondo de su dolor. Nadie quiso hablar. Todos fuimos solidarios con aquel hombre que lloraba por una razón desconocida. Pudo haber sido la descarga del peso que llevaba soportando por años con su juramento, o tal vez la vergüenza de haber roto su promesa para complacer a aquel puñado de presos ávidos de escuchar historias para matar su tiempo de cárcel.

Después de aquella vez Ramón Miranda pasó muchos días callado. El resto de los presos del pasillo seguía rumiando la historia del *Señor de los Cielos* y alguien desde el fondo de su celda dijo que le parecía digna de una película. Se juró que cuando saliera de la prisión llevaría al cine la historia de Amado Carrillo Fuentes, aunque fuera lo último que hiciera en su vida. Pero estaba sentenciado a 269 años de encierro.

CAPÍTULO 13

Carlitos, *el Michoacano*

Ramón Miranda rompía su voto de silencio sólo para bromear. Se hacía el tonto, como si no hubiera contado detalles de la vida del *Señor de los Cielos*. Actuó su papel de bufón con más fuerza. Ése fue su mecanismo para poder sobrevivir en el ambiente de la prisión después de relatar aquella historia. Desde ese día engañaba bien a los grandes capos de la cárcel. Hizo que lo tomaran por loco. Era su forma de escapar a la vergüenza por haber roto una promesa de silencio.

—Todos piensan que soy pendejo, pero son más pendejos los que creen que soy pendejo —me comentó en una ocasión que nos quedamos solos en el pasillo.

Nos habíamos quedado ahí porque a la mayoría de los presos del área de castigo los llevaron a tomarles una muestra de ADN y a hacerles grabaciones de voz para el banco de datos de la llamada Plataforma México. A mí ya no me tocó en esa ocasión porque mi registro lo habían hecho semanas antes. A Ramón Miranda lo habían clasificado en el banco de información delincuencial dos meses atrás, cuando estaba en el pasillo tres de procesados.

Las muestras de voz y ADN con las que se alimenta el banco de datos de la Comisión Nacional de Seguridad eran tomadas a la fuerza. Los presos que se negaban a grabar su voz y a donar saliva y orina eran golpeados. Se les aislaba hasta por semanas con alimentos aún más racionados. El procedimiento era denigrante. Todos los presos eran formados en un pasillo del área médica. Una enfermera, siempre bajo la mirada furiosa de los custodios, iba tomando las muestras con un hisopo. Tallaba violentamente las encías de los presos hasta hacerlas sangrar. Después ordenaba que el reo escupiera en un recipiente de plástico. La muestra mínima de saliva era de 100 mililitros, por lo que los presos teníamos que hurgar dentro de la garganta reseca para aportar nuestra ínfima cuota de registro. La muestra de orina era igualmente humillante: el reo se tenía que bajar el pantalón hasta las rodillas para orinar en un frasco. Lo tenía que hacer en presencia de las enfermeras.

La grabación de la muestra de voz se hacía en una cabina cerrada, donde el reo era obligado a hacer monólogos hasta de 10 minutos. Por instrucción de los técnicos de la Comisión Nacional de Seguridad el monólogo a veces se basaba en un guión y a veces era libre, pero el interno debía pronunciar palabras claves de un secuestro o una extorsión, como pago, hijo, esposo, familia, matar, rescate, dinero, droga o cártel, entre otras.

En el silencio del pasillo Miranda también me aconsejó que si quería sobrevivir en aquella prisión tendría que hacerme el loco o el idiota para que los grandes capos no vieran en mí un peligro. "Ésa es la mejor posibilidad que tiene de salir caminando de esta cárcel", me dijo.

Él sabía de lo que hablaba. Llevaba dos años haciéndose el tonto. Todos los jefes del narcotráfico con los que hablaba no lo tomaban en serio. Terminaban preguntándose cómo con aquella capacidad mental que denotaban sus pláticas había podido estar dentro de la estructura criminal de Amado Carrillo Fuentes. Él siempre se salía por la tangente: "Eso mismo me pregunto yo", concluía las conversaciones a las que lo llamaban para oír sus ocurrencias.

Ramón Ibarra no sólo era el tonto del pasillo a los ojos de los reos peligrosos. También era el que, por convicción propia, tenía a su cargo la salvación de las almas de los presos. Era fanático religioso. Eso no era fingido. Tenía la convicción de que había llegado a la cárcel por un designio divino. Así relataba el origen de aquella certeza:

Mucho tiempo estuve pensando cuál era la razón de mi encarcelamiento. Pude entenderla claramente después de seis meses de caer en un estado depresivo. Tuve una visión: en mi celda se me apareció un ángel. Me habló por mi nombre. Me tocó la cabeza. Limpió las lágrimas que me escurrían en ese momento y me reveló mi tarea; me ordenó que me pusiera de pie y comenzara a alabar a Dios. Que reconociera mis faltas y que le jurara obediencia absoluta. Luego me pidió hincarme frente a él y me dijo que confiara, que cuando me pusiera de pie todo iba a ser distinto.

Me levanté y mi celda estaba bañada de una luz blanca. En el aire había un aroma a incienso. Mi cuerpo, que seguía flagelado por los golpes de la guardia de la noche anterior, dejó de sufrir. Mi uniforme brillaba en medio de la oscuridad. Desde adentro debió de haber salido una luz hacia el pasillo, porque un guardia se acercó a mi celda para preguntar qué estaba haciendo, que cómo le había hecho para iluminar mi celda. Quería que le explicara qué le había puesto a mi uniforme para volverlo fosforescente. Aún no sabía qué iba a responder a esas preguntas, cuando el oficial se dio la media vuelta y me dejó en paz.

En el fondo de mi celda, sobre la cama, estaba sentado el ángel. Me miró con la mirada más dulce con la que se puede ver a alguien. Me seguía hablando por mi nombre. Me pidió que me acercara y me sentara a su lado; me tocó la frente. Dijo que mi obligación era velar por el alma de todos los que estuvieran a mi alcance, una tarea difícil pero que debía cumplir. Me advirtió que el diablo estaba al acecho de todas las almas de los presos y que mi obligación era evitar que se perdieran aquellas almas por las que estaba interesado Dios. Después me reclinó sobre mi cama y dormí el más dulce de todos los sueños que haya tenido jamás.

Cuando desperté yo ya era otro. Estaba convencido de mi misión. Desde esa vez dejé de tener hambre. La envoltura de mi alma, esto que llamamos cuerpo, dejó de tener necesidades. Yo no siento frío, ni dolor. A veces como solo para evitar una sanción de los guardias, pero en realidad no lo necesito. Yo nutro mejor el alma, antes que el propio cuerpo.

Eso era cierto, aquel diminuto hombre se pasaba los días completos en oración. Desde su celda a toda hora salían murmullos y voces que sólo eran interrumpidas por la presencia de los oficiales de guardia. Todos los días, antes de las seis de la mañana, llamaba a todos los presos a que hicieran una oración "para agradecer a Dios por la dicha de otro día de vida". Pocos lo seguían en su camino a la salvación; a veces nadie. Nunca hacía el mismo rezo en el día. Me dijo que sus oraciones eran inspiradas por el toque del Espíritu Santo, que se las iba dictando. Por las noches, antes de dormir, volvía a hacer la misma convocatoria espiritual, que en no pocas ocasiones fue un bálsamo para mi alma.

Por eso cuando Carlos Rosales sufrió aquel ataque de claustrofobia y se hizo presente la *Nana Fine* para auxiliarlo y de paso despertar los deseos animales de algunos de los presos, el más ofendido fue Ramón Miranda. "Esa mujer es el diablo; viene aquí sólo para echar abajo la tarea del Señor", dijo sin dirigirse a nadie.

La enfermera no lo escuchó. Ella seguía parada frente a la reja de Carlos Rosales, mirando cómo intentaba recobrar la cordura tras el colapso. Tampoco escuchaba los piropos de antología carcelaria que salían de las celdas del subterráneo de castigo. Yo la tenía a menos de dos metros y parecía que me restregaba en la cara aquel perfume que era como la luz que Ramón Miranda vio en su celda. Esa vez comprendí el desenfrenado amor que le manifestaba a través de sus cantos Jesús Loya, quien afirmaba que cualquier golpiza era nada si después sentía la presencia de su *Nana Fine*. Era de esas mujeres que enamoran con una mirada, porque sus ojos, entre miopes y oscuros, cantaban en el aire.

"¿Se siente mejor?", le preguntó a Rosales.

Seguramente él asintió, porque no se escuchó ninguna palabra. Ella se dio la media vuelta y dejó a su paso una estela de perfume que volvió a encender los ánimos de todos aquellos muertos de amor.

Esa noche y las subsecuentes algunos presos clamaban para que Rosales volviera a ponerse mal. Le suplicaban que se dejara caer al suelo. Carlos Rosales se reía; aquello le hacía gracia. Dejaba de balancear las pelotitas de papel en el aire y a veces se escuchaba cómo una pelota más grande caía de su frente con el consabido autorreclamo: "¡Por atención, Carlitos!" Después hacía otros intentos en medio de las voces que reclamaban la presencia de la *Nana Fine*.

Cada vez que Carlos Rosales caía en una crisis de angustia a causa de sus fobias, al día siguiente se sumía en la depresión. Pero antes lo consumía la ira; todo lo irritaba. Nadie podía hablar con él porque perdía la cordura. El hombre ecuánime y educado que solía ser se tornaba agresivo. Ni siquiera soportaba que Ramón Miranda convocara a una oración; lo callaba en forma estridente. Le decía que mejor se callara antes de que él decidiera matarlo cuando pudiera. Ésas eran las únicas veces que Miranda optaba por hacer su oración en silencio. Se escuchaba cómo pedía de manera especial por la tranquilidad del alma de Carlos Rosales.

A veces las oraciones de Miranda surtían efecto. Luego de escuchar aquellos monólogos dirigidos a Dios, Rosales regresaba a la cordura. Invariablemente pedía una disculpa y argumentaba que el encierro era la principal causa de su esporádico mal humor. Esas ocasiones Miranda era magnánimo; dejaba el papel de tonto y hablaba con cordura. Le decía a Rosales que no se preocupara porque aquellas reacciones violentas no eran por su culpa. Había un demonio en el aire que, aseguraba, siempre iba en busca de corazones buenos para anidarse. Y el de Carlos Rosales era un corazón bueno, decía Miranda. Después todo era armonía en el pasillo.

Para agradecer las palabras de Miranda, había ocasiones en que Rosales convocaba a todos los presos a acompañar la oración, y entonces ninguno de los 20 reos que estábamos en aquel pasillo de castigo se podía negar a participar. Eso llenaba de alegría a Miranda, que calificaba al *Michoacano* como un instrumento de Dios para ayudarlo en su tarea de salvaguardar las almas de aquellos malditos. Rosales festejaba aquellas palabras con una risita que apenas se podía escuchar.

Era difícil entender, entre aquellas paredes embarradas de olvido, la transformación de Carlos Rosales —el hombre más violento del narcotráfico en Michoacán— en auxiliar espiritual de un preso que aseguraba que Dios le había mandado un ángel para encomendarle la conversión de los condenados. Sin embargo, ahí estaba el fundador de La Familia Michoacana convocando a la oración del día.

"No estoy loco, pero esto es lo único que tenemos como presos y como tal lo debemos asumir", me susurró Carlos Rosales desde su celda. Aquellas palabras me sorprendieron, no por su sentido sino por quien las decía.

Y es que a Rosales yo lo recordaba por lo que dijeron los medios informativos de Michoacán, como el violento narcotraficante que encabezó un comando armado para asaltar el penal de Apatzingán la madrugada del 5 de enero de 2004, con la finalidad de rescatar a tres integrantes del Cártel del Golfo y secuestrar a otros dos sicarios de Los Valencia, sus enemigos a muerte. Pero realmente lo conocí en la cárcel.

Nunca imaginé que aquel hombre del que se decían atrocidades en su loca carrera dentro del narcotráfico en realidad era un amante de la poesía. Yo presencié cómo se fugaba con el pensamiento en cada verso que alguno de los presos de aquel pasillo llegábamos a escupir casi de manera cotidiana. Cuando Rosales no estaba jugando con sus pelotitas de papel o haciendo malabares, se dedicaba de lleno al oficio de preso: se tendía a escribir poesía.

Todos se enteraban cuando un preso terminaba de escribir su poema del día porque de inmediato, como niño, corría a pedir la opinión de los otros para saber qué tan cercano o lejano estaba de la perfección literaria. Todos éramos alumnos y sinodales de todos. Todos embarrábamos con temor nuestros versos en los oídos de todos. Luego venían las observaciones. Algunos eran especialistas en rima, otros en métrica; pero a Carlos Rosales le gustaba la profundidad del pensamiento. Él siempre iba por lo sustancial de la poesía, hurgaba en la idea principal y le gustaba debatir el contenido. Estaba convencido de que la forma no puede ser superior al fondo. Por eso siempre exigía un extra a todos. Él mismo se lo exigía cuando ponía sus poemas a consideración de los otros. Nunca estaba convencido con la forma de decir lo que estaba diciendo.

Por aquellos tiempos me llegó un libro por correo. En días pasados acababa de recordar el primero de mis cumpleaños en la cárcel. Mi hija tuvo el detalle de hacerme llegar algo de lectura. Un oficial de resguardo me entregó el libro *Inventario* de Mario Benedetti. Fue un puño de oro en mis manos. No sólo yo lo disfrutaba; por las tardes, cuando calaba más el sentimiento de soledad, alguien me llamaba para que saltara al ruedo. Carlos Rosales era el más insistente para que desde mi palco leyera, lenta y pausadamente, alguno de los versos ahí plasmados.

"No, reportero —me recriminaba al término de cada lectura—, léalo más despacio. Enfatice las palabras. Dele sentido a lo que quiere decir el poeta."

Como alumno de primaria volvía a repasar la lectura hasta que la audiencia quedaba complacida. A veces los presos me pedían releer el texto para copiar alguna frase de Benedetti. Se reflejaban en sus palabras; decían que aquellos versos estaban hechos para ellos. Me pedían que se los dictara para reproducirlos. Era la costumbre de los presos: escribir cartas febriles, emborronando palabras que en la libertad nunca hubieran imaginado.

A veces, en la locura de la cárcel, yo también jugaba con el ánimo de los reos de aquel pasillo. Igual que lo hizo Ramón Miranda al contar la historia del *Señor de los Cielos,* hacía pausas y silencios para ver hacia dónde llevaba a la audiencia. Yo también buscaba hacia dónde remover los sentimientos de quienes estaban atentos a mi lectura. Con el libro en mi poder yo era quien decidía el tono del poema que leía. A veces sólo eran versos de amor. Les gustaba hasta la locura "No te salves". La mayoría me acompañaba como en un coro de iglesia cuando terminaba el poema: "Y te duermes sin sueño / y te piensas sin sangre / y te juzgas sin tiempo / y te quedas inmóvil / al borde del camino / y te salvas / entonces / no te quedes conmigo". Después, el silencio. La imagen de la mujer amada. El moqueo silencioso y delator de la tristeza.

A Carlos Rosales le gustaba sobremanera el poema "Hombre preso que mira a su hijo". Lo hacía llorar. Era obvio que le recordaba a alguien. Se sujetaba de manera firme a los barrotes y comenzaba a seguirme despacio, como en un rezo, con cada uno de los versos. A veces el dolor del recuerdo lo hacía abandonar el acompañamiento, pero de inmediato era sustituido por alguien desde su celda. El coro de abandonados nunca me dejaba solo: "Por eso no te oculto que me dieron picana / que casi me revientan los riñones / todas estas llagas, hinchazones y heridas / que tus ojos redondos / miran hipnotizados / son durísimos golpes / son botas en la cara / demasiado dolor para que te lo oculte / demasiado suplicio para que se me borre". Todos terminábamos en el llanto. Cada quien con su dolor a cuestas. A mí me mataba el recuerdo de los ojos redondos de mi hija.

Había ocasiones en que, agobiado por la desesperanza del encierro, padecía el *carcelazo* y no tenía ganas de leer aunque todos me llamaran para que calmara su sed de introspección. Entonces no tomaba el libro. Iba hilando en el aire mis pensamientos al azar para entregarlos como si fueran versos de Benedetti. Nunca se descubrió mi usurpación. El problema era cuando alguien pedía la repetición del poema o que lo dictara de nuevo para plasmar alguno de esos versos en sus cartas. Entonces mi excusa era que venía un poema mejor y regresaba a Benedetti, aunque en ocasiones mis versos pasaron por los del poeta.

Carlos Rosales era un asiduo escritor de cartas. Siempre mandaba sus escritos a alguna parte. Seguro que el destinatario era una mujer, porque me pedía versos de Benedetti para decir lo que no podía hacer con su cotidianidad. "Reportero, ¿no tendrá entre sus cosas un verso que me regale?", susurraba a veces, en el silencio de la noche.

Yo saltaba de la cama y en medio de la oscuridad de mi celda me esforzaba por exprimir el libro. A veces, con la luz que se filtraba desde el patio, podía ver algunas líneas para susurrárselas a través de las rejas. A veces eran mis propios versos los que hacía pasar como los de Benedetti.

Eso me acercó mucho con Rosales en el penal.

A cambio de los versos con los que vestía sus cartas, yo le pedí algo más simple: que me contara su historia y me dejara escuchar en su propia voz el trasfondo del mito que se había tejido en torno de él.

—¿Para qué quiere remover el pasado? —me respondió con la intención de negarse.

—No es remover el pasado, es sólo para matar el tiempo de presos que nos tocó padecer juntos.

No respondió a la primera provocación. Tuvieron que pasar varios días para que decidiera hablar de su vida delictiva. Una mañana, a las siete, después del desayuno y luego de que un oficial nos fue a tirar al piso la charola con alimentos descompuestos, Carlos reflexionó: "No puede ser, compita. De verdad que no lo creo. Ni en mis peores pesadillas imaginé que un día tendría que comer del suelo".

Traté de entenderlo. Era difícil imaginar que un hombre como Carlos Rosales, que tuvo en su momento todo el poder para sentarse a la mesa con gobernadores, cerrar los mejores restaurantes de la ciudad de Morelia para que no hubiese miradas indiscretas mientras él se reunía con amigos y socios, hoy estuviera comiendo del suelo. Escuché cómo sollozaba mientras trataba de levantar con la punta de los dedos los frijoles acedos entremezclados con arroz y algunos trozos de carne hedionda. No era difícil imaginarlo en la humillante tarea. Todos los de aquel pasillo estábamos igual. Intentábamos llevar algo a la boca, no tanto para alimentarnos sino para tratar de mantener la cordura y hacer algo que nos recordara que todavía estábamos vivos.

—Yo fui el número uno de Michoacán. Al menos dos gobernadores hicieron antesala en mi casa para pedir mi anuencia en tareas de importancia…

—¿Quiénes lo buscaron? —quise saber, pero me topé con un muro.

—Los nombres son lo de menos —explicó mientras yo escuchaba cómo se deleitaba con los frijoles levantados del suelo—; no le voy a decir. Son personas honorables que no tuvieron otra opción ante las circunstancias que yo mismo propicié en Michoacán. Lo que sí le puedo platicar es que después del asalto al penal de Apatzingán el gobernador Lázaro Cárdenas Batel me buscó sólo para pedirme de favor que no se volviera a repetir la escena en ninguno de los otros penales del estado.

—¿Cómo fue el asalto al penal? ¿Por qué lo llevó a cabo?

—Ésa es una historia muy larga —me dijo sin despegar la mirada de los frijoles que intentaba pescar en el mar de arroz esparcido en su celda.

—Pues aviéntese con la historia, ¿no? Al cabo lo que tenemos de sobra en esta cárcel es tiempo.

Se quedó en silencio. Sentí que algo se movió dentro de él. No era un gran narrador. Hablaba poco, pero de alguna parte agarró fuerzas y se lanzó al ruedo de la plática. Ese día nadie de aquel pasillo hizo la "talacha" (limpieza) de la celda por meternos de lleno a la historia del capo michoacano.

Como si lo que fuera a contar le pesara mucho, se sentó cerca de la reja. La sombra reflejada sobre la pared del pasillo dejaba ver un bulto aovillado sobre la celda, sujetándose la cabeza con la mano, como para que no se le fuera a escapar.

—Ya no sé dónde comenzó mi desgracia —confesó en el hediondo aire de la mañana—. No sé si fueron las mujeres o mi afán por hacer sentir y demostrarme que yo era el mejor.

"Después de que crecí, me formé robando autos en la calle. Era la única forma de remontar la pobreza en que nací. Después de aquella ocasión en que me robé la escultura de la fuente de Las Tarascas, me dije que yo había nacido para algo más grande. Luego de ver qué fácil me hice del monumento público, decidí traficar con mariguana. Tenía todo a mi alcance: por lo menos 20 personas trabajaban para mí; un grupo de policías judiciales, de la PGR y del estado me daban su apoyo, y lo más importante: un grupo de políticos me respaldaba.

"Decidí dejar el robo de autos porque, como bien dice Ramoncito Miranda, pronto caí en la cuenta de que en la medida en que yo tenía riqueza, alguien dejaba de tenerla. El robo, pensé, es una cosa mala porque afecta a la gente. A mí nunca me gustó hacerle daño a nadie. Aunque hoy digan que yo soy el peor de los criminales, mis únicos delitos han sido dentro del narcotráfico. No he matado sin necesidad ni he matado a una sola persona inocente, de eso tengo plena seguridad."

Las palabras introductorias de Carlos Rosales flotaban en el ambiente. Nadie se atrevía a respirar fuerte ni se movía en su celda. Todas las figuras reflejadas en la pared se mantenían inmóviles a la escucha de aquel monólogo que fue saliendo poco a poco, como una confesión. *El Michoacano* sabía que estaba dictando su testamento. Había tanto dolor en su voz que era difícil atribuirle la intención de presumir sus hazañas con aquella historia, como hacían algunos presos en su afán de ganar notoriedad en el penal.

—Cuando decidí que mi destino sería el narcotráfico ya conocía a Ismael Pantoja. Aparentaba ser ganadero. Llegaba a Michoacán como si le interesara hacer negocios, pero en realidad era uno de los principales compradores de mariguana. Él adquiría casi toda la producción de yerba en la zona de Huetamo. Era un agente del Cártel de Matamoros. Su principal problema eran los agentes que mandaba el Cártel de Sinaloa también para comprar la hierba a las familias de productores de Tierra Caliente.

"Ismael Pantoja me buscó. Supo que yo tenía un grupo de personas con las que me dedicaba al robo de autos y me pidió que nos convirtiéramos en su equipo de apoyo. Me propuso brindarle seguridad y que lo acercara con más productores de mariguana. Yo vi su oferta como la oportunidad que buscaba desde hacía tiempo para alejarme del robo. Empecé a contactar a los productores de mariguana y le facilité el trabajo a Ismael.

"El trabajo lo hice como todo lo que hago: con mucho cariño y poniendo todo el empeño que se le pone a lo único que se tiene. A veces ya no era necesario que Ismael fuera a Michoacán; bastaba una llamada telefónica para que las cosas se hicieran como si él estuviera presente. Reconoció que mis embarques de mariguana eran a veces del doble de los que él podía conseguir, y me tomó aprecio. Decidió presentarme con sus jefes. Así conocí a Juan García Ábrego, que me brindó todo su respaldo y me encargó mantener bajo buen cuidado el estado de Michoacán, como si fuera mi propiedad.

"Para apoyarme en la tarea de controlar Michoacán, adonde llegaban con frecuencia sus socios colombianos con cargas de cocaína,

García Ábrego me mandó a 30 de sus hombres. Al frente de ese grupo venía mi compadrito Osiel Cárdenas Guillén, que ya para entonces había comenzado a reclutar a algunos ex miembros del ejército para formar el grupo de choque del Cártel de Matamoros: Los Zetas.

"Desde que nos conocimos tuvimos una gran empatía. Mi compadrito Osiel era de una sola pieza. Era derecho y no hablaba a lo pendejo. Todo lo que decía lo cumplía y lo sostenía sin importar las consecuencias. Yo creo que por eso le agarré un chingo de aprecio. Tanto lo estimaba que no tuve empacho en acercarlo con mis principales socios en el trasiego de mariguana. Yo fui el que le presentó a los principales vendedores de mariguana de Michoacán. Armando Valencia Cornelio y Luis y Ventura Valencia también se hicieron buenos amigos de mi compadre. Todo iba muy bien..."

Después se quedó en silencio. Parecía que un recuerdo se le había atravesado y no lo dejaba seguir con la historia. Nadie tuvo el valor de empujarlo a seguir platicando. Su sombra reflejada en la pared del pasillo dejaba ver cómo sus manos mesaban el pelo casi a rape, como intentando desembarazarse de los pensamientos que lo habían anclado. Varias veces frotó su rostro con las palmas de sus manos. Al fin continuó como si cargara una losa sobre su espalda:

—Nunca imaginé que aquella amistad entre Osiel, Armando Valencia y yo fuera a terminar en desgracia. El amor de una mujer terminó separándonos.

"Cuando éramos socios con Armando Valencia yo tenía una mujer. Pero su amor por mí no era total. Mi error fue haberla acercado a mis amigos. Mi compadre Osiel siempre fue muy respetuoso con ella, pero no puedo decir lo mismo de Armando Valencia. Desde que la conoció le brillaron los ojos. A ella, por lo que pasó luego, supe que también se le movió el tapete. ¿Qué le vamos a hacer? Las mujeres son muy débiles en esas cosas del corazón."

En el código de ética de la cárcel existen valores que se respetan a toda costa. Uno de esos valores es el amor de un hombre y su familia. Pero lo que se guarda como lo más sagrado es la mujer de un preso. Por eso cuando Carlos Rosales comenzó a hablar de su mujer todos nos sentimos incómodos. Pero a él le calaba tanto el recuerdo que terminó por abortarlo ahí, con sus oyentes, y no tuvo empacho en seguir platicando.

—Inés [Hernández Oseguera] y yo llevábamos una buena relación. Ella me dio una de las dichas más grandes de este mundo: un hijo que nació del amor de los dos. No hay nada en este mundo que haga más feliz a un hombre que tener un hijo con la mujer amada. Inés me hizo el hombre más feliz del planeta, aunque luego también me hizo el hombre más desgraciado. Me humilló cuando de buenas a primeras me dijo que se había enamorado de Armando Valencia.

Rosales era un hombre fuerte. Más de nueve años de prisión lo habían curtido en casi todas las vicisitudes corporales. Pero como todos los presos, a medida que demostraba su fortaleza física aumentaba su debilidad emocional. Era extremadamente frágil. Algunas canciones, igual que algunos poemas, lo hacían sollozar. Sólo él sabía hacia dónde se iban sus recuerdos cuando yo leía a Mario Benedetti. Cuando platicó del amor que le tenía a su Inés entendí el cauce de toda aquella tristeza que se le desbordaba.

—Yo la amaba con toda el alma. Podía tener a todas las mujeres que quisiera, pero sólo con la Inés me sentía completo. No me habría dolido tanto si me hubieran arrancado una mano o los dos pies, como cuando la perdí. Fue un dolor que a nadie se lo deseo. Por eso me hice un "perro del mal" con la familia Valencia. Me dolía la traición de Armando, pero más me calaba el desamor de Inés. Me costaba trabajo imaginarla en los brazos del que una vez fue mi amigo. Que le dijera las mismas palabras que me decía a mí cuando el mundo giraba a nuestros pies y nosotros nos reíamos con una risa estúpida, que sólo pueden compartir los enamorados.

"Por eso me lancé a la guerra. Mi compadrito Osiel fue mi mejor aliado. Él también se sintió ofendido con aquella traición amorosa de Armando Valencia. Se lo digo de verdad; no me habría dolido tanto la traición de Armando si me hubiera fallado en algún trato de negocios. Yo lo quería tanto que cualquier agravio se lo habría perdonado.

Pero me pegó donde más me dolía y me quitó lo que más amaba. Se llevó a mi mujer y con ella a mi hijo."

—¿Ha vuelto a saber de ella? —preguntó lleno de morbo Ramón Miranda.

El aire se hizo más espeso. Nunca un preso pregunta por la mujer de otro. Las condiciones eran las adecuadas para que Carlos Rosales hiciera explotar su ira. Era el momento propicio para que sacara toda su tristeza contenida en forma de un arrebato contra su interlocutor. Pero no pasó nada. La nobleza de Rosales salió a flote. Respiró hondo. Sentí cómo aquella indiscreta pregunta de alguna forma le estaba ayudando a curar la herida abierta desde hacía muchos años. Soltó una risita que también nos alivió a todos y contestó:

—No. No he vuelto saber de ella, y creo que es mejor así, porque Dios sabe que lo que más deseo en esta prisión es volver a saber de ella, pero también sabe que si vuelvo a tener noticias de Inés, no me voy a contener: voy a querer verla de nuevo y eso será una doble cárcel para mí. Ella —dijo con la resignación de un muerto— ya no es mía; es de otro y eso es lo que cuenta.

A causa de ese amor perdido, Caros Rosales, con el apoyo del Cártel de Matamoros, entonces ya conocido como el Cártel del Golfo, invadió Michoacán de sicarios. Según su propia versión fueron más de 300 miembros de Los Zetas los que envió Osiel Cárdenas Guillén, que ya estaba al frente de esa organización criminal. Rosales, único mando de esos sicarios, les dio una sola encomienda: aniquilar a la organización de Los Valencia, que ya encabezaba Nemesio Oseguera Cervantes, *el Mencho*, con el que también había tenido negocios el Cártel del Golfo.

Rosales reconoció en aquellas pláticas de Puente Grande que se le hizo difícil iniciar una guerra contra *el Mencho*, no sólo por la amistad y los negocios que habían tenido, sino porque era primo hermano de Inés Hernández Oseguera. De hecho, Nemesio le presentó a Inés durante un torneo de peleas de gallos que organizó ex profeso para él luego de haber cerrado un trato para que Los Valencia le vendieran 50 toneladas de cocaína para enviarlas a la frontera norte.

El Mencho le ofreció a Rosales presentarle a una admiradora. El flechazo fue instantáneo.

Desde que Rosales conoció a Inés, lo dijo él mismo, las cosas ya no fueron iguales en el trato con la familia Valencia. Todo fue mejor. No sólo eran socios en el trasiego de mariguana y cocaína, sino que había un lazo afectivo y los tratos del narcotráfico se llevaban a cabo como en familia. Los Valencia empezaron a considerar a Rosales y a los enviados del Cártel de Matamoros como parte de su grupo y le dieron una atención que no dejaba duda sobre el cariño que le tenían.

Sin embargo, cuando Rosales supo de la traición de Armando Valencia, Michoacán se tornó un infierno. Los Valencia, que ya comenzaban a denominarse el Cártel del Milenio, rompieron los negocios que tenían con el Cártel del Golfo; dejaron de venderle la cocaína que hacían llegar desde Colombia y cerraron la posibilidad de que la organización de Osiel Cárdenas comprara mariguana en el estado. El trasiego de drogas en Michoacán comenzó a irse hacia el Cártel de Sinaloa. *El Mencho* pactó con los emisarios de Joaquín Guzmán Loera, que no sólo se comprometieron a comprar toda la producción, sino que pusieron a disposición de Los Valencia más de 200 hombres armados para encarar la embestida que ya se esperaba por parte del Cártel del Golfo.

"Cuando mi Inés se fue con aquél —dijo Carlos Rosales en forma despectiva— me volví un demonio herido de amor."

Contó, desde donde seguía acuclillado, como escondiéndose del pasado, que no reparó en las consecuencias de su venganza: ordenó a los más de 300 zetas que tenía a su disposición que iniciaran una cacería contra todos los que tuvieran algún lazo de amistad, familiar o de negocios con Los Valencia.

"Ordené que mataran a todos —dijo con la voz llena de rencor—. Les pedí a mis muchachos que si Los Valencia tenían perros también los mataran. Para cada uno que me diera razón de la muerte de un Valencia había una compensación de 20 000 dólares pagaderos al momento."

La primera muestra de la guerra que estalló en Michoacán la conoció la sociedad a través de los medios de comunicación. En los primeros días de 2002 los periódicos del estado dieron cuenta de numerosas ejecuciones y balaceras. En menos de dos meses hubo 250 muertos. Todos los hechos de sangre se atribuyeron a la presencia de Los Zetas que disputaban el control de la producción de mariguana.

La primera baja directa de Los Valencia cayó en la ciudad de Morelia. Jorge Luis Valencia González, sobrino de Armando Valencia, fue ejecutado junto con su novia, la colombiana Yolia Rieder Espinosa. También murieron acribillados Ana Olympia Guzmán Ontiveros y Adalberto Bejines Prado. Los ejecutaron en las inmediaciones de un centro comercial. Por órdenes de Carlos Rosales también fueron asesinados diversos servidores públicos, a los que identificó con los intereses de Los Valencia con base en el trabajo de inteligencia realizado gracias al apoyo de algunos comandantes de la PGR. Tan sólo en el gobierno de Lázaro Cárdenas Batel fueron ejecutados seis funcionarios que trabajaban para Armando Valencia y Nemesio Oseguera.

La respuesta de los hermanos y primos Valencia no se hizo esperar. También fueron contra los servidores públicos que estaban del lado de Carlos Rosales. La víctima principal de esa reacción fue Rogelio Zarazúa Ortega, entonces director de Seguridad Pública del estado. Fue ejecutado por un comando que lo sorprendió cuando celebraba su onomástico al lado de su mujer, Guadalupe Sánchez Martínez, que era la encargada del programa de combate a la delincuencia en el llamado Operativo Michoacán. Junto a Rogelio Zarazúa cayó uno de sus escoltas, César Bautista Jiménez, que también lo acompañaba en el restaurante.

La versión del distanciamiento entre Carlos Rosales y Los Valencia que dieron a conocer entonces los medios de comunicación no empata con la que dio el propio Carlos Rosales en su celda. Algunos reporteros aseguraron que la relación de amistad terminó porque Los Valencia supieron que Rosales se había enriquecido a espaldas de ellos. Otros fueron más allá: atribuyeron el rompimiento a un embarque de cocaína que supuestamente Armando Valencia nunca le entregó al Cártel del Golfo.

—Yo sabía que su distanciamiento con los hermanos Valencia fue…

—Los reporteros no saben muchas cosas —me atajó—. Cuando no saben, lo primero que hacen es suponer. Pocas veces dicen la verdad. ¿Quién va a saber mejor mi historia que yo?

Sentí aquellas palabras como una llamada de atención y guardé silencio. No era la primera vez que con mis conclusiones equivocadas, con base en la prensa, trataba de encarar las historias dictadas desde la cárcel por alguno de los grandes del narcotráfico. Tampoco era la primera vez que en la cárcel recibía reprimendas contra todo el gremio periodístico por parte de algún jefe del crimen organizado. No pude evitar la vergüenza ajena.

—Yo no iba a pelearme con un amigo por unos cuantos kilos de cocaína. Tampoco estaba robando a nadie. El último robo que realicé fue el de un auto y me juré no volver a cometer ese pecado. Yo estaba en algo más grande: iba por el mejor negocio del mundo.

—Entonces el distanciamiento fue…

—¿Está usted pendejo, reportero, o qué le pasa? —gritó Ramón Miranda desde su celda. Se le escuchaba enojado como pocas veces. Lo desesperó mi insistencia de corroborar la versión y ahora hablaba por Carlos Rosales—. Se me hace que a usted lo metieron a la cárcel no por incómodo para nadie sino por pendejo. Y déjeme decirle —siguió en el monólogo que, como yo preví, se desplazaba hacia el chascarrillo habitual— que si lo juzgan por eso, seguro que el juez lo va a encontrar culpable, y por ser pendejo le va a dar cadena perpetua.

La hilaridad de los presos volvió a retumbar en aquel pasillo. Al oír gritos, aplausos y risotadas llegaron los oficiales y ordenaron silencio. Nos dieron la instrucción de que limpiáramos los restos de la comida que había quedado esparcida en el suelo desde las siete de la mañana. Luego hubo quejas. Todos me reprocharon que la plática se hubiera suspendido y ahora estuviéramos limpiando el piso. Temí que Rosales ya no siguiera con su historia, pero ya en la tarde, casi entrada la noche, cuando nos ahogábamos otra vez en el aburrimiento y contábamos los barrotes de las celdas, se escuchó la voz del *Michoacano*:

—Como dice Ramón Miranda: les estaba diciendo que nos dimos con todo, pero nadie se rajaba en aquella guerra. En el municipio de Los Reyes, el 12 de julio de 2003, les pegué más duro a Los Valencia: mandé matar a seis de su familia.

"Pero yo iba por Armando Valencia. Entre él y yo había una deuda de honor que sólo se podía lavar con sangre. Yo estaba ofreciendo 20 000 dólares por cada muerto cercano a los hermanos y primos Valencia. Había gastado varios cientos de miles de dólares en eso, pero no me importaba. Por la cabeza de Armando ofrecí un millón de dólares; ya se imaginarán lo activos que se pusieron los comandantes de la PGR que tenía en mi nómina.

"Armando era difícil de ubicar. Desde que se desató la guerra, él no salía a la calle. Lo supe por algunos de sus hombres que pude interrogar antes de que pasaran a mejor vida. Estaba siempre encerrado en sus casas. Se fue a esconder a Guadalajara, donde *el Chapo* y su socio Nacho Coronel le dieron asilo y hasta le pusieron gente para que no lo sorprendiera un ataque del Cártel del Golfo."

Un comandante de la PGR le dio la clave para mitigar su sed de venganza. Le dijo que si no lo podía matar al menos hiciera lo necesario para mandarlo a la cárcel. Era como un reintegro de consolación por no lograr el premio mayor de la lotería. Rosales dijo que tomó el consejo del comandante de la PGR y se puso en acción. Logró comprar a algunos mandos militares en Jalisco, no para que le ayudaran en labores del crimen organizado, sino para que hicieran más rápidamente la tarea a la que estaban encomendados: detener a los principales jefes de Los Valencia, que se habían hecho más poderosos al aliarse con *el Chapo* Guzmán.

—A mí no me quitan de la cabeza que la detención de mi compadrito Osiel [marzo de 2003] no fue una investigación del ejército. Estoy seguro de que su captura fue movida por los hermanos Valencia con el apoyo del Cártel de Sinaloa, que tenía de su lado al ejército en todo el estado de Tamaulipas. Es lo mismo que yo hice para encarcelar a Armando Valencia.

"Les mandé dos millones de dólares con la única petición de que acudieran rápido al lugar que se les indicara cuando mi gente tuviera ubicado a Armando Valencia. Fue como en agosto [16, de 2003] cuando mis esfuerzos alcanzaron fruto. Mi gente pudo ubicar a Armando Valencia en una casa de seguridad de Guadalajara. Movilizamos al ejército para que hiciera su trabajo y lo detuvieron con siete de sus escoltas cuando estaban comiendo. El único que pudo escapar fue Óscar Orlando Nava Valencia, *el Lobo*, que iba llegando a la casa para reunirse con su primo pero se dio cuenta de la presencia de los soldados. A ése también le tenía ganas."

Con la detención de Armando Valencia, después se supo que por obra de Rosales la guerra entre Los Zetas del Cártel del Golfo y Los Valencia ya no tenía punto de negociación. *El Mencho*, al ver que su organización estaba aportando la mayor cantidad de muertos y que sus familiares y todos los que tuvieran el mismo apellido eran el blanco principal, intentó una tregua. Se acercó a Ismael *el Mayo* Zambada para que tendiera los lazos de comunicación con el Cártel del Golfo, pero nunca hubo negociación. Los hombres de Carlos Rosales respondieron a la posibilidad de diálogo con más balas. Sólo en 2003 la Procuraduría General de Justicia del Estado de Michoacán cuantificó más de 780 homicidios como resultado de la lucha entre los dos cárteles. Rosales continuó:

—Pero yo creo que nada le dolió tanto a la familia Valencia, ni siquiera la detención de Armando, como la ejecución de dos de sus gatilleros principales. Y a lo mejor no fue la muerte de sus gatilleros, sino la forma en que fui por ellos para demostrar que no había lugar donde se pudieran esconder mis enemigos.

—¡Échele, Carlos! ¡Esto se está poniendo bueno! —gritó Ramón Miranda desde su celda.

—Gracias, Ramoncito —respondió Carlos Rosales y soltó una risita; hizo una pausa, pasó saliva y siguió—. Personalmente fui por sus gatilleros hasta el interior de la cárcel de Apatzingán.

—Fue el asalto al penal —comenté para darle contexto a lo que venía.

—¡Exacto, mi reportero! Ése fue el famoso asalto al penal de Apatzingán. En realidad fue sólo un entrenamiento, una especie de práctica para poder llevar a cabo el asalto al penal de La Palma (Cefereso número 1, hoy llamado del Altiplano), donde ya estaba mi compadre Osiel, al que le prometí que lo iba a sacar a costa de lo que fuera.

"Cuando Osiel fue encerrado en La Palma yo me mantuve fiel a sus instrucciones. A través de uno de sus abogados le pedí que me dijera cómo podía ayudarle, pues yo seguía siendo leal y conmigo podía contar hasta la muerte. Mi compadrito me respondió muy emocionado, agradeciendo mi lealtad. Porque ustedes saben que cuando uno cae a la cárcel, lo primero que recibe de sus amigos es la espalda y luego la traición. Estoy seguro de que todos ustedes saben de lo que estoy hablando."

Esas palabras no pudieron tener mejor oyente que yo. Sin estar involucrado en los grandes negocios del narcotráfico o del crimen organizado sabía lo que era la traición y la espalda de los que una vez comieron de la mano de uno. Decenas de reporteros a los que yo había formado, a los que les daba cursos de redacción y tutelé en su trabajo periodístico fueron los primeros en publicar en sus medios mi captura. Mis propios pupilos en el periodismo me dieron el mote de "narco reportero" cuando publicaron la nota de mi encarcelamiento. Muchos de ellos prefirieron cobrar los 500 pesos que pagó la procuraduría de Guanajuato por publicar su boletín sobre mi detención, antes que investigar las causas reales de mi secuestro a manos de la policía ministerial del gobernador panista Juan Manuel Oliva Ramírez. Sólo sonreí y moví la cabeza. Rosales seguía con su relato:

—Mi compadrito me mandó dar las gracias y pidió que hiciera lo posible para asaltar el penal de La Palma y sacarlo a sangre y fuego. Yo ni siquiera lo pensé; con los más de 300 que tenía a mi cargo en Michoacán comencé a ver las opciones y la estrategia que deberíamos seguir para hacer lo que nadie en la historia del crimen ha podido hacer: sacar por la fuerza a un interno de una cárcel de máxima seguridad.

"Me di a la tarea: comencé a organizar y a capacitar a la gente; analizamos estrategias. Decidimos que el asalto sería en los primeros días de 2004. Lo único que me detenía para llevarlo a cabo era mi compromiso con el Cártel del Golfo para entregarle tres embarques de cocaína que ya estaban programados durante 2003 y que estaban supeditados a las fechas y los movimientos que nos indicaran los colombianos. A mi compadre Osiel le urgía salir del penal antes de mediados de 2004 porque sus abogados le habían informado sobre las posibilidades de extradición que se estaban dando en el juzgado. Y ustedes saben que cuando uno se va para Estados Unidos las cosas se ponen más difíciles."

—¿Usted planeó el asalto a La Palma? —pregunté, previendo la sarcástica intervención de Miranda.

—No, mi *repor* —contestó Rosales antes de que alguien más hablara—, no soy militar y eso requería la intervención de gente que conociera ese tipo de movimientos. Yo sólo organicé y puse todos los recursos a disposición. Los que se hicieron cargo de la logística fueron unos especialistas, ex oficiales del ejército.

"Les encomendé el trabajo al *Winnie Pooh* [Óscar Guerrero Silva], *el Cachetes* [Daniel Pérez Rojas], *el Meme* [Manuel Alquisires Hernández] y *el Tlapa* [Enrique Ruiz Tlapanco]. Todos tenían experiencia militar porque fueron entrenados en la Escuela de las Américas, en Panamá. Los cuatro estaban formados por soldados estadounidenses y sabían a la perfección los movimientos que rigen este tipo de cárceles. Por eso les encomendé que iniciaran el plan.

"El entrenamiento y la organización para el asalto a La Palma se puso en marcha sin mayor problema. Comenzamos a entrenar en un rancho de Guerrero, cerca de los límites de Michoacán. Ahí se concentraba a la gente en grupos de menos de 30 personas. Se hizo una tarea muy discreta para no llamar la atención de la gente ni de la policía. Nos estábamos cuidando mucho para que los espías de los hermanos Valencia no supieran lo que hacíamos. Por eso fue tardada la organización. Si hubiésemos tenido las condiciones para trabajar con todo el grupo en un solo momento, el asalto para rescatar a mi compadrito Osiel no habría durado ni siquiera un mes.

"Los 300 zetas que iban a participar en aquel asalto fueron divididos en cuatro compañías. Cada una la dividimos a su vez en cuatro grupos y a cada grupo se le asignó una tarea específica: *el Winnie Pooh* y *el Tlapa,* que eran los jefes de la operación, fueron muy meticulosos. No descuidaron ningún detalle. Todo estaba bien planeado: desde la vestimenta, las armas, el transporte, el asalto no sólo al penal sino a toda la población de Almoloya, la huida...

—¿En cuánto tiempo pensaban ejecutar la operación? —intervine otra vez.

—La teníamos contemplada para menos de media hora, pero no sabíamos el tiempo de reacción del ejército; era lo que nos preocupaba.

"Al *Tlapa* se le ocurrió que debíamos hacer una prueba para conocer los tiempos y los movimientos del ejército en el caso del asalto a un penal. Comenzamos a buscar opciones. Inicialmente habíamos pensado en esta cárcel, la de Puente Grande, pero decidimos que la práctica se debería hacer en Michoacán, para no arriesgarnos a mover nuestra gente más lejos. Además, asaltar Puente Grande hubiera puesto en alerta al gobierno federal y se habrían extremado las medidas de seguridad en todos los Ceferesos. Por eso decidimos que necesitábamos un penal cercano a una comandancia militar y que no fuera una cárcel federal.

"La cárcel más adecuada para esa práctica fue la de Apatzingán. *El Cachetes* fue quien propuso esa opción. Además, así matábamos dos pájaros de un tiro, porque ahí estaban sometidos a proceso tres amigos nuestros. Uno de ellos era compadre del *Tlapa.* A mí se me ocurrió no sólo matar dos pájaros de un tiro, sino tres: en aquella prisión estaban también dos de los principales gatilleros de Los Valencia. No sólo eran hombres de su confianza, sino también tenían relaciones familiares: estaban casados con dos primas de Armando Valencia. Era una oportunidad de oro para seguir con mi venganza."

Los hombres que Carlos Rosales y el grupo de zetas a su cargo intentaban rescatar de la cárcel de Apatzingán eran Alberto Guízar, Nicolás Torres, Aurelio Bejarano y Carlos García Martínez. Todos estaban procesados por el delito de narcotráfico. Eran víctimas del pleito encarnizado de Rosales con Armando Valencia. A los cuatro los habían secuestrado células de los hermanos Valencia y los habían entregado a funcionarios estatales que trabajaban para ellos. El gobierno de Michoacán presentó a la opinión pública la detención de los integrantes del Cártel del Golfo como el resultado de los trabajos de inteligencia y del Operativo Michoacán, asegurando que se había desintegrado la presencia de esa organización en la entidad.

—Les soy sincero —reiteró Carlos Rosales—: a mí me gustaba la idea del asalto al penal de Apatzingán, pero no por rescatar a los compañeros presos. Me movía más la sed de venganza porque allá estaban muchos de los que trabajaron en algún momento para los hermanos Valencia. A muchos los conocía bien. Pero yo tenía especial interés en *el Remy* [Cipriano Mendoza] y *la Botella* [Eleuterio Guzmán]. A ellos yo les traía muchas ganas porque me traicionaron. Yo los inicié en el negocio del narcotráfico y fueron mis ayudantes. Eran muy diligentes; nunca tuve nada que reprocharles. Pero cuando se dio la ruptura con Armando Valencia por lo de Inés, ellos se fueron con aquél a pedirle que los aceptara en su grupo. Le juraron lealtad, como una vez me la juraron a mí, y no sólo eso: también vomitaron todo lo que sabían de mi vida.

"Ellos lo pusieron al tanto de los lugares que yo frecuentaba, las personas con las que me reunía, mi rutina. Hasta le contaron qué whisky tomaba y quiénes eran las personas que estaban más cerca de mí. Prácticamente me hicieron la vida imposible, porque sabían todo lo que hacía. Fue por ellos que cambié todos mis movimientos. Ellos señalaron a toda la gente que me mataron.

"Así que por todo eso nos decidimos por el penal de Apatzingán. Fue el mejor lugar para nuestra práctica. Planeamos el asalto de modo que no dañara a los civiles. En esa cárcel no hay visitas familiares los lunes ni los viernes, así que decidimos que el asalto sería el primer lunes de 2004. Alistamos todo el operativo y nos quedamos en alerta durante varios días. Al frente de todo iba *el Winnie Pooh*. Yo me sumé como uno más del grupo, en el equipo del *Tlapa*.

"Aquel ensayo lo llevamos a la perfección: la vigilancia al penal se inició desde una semana antes. Con la precisión de los militares, que hacen las cosas con base en lo que está escrito y no dejan nada al azar, registramos todos los movimientos. Sabíamos quién entraba y quién salía. Registramos los cambios de guardia y nos enteramos de todo. Esperamos que pasara la visita familiar del domingo y decidimos actuar.

"El operativo comenzó en punto de las tres de la mañana. Era la hora más adecuada porque es cuando la mayoría de los custodios optan por tomar un sueño. La guardia en ese momento es relajada, casi nula. Salimos de varios domicilios que estábamos utilizando en el municipio de Apatzingán. Ahí nos fuimos concentrando poco a poco para no llamar la atención de la población ni de las autoridades policiales, que aun cuando las teníamos de nuestro lado pudieron incurrir en indiscreciones. Todos íbamos uniformados como policías federales, estatales y hasta municipales. Los del grupo del *Cachetes* iban vestidos de militares. Todos íbamos encapuchados.

"Estábamos seguros de que nadie, ni siquiera el mismo ejército, nos habría reconocido como hampones. Los hombres que participaron en la operación no dejaban dudas de que eran policías y militares bien entrenados. Todos tenían un aspecto marcial y se comportaban como lo hacen los soldados: sin sentimientos y sólo atendiendo a sus razones de mando.

"La gente del *Winnie Pooh* llegó primero a la puerta del penal. Todas las camionetas iban con sus torretas prendidas y a toda velocidad. Por eso cuando nos instalamos en la puerta de la cárcel los custodios se vieron sorprendidos. A algunos les entró la duda de si efectivamente éramos fuerzas gubernamentales que llevábamos a cabo una revisión. Pero aun así la actuación de los muchachos fue más poderosa que las razones para evitarnos el paso.

"Llegamos exigiendo una revisión. Al principio hubo resistencia de los guardias de la puerta principal, pero luego cedieron a nuestra exigencia. Nadie se puede negar a los gritos de un militar. Sin mayor oposición penetramos la primera aduana, mientras la mayoría de los muchachos rodearon el penal y otros se mantuvieron a dos kilómetros de ahí para cubrir nuestra salida. Los planos del interior y la ubicación de los presos había sido bien estudiada por los jefes de las dos compañías que tomaron por asalto el lugar. Creo que en la cárcel no tardamos ni 20 minutos. El límite de tiempo para permanecer dentro era media hora, según calcularon los organizadores del asalto, que previeron que en el otro asalto, el de La Palma, la reacción militar podía ser más rápida.

"Lo primero fue ubicar a los amigos que íbamos a rescatar; eso se hizo en los primeros cinco minutos. Los siguientes 15 minutos fueron para ubicar a los dos gatilleros de Los Valencia. Uno de ellos nos costó mucho trabajo porque no estaba con el resto de los presos. Esa madrugada estaba en el área de visitas conyugales acompañado de su pareja, que no era la prima Valencia, por eso la dejamos allá.

"Con precisión, todos los grupos que estábamos dentro de la cárcel nos reunimos en el patio. Ya teníamos a las personas por las que íbamos. Los otros presos sólo nos miraban con ojos de incertidumbre. Todos habían sido sometidos y se encontraban sentados en el patio principal de la cárcel. Procedimos a la fuga.

"Ya estábamos bajo el grito de '¡atención!' para salir del presidio cuando *el Tlapa* decidió que nos lleváramos a un grupo de internos. Luego supe que la decisión fue tomada en el momento para despistar sobre el rescate de los presos por los que íbamos y para no evidenciar el secuestro de los pistoleros de Los Valencia. Se eligió al azar un grupo de presos que estaban ahí sentados, viéndonos desconcertados y con mucho miedo. La intención del *Tlapa* también era tener un grupo de rehenes por si en la huida nos topábamos con el ejército."

Rosales contó que sus hombres y él, con los rehenes, los rescatados y los secuestrados, iniciaron la salida del penal. Dejaron las puertas abiertas y gritaron que el penal iba a explotar, que habían colocado bombas en los dormitorios y que era mejor que todos salieran corriendo. Todos los presos, la mayoría con delitos de bajo perfil como robo y lesiones, dejaron el patio pero se quedaron frente a las instalaciones de la cárcel. Optaron por no darse a la fuga ante la posibilidad de morir en una refriega. Para todos estaba más que claro que no se trataba de fuerzas gubernamentales las que realizaban aquel operativo. Tuvieron la certeza cuando vieron la familiaridad con la que se hablaron y se abrazaron los que fueron rescatados y los que irrumpieron en medio de la madrugada.

La operación fue aplaudida por el Cártel del Golfo por la liberación de Alberto Guízar, Nicolás Torres, Aurelio Bejarano y Carlos García Martínez y también fue elogiada por un nuevo grupo de narcotraficantes que operaba en Michoacán. Entre los otros 25 liberados al azar estaban Juan Romero Solís, Antonio González Peña y Roberto Salazar Moreno, quienes integraban la célula de Nazario Moreno González, *el Chayo*, que ya comenzaba a tomar fuerza. Eran sus familiares directos, que estaban a la espera de ser procesados quizá para recibir una condena de 20 años de prisión. Prosiguió Rosales:

—Después del rescate, lo menos que les podía ofrecer a los hombres que me ayudaron era un descanso. A todos los mandé a vacacionar. Esa vez invadimos la playa de Ixtapa, Guerrero. Ocupamos casi todas las habitaciones de la costera. Me costó casi dos millones de dólares darle fiesta y descanso por una semana a toda mi gente.

"Yo me quedé en la finca, porque para mí nunca ha existido nada mejor que el calor de hogar. Estaba de descanso cuando sonó el teléfono. Era la primera de muchas; después me llovieron felicitaciones por la operación por parte de todos los mandos del Cártel del Golfo."

Nunca imaginó que aquella llamada cambiaría el rumbo de su vida e incluso la historia del narcotráfico en Michoacán:

—El que me estaba llamando era Nazario Moreno González, *el Chayo*. Me habló para agradecerme la liberación de sus primos y ayudantes. Se puso a mis órdenes y me dijo que contara con él, además de que le gustaría mucho hacer negocios conmigo.

"Yo ya sabía de la existencia de Nazario Moreno y el grupo que lo ayudaba, encabezado por Servando Gómez Martínez, *la Tuta*. Nunca habíamos hecho negocios porque yo sabía que aquél era un grupo independiente y no le gustaba tener intermediarios: tenían sus propias cosechas de mariguana, hacían sus propios negocios con los colombianos y con los chinos, y llevaban su mercancía hacia la frontera norte. Los respetaba porque siempre fueron derechos conmigo.

"En una ocasión la gente del *Chayo* me detuvo a unos muchachos que salieron de Lázaro Cárdenas con dos toneladas de cocaína, la que recogieron de un carguero proveniente de Panamá. Fueron derechos cuando los interceptaron; los respetaron. Al *Chayo* no le gustaban los problemas. Estaba loco, sí, pero era una especie de loco pacífico que no se metía en líos innecesarios. Si la detención la hubiera hecho cualquier otro grupo de narcotraficantes, incluyéndome, los muchachos hubieran muerto y toda la droga habría desaparecido. Pero en esa ocasión no fue así.

"Me contó luego Jesús *el Chango* Méndez Vargas, ya cuando éramos socios y decidimos integrar La Familia Michoacana, que Nazario Moreno estuvo al frente del grupo que detuvo a mis muchachos. Fueron sometidos, y tras comprobar que llevaban dos toneladas de cocaína, les preguntaron de quién era. Los muchachos que estaban bajo las órdenes de un mayor retirado, Jesús Morales, le dijeron que era de Carlos Rosales. *El Chayo* ni lo dudó. Les dijo que siguieran adelante, que me dieran sus saludos y su reconocimiento. Me llamó "señor". Es un detalle que nunca se me va a olvidar.

"Por eso cuando estábamos en la integración de La Familia Michoacana, cuando las cosas ya no fueron bien con el Cártel del Golfo porque mi compadre Osiel Cárdenas había perdido el control y todo se hizo un desmadre, yo tampoco dudé en buscar la forma de integrar al *Chayo* a la nueva organización. Eso fue meses después de su llamada tras el asalto al penal de Apatzingán."

—¿Cómo era *el Chayo*? —le pregunté.

—Muy cabrón. Era un seductor. Tenía una forma muy bonita de hablar. Como que pensaba las palabras antes de decirlas. No dejaba nada a la duda y convencía a cualquiera. Si él decía que el cielo estaba negro aunque brillara de azul, uno terminaba por creerle. Era un hombre muy derecho; nunca tuve problemas con él.

—¿Sí estaba loco?

—¿Qué tan loco estaría, si decía que podía hablar con los animales, que tenía poderes mentales y que curaba con sólo mirar a los ojos a las personas? —respondió con una risita—. Pero déjenme seguirles platicando, luego viene la sesión de preguntas y respuestas.

—¡Sí, reportero, cállese! —me increpó Ramón Miranda desde su celda—. Luego pregunta, deje que siga la historia.

—Gracias, Ramoncito.

Aquella historia del *Chayo*, que sería luego el jefe de Los Caballeros Templarios, duró varios días. Carlos Rosales lo conoció bien; fueron socios y muy cercanos durante varios meses. En ese tiempo, dijo Rosales, tuvieron la oportunidad de trabajar juntos e hicieron negocios millonarios con el trasiego de droga.

—Cuando *el Chayo* me llamó para agradecerme la liberación de sus primos supe que era el momento adecuado para plantearle una asociación. Como dijo que le gustaría hacer negocios conmigo, le tomé la palabra. Fui muy cauto para planteárselo. Yo sabía que ellos eran un grupo muy solidario y que era difícil que se unieran a un cártel. Le dije que con un grupo de amigos estábamos en pláticas para hacer el nuestro y que éste no estaba completo sin su presencia. Le llegué por el lado débil: su egocentrismo.

"Él no lo pensó. Me dijo que para luego era tarde, que dónde firmaba. Nada le habría gustado más que estar del lado de los mejores. También me dio por mi lado: reconoció mi trabajo y sobre todo mi liderazgo para los negocios del narco."

Nazario Moreno y Carlos Rosales se reunieron a los dos días en la misma finca donde recibió la llamada. También estuvieron presentes *el Chango* Méndez y *la Tuta*. La reunión estaba contemplada para dos horas, pero las pláticas fueron tan tersas y armoniosas que decidieron festejar por tres días. Nazario Moreno iba acompañado de su inseparable escolta personal a la que llamaba Los Doce Apóstoles.

—*El Chayo* era un buen hombre pero muy extraño —ahondó Carlos Rosales—. Tenía sus manías. No le gustaba beber en un mismo vaso ni tomaba alcohol. Lo único que bebía era agua mineral y a veces coca cola. Decía que su cuerpo era un "templo de Dios" y que como tal debía cuidarlo. Se lavaba las manos y los pies a cada rato. Estábamos platicando y le ponía pausa a la plática para ir a donde uno de sus apóstoles armados le preparaba una bandeja con agua y una toalla blanca. Nazario se acercaba sigiloso. Se lavaba las manos, los pies y la cara para regresar a donde nosotros seguíamos sentados.

"Era muy educado. Siempre que volvía a la mesa ofrecía una disculpa. Decía que tenía que atender otros asuntos: los que Dios le había encomendado. En aquella ocasión explicó que su labor dentro del narcotráfico era una cosa terrenal que debía cumplir porque algo había que hacer en esta vida para vivir. Pero dijo que su verdadera misión era hacer las cosas de Dios. Nadie de los que estábamos sentados pudo comentar las palabras que pronunciaba con pleno convencimiento. A veces tenía incoherencias, pero en ocasiones entre sus incoherencias salían razones verdaderas.

"Entonces le escuché la única condición que planteó para sumarse con su grupo a La Familia Michoacana. Pidió que cada uno de los que integraran aquella organización fuera bautizado en la fe de su grupo. Yo le pregunté cuál era y me contestó que era la única fe verdadera: la de creer en sí mismo y no dejar de creer en la existencia de un dios superior. Dijo que ésa era la única forma que tienen los hombres para no perderse en la vida.

"Don Jesús y yo nos quedamos callados. Nos miramos a los ojos. *La Tuta* se agachó como si tuviera algo de vergüenza. Don Jesús asintió y yo le dije que por eso no había ningún problema, pero que de esos asuntos se encargara él, que sabía todas esas ondas de la religión y las creencias. Nazario sonrió. Dijo que nadie más podría hacerse cargo de la iniciación de todos los integrantes del cártel, porque él era el elegido para esa noble tarea.

"—¿Y cuál es la religión que profesa, en la que hay que iniciar a los miembros de La Familia? —le pregunté, con el temor de que la reunión se fuera al traste.

"—Mi religión es la verdadera: la masonería —dijo mientras nos mostraba el colguije que traía en el cuello. Era una medalla con un símbolo masónico, como una estrella de cinco picos. Yo pensaba que esa estrella era del diablo. Apenas pude contener la risa porque él nos hablaba con mucha seriedad.

"A partir de esa fecha el grupo de Nazario se sumó a La Familia Michoacana y comenzaron las iniciaciones de todos los integrantes del nuevo cártel. *El Chayo* nos pidió que mandáramos en tandas, conforme él nos fuera avisando, a toda la gente que se tenía que convertir. Después la fiesta continuó, aunque Nazario siguió tomando agua mineral y comiendo algunos cacahuates que Los Doce Apóstoles le acercaban cada vez que le retiraban el vaso en el que había bebido.

—¿*El Chango* y usted se iniciaron? —esta vez el curioso fue Ramón Miranda.

—Sí. Le tuvimos que entrar a esa onda con tal de que *el Chayo* se sumara al grupo. Era importante que él estuviera dentro de La Familia Michoacana. Su gente era la más fuerte en el estado: tenía más de 3 000 hombres a su entera disposición. Ésa era una fuerza que ni siquiera el ejército tenía en Michoacán. Además, las relaciones de Nazario con el gobierno estatal estaban en su apogeo. Los que no estaban en mi nómina o en la de don Jesús Méndez, estaban en la del *Chayo*. Con eso estábamos cerrando la pinza para tener bajo nuestro control a todo el gobierno estatal, no sólo en el ámbito de la policía, sino también entre todos los políticos de primer nivel.

"Después de que *el Chayo* aceptó sumarse, las cosas fueron mejor en todo el estado. Teníamos de nuestro lado al gobernador y toda la gente de la procuraduría de justicia del estado y de la PGR trabajaba para nosotros. No teníamos forma de fallar en nuestra intención de ser un cártel. Todo se nos estaba dando.

"*El Chayo* nos acercó con algunos diputados que estaban reticentes a la conformación de un cártel michoacano de las drogas. Los tratamos igual que a los presidentes municipales; ninguno dijo que no cuando vieron las montañas de dinero que les poníamos frente a sus ojos. Hubo algunos que se pusieron dignos, pero cedieron cuando le pusimos 10 000 dólares más a la cuota. Uno incluso dijo:

"—No, señores, yo no puedo aceptar eso. Sería traicionar a la gente que me hizo llegar a este cargo.

"—Pero diputado —le insistí yo—, usted no se preocupe, no le vamos a hacer daño a nadie…

"—Cómo de que no, con eso que ustedes quieren hacer van a provocar que muchas almas se pierdan.

"—No. Claro que no. La droga la va a consumir sólo quien así lo quiera —le explicó don Jesús Méndez.

"—¿Cuál droga? —preguntó desconcertado el diputado en aquella reunión que tuvimos en el Vips de la avenida Madero de Morelia.

"—La que pretendemos vender; la que vamos a sacar de Michoacán para venderla en Estados Unidos —aclaré.

"El diputado se quedó pensativo. Respiró aliviado.

"—Ah, ya me habían asustado. Lo que ustedes quieren formar es una banda de narcotraficantes. Yo pensaba que estaban pidiendo permiso para ser protestantes.

"Todos soltamos unas carcajadas que todavía recuerdo.

—Pero sí se inició usted en el rito del *Chayo* —esta vez insistí yo.

—Sí, teníamos que hacerlo. Ésa era la condición del *Chayo* y no queríamos que se fuera a molestar por una nimiedad.

—¿Cómo fue la iniciación?

—Fue algo muy extraño —dijo, adoptando un tono solemne, como si el recuerdo de aquellos días lo volviera a centrar—, pero también fue una experiencia única. *El Chayo* hacía sentir que lo sucedido en ese momento era lo más importante del mundo.

"Yo no sabía de ese tipo de cosas. Una vez me invitaron a ser masón pero rechacé la posibilidad porque el rito que me explicaron me pareció demasiado infantil. ¿Qué es eso de morir para nacer al conocimiento? ¿Qué es eso de que a uno lo metan a un ataúd y luego le digan que ya tiene una nueva vida? Pero cuando *el Chayo* me inició supe que eso de los bautizos masónicos es cosa de niños: Nazario hacía que uno se creyera aquella situación.

"Primero nos llevaron a la casa que él tenía en la comunidad de Guanajuatillo. Los primeros iniciados éramos don Jesús Méndez y su servidor. Nos pidieron despojarnos de la ropa y nos quedamos en calzones. Me iba a ganar la risa, pero apareció *el Chayo* con una túnica blanca que tenía una cruz roja de lado a lado. Estaba todo serio, ni parecía *el Chayo* con el que estuvimos platicando unos días antes, cuando acordamos que seríamos un solo cártel de las drogas.

"—¿Están seguros del paso que van a dar? —nos preguntó.

"Don Jesús Méndez y yo nos miramos sorprendidos. Volvimos la vista al *Chayo*, que estaba acompañado de un grupo de hombres, y respondimos que sí. Él insistió con la misma pregunta. Le volvimos a decir que sí. Yo ya le iba a decir que no estuviera jugando, que eso era lo que habíamos acordado, pero luego supusimos que era parte del ritual de iniciación. Nos preguntó por tercera vez si estábamos seguros del paso que daríamos.

"—Sí —confirmamos al mismo tiempo.

"Con un movimiento de manos que apenas se pudo apreciar, hizo que dos de sus hombres nos acercaran dos túnicas blancas. Nos las pusimos. Yo estaba entre desconcertado y curioso. Nos sacaron del lugar donde habíamos estado a solas y nos llevaron a un salón. Había un altar, con un Cristo al centro. Toda la sala estaba rodeada de cirios encendidos y ahí esperaba otro grupo de personas con túnicas como las nuestras, pero ellos portaban espadas. Nazario se sentó en una silla al centro de la habitación. Nos colocaron como a cinco pasos de él. Luego llamó a don Jesús Méndez. Le pidió con amabilidad que colocara la rodilla derecha sobre el piso, si no quería arrodillarse completamente. Don Jesús volteó a verme con desconcierto y accedió. Se arrodilló por completo ante *el Chayo*. Después éste posó la espada sobre la cabeza de don Jesús y cerró los ojos. Dijo unas palabras en un idioma que desconozco y le pidió que se levantara. Le besó una mejilla y le pidió con suma amabilidad que se volviera a mi lado. Me tocó el turno a mí. Hizo lo mismo.

"Los hombres que lo acompañaban le acercaron una botella y una copa de vino. Antes de verter el vino dijo otras palabras. Dejó la copa en el suelo y se hincó. Puso sus manos sobre la copa de vino y se sumió en una larga oración. Luego, arrodillado como estaba, levantó la copa lo más alto que pudo y le dio un trago. Nos llamó a su presencia. Desde el suelo donde seguía de rodillas nos la ofreció. Yo me iba a arrodillar, pero él dijo que no, que con la humildad de Dios nos hacía partícipes de aquella comunión. Los dos bebimos de la copa con solemnidad.

"Cuando terminamos el brindis nos pidió que lo siguiéramos. Nos llevó al altar del Cristo que estaba en un extremo de la habitación. Ahí nos hizo jurar por nuestras vidas, por nuestros hijos y por lo más sagrado que teníamos que nunca íbamos a traicionarnos, que íbamos a respetar de por vida esa unidad que nos estaba ofreciendo Dios mismo a través de él. Así lo hicimos.

"Lo seguimos sin que nos dijera nada. Nos llevó a otra habitación de la casa, en cuyo centro había un Cristo y tres cirios encendidos. Nos pidió que nos arrodilláramos ante la imagen y habláramos con el Cristo. Aseguró que todas nuestras dudas y problemas iban a terminar ahí. Dijo que debíamos entrar en reflexión interior para que todos nuestros pecados fueran perdonados. Ésa era la única forma de seguir con el ritual de iniciación. Así permanecimos por 24 horas consecutivas. A cada hora nos visitaba uno de los que acompañaban al *Chayo* para ofrecernos agua en una bandeja dorada. Fue lo único que pudimos probar en ese lapso.

"Al término de las 24 horas fue por nosotros una escolta. Todos iban cantando algo que no se entendía, pero que tenían bien ensayado. Nos llevaron fuera de la casa, delante de unos hoyos. Luego *el Chayo,* sin dejar de lado su amabilidad, nos pidió que nos metiéramos. Nos enterraron vivos. Sólo salían nuestras cabezas, que eran cuidadas cariñosamente por tres hombres. Ellos nos daban de beber en la boca y nos alentaban a que no desistiéramos en aquel inicio que, aseguraban, cambiaría nuestras vidas.

"A las 24 horas de estar en aquella posición incómoda se hizo presente *el Chayo*. Ordenó que nos desenterraran. Nos dieron nuevas vestimentas. Ya de pie frente a él nos pidió que hiciéramos el último de los tres juramentos: que renunciáramos al consumo de drogas y alcohol. Nos dijo que era opcional la renuncia al sexo y al placer del buen comer. Nosotros ya estábamos encarrilados en la ceremonia y también dijimos que renunciábamos a eso.

"Posteriormente nos hizo repetir una a una las palabras que iban saliendo de su boca. Así ofrecimos ser leales hasta la muerte frente a su persona, a la organización de La Familia Michoacana y a todos los principios de hermandad que había profesado Cristo durante su vida en este mundo. Aceptamos el juramento y después hubo una fiesta. En esa celebración Nazario ya no estuvo con nosotros.

"Se disculpó. Dijo que aun cuando el rito de iniciación ya había concluido para nosotros, él aún tenía que 'rendir cuentas a Dios sobre el acto realizado'. Uno de sus escoltas nos dijo que se encerró para hacer oración. Cada vez que encabezaba un rito de iniciación, ayunaba tres días y se quedaba 12 horas en oración."

—Estaba medio tocado el bato, ¿no? —comentó desde su celda uno de los presos que estaban atentos a la narración de Carlos Rosales. Aunque éste no dijo nada, se notó su molestia, pero no respondió a la provocación. Se concentró en la descripción de su aliado:

—*El Chayo* era un hombre completo. Tal vez tenía una forma distinta de ver el mundo, pero creo que a nadie le falló. Me atrevo a decir que a nadie le hizo daño sin razón. Lo del rito y sus mitologías es algo que se puede tomar como una anécdota de vida...

—De plano era muy excéntrico el hombre —intentó recomponer Ramón Miranda.

—Sí, ésa es la palabra: excéntrico. ¿De qué otra forma se puede considerar a una persona, sin tacharla de loca, cuando se siente un enviado de Dios?

—Usted, don Carlos, ¿le conoció alguna excentricidad fuera de la iniciación? —pregunté.

—Sí. Le conocí muchos detalles, pero creo que el más notorio era que durante las ceremonias de iniciación *el Chayo* se sentía inmaculado. Nadie lo podía tocar porque aseguraba que lo dejaban impuro ante Dios. Antes del rito se bañaba con calma durante tres horas sin jabón. La tina que utilizaba tenía un cirio en cada esquina y la llenaban con agua del río Grande, acarreada en cántaros por siete mujeres vírgenes. A cada una de ellas le pagaba 1 000 dólares por cada cántaro de agua que vaciara para su baño.

"Antes de cada iniciación, cuando *el Chayo* ya se había bañado no se dejaba tocar ni se secaba el agua porque decía que la toalla lo dejaba impuro. Dos de sus ayudantes le colocaban la túnica blanca con el mayor de los cuidados, para evitar tocarlo, y le colocaban unos huaraches de dos correas que sólo utilizaba para esa ocasión."

Rosales no terminó de relatar la historia del jefe del cártel de Los Caballeros Templarios porque llegó al pasillo un grupo de custodios. Se dirigieron a su celda y le ordenaron que se colocara en posición de revisión. A los demás presos nos ordenaron que nos tiráramos al suelo. Era el procedimiento normal para un cambio de celda. A Rosales lo hicieron salir, inspeccionaron rápidamente su celda y lo revisaron de frente a la pared. Después le indicaron que preparara todas sus cosas. "Se va de traslado", le dijo uno de los uniformados de negro que tenían el rostro cubierto. Carlos Rosales no dijo nada. Acató la instrucción como siempre lo hacíamos ante los guardias de seguridad, si no queríamos padecer su reacción violenta. Entró de nuevo a su celda y en menos de tres minutos ya tenía sus pocas pertenencias envueltas en una sábana.

Vi a Carlos Rosales caminar como un viejo por aquel pasillo que llevaba a otra zona del penal, el de los Tratamientos Especiales, donde los presos más peligrosos eran tratados con el mayor rigor carcelario. Como siempre sucede cuando se hacen los traslados de los prisioneros en Puente Grande, iba con la cabeza agachada. El tambache a cuestas lo hacía verse como un vagabundo. Lo custodiaban cinco guardias. Al pasar por mi celda pudo voltear por lo bajo y sonrió. Fue una despedida extraña. Me invadió el sentimiento carcelario de la despedida de un vecino de celda. Los dos sabíamos que nunca nos volveríamos a ver. Yo ya estaba sentenciado a 20 años de cárcel y él estaba a la espera de su resolución en la primera instancia. Aun cuando no me resignara, todo apuntaba a que me quedaría mucho tiempo en aquella prisión. Él seguía insistiendo en su inocencia.

Carlos Rosales alcanzó su libertad casi un año después de que yo pude demostrar que nunca hubo ni una sola prueba de mi presunta culpabilidad en la maraña del proceso que me armó el gobierno federal. Yo ya estaba en libertad cuando supe, por la prensa, que Rosales había sido declarado inocente por un juez de primera instancia. Su proceso penal le llevó casi 10 años pero finalmente, con mucha paciencia, mucho dinero y sobre todo muchas relaciones con el Poder Judicial, fue puesto en la calle como un hombre inocente al que "se le procesó de manera ilegal". Salió libre el 22 de mayo de 2014.

Después de alcanzar su libertad, diversos medios de información de Morelia dieron cuenta de que Rosales llevaba una vida normal. Ante los ojos de todos ya se había alejado del narcotráfico, pero la PGR no dejó de seguirle la pista. El 7 de agosto de 2014, sólo unos meses después de abandonar la prisión, fue detenido de nueva cuenta. Agentes de la PGR se lo llevaron sin interrogatorio y catearon varias de sus propiedades. Al revisar sus cuentas bancarias, la federación no encontró nada irregular y lo liberó días después. Desde el Cisen se había generado la sospecha de que al salir del Cefereso de Puente Grande se había relacionado con grupos de autodefensa en Michoacán. Siempre se presumió que estaba financiando por lo menos a tres grupos que habían iniciado una guerra encarnizada contra el Cártel de Jalisco Nueva Generación, que dirigían sus mortales enemigos, los hermanos Valencia, con *el Mencho* al frente.

A Carlos Rosales Mendoza lo ejecutaron la tarde del 27 de diciembre de 2015. De acuerdo con informes de la Procuraduría General de Justicia del Estado de Michoacán, el fundador de La Familia Michoacana se reunió con diversos jefes locales del narcotráfico, en un intento de organizar un cártel único en el estado. Uno de los agentes que investigaron el caso dijo que Rosales no salió de acuerdo con sus contertulios y fue ejecutado en la misma reunión, que se llevó a cabo en la comunidad de Úspero, en la que habrían participado, entre otros, Ignacio Rentería, *el Cenizo*, y Gilberto Gómez Magaña, *el Chanda*. De acuerdo con esa versión oficial, Rosales llegó al encuentro acompañado de Adrián Medina, Miguel Aguilera y Alberto Espinoza, cuyos cuerpos fueron abandonados junto al suyo en la carretera Morelia-Lázaro Cárdenas.

Cuando lo conocí, Carlos Rosales no sólo era respetado en la prisión de Puente Grande, sino además muy querido. Era de los pocos presos que no sólo eran apreciados por sus hombres. Yo vi cómo otros presos de renombre, como Caro Quintero, le expresaban afecto y admiración, lo cual se debía a que *el Michoacano*, Carlitos, como los reos nos dirigíamos a él, fue el primero en mantener el control total de su estado. Reclutó, capacitó y tuvo a su servicio a delincuentes tan conocidos como Jesús Méndez Vargas, *el Chango*, quien después tomó el control de La Familia Michoacana; igualmente fue jefe de Servando Gómez Martínez, *la Tuta*, y del propio Nazario Moreno González, *el Chayo* o *el Más Loco*, que luego fundarían el temible cártel de Los Caballeros Templarios.

Cuando Rosales dejó el pasillo donde había estado recluido durante varios meses, tras recibir un castigo por mentarle la madre al director del penal, algunos presos sollozaron. Carlos Rosales ayudaba económicamente a muchos de los que estaban a su alrededor. Pagaba los abogados de por lo menos un centenar de presos y les facilitaba recursos para que los fueran a visitar sus familias. También él era quien pagaba los estudios clínicos requeridos por la dirección del penal para que las esposas de algunos presos pudieran hacerles visitas íntimas.

Como casi todos los jefes del narco en prisión, Rosales se solidarizaba con los presos que no tenían dinero. Ayudaba a las familias de los reclusos con problemas de salud. Le decían con ironía "el Teletón", porque su debilidad eran los niños con padecimientos especiales. Él sostenía directamente los tratamientos de por lo menos una veintena de menores con discapacidad motora y otros tantos con cáncer. Eran incontables los casos en los que pagó directamente los tratamientos de algunas esposas de internos afectadas por cáncer de mama o cervicouterino.

Su frase preferida era: "Si el dinero no sirve para ayudar a la gente, ¿entonces para qué chingados es?" Así respondía a los presos que lo abordaban en el patio para pedirle ayuda. No supe de un solo interno que no recibiera el apoyo que le solicitaba a Carlitos. Por eso, cuando salió de aquel pasillo rumbo a la sección de Tratamientos Especiales, muchos de los que estaban ahí se sintieron desprotegidos. A todos nos golpeó su ausencia. Pero Ramón Miranda supo dar consuelo a aquel puñado de presos acongojados.

—Vamos a hacer una oración por Carlitos —dijo, y sin esperar respuesta comenzó—. Padre Nuestro, que estás en los cielos…

CAPÍTULO 14

El último infierno

Así era la cárcel de Puente Grande, contradictoria. Ahí estaban concentrados los reos más peligrosos del país, pero salían de sus bocas las frases y los sentimientos más amorosos que he escuchado en mi vida. Era difícil entender cómo a los asesinos más sanguinarios a veces les afloraban los sentimientos más humanos. No eran poses. No tenían por qué hacerlo. Estoy seguro de que ésa era su convicción personal. Nadie intentaba agradar a nadie. Era simplemente el silencio de la soledad y la seguridad del abandono lo que los llevaba a buscarse dentro de sí mismos.

Yo mismo me hurgaba para buscar algo bueno. Si bien era cierto que nunca fui culpable de los actos ilegales que se me atribuyeron, también lo es que en varias ocasiones la cárcel me convenció de que no era distinto de los delincuentes con los que convivía. Durante días completos me vi en los ojos de otros presos como el peor de los bandidos. Entonces, como lo hacían todos, recurría a la introspección. Trataba de salvarme del abismo de la locura carcelaria. A veces pensaba, como para descargarme de la vergüenza de ser preso, en las cosas buenas que había hecho en libertad. En realidad eran pocas. La mayoría de las veces me la pasaba pensando en qué había sucedido para que fuera a parar a una celda de aquella cárcel de exterminio. Sólo me salvaba la convicción de que era un reportero.

Por eso, cuando no estaba buscando historias de los reos más notorios de aquel penal, me tendía sobre mis libretas a escupir, con mi caligrafía de arañas chuecas, lo que me ayudara a fugarme mentalmente de aquel lugar. A veces escribía lo que creía que eran poemas, otras sólo emborronaba pensamientos delirantes. Pero lo que me consumía era la transcripción de las historias que había escuchado y soñaba dar a conocer un día, ya en libertad.

Así fui hilvanando una maraña de textos que plasmé en una docena de libretas. Para mí eran el tesoro más grande en aquel mundo donde nadie puede tener nada. Siempre que me cambiaban de celda, primero resguardaba las pertenencias más preciadas: mis libretas. Las llevaba a todos lados porque eran la razón de mi vida en el penal.

Durante los tres años y cinco días que permanecí en Puente Grande no fui un preso más. A los ojos de la dirección carcelaria yo era un reo de altísima peligrosidad, porque así constaba en mi expediente. Me aplicaban protocolos de seguridad extremos, entre ellos el cambio constante de ubicación. Las autoridades temían que me fugara. Lo que nunca supieron los directivos de la cárcel es que me fugaba todos los días a través de mis escritos. Ésa era mi venganza íntima contra el sistema carcelario. A veces yo mismo me sorprendía, mientras escribía algún texto, riéndome en silencio como un loco porque me sentía caminar todos los días fuera de la cárcel, muy a pesar de la férrea vigilancia que atizaba un poco más el fuego de aquel infierno.

El temor de la autoridad penitenciaria a mi fuga real era infundado, pero me lo hacían saber cada vez que los guardias me cambiaban de celda y de pasillo. Algunos oficiales con los que podía dialogar así me lo expresaban. Luego de ordenar que recogiera mis pertenencias, de revisarme y trasladarme por aquellos laberínticos pasillos, preguntaban:

—¿Pues qué te comiste? —iniciaban el diálogo los oficiales—. Estás muy cabrón en los papeles. Ni a Caro Quintero lo traen como a ti, de un lado a otro.

Yo intentaba sonreír y hasta llegué a sentirme orgulloso de esas deferencias de los oficiales. Así, a modo de venganza, contestaba:

—No hice nada, a menos que una de las putas con las que he estado haya sido la madre de quien me encerró.

Luego se oía la risita de los oficiales que me vigilaban, quienes sacaban sus conclusiones:

—Fue por eso, por pinche hocicón que estás aquí.

Durante mi estancia en Puente Grande fui reubicado de celda en no menos de 75 ocasiones, la mayoría de las veces en el mismo pasillo. Pocas veces me cambiaron de módulo y unas cuantas de área. En la mayoría de los traslados los oficiales se sorprendían de verme. Pienso que no les cabía en la cabeza que aquel interno regordete y mínimo pudiera contener tanta maldad. Les parecía raro que las primeras pertenencias que tomara eran mis libretas, ya que por lo general un reo de Puente Grande aprecia el uniforme, su cepillo de dientes, su jabón y su ropa interior.

También les llamaba la atención a los guardias el montón de libretas que colocaba sobre la sábana extendida en el piso de mi celda; después echaba el resto de mis escasos objetos. Por eso muchos oficiales, antes de continuar la mudanza, me pedían los cuadernos y los revisaban meticulosamente.

—¿Aquí tienes los planos de la cárcel? —llegaron a preguntarme mientras hojeaban al azar los escritos.

Siempre en posición de firmes, con las manos en la espalda, les respondía que no, que intentaba escribir una serie de cuentos. Intentaban leerlos, pero desistían a las primeras líneas. Mi mortal caligrafía no les facilitaba la lectura.

—¿Qué dice aquí? —me preguntaba el oficial que revisaba los textos.

Yo me aproximaba, tomaba la libreta y decía alguna estupidez que se me venía a la cabeza: describía un paisaje imaginario o recitaba de memoria algún poema. Igual que cuando les hacía creer a los presos del pasillo de Carlos Rosales que leía un poema de Mario Benedetti. A veces, ante la presión de los oficiales, recitaba de memoria un verso de Pablo Neruda o de Jaime Sabines. No fallaba: los oficiales, faltos de sentimientos, cerraban las libretas y proseguían la mudanza.

—¡Otro pinche asesino que se siente poeta! —dijo más de uno con desprecio, mientras cerraba con ferocidad las libretas—. ¡Apúrese, que no tenemos el tiempo del mundo!

Siempre que llegaba a una nueva celda recurría al procedimiento de todos los presos reasignados: tomaba un pedazo de franela que me entregaban ex profeso y me ponía a hacer "la limpieza de la casa". Tallaba ferozmente la taza del escusado, y luego no dejaba el piso de la regadera hasta que estaba brilloso. Limpiaba con una extraña dedicación cada uno de los barrotes pintados de amarillo, como para hacerme amigo de ellos, como para evitar que en las noches me quisieran tragar. Después, el piso. Las paredes. Asumí como comportamiento natural la manía de lavar tres veces todas las cosas a mi alcance. Todos los presos en Puente Grande tienen esa manía: lavan tres veces todo. No era un trastorno obsesivo compulsivo, según me dijo una psicóloga que me atendió cuando las cámaras de mi estancia me detectaron en esa actitud. Con la paciencia de alguien que le habla a un niño de tres años, explicó que se trata de un comportamiento errático, derivado de la privación de la libertad. Para mí era lo mismo. Nunca me incomodó lavar tres veces lo que sea.

Como si fuera un ritual, al llegar a una nueva celda y después de la limpieza venía mi rito personal de "purificación del espacio": me sentaba a mitad de la estancia y comenzaba a hacer oración. Porque de alguna manera había entendido que cuando uno se queda solo, cuando todo se aleja a la velocidad de la luz, lo único que nos queda como hombres es buscarnos a nosotros mismos. Yo no había experimentado, antes de la cárcel, el poder de la oración. Lo descubrí en cierta forma gracias a Noé Hernández, *el Gato*, aquel loco y filósofo de las rejas que cuando no estaba en *delirium tremens* hablaba con Dios, que para el caso es lo mismo. Yo asumí como mi propio rito el de buscar a Dios no en la oración del padrenuestro o el avemaría, sino dentro de mí mismo. Ahí le hablaba a Él y desde alguna parte Él me respondía.

No era creyente de nada. Mi formación dialéctica me empujó a creer sólo en lo tangible y lo visible. Pero dentro de la cárcel me convencí de que siempre hay algo que nos puede ayudar a mantenernos en pie cuando todo el entorno se quiebra. Eso no me lo enseñó ningún preso. Lo viví. Pudo haber sido producto de una alucinación, pero me marcó. Siempre sentí, cuando la invocaba, la presencia de una fuerza que me ayudó a soportar aquellos días, los más terribles de mi vida.

Cierta vez que permanecía segregado en el COC, totalmente desnudo al regresar de una "terapia de reeducación", tuve una —llamémosle así— alucinación.

La mencionada terapia no consistía en otra cosa que llevarme a uno de los patios después de la medianoche, bañarme con un chorro de agua helada a presión, y hacerme rodar dos veces en la cancha de basquetbol, para terminar medio muerto por dos feroces oficiales que con sus toletes me aguijoneaban la carne. Empapado y sangrando fui depositado en mi celda. El frío de la madrugada me quemaba el cuerpo. Cuando me recosté sobre la cama de piedra, la sentí tibia a pesar del helado viento nocturno que se filtraba por las rendijas de la ventanita que daba al patio. Me aovillé con la intención de sobrevivir una noche más. El sueño se me espantaba por los calambres que me atacaban en diversas partes del cuerpo. Los dedos de los pies simplemente desaparecían para evitar aquel frío que me traspasaba. Aun así intentaba dormir. Las manchas calientes de los golpes en la espalda me arrullaban. Entonces apareció.

En un rincón de la celda comenzó a formarse una luz brillante que fue surgiendo como un punto en una hendidura de la pared. El destello era menos grande que una canica. Comenzó a palpitar. Recostado, lo observé con la curiosidad de un niño. La luz fue creciendo poco a poco. En el centro era blanca, pero tenía franjas en los extremos que iban del azul al rojo tenue. El miedo me invadió. En el pasillo no se escuchaban más que ronquidos y lloriqueos de otros presos que me habían antecedido en la salida al patio. Quise gritarle a Noé Hernández pero no pude articular una sola palabra. Acaso sonidos guturales que decían nada. La luz fue creciendo. Me senté al filo de la piedra. La celda se iluminó de un azul brillante que me dejaba ciego. Pronto dejé de ver al frente aquella luz, que dejó de ser una amenaza. Llegaba del piso al techo y emanaba un suave calor que sentí en todo el cuerpo. Pensé que era un sueño. Me puse de pie y caminé hacia la luz. Tembloroso intenté tocarla, pero algo me inmovilizó a menos de medio metro. En el pasillo cesaron los ruidos. Todo fue serenidad. Luego, como si fuera un relámpago, la luz se apagó.

Escuché que el oficial de guardia de esa noche abría la reja metálica del pasillo. Se escucharon los pasos secos aproximándose a mi estancia. Se paró frente a mi celda, sorprendido: estaba de nuevo en penumbras. Con su lámpara sorda lanzó un haz luminoso para revisar de lado a lado la celda. No encontró nada. Luego me fustigó con todo su odio:

—¿Qué estaba haciendo, Lemus?

Apenas moví la cabeza para expresar mi inocencia.

—¡Dígame qué estaba haciendo!

Yo seguía mudo. Estaba más sorprendido que el oficial y no podía hablar. Seguía paralizado, de pie cerca de la reja. El frío había desaparecido. El oficial pidió apoyo por su radio y en menos de dos minutos llegaron otros dos custodios. Me veían desconcertados. Me sacaron de la celda y me pusieron contra la pared. Uno de ellos entró a la estancia y empezó una minuciosa revisión en medio de la oscuridad. Su mirada se dirigía a donde iluminaba su lámpara, pero no encontró nada. La celda no tenía ni siquiera el foco que tortura a muchos presos con su fulgor las 24 horas.

—¡Nada, mi comando! —le dijo al oficial a cargo con una voz casi tímida.

Se miraron entre ellos pero no dijeron nada. Alcancé a ver de reojo la extrañeza en el rostro del oficial que llegó primero.

—¿Qué estaba haciendo, Lemus? ¿Por qué había luz en su celda?

No sabía qué responder; estaba más desconcertado que ellos. Un oficial tocó mi espalda y volteó a ver a sus compañeros. Por lo bajo preguntó si me habían sacado al patio. La temperatura de mi cuerpo no correspondía a la de alguien que minutos antes había estado expuesto al chorro de agua fría. Todos guardaron silencio, me regresaron a mi celda y se marcharon como habían llegado.

Solo en mi estancia, dándole vueltas a lo que había sucedido, me senté a la orilla de la lápida que tenía por cama. El frío del concreto me mordió las nalgas. Me puse de pie como si de esa forma fuera a encontrar una razón lógica para lo que acababa de ver y sentir. La respuesta no llegó como yo la esperaba. Me acerqué adonde había aparecido aquel punto de luz, y ya iba a desistir de buscar respuestas en el rincón de la celda cuando sentí el calor que seguía emanando de la pared. Acerqué mis manos como si fueran una extensión de mis dudas. No busqué más respuestas. Todo estaba resuelto. Replegué mi cuerpo a la pared y sentí cómo aquel calor me llegaba hasta los huesos. La aureola de calor se notaba también en el piso. Mis pies sintieron alivio con el cerco cálido y lentamente me agazapé en aquel espacio.

Apenas los oficiales de guardia habían salido del pasillo cuando los curiosos reos comenzaron a atosigarme con preguntas. El primero en hablar, como siempre, fue *el Gato*. Yo intentaba responder desde aquella posición que para mí fue la más dulce que tuve durante toda mi estancia en la cárcel de Puente Grande.

—¿Qué onda, mi *repor*? ¿Qué andas haciendo? —preguntó a mitad de aquella noche helada en septiembre de 2008.

—Nada —respondí con los ojos cerrados—. No sé qué pasó, pero aquí se prendió una luz brillante…

—Cuál pinche luz ni qué nada, ya te estás volviendo loco. Eso es lo más normal en esta cárcel de mierda —dijo con la típica risita con la que mandaba todo a la basura.

Intenté convencerlo de lo que había visto, pero entendí que no podía explicarlo. Me convencí de que no debía hablar sobre aquello cuando *el Gato* comenzó a decir que a él una vez lo había visitado un extraterrestre y que un hombrecito verde se metió en su celda cuando llegó ahí, hacía más de 11 años. El ser lo saludó y le tocó la frente. En todo el pasillo se oyeron las risas de los presos que esperaban una historia fantástica para que pasara más rápido aquella noche en que el frío no los dejaba dormir.

—Era un enanito —seguía Hernández—. Estaba bien bonito. Tenía sus manos largas. Era como una caricatura. Se me quedó mirando con sus ojos que parecían dos canicas y estuvo hablando durante muchas noches. Se quedó a vivir en mi celda por mucho tiempo, hasta que un día una nave aterrizó en el patio y se lo llevó.

Todos soltamos la risa ante la ocurrente explicación del preso más viejo del pasillo. Todo se quedó en silencio. Noé volvió a preguntarme si realmente yo estaba bien. Me reconfortó y dijo que lo más difícil de la locura era aceptarla. Cuando entendiera que estaba loco como todos los de aquella prisión, aseguró, todo sería más fácil. Me dijo que todos me acompañaban en aquel momento y hasta me dio la bienvenida "al verdadero mundo de los presos". Yo sonreí. Traté de asimilar lo que me decía *el Gato* y empecé a resignarme a ese nuevo mundo que me esperaba.

Durante los siguientes días Noé Hernández continuó preguntando por las "luces" de mi celda. Para todos los compañeros de pasillo yo ya había perdido la razón. Tras la pregunta, sin importar cuál fuera la respuesta, una ráfaga de risas me acribillaba. Pero la cordura volvía cuando regresaba de la "terapia de reeducación", empapado y helado, y me refugiaba en aquella esquina de la celda, donde no dejó de emanar nunca el calor que me mantuvo vivo. Una vez, por curiosidad, le pregunté a don Memo, el vecino que tenía a mi derecha, si en esa parte de la pared de su celda había calor. La respuesta negativa no me confortó, más bien hizo que mis dudas sobre mi locura se dispararan exponencialmente. Aun así me refugiaba en aquella esquina de mi celda, de donde no salía después de que me hubieran obligado a desnudarme.

Fue en ese rincón de mi celda donde la cordura que intentaba conservar todos los días me fue empujando a la oración. Nunca lo entendí, pero con cada oración que pronunciaba sentía que el calor del rincón se hacía más intenso. Yo no rezaba para estar cerca de Dios, sino para que no cesara aquella fuente de calor que me mantenía vivo. En lo últimos meses de 2008 tuve una devoción casi enfermiza hacia la pared derecha de mi celda. A veces besaba aquel calor que pasaba por mis labios y hacía que me sintiera vivo.

Así me descubrió un día un oficial que hacía rondines por el pasillo a plena luz del día. Me encontró besando y hablando con la pared, pues era mi forma de pedirle que no dejara de darme calor. El guardia me reportó al área de psicología, donde ordenaron arreciar las terapias para devolverme a la realidad.

Seguramente me encontraron desequilibrado. Ninguna de las jóvenes psicólogas que me atendían, en su intento por dar una atención terapéutica, pudo creer mi versión sobre la luz en la estancia que describí y hasta dibujé una veintena de veces. Lo que obtuve fue un pase directo a una consulta especializada con una psiquiatra. Ella sí me entendió. Explicó que no todo lo que necesitábamos para vivir estaba a la vista. Ella estaba convencida de la existencia de algo fuera del alcance de nuestro entendimiento y puntualizó que no por fuerza lo que había visto y vivido en mi celda podía atribuírsele a la mente.

Por eso recomendó que se me diera un tratamiento psiquiátrico especial en el hospital del penal y que se me aplicaran medicamentos psicotrópicos. Todo ello, con la advertencia de que si no mejoraba, recomendaría mi traslado al Centro Federal de Readaptación Social y Psicológica (Ceferepsi) en el estado de Morelos.

Si algo temíamos los presos de la cárcel de Puente Grande era que nos recluyeran en el psiquiátrico federal, pues se decía que en el Cefereso 2 de Occidente se tenía que luchar contra el Ministerio Público, pero en el Ceferepsi se luchaba contra el Ministerio Público y además contra la locura.

En el hospital de Puente Grande me mantuvieron sedado casi una semana. No sé qué medicamentos me suministraron, pero me fugué de la realidad durante un lapso que me pareció mucho mayor. Permanecí esposado a la cabecera de una cama de donde sólo me levantaban los oficiales para llevarme una vez al día al día al escusado, donde a veces, en mi estado de inconsciencia, terminaba batido porque no sabía qué hacer ahí sentado. Me alimentaron escasamente. La falta de apetito fue suplida con una sonda que me mantuvo lejos de los alimentos por varios días. Al menos durante el tiempo que estuve en el hospital cesaron las salidas al patio a mitad de la noche.

Como si se tratara de una prueba de vida, a todas horas llegaba una enfermera que se colocaba a los pies de la cama. Con un cuchillo me picaba las plantas de los pies. Si el sueño era profundo, como casi siempre, ella insistía cada vez con más fuerza hasta que perforaba la piel. El sobresalto de regresar abruptamente del sueño era lo que ella esperaba casi con ansia. Después de ver mi reacción de dolor y miedo, invariablemente se iba con una sonrisa siniestra en el rostro. A veces me decía con una carga incomprensible de sarcasmo: "Buenos días. Otro maravilloso día en la cárcel de Puente Grande". Luego se volvía a perder de mi vista mientras yo me sumía otra vez en el dolor de la inconsciencia.

Después supe que estuve sedado 13 días. En ese lapso pude olvidarme de la celda, pero el regreso fue más doloroso. Me llevaron otra vez a mi estancia, donde no disminuyó el trato cruel y sangriento. Ya no dije nada, pero todas las noches, luego de regresar del baño con agua fría y las golpizas en el patio, me refugiaba en aquel rincón, donde parecía que la vida podía tener algo de sentido.

Refugiado en aquel rincón me llegó la claridad para desarrollar los apuntes que dieron vida al primer libro de *Los malditos.* De ahí tomé la fuerza y la voluntad para ir plasmando las historias que escuchaba de los presos.

Las rejas me transformaron. Hicieron que replanteara mi forma de pensar. Después del terrible encierro en Puente Grande uno ya no puede ser el mismo; algo se pierde para siempre. Ésa no sólo es mi convicción personal, sino la de todos los presos que estuvieron a mi lado en aquel lugar que Humberto Rodríguez Bañuelos, el asesino confeso del cardenal Juan Jesús Posadas Ocampo, calificó como "el último infierno".

Para mí la cárcel de Puente Grande dejó de ser el último infierno el 12 de mayo de 2011, cuando una magistrada decretó que no había encontrado "ni una sola prueba que hiciera posible sostener la acusación de delincuencia organizada y fomento al narcotráfico" que me había decretado un agente corrupto del Ministerio Público y un juez igual de servicial con intereses particulares había sancionado con una sentencia de 20 años de prisión.

Pero mi salida de la cárcel no fue tersa como se puede pensar. Aun cuando la magistrada determinó mi libertad inmediata, la dirección del penal pensó que no era necesario apresurarse para atender esa decisión. Sin ninguna explicación permanecí recluido 24 horas más: las más largas de mi vida.

La tarde del 11 de mayo, mientras estaba en el comedor y las tripas hacían su revolución después de que el oficial de guardia anunciara que nos esperaba un humeante plato de mole, un pedazo de pollo y un puñado de arroz, me dijeron que debía comparecer en la rejilla del juzgado. Me pareció extraño porque no esperaba ninguna notificación. Me salí de la fila de presos que babeaban con el olor que ya inundaba la sala. Humberto Rodríguez, que estaba a mi lado, movió la cabeza y habló quedito:

—Ni modo, mi reportero, ya se perdió la mejor comida del año.

Luego soltó una risita que acompañó con una ligera denegación de cabeza, en la que interpreté toda la compasión que un preso puede sentir por otro en el extremo del infortunio.

—Vaya —dijo, como si de él dependiera la decisión de dejarme marchar u obligarme a comer—, ya veremos qué hacemos con su plato de comida.

El oficial que me había llamado esperaba. Me volvió a gritar: "¡Mil quinientos sesenta y ocho, no se haga pendejo y mueva el culo que lo están esperando en el juzgado!"

Rápidamente me separé del grupo de presos, que me miraron con algo de tristeza. Me alejé con dolor, como si detrás dejara lo más importante de mi vida. Y es que sí, en ese momento era lo más importante de mi vida. Apresuré el paso con cierta torpeza ante el oficial que me apuraba para llevarme al área de juzgados. Primero hizo la revisión de rutina: me colocó de frente a la pared, revisó con sus manos como tenazas en busca de un objeto indebido, me ordenó que me pusiera de frente. Me revisó la boca y las orejas, ordenó que me sacudiera el pelo casi a rape. Después me hizo bajar los pantalones hasta la rodilla y hacer tres sentadillas. Me revisó las nalgas y, con minuciosidad, mi cavidad. La risita sarcástica era siempre el colofón de toda revisión que se hacía a los presos de aquel sector. Me ordenó que caminara con la cabeza hacia abajo y las manos por detrás.

El trayecto se me hizo eterno. Mientras caminaba casi rozando la pared, en mi cabeza bullía la incertidumbre: no sabía para qué iba al juzgado. La apelación que hice ante la magistrada aún no cumplía el plazo de resolución. Se me heló la sangre al imaginar que podrían avisarme de un nuevo proceso penal en mi contra. El temor se basaba en los cientos de casos de reos que mientras esperan la resolución final de sus procesos reciben, por cortesía del sistema judicial mexicano, una nueva orden de aprehensión para dilatar su encarcelamiento.

Además, mis sospechas se fundaban en el trato que se me había dado, al convertirme de un ciudadano común a un reo sentenciado, sin ninguna prueba, a 20 años de presidio. Además todavía estaba en funciones el gobernador panista de Guanajuato, Juan Manuel Oliva Ramírez, por cuyas órdenes siempre he creído que fueron ejecutados los tres abogados que me defendían. Él finalmente pudo haber sido el brazo ejecutor del presidente Felipe Calderón Hinojosa, no sólo para secuestrarme, torturarme y presentarme como miembro del crimen organizado, sino para enviarme como un "reo de altísima peligrosidad" al Cefereso 2 de Occidente.

Después de todo estaba a merced del sistema político y de administración de justicia, que en ese nivel es todopoderoso. En cada uno de los diamantes de guardia, donde confluyen diversos pasillos del penal, mientras esperaba que se abrieran las puertas metálicas, pensaba que aquellas sucias paredes serían el único paisaje que vería en dos décadas y posiblemente hasta los últimos días de mi vida.

No sé cuánto duró el trayecto hasta el área de juzgados, pero mientras aguardaba me acometió un temblor en todo el cuerpo. Las tripas habían dejado de gruñir de hambre para dar paso a un dolor intenso en la boca del estómago. Me acordé de Armando Amezcua cuando me dijo que el culo avisaba de cualquier desgracia. Esa vez no era el culo sino la conciencia de que el Estado aplica todos esos tormentos a quienes le son incómodos.

Estuve hablando con la pared poco antes de escuchar mi número de registro, que en la prisión era mi único nombre. Seguía sin entender la razón de mi desgracia. ¿Por qué estaba sucediendo aquello? Esa pregunta era mi compañera de estancia, mi vecina, mi amante: me acariciaba cada vez que no encontraba ninguna explicación. También ayudaba a apaciguar toda la ira que se me acumulaba con cada acto que me tocaba vivir en el penal. Era mi mantra particular para no perder la cordura. Yo sentía que mientras repitiera esa pregunta no iba a terminar en los linderos de la locura, en la cual ya estaban cómodamente instalados cientos de presos tras recibir una sentencia prolongada.

Una voz grave dijo mi número. Me sacudí de lado a lado y todo quedó en silencio. Con paso de muerto resucitado a medias me acerqué a la rejilla. Una mujer me miraba con un dejo de compasión desde el otro lado. No pude evitar el recuerdo de los ojos de mi madre. La volví a ver cariñosa, en mis años de infancia, acariciándome la cabeza mientras me recostaba a su lado cuando atizaba el fogón de la casa. El calor de aquellos años alcanzó a acariciar mi cuerpo que tanto lo necesitaba.

La mirada de la actuaria, que todavía no revelaba el motivo de su llamado, me hizo volar la mente. Intuí por su aparente compasión que traía malas noticias. En aquella prisión todos los presos aseguraban que para dar buenas noticias la autoridad penitenciaria manda a los actuarios más toscos y parcos que tiene. En contraparte, cuando se trata de malas noticias como el inicio de un nuevo proceso penal o la sentencia definitiva, los jueces mandan a las actuarias más agradables. Es como una forma de compensar la sentencia de muerte en vida que siempre pesa sobre los internos.

Al considerar estos hechos, la mirada amable de la notificadora y el calor del fogón de mi infancia se helaron. Quedé paralizado; no había saliva en mi boca. Mis mandíbulas tenían el ritmo de un reloj desencajado que nadie podía poner a tiempo. Ella me miró, hizo más larga mi agonía al hurgar entre los papeles que llevaba y sacó un legajo que comenzó a hojear pausadamente. Parecía que tenía todo el tiempo del mundo. A veces incluso se mojaba la yema del dedo índice con la lengua y, en cámara lenta, daba vuelta a las hojas, donde no terminaba de encontrar lo que buscaba.

Después puso sus palmas extendidas sobre el legajo abierto, como si se le fueran a escapar las letras. Acercó sus hombros y su cara lo más que pudo hasta el cristal que nos separaba y me sonrió. Desacostumbrado a la amabilidad que no viniera de un preso, su sonrisa fue un látigo caliente. Preguntó si yo era el preso 1568. Afirmé con un ligero movimiento de cabeza. Fue prudente. Trató de evitar cualquier confusión. Me pidió que le dijera ni nombre completo, mi edad y los delitos por los que yo estaba sentenciado a 20 años de prisión en primera instancia. No recuerdo qué le respondí porque ya no estaba lúcido. Volvió a sonreír.

"¡Le traigo buenas noticias!", dijo al fin, con la sonrisa más bella que he visto en toda mi vida.

Sus palabras no las entendí. Sólo sentí la mirada colérica del oficial que me vigilaba a menos de medio metro. Me ordenó que pusiera las manos atrás y mantuviera la posición de firmes. Quise que ella me explicara lo que decía, pero el oficial me dijo que guardara silencio y pusiera atención a la notificadora. Ella repitió con una paciencia de amante que traía buenas noticias. Pasé del frío de la incertidumbre al calor de la emoción. Entonces empezó a leer un documento escrito en aquel lenguaje extraño de las "tocas", los "acuerdos" y las "resoluciones". De vez en cuando me buscaba la mirada. Hasta que se compadeció y me volvió a sonreír. Desistió de la lectura. Buscó con impaciencia el final de las hojas, leyó algunas líneas más y preguntó:

—¿Entiende lo que le estoy leyendo?

Negué con la cabeza, con una sonrisa idiota. Pero comprendió mi estado de *shock*. Me dijo que permaneciera tranquilo. Que me estaba notificando mi libertad.

Preguntó si mi abogado o algún familiar se habían comunicado conmigo. Le contesté que no, porque no tenía abogado y yo mismo llevaba mi defensa. Ella insistió:

—No se preocupe, ya todo terminó.

Sólo entonces comprendí las buenas noticias. Volví a respirar, a sentirme vivo. La notificadora explicó que mi libertad se había decretado 24 horas antes, pero que hasta ese momento se me estaba notificado porque la resolución de la magistrada había tardado en llegar al juzgado de Guadalajara.

—¿Entonces ya todo terminó? —pregunté, como si no la hubiera escuchado antes.

—Sí. Por lo que hace a este proceso penal, usted queda absuelto. No hay una sola prueba que lo incrimine en los delitos que le imputaron.

—¿Cuándo quedo en libertad? —insistí.

Comprendió mi desesperación y se dio el tiempo para aclarar mis dudas. Mi cara de asombro la motivó a hacerme una pregunta fuera del protocolo judicial:

—¿Cuánto tiempo lleva preso?

—Tres años y cuatro días —respondí con la certeza indudable de mi conteo personal.

—Pues hoy se va de esta prisión, si es que no tiene ningún asunto pendiente…

—Nunca he tenido ningún asunto pendiente con la justicia —le dije, como para sanarme de todo lo que sentía.

Ella volvió a sonreír plenamente. Cerró el legajo que no terminó de leer y reiteró que me podía ir porque ya era un hombre libre.

—¿No hay un "usted disculpe"? —le pregunté, desde mi nueva investidura de hombre libre que me estaba dando.

—No —comentó con su misma expresión amable de la que cualquiera se podía enamorar—. Eso nunca viene en la sentencia. Esto es todo lo que dice: usted ya se puede ir a su casa. Es un hombre libre, señor Lemus.

Sus palabras fueron una caricia en mi alma. Hacía años que no anteponían el título de señor a mi nombre. Aquella notificadora, sin saberlo, me devolvió las ganas de vivir. Me entregó unas hojas y las firmé. Me pidió que pusiera la hora y la fecha de la notificación. Yo agregué gustoso la leyenda "16:32 horas del 11 de mayo de 2011". Ella se dio la vuelta y le dijo al oficial que eso era todo: ya me podía retirar. Ante aquella amabilidad yo no pude contener una última pregunta:

—¿Cuándo causa efecto la sentencia? ¿Cuándo me voy de aquí?

—¡Ya! En cuanto tome sus cosas se va. La dirección de este penal ya está informada de su libertad.

Algo dentro de mí se sacudió. Un espasmo agudo surgió desde mis tripas y me convulsionó. Hice dos arqueadas y depuse. Las botas del oficial que seguía a mi lado se mancharon de un líquido viscoso y amarillo. Escuché la voz del oficial que renegaba de la situación. Su hosca humanidad se volvió sensible; me tomó de las axilas e intentó ponerme en pie. Preguntó si me sentía bien. Le dije que no, que estaba vomitando, como si él no lo hubiera visto.

—¡Pendejo, te pregunto si puedes caminar!

Le respondí que no. Necesitaba tiempo para reponerme. Fue como si algo dentro de aquel oficial se hubiera transformado al escuchar que yo era un hombre libre. Me condujo con cuidado hasta un sanitario que estaba en el área de juzgados. Ignoró el rastro de vómito que dejaba a mi paso y me ayudó a recomponerme. Me puso agua en el rostro y volvió a preguntarme cómo me sentía. Después me condujo de regreso a mi celda. Nunca había recorrido con tanto ánimo aquellos pasillos largos y fríos. Dejaron de mostrar la ferocidad inerte con la que siempre los había visto.

Como ocurre cada vez que un sentenciado vuelve de los juzgados, a mi regreso los presos más cercanos me fustigaron con sus preguntas. Rodríguez Bañuelos fue el más insistente. Después de recordarme el banquete que me había perdido, me interrogó desde su celda sobre el motivo que me llevó al juzgado.

Yo no podía hablar de tanta emoción, pero como pude le dije lo que había pasado y todo el pasillo estalló en júbilo. Parecía que mi libertad hubiera sido decretada para todos los presos de aquel sector. Me felicitó cada uno desde su celda y todos dijeron que estaban seguros de mi inocencia. Recibí las peticiones más extrañas de algunos reos. Unos dijeron que en cuanto saliera me tomara una cerveza por ellos, otros que me pusiera en contacto con sus familias o amigos para llevar recados y uno hasta me encomendó que buscara al presidente Felipe Calderón y que personalmente le mentara la madre. Yo estaba que no cabía en mi cuerpo.

Después de escuchar aquellas ovaciones de los presos arreglé mis pocas pertenencias. Estaba seguro de que en cualquier momento vendría un oficial hasta mi celda para conducirme a la puerta y yo respiraría de nuevo el aire de la libertad.

Antes de las cinco de la tarde ya tenía mis pocas pertenencias envueltas en una sábana, mientras me mantenía a la espera de que fueran por mí. Lo primero que intenté salvar fueron mis libretas, que contenían todas las historias que había podido recabar como reportero preso. Coloqué también mi uniforme, mis enseres de limpieza personal y algunas cartas que conservé para usarlas de pasaporte a la fuga mental cuando la cárcel amenazaba con tragarme. Con el tambache a la espalda me dispuse a esperar, sujeto a los barrotes de mi celda, la llegada del oficial que me debía sacar de aquella cárcel. El tiempo se paró de repente. A cada rato preguntaba la hora al oficial que hacía su rondín en el pasillo. Así estuve hasta el pase de lista de las nueve de la noche. El resto de los presos estaban tan angustiados como yo al no saber qué sucedía.

Cada vez que un preso es declarado en libertad, a lo sumo tres horas después un oficial le indica que se prepare para salir. En mi caso no fue así. Ninguno de los oficiales de guardia decía nada. Pregunté varias veces al oficial en turno por qué se demoraba mi salida, pero obtuve como respuesta un encogimiento de hombros y el desprecio natural de los celadores. Después el oficial se seguía de paso, rozando con su tolete los barrotes.

La noche pasó como si no quisiera irse. El cansancio me fue venciendo poco a poco mientras en mi cabeza las posibles explicaciones seguían desfilando, dolorosas. Nadie decía nada sobre mi libertad. Si en algún momento me mató la desesperanza de saberme preso por un delito que no cometí, aquella noche me fue fusilando poco a poco la desesperación de saber en qué momento alguien iría por mí para devolverme a la vida. Sujeto a los barrotes de mi celda vi cómo llegó la madrugada. El pase de lista de la seis de la mañana me encontró con toda la tristeza y amargura que puede contener el interior de un hombre.

Después de decir mi nombre en el pase de lista, me convencí de que los sucesos del juzgado eran parte de un sueño. La notificadora de la sonrisa amable era un producto de mi imaginación y la resolución que me devolvía la libertad no había sido otra cosa que una proyección de mi deseo desaforado de escapar de aquellas paredes. Las preguntas de los otros presos me confirmaron esa sospecha.

Me convencí de que todo había sido producto de una alucinación cuando, a las nueve de la mañana, un oficial llegó al pasillo y ordenó que nos alistáramos para salir al patio. Sabía que si un reo es puesto en libertad se le suspenden todas las actividades asignadas al resto de los presos. Comencé a tener certeza de mi locura. Fui llevado con el resto de los presos al centro del patio, que vi más grande y desolado. Fui el centro de atención. Sólo Oliverio Chávez Araujo y Antonio Vera Palestina no se acercaron a mí. De alguna manera les agradecí que no contribuyeran a mi locura. Ya me sentía al lado de otros reos que pescaban metáforas para saberse, de alguna forma, fuera de la realidad que ya no toleraban.

Hasta las seis de la tarde pude salir de aquel estado. Un oficial de guardia llegó hasta mi celda para ordenarme que arreglara mis cosas, pues había quedado en libertad y él iba a conducirme a la puerta. En mi interior agradecí aquellas palabras, no tanto porque confirmaban mi libertad sino porque desmentían mi locura. Todo el pasillo se encontraba en completo silencio. Acompañado por el oficial me fui a un rincón de la celda. Me hinqué e hice una oración a mi manera. Me puse de pie y tomé el envoltorio que había preparado desde la tarde anterior. Le dije al guardia que estaba listo y escuché cómo se abrió la reja que me había quitado todo.

En el pasillo los presos me saludaban, unos con la "V" de la victoria y otros alzando el dedo pulgar. Escuché la voz de Humberto Rodríguez Bañuelos, quien me recordó su máxima de que aquella estancia era el último infierno de mi vida.

—¡Sea feliz, compita! —me gritó desde el fondo de su celda, donde lo imaginé recostado—. ¡Usted tiene la obligación de ser feliz por todos los que nos quedamos en este infierno!

El oficial me ordenó guardar silencio. Me dijo en voz baja que no le respondiera a nadie de los que en ese momento me estaban hablando.

—Usted sigue siendo un preso —me recordó—; hasta que salga a la puerta de la cárcel será libre.

Entonces caminé en silencio mientras hacía el esfuerzo de no responder a ninguna de las voces que me llamaban y que en cierto sentido me invitaban a que las llevara conmigo a una nueva vida. Un sentimiento extraño me obligó a caminar de prisa, como si quisiera alejar aquellas voces de mi conciencia y salir lo más rápido posible de aquella pesadilla.

Como si caminara en cámara lenta fui llevado a un cubículo del COC. Me recibió la psicóloga que tantas veces me había incitado al suicidio. Su rostro era distinto. No era amable, pero al menos tenía la certeza de que no volvería a insistir sobre mi muerte. Mi sonrisa habló por mí. Ella sólo frunció el ceño e hizo anotaciones en mi expediente. También hizo preguntas de trámite: sondeó mi estado emocional y mi capacidad de ubicación en el tiempo y el espacio. Preguntó qué venía ahora, con la libertad en mis manos. Sentí que se negaba a aceptar mi nueva condición jurídica. Habló en voz baja, escupiendo recriminaciones al sistema por permitir la salida fácil de tantos criminales de las cárceles. Mi ansiedad por irme de aquel lugar hizo que la ignorara. Con desdén pidió al oficial que me llevara de ahí, pero añadió que estaba en óptimas condiciones emocionales.

Fui trasladado a otro cubículo, donde un hombre de no más de 30 años me miró de arriba abajo, me pidió que me desnudara y se acercó para revisarme. Con un expediente en sus manos comenzó a contar las cicatrices del cuerpo. Una, dos, tres…

—Ya venías de la calle con todas ellas, ¿verdad?

Ya no respondí; estaba de más lo que le dijera. Enseguida me ordenó firmar una hoja en la que yo admitía que no había sufrido ningún maltrato en la prisión. Firmé con un ánimo que nunca en mi vida había sentido. Miró las rayas de mi firma en su papel y dijo que eso era todo. Me ordenó que no me vistiera. Faltaba la última humillación.

Al cubículo ingresó una mujer, que con la autoridad de la bata blanca me exigió que me reclinara y me abriera las nalgas; que tosiera tres veces, que me volteara. Se agachó. Hizo una exploración minuciosa, tocando mis partes. Me preguntó si tenía problemas con mi erección. Yo intentaba fugarme ante el cuestionamiento. Comenzó a revisar ojos, oídos, nariz y garganta. Escribió algo en una libreta y sin mirarme me dijo que me retirara. Me soltó como una cortesía que por ahí me esperaban "pronto".

El oficial que me vigilaba me pidió que me vistiera, tomara mis cosas y avanzara. Me condujo por las laberínticas entrañas de la cárcel hasta llegar a la aduana. Ahí estaba reunido un grupo de funcionarios del penal. Me pidieron que me parara frente a ellos; uno habló a nombre del Cefereso. Dijo, como si yo no lo supiera, que en ese momento estaba abandonando la cárcel federal de máxima seguridad de Puente Grande, absuelto por una magistrada que no encontró ninguna responsabilidad en los delitos que se atribuyeron. Y entonces salieron con que algunas de las pertenencias que tenía en la improvisada mochila eran propiedad del gobierno federal.

Otro funcionario se acercó al tambache que yo había dejado a mi costado derecho. Lo tomó y lo puso sobre una mesa que estaba en el centro de la habitación. Hizo un rápido inventario del contenido. Separó las propiedades del gobierno federal.

Argumentó que aquellas 12 libretas con mis apuntes de los últimos dos años no me pertenecían. Sólo me entregó un cepillo de dientes, una pasta dental y un puño de lápices de colores. Reclamé un puño de cartas y dos fotografías con las que me había secado las lágrimas tantas noches de silencio. Se vieron unos a otros. Uno de los funcionarios asintió y dijo: "¡Esto sí es de usted!"

Después un oficial me ordenó que volviera a desnudarme porque el uniforme que portaba también era propiedad de la nación. Me exigió que entregara los calcetines y los zapatos amarillos de reo federal que había usado durante los últimos años. Nunca me había desnudado con tanta felicidad delante de alguien. El oficial me entregó un pantalón y una sudadera grises. Cuando me aventó a los pies un par de tenis, noté que los funcionarios esbozaron varias sonrisas: yo nadaba en el juego de pants, que eran al menos de talla 50. Me sentía como un payaso ante las risitas burlonas, pero el grupo soltó una enorme carcajada cuando intenté ponerme los tenis: eran dos zapatos izquierdos.

Así fui llevado hasta la puerta de la cárcel. Dos oficiales de custodia me escoltaron fuera de la aduana, pero aún estábamos dentro del complejo penitenciario. La brisa fresca de la noche me saludó con el ánimo de una vieja amiga. No pude evitar hacer una pausa en la marcha y aspirar profundamente todo el aire que podía. Nunca las amarillas lámparas de Puente Grande me parecieron tan hermosas. Uno de los oficiales me empujó con la culata de su arma de cargo. Me dijo que caminara, que no volteara hacia atrás y siguiera el camino que me llevaba hasta el exterior. No supe en qué momento me abandonó la escolta.

Caminé rápidamente hasta que dejé de sentir el resuello enfermo de la cárcel de Puente Grande. Mi primer acto de libertad fue deshacerme de los zapatos que me lastimaban más el alma que los pies. Los tiré lo más lejos que pude. También me desprendí de los calcetines sucios y rotos que me dieron. La sudadera tuvo el mismo destino. Eran casi las ocho de la noche. Parecía un mendigo intentando sujetar con mis manos el pantalón, que insistía en ceder a la fuerza de gravedad.

De pronto todo fue confusión. Los ruidos de la noche comenzaron a lacerarme. Las luces de los autos que pasaban por la carretera me empujaban a regresar corriendo allá, de donde moría por salir hacía unas horas. El miedo me invadió hasta lo más hondo de los huesos. Mi instinto de conservación me hizo correr hasta las puertas de un hotel que de manera frecuente albergaba a las visitas de algunos familiares que intentaban ver a sus presos. Antes de entrar vi un teléfono público. Mi primera reacción fue llamar a mi casa. Me acerqué, pero no tenía forma de hacer una llamada. Ni siquiera recordaba algún número telefónico. Me senté a los pies del teléfono y esperé. No sé cuánto tiempo permanecí en la confusión. Luego una mano me tocó. Era un muchacho que me hablaba. Miraba cómo sus labios se movían y me decían cosas que no alcanzaba a comprender. Me levantó de la mano y me llevó hasta la modesta recepción del hotel. Me cobijó y me pidió que mantuviera la calma. No supe lo que pasó en los minutos siguientes. El miedo a nada me estaba consumiendo.

Después me llegó el recuerdo de Martha. Volví a acariciar las cartas solidarias que me mantuvieron con vida en los días más oscuros de la prisión. Recordé la cara de mi hija, su amor que tanta fuerza me dio en el infierno penitenciario. Comenzaron a aparecer números y direcciones en mi memoria. Ante mí apareció el rostro del muchacho que con una paciencia de monje me veía desconcertado.

—¿Se siente mejor? —me preguntó, como si su misión fuera la de rescatar vagabundos de la calle.

Asentí y le pedí que me dejara hacer una llamada. Se ofreció a marcar por mí. Vio que mis manos temblorosas no estaban en condiciones de tocar nada. Me ofreció café. Iba a dar el primer sorbo cuando algo me llamó la atención en el refrigerador; mejor le pedí una coca cola. El primer trago, aun cuando me devolvió un poco de vida, también me regresó a los días de Navidad en la cárcel, cuando una coca cola era todo.

Mientras bebía y paladeaba al extremo aquella bebida, no pude dejar de pensar en los días en que yo era parte de una jauría. Porque eso éramos en Puente Grande: una jauría hambrienta, siempre con los ojos brillosos de llanto, a veces por el amor perdido, a veces por el hambre que nos hacía retorcernos en nuestros mejores pensamientos. Éramos una jauría grotescamente ataviada con el color café de la cárcel federal, animales concentrados en sobrevivir. Cada quien se tragaba la furia del momento, mataba o trataba de sujetar a sus demonios. Éramos agresivos y sumisos como animales a la espera de un pedazo de carne.

Esa condición no se pudo materializar mejor en otra ocasión que la Navidad de 2010. Viví tres de esas fechas en prisión, ninguna digna de recordarse, pero cuando las recordé ya en libertad, no pude evitar que mi pensamiento volviera al interior del presidio del que por fin me había librado. En la calle la Navidad puede pasar inadvertida, pero en la cárcel es un día especial: desde la mañana el dolor se va acumulando lentamente entre los huesos; los recuerdos de mejores momentos —cualquiera de éstos es mejor que la vida en prisión— no dejan de nublar la mente y la mirada. El aire se impregna de olor a frutas frescas y delirios de libertad. El frío va congelando todo;

empuja siempre a anhelar lo ya perdido. Por eso, seguramente, el frío de esa noche me hizo anhelar de una forma enfermiza mis días de preso, justamente durante una Navidad en la cárcel.

Con la mirada perdida sobre las luces taciturnas y tristes de Puente Grande volví a escuchar en mi cabeza la voz del oficial que aquella vez nos despertó a todos los que estábamos en el pasillo de procesados del módulo uno: "¡Levántense, cabrones! ¡Esto no es un hotel de señoritas! ¡Los quiero a todos frente a la reja!", gritó el jefe de custodios en punto de las cinco de la mañana de aquel 24 de diciembre.

El trato era férreo. No podía ser distinto. No sería la cárcel de máxima seguridad de la que tanto se ufana el gobierno federal. Todos los presos lo sabíamos y en ello también iba implícito nuestro propio orgullo de hombres solos. Nos gustaba de alguna forma aquel trato, porque también nos hacía sentirnos hombres completos. Las quejas siempre eran por lo bajo. No podíamos darnos el lujo de que alguien, sobre todo los guardias, sintiera nuestro dolor. Por eso aquella vez hubo murmullos y mentadas de madre al oficial. Él, con la frialdad de una cajera de banco, fingió no darse cuenta de las protestas y ordenó que guardáramos silencio y mantuviéramos la disciplina.

Cuando el jefe de custodios tuvo a todos los internos de aquella galera de frente a las rejas, en posición de firmes, con postura marcial, dictó la instrucción del día: "Para hoy, señores, quiero tranquilidad. No quiero mamadas. No quiero un motín ni nada que me obligue a matar a nadie. Hoy es Nochebuena y van a cenar lomo, pastel y una coca cola".

El anuncio del festejo provocó la risa de todos los presos, que avizoramos una guardia tranquila. Era de agradecerlo al cielo. Durante los 20 días anteriores habíamos tenido guardias muy duras, en las que ni siquiera nos permitieron comer y menos salir de la celda. Nos habían suspendido la alimentación no menos dos veces por semana. Babeábamos como animales. El hambre calaba más allá de nuestra existencia. Nuestras tripas fueron las más felices cuando escuchamos qué cenaríamos.

Por eso esperamos impacientes todo el día. Tras el pase de lista de las seis de la mañana, aquel oficial larguirucho y con el rostro de un Cristo rasurado ordenó que saliéramos al patio. Después de casi 30 días de encierro aquel puñado de presos estuvo fuera de su celda, tembloroso, por 30 minutos. Éramos unos perros flacos, parados a mitad del patio, tratando de tragar un rayo de sol. Con la cara al cielo y los ojos cerrados frente a aquella cálida luminiscencia, abriendo la boca, cada quien se hundió en sus pensamientos. Mis recuerdos corrieron veloces. Me sentía lejos de casa. En la cárcel lo más difícil es llorar. Ese día en el patio miré a varios presos que discretamente se limpiaron las lágrimas. Ésa era una forma de expiar nuestro dolor.

Después de 30 minutos de sol, parados como palos que resisten la tempestad en el muelle, fuimos regresados a las celdas. El frío de las paredes muerde la carne. Se mete por todos los poros de la piel y en menos de lo que alguien se puede imaginar ese frío se apodera del alma. Ese día, el calor con el que llegamos del patio ofreció algo de resistencia antes de que el cuerpo se abandonara a la tristeza. El resto del día lo pasamos como se pasa la vida en la cárcel: encerrados en cuerpo y alma.

El teniente Baltazar, que vivía al fondo del pasillo, intentó cantar. Comenzó con el estribillo de un villancico navideño. Tarareó para hacer el rato más agradable a todos los presos que nos moríamos de tristeza. El reticente y amargado público comenzó una rechifla, pero el oficial de guardia llegó al pasillo ordenando silencio; de lo contrario ordenaría cancelar la cena. Hasta el más fiero de los criminales se quedó callado. Nadie estaba dispuesto a perderse la cena, menos la coca cola ofrecida.

En ese pasillo estaba, en aquel tiempo, el sargento Rafael T. Gómez, uno de los jefes más sanguinarios de Los Zetas, quien reconoció haber ejecutado por lo menos a 200 personas. Y fue precisamente él quien, con una voz que nadie le conocía, le pidió por favor al teniente Baltazar que dejara de cantar.

—¡Baltita! —le dijo Rafael T. Gómez, casi en un susurro desde su celda—, amiguito, ¿sería usted tan amable de no alterar el orden?

Acuérdese que hoy cenamos bien, no sea usted hijo de su puta madre y nos vaya a echar a perder la cena.

Baltazar no dijo nada. El villancico suspendido a la mitad fue la más clara señal de que había entendido la orden de aquel multiasesino.

—Gracias, Dios lo bendiga a usted y a toda su familia, incluyendo a la putísima madre que lo parió —dijo Gómez, y el pasillo estalló en carcajadas.

Tras esa advertencia la tarde transcurrió en silencio. La mayoría dialogamos en voz muy baja; algunos optaron por la lectura. Yo me tendí a escribir. Estaba en un capítulo de mi *Cara de Diablo*. Era la única forma de fugarme del lugar. Me dolía especialmente la ausencia de mis padres, de los que ese mismo día recibí una carta. Me deseaban feliz Navidad y todo lo que los padres pueden querer para su hijo en aquel extremo del infortunio. Afuera de la celda, el viento frío de diciembre soplaba quejoso y doliente.

Como a las siete de la tarde las cerraduras eléctricas de las celdas comenzaron a cantar. La promesa del pastel, pero sobre todo la coca cola y el pedazo de lomo, hizo salivar a todos los presos. Yo era como el perro de Pávlov: en cuanto se abrió la puerta me consumía el hambre y las tripas no me dejaban de hablar. Yo fui el primero en salir de la celda, la 149. Atrás de mí salió Alfredo. A un lado estaba Rafael Caro Quintero, que me dispensó una sonrisa de amigos, de esas sonrisas francas que no se encuentran en cualquier lado. Frente a la pared, en la fila, ya esperaba la mitad de los presos. Caro Quintero me miró con ojos compasivos, seguramente notó el hambre que se me desbordaba por el cuerpo, y me dijo que lo tomara con calma, que la cena de esa noche nos iba a dar un pedacito de libertad.

Todos los presos caminábamos como en procesión hacia el comedor. Íbamos en silencio, con la vista fija en el suelo y las manos en la espalda, pensando en la magra comida que nos esperaba. En la Navidad era distinto. El camino al comedor era el más largo de todos los trayectos en la cárcel. Sólo una vez al año aquel galerón con frías mesas de concreto y blancas luces siempre encendidas era un lugar de fiesta. El aroma de la cena era incomparable: nada que ver con la rutina hedionda del caldo de res a medio pudrir o los frijoles sobre los que nadaba siempre una triste y verduzca gelatina de limón. Ahora sí olía a comida. Los presos venteábamos como los perros. Estirábamos el cuello para alcanzar primero los olores provocadores que inundaban el lugar.

El aroma a cerdo era una caricia en el alma. En el aire un intenso olor a piña fresca con retama sazonaba el pensamiento. La fuga era incompleta: la mente volaba, pero el cuerpo seguía anclado al frío metálico de las celdas. Uno a uno fuimos acomodados en las mesas en espera de la instrucción de aquel minúsculo cocinero que siempre nos trataba con desprecio. Su humanidad se crecía por el simple hecho de tener literalmente el cucharón por el mango. Normalmente se comportaba colérico y agresivo con los presos.

—Todas las niñas viendo hacia la pared —gritaba el cocinero.

En una ocasión, cansado de los insultos, Humberto Rodríguez Bañuelos, *la Rana*, se dirigió al cocinero que no medía más de 1.50 y cuya figura se estremecía de placer cada vez que un reo peligroso lo abordaba.

—Vuélvame a decir niña y me lo cojo, a usted y a su puta madre, pinche cocinero de mierda —le escupió en la cara.

El cocinero no dijo nada. Se mordió el labio inferior. El rostro se le iluminó de rojo y los ojos le brillaron intensamente. Suspiró. Para los que lo vimos no pasó inadvertido el trago de saliva que denunció el apretado gaznate, tal vez sediento de un beso. Recargó las manos sobre la barra, y al salir de su letargo apenas se oyó su voz:

—Eso me encantaría, chiquillo —le dijo como si el mundo hubiese desaparecido a su alrededor.

Después, nadie pudo dejar de notar que el cocinero estaba locamente enamorado de *la Rana* y no lo disimulaba; los guiños eran las menores muestras de ese amor.

En aquella ocasión, *el Cocinerito*, como lo llamábamos en el módulo uno, comenzó a servir la cena de Navidad. Uno a uno fue llamando a los presos que hacían fila a la entrada del comedor. En un plato de unicel fue poniendo un pedazo de lomo y un pedazo de pastel. También entregaba a cada interno una coca cola. Sin duda, la Navidad también era para él un momento especial: al entregar el refresco acariciaba la mano de quien lo recibía, en un éxtasis que sólo él podía entender. Poco nos importó aquella caricia, con una coca cola a nuestro alcance.

Apenas había terminado la fila para pasar con *el Cocinerito*, el guardia ordenó silencio para hacer una reflexión antes de cenar. Aquel jefe de custodios era cristiano y hasta cerró los ojos para agradecer los alimentos. Dijo algunas oraciones que nadie pudo seguir.

El pastel no me dejó cerrar los ojos. Todos los presos babeábamos por comenzar la cena.

"¡Puta la tuya!", se escuchó una voz que gritaba en el fondo del comedor.

Después todo fue confusión. Los platos volaban de un lado al otro. Las coca colas fueron improvisadas como proyectiles. Desde la primera fila vi cómo se trenzaban a golpes el teniente Baltazar y el sargento Rafael T. Gómez. Los militares de un bando y otro se sumaron al conflicto, y en menos que lo cuento ya estaba frente al comedor un grupo antimotines. Nadie alcanzó a comer pastel.

Pronto el agrio sabor del gas lacrimógeno invadió el lugar. Todos estábamos tirados en el suelo, con las manos sobre la cabeza y los pies cruzados. Una sirena ululaba en la noche. Los perros se hicieron presentes en la escena. A lo lejos alcancé a mirar cómo habían quedado, como después de un accidente en la carretera, varias coca colas rodando y algunos pedazos de pastel y carne de cerdo regados en el suelo. La celebración acabó antes de iniciar.

Fuimos regresados a las celdas en medio de un fuerte operativo. Nadie tenía permitido hablar ni levantar la vista. Otra vez la eléctrica voz de las celdas volvió a sonar. Las tripas chillaron de tristeza. Se abrieron las rejas y todos fuimos entregados a la penumbra y el silencio de la crujía. Era la Navidad oscura, dolorosa y cargada de recuerdos. Era otra vez el descenso al inframundo.

Ahí estábamos de nuevo. Éramos un amasijo de hambre permanente, una jauría carcelaria derrotada por un pedazo de pastel y un trozo de carne. Una recua de presos al borde del infantil llanto que provoca saberse lejos de los que uno ama. Éramos perros del mal, amarrados, hombres solos en el abismo del hambre. Por eso digo que allá éramos una jauría hambrienta. Por eso no disocio de mis recuerdos la Navidad, la coca cola y el hambre. Por eso la Navidad me recuerda el animal que fui, el animal en que aquella cárcel me convirtió en sólo tres años y cinco días.

El pensamiento de aquella Navidad en prisión se me desvaneció cuando escuché la voz del joven al indicarme que ya estaba lista la comunicación. Me sujeté del auricular. La voz del otro lado de la línea me devolvió la calma. Sus palabras, siempre amables, y hasta amorosas, me ubicaron en la realidad. Me dijo que iba por mí, que tuviera calma, que ya todo había pasado. No pude evitar el primero de los innumerables llantos que me habría de provocar la cárcel desde la libertad. Porque luego aprendí que lo más difícil de la cárcel es cuando ya ha pasado.

Después, comenzó el regreso a la realidad. Todo era distinto. Todo fue difícil. Me costó trabajo acostumbrar mi vista a los espacios abiertos y a las cosas en movimiento; a la variedad de colores que no se aprecian cuando la libertad es tan natural como despertar todos los días. Las fobias me inundaron de golpe. Me volví un hombre huidizo hasta de la luz del sol. El regreso a la cotidianidad fue difícil. Atrás habían quedado los días de la cárcel, pero también se habían instalado dentro de mí para siempre.

El recuerdo es una máquina que no deja de latir. Machaca los huesos. Tritura la ecuanimidad. Comienza a trabajar desde muy temprano y a veces, sólo a veces, cesa. Se mantiene en calma. A la espera de un olor, un sabor, un sonido, una palabra que la alimente para volver a ponerse en marcha y regresarme a los días hediondos de la prisión, a ese tormento que ahora me toca llevar a cuestas solo, ya sin la ayuda de los malditos con los que coincidí en ese lugar llamado Puente Grande. En ese lugar que para mí fue el último infierno.

El último Infierno de Jesús Lemus
se termino de imprimir en agosto de 2016
en los talleres de
Litográfica Ingramex, S.A. de C.V.
Centeno 162-1, Col. Granjas Esmeralda,
C.P. 09810, Ciudad de México.